DIE ERWERBUNG DES ELSASS

DURCH

FRANKREICH

IM WESTFÄLISCHEN FRIEDEN

VON

DR. KARL JACOB.

STRASSBURG.
KARL J. TRÜBNER.
1897.

G. Otto's Hof-Buchdruckerei in Darmstadt

VORWORT.

Den Kern dieser Arbeit bildet eine von Herrn Geh. Hofrath Prof. Dr. Erdmannsdörffer angeregte Untersuchung über die französische Entschädigung im Westfälischen Frieden, die bereits vor einer Reihe von Jahren als Heidelberger Dissertation entstand, deren Drucklegung aber, da sie sich aus äusseren Gründen auf das gedruckte Quellenmaterial beschränken musste, in jener Gestalt nicht rathsam schien. Erst nachträglich war es mir dann möglich, archivalische Quellen in genügendem Umfange heranzuziehen, so dass daraus, unter Beschränkung auf die über die Abtretung des Elsass bezüglichen Verhandlungen eine so gut wie neue, weit umfangreichere und zu anderen Resultaten gelangende Abhandlung entstanden ist, deren Ausarbeitung und Drucklegung sich durch militärische Verpflichtungen, Krankheit und andere Umstände persönlicher Art leider weit über meinen Wunsch verzögert hat.

Die Literatur über die alte Streitfrage ist namentlich in den jüngsten Dezennien so umfangreich geworden, dass eine Auseinandersetzung mit derselben im Einzelnen unangebracht erschien; ich habe daher nur am Schlusse den Gang der Kontroverse zur Anschauung zu bringen gesucht und verweise im übrigen auf die positiven Ergebnisse der Arbeit selbst.

Das gedruckte Material für die Verhandlungen über die Abtretung des Elsass hat seit den Sammlungen des 18. Jahrhunderts verhältnissmässig unbedeutende Vermehrung erfahren. Gerade die jüngsten Interpretationen der Friedensbestimmungen über das Elsass weisen meines Erachtens zwingend darauf hin, dass nur durch eine unter Heranziehung neuer Quellen ins Einzelne gehende Verfolgung der Verhandlungen ein Fortschritt zur Verständigung zu erzielen ist.

Die Möglichkeit dazu gewährten die reichen Bestände des Wiener Archivs in so ergiebiger und fast überall erschöpfender Weise, dass weitere Bemühungen sowohl in Paris[1] wie in München[2], um zu einem meines Erachtens gesicherten Resultate zu kommen, nicht mehr nothwendig erschienen. Die Ergebnisse der Nachforschungen in Innsbruck, in den Stadtarchiven von Colmar, Hagenau und Strassburg und im Bezirksarchiv des Unterelsass waren daneben von sekundärer Bedeutung. Über die benutzten Archivalien ist auf S. XII ff. Rechenschaft gegeben. Nicht unterlassen möchte ich an dieser Stelle, die auf der letzten Historikerversammlung von Heigel angeregte, umfassende Publikation über den Westfälischen Frieden als dringendes Bedürfniss lebhaft zu befürworten.

Eines bedauerlichen Versehens bin ich leider erst nach Beendigung der Drucklegung gewahr geworden, so dass eine Änderung unmöglich war. Trauttmannsdorff ist die von Wurzbach angewendete Schreibung des Namens, nach dem

---

[1] Über das ungeheure in Paris aufgespeicherte Material für die Westfäl. Friedenshandlung s. Vast, les grands traités du règne de Louis XIV 1893 S. 8.

[2] Ein grosser Theil der Korrespondenz des Kurfürsten mit seinen Gesandten für die Jahre 1645 und 1646 befindet sich abschriftlich in 2 Bänden (FrA 49 c 1 u. 2) im Wiener Archive.

Gothaischen Hofkalender (auf den ich mich S. 94 a. 1 irrthümlich berufen habe) muss es überall Trauttmansdorff heissen.

Für die Orthographie der im Anhange abgedruckten Aktenstücke habe ich mich möglichst an die von Stieve gegebenen Regeln gehalten; nur die von Kaiser Ferdinand III. und Trauttmansdorff eigenhändig überlieferten Schreiben sind orthographisch getreu wiedergegeben, ebenso die in den Anmerkungen gegebenen Zitate aus Trauttmansdorffs geheimen Berichten, die alle von ihm selbst geschrieben sind. Bei den Berichten Trauttmansdorffs und der Korrespondenz des Raths von Strassburg mit seinem Gesandten ist der Kürze halber nicht stets der Fundort angegeben; ich verweise dafür auf die Übersicht auf S. XIII. Die Datirung ist, soweit nicht doppelte Angaben oder besondere Vermerke gesetzt sind, stets nach dem neuen Kalender gegeben.

Zum Schlusse entledige ich mich der angenehmen Pflicht, den Leitern und Beamten der von mir benutzten Archive und Bibliotheken für die jederzeit bewiesene, liebenswürdige Unterstützung auch an dieser Stelle den gebührenden Dank auszusprechen.

Strassburg i. E., den 7. Mai 1897.

Dr. Karl Jacob.

INHALTSANGABE.

VERZEICHNISS DER ABGEKÜRZT ZITIRTEN BÜCHER UND ANDERER ABKÜRZUNGEN.

ADAMI, A.: relatio historica de pacificatione Osnabrugo—Monasteriensi. Lipsiae 1737.

BACQUOL-RISTELHUBER: l'Alsace ancienne et moderne, 3e éd. Strasbourg 1865.

BOUGEANT, le PÈRE: histoire du traité de Westphalie 6 tomes. Paris 1744—1751.

BOUGEANT—RAMBACH = BOUGEANT, Historie des 30jährigen Krieges und ... Westphälischen Friedens .. übersetzt .... von F. E. RAMBACH 4 Bände. Halle 1758—1760.

CHEMNITZ, B. PH. VON: königl. schwedischen in Teutschland geführten Krieges vierter Theil. Stockholm 1858.

CHÉRUEL, A.: histoire de France pendant la minorité de Louis XIV. 4 tomes. Paris 1879—1880.

CONTARINI, AL.: relazione del congresso di Munster. Venezia 1864.

CORTREIUS, A.: corporis iuris publici tomus IV. Frankfurt a. M. 1710.

FAGNIEZ, G.: le Père Joseph et Richelieu I—II. Paris 1894.

GÄRTNER, C. W.: Westphälische Friedenskantzley 9 Bände. Leipzig 1731—1738.

GINDELY, A.: Geschichte des Dreissigjährigen Krieges, 3 Bände. Leipzig 1882.

GONZENBACH, A. VON: der General Hans Ludwig von Erlach, Band 2. Bern 1881.

HUBER, A.: Geschichte Österreichs, Bd. 5, Gotha 1896.

KATT, F.: Beiträge zur Geschichte des Dreissigjährigen Krieges I: die bayerisch-französischen Verhandlungen 1639—1647 (Diss.). Göttingen 1875.

KENTZINGER, A. DE: documents historiques relatifs à l'histoire de France tirés des archives de la ville de Strasbourg, Bd. 1. Strasbourg 1818.

KIRCHNER, M.: Elsass im Jahre 1648 (Progr. u. SA). Duisburg 1878.

KNIPSCHAAR, K.: Kurfürst Philipp Christoph von Trier und seine Beziehungen zu Frankreich. Marburg 1895.
KOCH, M.: Geschichte des Deutschen Reiches unter der Regierung Ferdinands III., 2 Bände. Wien 1865. 66.
LEGRELLE, A.: Louis XIV et Strasbourg, 4e éd. Paris 1884.
LORENTZEN, TH.: die schwedische Armee im Dreissigjährigen Kriege und ihre Abdankung. Leipzig 1894.
LORENZ, O. und SCHERER, W.: Geschichte des Elsaßes, 3. Aufl. Berlin 1886.
MEIERN, J. G. VON: Acta pacis Westphalicae publica oder Westphälische Friedenshandlungen und Geschichte, 6 Bände. Göttingen 1734—1736.
MEINARDUS, O.: Protokolle u. Relationen des brandenb. Geh. Raths aus der Zeit des Kurf. Friedrich Wilhelm, Bd. 3 (Publ. aus den kgl. preuss. Staatsarchiven B. 45). Leipzig 1893.
MENTZ, G.: Johann Philipp von Schönborn, Kurfürst von Mainz, I. Theil. Jena 1895.
ODHNER, C. T.: die Politik Schwedens im Westphälischen Friedenscongress. Gotha 1877.
(PFANNER): historia pacis Germano-Gallo-Suecicae. Irenopoli 1679.
PUFENDORF, S. DE: commentariorum de rebus Suecicis libri XXVI ed. altera. Francofurti ad Moenum 1705.
ROHDEWALD, W.: die Abtretung des Elsass an Frankreiseh (Hallesche Abhandlungen zu neueren Geschichte, Heft XXXI). Halle 1893.
SCHREIBER, FR. A. W.: Maximilian I. der Katholische, Kurfürst von Bayern und der Dreissigjährige Krieg. München 1860.
SÖLTL: der Religionskrieg in Deutschland, B. 3. Hamburg 1842.
STROBEL, A. W.: vaterländische Geschichte des Elsasses, B. 4. Strassburg 1844.
TERRITORIEN, DIE ALTEN: des Elsass nach dem Stande vom 1. Januar 1648, herausgeg. von dem statistischen Büreau des kaiserlichen Ministeriums für Elsass-Lothringen. Strassburg 1896.
VAST, H.: les grands traités du règne de Louis XIV p. p. H. Vast (coll. de textes pour servir à l'étude et à l'enseignement de l'histoire). Paris 1893.
WENZELBURGER, K. TH.: Geschichte der Niederlande, Band 2. Gotha 1886.
WIEDEMANN, K: Philippsburg im Dreissigjährigen Kriege I (Diss.). Halle 1883.
WILD, K.: Johann Philipp von Schönborn. Heidelberg 1896.
WURZBACH, C.: biographisches Lexikon des Kaiserthums Österreich.

ADB = Allgemeine deutsche Biographie.
GGA = Göttingische gelehrte Anzeigen.

LdM = Lettres du cardinal Mazarin pendant son ministère . . p. p. Chéruel, tome I—III. Paris 1872—82 (in: coll. de documents inédits sur l'hist. de France).

NS = Négociations secrètes touchant la paix de Munster et d'Osnabrug, 4 tomes. A la Haye 1725 f.

RA = Revue d'Alsace (1882—1891, enthält: Mossmann, X: matériaux pour servir à l'hist. de la guerre de trente ans tirés des archives de Colmar).

UA = Urkunden und Aktenstücke zur Geschichte des Kurfürsten Friedrich Wilhelm von Brandenburg, B. I. Berlin 1864.

ZfGO n. F. = Zeitschrift für die Geschichte des Oberrheins, neue Folge.

KGM = die kaiserlichen Gesandten in Münster.
KGO = die kaiserlichen Gesandten in Osnabrück.
Plén. = Plénipotentiaires.
VH = „Verordnete Herren zu den Bedächten" (in Strassburg).
v. ö. = vorderösterreichisch.

Colm. StA = Colmarer Stadtarchiv.
Hag. StA = Hagenauer Stadtarchiv.
Innsbr. A = K. u. K. Statthaltereiarchiv in Innsbruck.
Lettres des Plén.: s. S. XII: Bern, Stadtbibliothek.
Str. BA = Bezirksarchiv des Unterelsass in Strassburg.
Str. StA = Strassburger Stadtarchiv.
WA = K. u. K. Haus-, Hof- und Staatsarchiv in Wien.
FrA = Friedensakten.

VERZEICHNISS DER UNGEDRUCKTEN QUELLEN.

BERN: STADTBIBLIOTHEK.

Manuscripta hist. Helv. XII, 71: lettres de Messieurs les Plénipotentiaires à Munster et Osnabrück 1645—1649 (Abschrift), vergl. Gonzenbach II S. 498.

COLMAR: STADTARCHIV.

Von dem hier befindlichen Materiale hat MOSSMANN in der *Revue d'Alsace 1882—1891* ausführliche Auszüge gegeben, bes. von der *Korrespondenz des Raths mit seinem Vertreter am Kongresse, J. B. Schneider*. Für wichtigere Partieen und für die von Mossmann nicht publizirte, letzte Zeit der Friedensverhandlungen habe ich die Akten selbst benutzt.

HAGENAU: STADTARCHIV.

Hier ist nur die in AA 251 befindliche Korrespondenz von Belang.

INNSBRUCK: K. u. K. STATTHALTEREIARCHIV.

Hier fand sich (1891) fast gar kein Material; nur an einer Stelle (S. 215) habe ich ein Aktenstück (aus *Leopoldina C. 116*) verwerthen können. Für die fehlende Korrespondenz der tirolischen Regierung bieten die Bestände des Wiener Archivs nur zum Theil Ersatz.

STRASSBURG: BEZIRKSARCHIV DES UNTERELSASS. (Vgl. d. gedruckte Inventar.)

Die Korrespondenz des Bischofs von Strassburg, Erzherzogs Leopold Wilhelm, mit seinem Kongressgesandten fand sich weder hier noch in Wien. Dagegen ist hier ein grosser Theil der *Korrespondenz der Reichsritterschaft des Unterelsass mit ihren Vertretern in Münster und Osnabrück* (*E 1396*). Ausser dieser waren nur einzelne im Austausch von Baden erworbene Akten (*Extrad. Bad.*) und die S. 81 angeführte *Schlussrelation des Grafen Martinitz* von Bedeutung.

STRASSBURG: STADTARCHIV.

Hier findet sich ein reiches Material zur Geschichte der Westfälischen Friedensverhandlungen: s. dafür das gedruckte Inventar.

Besonders hervorzuheben sind — ausser den *Protokollen der Dreizehner*, der *„Herren Räth und XXI“* und der *„Verordneten Herren zu den Bedächten“* — die *Korrespondenz des Raths mit dem Gesandten in Osnabrück*, *Marx Otto*, in den Faszikeln 1120—1126, leider nur bis zum Schlusse des Jahres 1647 erhalten, ferner die *Berichte von Heuss*, dem zeitweiligen Vertreter in Münster (1118) und das *Protokoll der Berathungen des Städteraths in Osnabrück* (1144); dann die Faszikel 1138, 1162, 1900 und der dritte Band der *Wenckerschen Collectaneen*.

WIEN: K. U. K. HAUS-, HOF- UND STAATSARCHIV.

1. im Filialarchiv:

a. Friedensakten:

25. 26. Korrespondenz und Verhandlungen mit Bayern; Separatverhandlungen mit Frankreich.

49a: Berichte aus Münster 1645.

49c 1 u. 2: Korrespondenz des Kurfürsten von Bayern mit seinen Gesandten 1645 u. 1646.

50a: geheime Berichte Trauttmansdorffs 1645—1647 (eigenhändig).

50b: offizielle Berichte Trauttmansdorffs 1645—1647.

50c: Weisungen an Trauttmansdorff 1645—1647.

52a: Berichte der kaiserl. Gesandten in Münster an Ferdinand III. 1646.

52b: Weisungen an dieselben 1646. 1647.

52c 1 u. 2: Communicata et varia 1646.

52d: Geheimrathsgutachten 1646.

54a: Berichte der kaiserl. Gesandten in Münster an Ferdinand III. 1647.

54c: Communicata et varia 1647.

55a u. b: Berichte der kaiserl. Gesandten in Osnabrück an Ferdinand III. 1648.

55c: Weisungen an dieselben 1648.

56a—e: Communicata et varia 1648.

58a: Berichte der kaiserl. Gesandten in Münster an Ferdinand III. 1648.

58b: Weisungen an dieselben 1648.

Protokoll (Tagebuch) des kaiserl. Gesandten in Münster, Isaac Volmar in 3 Bänden.

B. 1 u. 2 sind bei Cortreius, corpus iuris publici IV gedruckt und danach zitirt; seinen vollen Werth erhält dies Tagebuch erst durch die dazu gehörigen Beilagen:

92: Beilagen zu Volmars Protokoll, *für diese Arbeit* kommen in Betracht die Bände 6—17.

94. 1—4: „Berichtigte und ergänzte Westphälische Friedenshandlungen . . aus ungedruckten oder wenigst bei Meiern nicht vorfindigen, doch in sechs alten Protokollen enthaltenen, sie möglichst verbessernden Urkunden bestehend“. Es

sind vier Bände (95, 1 ist ein Duplikat von 94, 1) mit Abschriften vom Ende d. 18. Jahrh., die zweifellos auf innsbruckische Materialien zurückgehen.

b. aus den Friedensakten der ehemaligen Mainzischen Reichskanzlei die Faszikel 10. 18. 26.

2. im Hauptarchiv:

Korrespondenz mit Frankreich 27.

Korrespondenz Ferdinands III. mit Erzherzogin Claudia 1643—1645.

Korrespondenz der Erzherzogin Claudia mit Volmar 1643. 1648 (die dazwischen liegenden Jahrgänge fehlen).

Berichte der Vertreter Österreichs im Fürstenrath: Graf Wolkenstein, Goll und Richtersberger (FrA Z. III).

BERICHTIGUNGEN.

S. 12 Z. 4 v. u. lies *des* statt *der*.
„ 31 „ 18 lies Juli.
„ 77 „ 9 v. u. lies *Kaiser* statt *Kaisers*.
„ 94 a. 1 ist die Berufung auf den Gothaischen Hofkalender falsch; es muss überall Trauttmansdorff statt Trauttmannsdorff gelesen werden.
„ 125 „ 2 vorletzte Zeile lies Duplikat.
„ 151 „ 2 ist das letzte Wort („vergl.“) zu streichen.
„ 164 Z. 16 lies praejudiziren.
„ 183 a. 2 lies Michaud.
„ 187 „ 1 lies Chéruel.
„ 192 „ 3 lies Tagebuch.
„ 207 „ 4 u. S. 210 a. 1 ist *1118* statt *1119* zu lesen.
„ 219 Z. 22 lies *waren* statt *wahren*.
„ 232 „ 10 Sundgaus.
„ 245 „ 4 v. u. fehlen hinter *sollten* die Anführungszeichen.
„ 251 „ 8 lies *ohnedies*.
„ 276 „ 6 v. u. lies *landgräflichen*.
„ 284 a. 3 lies *Annales de l'Est* statt *RE*.

EINLEITUNG.

Der Streit über die Bedeutung der Bestimmungen, durch welche im Westfälischen Frieden die Geschicke des Elsass entschieden worden sind, reicht bis in die Tage des Friedenskongresses selbst zurück. Der zwischen den kaiserlichen und den französischen Bevollmächtigten am 13. September 1646 über die französische Satisfaktion abgeschlossene Präliminarvertrag ist mit geringen Modifikationen dem Friedensinstrumente einverleibt worden. Vergeblich haben sich in der Zwischenzeit die interessirten Reichsstände bemüht, diejenigen Bestimmungen der Präliminarien, welche die künftigen Rechte Frankreichs im Elsass festsetzten, materiell zu ändern und formell zu deutlicherer Fassung zu bringen. Der Wortlaut des Friedensinstruments ist dann die Grundlage geworden, auf welcher fussend die französische Politik in der zweiten Hälfte des 17. Jahrhunderts, nicht einheitlich und zielbewusst von Anfang an, sondern erst nach geraumer Zeit beginnend, in verschiedenen Phasen fortschreitend, mit immer gesteigerter Auslegung der Friedensartikel, durch Gewalt und Verträge das ganze Elsass dem Reiche der Bourbonen einverleibt hat. Der Streit um die Bedeutung der in Münster über das Elsass vereinbarten Stipulationen und damit die verschiedene Beurtheilung der französichen Politik erfüllt die Publizistik jener Zeiten und hat sich in der historischen Litteratur, zeitweilig zurücktretend, durch die politischen Ereignisse der späteren Epochen wiederholt aufs neue erwachend, in ungeminderter Stärke bis in unsere

Tage erhalten. Nach wie vor finden die Festsetzungen des Westfälischen Friedens, soweit sie das Elsass betreffen, die verschiedenartigste Auslegung; dabei ist es auffallend, dass die Darlegung der Entstehung der so umstrittenen Artikel meistens in den Hintergrund tritt oder sich auf unzureichendem Materiale aufbaut. Und doch ist es einleuchtend, dass die richtige Interpretation der so mannigfach gedeuteten Friedensartikel nur durch eine eingehende, auf genügendem Quellenmaterial beruhende Darlegung ihrer Entstehung gewonnen werden kann. Diese Aufgabe zu lösen, versucht die hier folgende Arbeit.

Ihr Ergebniss soll dann künftig eine richtige Darstellung und Würdigung der elsässischen Frage in der zweiten Hälfte des 17. Jahrhunderts ermöglichen.

I.

Die Erwerbung des Elsass durch Frankreich im Westfälischen Frieden bildet nur eine Episode in dem grossen Kampfe zwischen dem Hause Habsburg und den Trägern der französischen Königskrone, der von der Wende des 15. Jahrhunderts bis zu den Tagen Maria Theresias einen der wesentlichsten Faktoren in der politischen Geschichte der abendländischen Völker gebildet hat. Die Tendenz der französischen Machthaber, hier am Oberrhein festen Fuss zu fassen und durch den Besitz des Elsass eine beherrschende Position zu ständiger Einmischung in die inneren Angelegenheiten des Deutschen Reichs zu erlangen, war schon dem Mittelalter nicht fremd. Indess, während andere Grenzlande des Reiches im Westen nach und nach verloren gingen, ist es damals im Elsass zu mehr als vorübergehenden Invasionen nicht gekommen.

Durch die Vereinigung der burgundisch-spanischen mit der habsburgischen Hausmacht, die wie eine erdrückende Fessel das zu nationaler Geschlossenheit gelangte französiche Gebiet umklammerte, wurde naturgemäss auf französischer Seite das Bestreben wachgerufen, diesen Ring zu durchbrechen. Die grossen hieraus entspringenden Kriege, welche besonders die Regierung Franz I. erfüllen, haben allerdings ihren Schauplatz am Oberrhein nicht gehabt. Wohl gelang es dann seinem Sohne Heinrich II., gestützt auf den geheimen Vertrag mit Kurfürst Moritz von Sachsen und dessen Genossen, sich durch die Überwältigung der lothringischen Bischofssitze in den Grenzgebieten des Reiches festzusetzen; der Versuch aber, sich Strassburgs zu bemächtigen und damit im Elsass und am Rhein sich einzunisten, ist ihm misslungen. Die inneren Wirren, mit denen darauf in den Zeiten der Religionskriege Frankreich erfüllt war, liessen seine expansive Kraft gerade in dieser Richtung für mehrere Jahrzehnte zurücktreten und die Wiederaufnahme der nationalen Tendenzen in der auswärtigen Politik durch Heinrich IV. erfuhr bald einen jähen Rückschlag, als dieser Monarch als Opfer des klerikalen Fanatismus sein Ende fand.

Erst die Verwickelungen des grossen Deutschen Krieges haben dahin geführt, dass Frankreich sich im Elsass militärisch festsetzen konnte und der Westfälische Friede hat dieser Thatsache für einen Theil des Landes die völkerrechtliche Anerkennung gegeben.

Es muss einer andern Gelegenheit überlassen bleiben, die Entwickelung der französischen Politik im Elsass während des Dreissigjährigen Krieges zu verfolgen; hier genüge es einleitungsweise, auf die hauptsächlichen Momente hinzuweisen, in denen sich Frankreich unter der Gunst der Verhältnisse, durch geschickte Verknüpfung von Politik und Kriegführung zum Herrn des Landes gemacht hat. Dass dem Reiche gegenüber in erster Linie die Okkupation des Elsass das Ziel der französischen Politik wurde, ist schon durch seine geographische Lage ausreichend zu erklären: hier war die grosse Kette habsburgischen Besitzes und seiner Interessensphäre, die sich fast lückenlos von der Nordsee bis zum Mittelmeer hinzog, am erfolgreichsten zu zerreissen; von hier aus liess sich am besten, militärisch gestützt auf die dahinter liegenden Vogesen und die beherrschenden Rheinpässe, die alte Neigung der französischen Staatsmänner zur Einmischung in die Reichsangelegenheiten und zur Verbindung mit den antihabsburgischen Elementen der Reichspolitik dauernd verwirklichen.

Man weiss, wie zielbewusst und doch zugleich behutsam der grosse Leiter der französischen Regierung besonders auch den deutschen Angelegenheiten näher getreten ist. Jahrelang hat er sich, in erster Linie durch die Begründung der königlichen Macht im Innern und die damit zusammenhängenden Konflikte mit England und Spanien beschäftigt, damit begnügt, durch finanzielle Unterstützungen und diplomatische Einwirkungen für die Gegner des Hauses Habsburg einzutreten [1]. Selbst als der Kaiser auf dem Höhepunkte seiner Macht zu stehen schien, zog Richelieu doch vor, sich über die Streitpunkte in Italien nach kurzem Waffengange mit Ferdinand zu vergleichen, gleichzeitig aber den nun, nachdem französische Vermittelung einen Waffenstillstand mit Polen herbeigeführt hatte, in den Kampf eintretenden Schwedenkönig durch Subsidienzahlungen zu stärken. Als dann Gustav Adolf nach schweren Anfängen in Deutschland sich zu ungeahnten Erfolgen erhob, als er nach der Besiegung Tillys bei Breitenfeld sich in ununterbrochenem Siegeszuge dem Rhein näherte und damit in die französische Interessensphäre eingriff, da führte die lebhafte Besorgniss vor dem gefährlichen Anschwellen schwedischer Machtentfaltung auch Frankreich zu militärischen Rüstungen. Schon waren erhebliche Streitkräfte an die Ostgrenze vorgeschoben. In den ersten Tagen des Jahres 1632, als Gustav Adolf in Mainz residirte und die Bemühungen Frankreichs, zwischen ihm und der Liga Neutralität herbeizuführen, sich als vergeblich erwiesen, da ist im Konseil Ludwig XIII. die Idee, sofort in den Krieg einzugreifen und sich des Elsass zu bemächtigen, lebhaft und eingehend erörtert worden. Es scheint, dass auch Richelieu damals diese Politik befürwortet

[1] Man darf hier wohl bemerken, dass schon damals Markgraf Georg Friedrich von Baden versucht hat, Richelieu durch die Aussicht auf die Gewinnung des Elsass (der Rheinlinie von Basel bis Hagenau ausser Strassburg) zum Eintritt in den Kampf zu locken. Siehe Obser in ZfGO n. F. V bes. S. 226 f. und 233. Indess blieben diese Pläne ohne erkennbare Nachwirkung.

hat und dass es erst dem Pater Joseph gelungen ist, den Kardinal umzustimmen und damit die Mehrheit für die Erhaltung des Friedens zu gewinnen[1].

Zwar gelang es jetzt zunächst den Schweden unter Horn, sich im Elsass auszubreiten und festzusetzen. Indessen verschob Gustav Adolfs Tod die Lage zu Frankreichs Gunsten. Nach wie vor hielt jetzt Richelieu daran fest, sich, so lange irgend möglich, nur indirekt am Kampfe gegen Habsburg zu betheiligen[2], zugleich aber suchte er als Entgelt für seine finanziellen und diplomatischen Unterstützungen in den Besitz fester Plätze am Rhein zu gelangen[3]. Freilich, seine Bemühungen, Oxenstierna die Leitung der im Kampfe mit dem Kaiser befindlichen Stände zu entwinden, schlug fehl, und ebenso vergeblich bemühte sich der französische Gesandte Feuquières auf dem Heilbronner Konvente im Frühjahr 1633 bei den oberen Reichskreisen um die Einräumung von Philippsburg.

Bald aber führte der Verlauf der militärischen Operationen Frankreich mühelos ans Ziel. Noch vor Schluss des Jahres 1633 zogen durch Vertrag mit den hanauischen Behörden die längst an der Grenze bereitstehenden französischen Truppen in die kleinen unterelsässischen Orte Buchsweiler, Neuweiler und Ingweiler ein, zum Schutze gegen den Statthalter des Bischofs von Strassburg, den Grafen von Salm. Wenige Wochen später aber räumte derselbe Graf Salm Hagenau, Zabern mit dem festen Hohbarr und einige andere Plätze, da er sie gegen die Schweden nicht halten konnte, seinerseits den Franzosen ein und stellte

[1] S. bes. Fagniez, le père Joseph et Richelieu I p. 586 ff.

[2] Im Mémoire vom 1. Jan. 1633 hat Richelieu das Programm seiner Politik niedergelegt: Mémoires éd. Michaud et Poujoulat 2e série VIII p. 436 ff.

[3] Schon im Mai 1632 hatte Richelieu auf Grund eines Schutzvertrages mit dem Kurfürsten von Trier, Philipp Christoph von Söttern, und im Einverständnis mit Gustav Adolf den Ehrenbreitstein besetzt. Zu der von Gustav Adolf ebenfalls zugestandenen Besetzung von Philippsburg durch die Franzosen kam es, da diese Festung erst erobert werden musste, zunächst nicht. S. Knipschaar S. 12—18. Wiedemann S. 15—22.

das Bisthum Strassburg unter französischen Schutz. So hatten beide Parteien Richelieu in die Hände gearbeitet.

Freilich lehnten die Reichsstände auch im Frühjahr 1634 die aufs neue begehrte Einräumung von Philippsburg[1] ab; nicht minder heftig wehrte sich der schwedische Reichskanzler dagegen. Erst der Fall von Regensburg (26. Juli) machte die Stände und Schweden gefügig: die Auslieferung der wichtigen Rheinfestung sollte nun der Preis für Frankreichs direktes Eintreten in die Aktion sein.

Indess änderte die entscheidende Niederlage, welche am 5. und 6. September 1634 Horn und Bernhard von Weimar bei Nördlingen erlitten, die Lage von Grund aus: ganz Süddeutschland war der Macht des Kaisers preisgegeben. Die nächste Folge war, dass die Schweden die für sie unhaltbaren Positionen im Elsass[2] ausser Benfeld den Franzosen einräumten, nachdem diese bereits am 7. Oktober Philippsburg besetzt hatten. So hatte Frankreich ohne irgend welche Verpflichtung zu kriegerischer Aktion eben dasjenige gewonnen, was die nach Paris abgeordneten Gesandten der Heilbronner Bundesverwandten als Preis für die Offensive Frankreichs bieten konnten. Aber auch jetzt noch scheuten sich seine Staatsmänner, den Bruch zu vollziehen; nicht eine rupture officielle, sondern eine coopération armée war ihre Absicht. Der Vertrag von Paris, den die Gesandten der oberen Kreise am 1. November abschlossen und den trotz des energischen Widerstrebens von Seiten Oxenstiernas die Auftraggeber noch vor Jahresschluss ratifizirten, weil sie in ihrer Noth nicht anders konnten, stellte den Zeitpunkt für die Eröffnung der Feindseligkeiten wieder in das Belieben Frankreichs, das dann immer noch zögerte, den entscheidenden

[1] Philippsburg war inzwischen im Januar 1634 von den Schweden erobert (Wiedemann S. 28); es gehört zwar weder geographisch noch politisch zum Elsass, strategisch aber ist es für die Beherrschung des Unterelsass von erheblicher Bedeutung; die Verhandlungen am Kongresse über das Schicksal dieser Festung sind von dem Streit um das Elsass nicht ganz zu trennen.

[2] Der Rheingraf Otto Ludwig befehligte hier.

Schritt zu thun. Nur mit vieler Mühe gelang es, Ende Dezember ein kleines französisches Korps zur Hülfeleistung bei der Entsetzung von Heidelberg über den Rhein zu bringen. Erst im Mai 1635 führten die zunehmenden Erfolge der Spanier die Kriegserklärung von Seiten Ludwig XIII. gegen König Philipp herbei; auch ohne den gleichen formellen Schritt erwuchs daraus der faktische Kriegszustand zwischen Frankreich und dem Kaiser. Im Sommer desselben Jahres überschritt der Kardinal de la Valette gemeinsam mit Bernhard von Weimar, freilich nur für kurze Zeit, den Rhein.

Als Frankreich im Elsass die Erbschaft der Schweden antrat, erklärten seine Staatsmänner und Feldherrn und betonten es in den verschiedenen darüber abgeschlossenen Verträgen, dass sie alle Orte ohne Beeinträchtigung ihrer Reichsfreiheiten und Gerechtsame nur in ihres Königs Protektion bis zum Frieden nähmen. Und in all den folgenden Jahren verfehlte man von Paris aus nicht, diese scheinbare Uneigennützigkeit der französischen Politik stets nachdrücklich hervorzuheben. Freilich ging bei der Lässigkeit und Unfähigkeit der französischen Kriegsführung der grösste Teil der kleineren Orte in den nächsten Feldzügen wieder verloren. Zudem gelang es dem stärksten Platze des Landes, der alten Reichsstadt Strassburg mit ihrem wichtigen Rheinpasse, jahrelang durch eine künstliche diplomatische Schaukelpolitik, ohne den Prager Frieden anzunehmen, thatsächlich eine Art neutraler Stellung zwischen den kriegführenden Parteien zu behaupten. Erst Bernhard von Weimars glänzende Kampagne 1638 und die im Dezember folgende Bezwingung von Breisach haben das Elsass der Gewalt der Kaiserlichen dauernd entzogen.

Da aber drohte den französischen Bestrebungen eine neue Gefahr. Schon der erste Vertrag, den Bernhard von Weimar im Frühjahr 1635 mit Frankreich einging, hatte ihm den Genuss der österreichischen Einkünfte im Elsass zugesagt; der Oktobervertrag von St. Germain stellte ihm als Preis einer Eroberung die Landgrafschaft Elsass und die Landvogtei Hagenau mit allen denjenigen Rechten, die hier dem Hause Österreich zustanden, in Aussicht, ohne dass Frankreich sich irgendwie eine Abhängigkeit oder die Besetzung der festen Plätze im Lande vorbehielt. Als nun aber das Elsass thatsächlich in Besitz genommen war, da war Richelieu keineswegs gesonnen, trotz der früheren, freilich in ihrer Kürze leicht zu verschiedener Auslegung geeigneten Zusagen, sich hier des vorwaltenden Einflusses und der Behauptung der wichtigsten Waffenplätze zu begeben. Der schnelle Tod Bernhards hat weitere Verwicklungen verhütet. Der Breisacher Vertrag gab die kriegsgeübten Truppen und die mit französischer Hülfe von ihnen eroberten Lande in Ludwig XIII. Hände, ohne dass doch Frankreich aus dieser Vereinbarung Rechtsansprüche auf die eroberten Lande Dritten gegenüber ableiten konnte. Und doch liegt bei alledem darin vielleicht eine gewisse historische Gerechtigkeit, denn wer möchte behaupten, dass ohne die wie saumselig und kärglich immer gelieferten französischen Subsidien und ohne die Assistenz französischer Truppen Bernhard Herr des Elsass geworden wäre!

Herzog Bernhard hatte alsbald nach der Eroberung Breisachs für den Umfang der okkupirten vorderösterreichischen Territorien, in denen er sich ein Reichsfürstenthum zu gründen gedachte, in engem Anschluss an die österreichische Verwaltung, eine Herzoglich Sächsische Kammer und Regierung zu Breisach errichtet; auch hierin trat Frankreich seine Erbschaft an. So konnte noch während des Krieges eine im ganzen ziemlich geordnete Administration und Finanzverwaltung durchgeführt werden und unter dem Schutze der Behörden begannen die durch den Krieg vertriebenen Bewohner in ihre Wohnsitze zurückzukehren. Noch flutete hie und da, namentlich im Unterlande, die Kriegswoge über den Rhein, noch mussten diese Gegenden wiederholt die Lasten der Winterquartiere ertragen und gerade in den reichsfreien Territorien hören die daraus entstehenden Klagen und Streitigkeiten nicht auf; aber im ganzen haben doch die elsässischen Lande im Vergleich zu den wirklichen Kriegsschauplätzen der vierziger Jahre verhältnismässig sich der Ruhe und des Friedens erfreut.

Der Feldzug von 1644 hat dann endgültig die Linie des Oberrheins den französischen Waffen gesichert, als eben auch in Münster und Osnabrück die Verhandlungen begannen, die freilich erst nach mehrjähriger Dauer zum Frieden führten und damit durch ihre Bestimmungen über die elsässischen Lande für dieselben eine neue politische Entwickelung herbeiführten.

II.

Nach jahrelangen vergeblichen, oft unterbrochenen, immer wieder aufgenommenen Verhandlungen, die theils einer allgemeinen Pazifizirung, theils zu Sonderverhandlungen dienen sollten, war endlich am 25. Dezember 1641 in Hamburg unter dänischer Vermittelung ein Präliminarvertrag zwischen den Vertretern des Kaisers, des Königs von Frankreichs und der Königin von Schweden abgeschlossen worden. Durch e i n e n allgemeinen Kongress sollte der grosse Streit, der seit mehr als zwei Jahrzehnten fast ganz Europa unter die Waffen gerufen hatte, beigelegt, sollten den Völkern die Segnungen des Friedens wiedergegeben werden; in Osnabrück sollte der Kaiser mit Schweden und seinen Alliirten verhandeln, in Münster der Kaiser und der König von Spanien mit Frankreich und dessen Bundesgenossen; bis zum 25. Februar 1642 sollte der Präliminarvertrag von den betheiligten Mächten ratifizirt sein, am 25. März sollten die Kongressverhandlungen beginnen.

Es fehlte doch viel, dass die Hoffnungen derjenigen erfüllt wurden, welche auf Grund dieser Bestimmungen den baldigen Abschluss des Friedens erwarteten. Zwei Jahre vergingen, bis der Kongress formell beginnen konnte. Die Erörterung der Fragen des Zeremoniells, die Beanstandung der Ratifikationen, die Schwierigkeiten, welche hinsichtlich der Ausstellung der Geleitsbriefe erhoben wurden, waren zum grössten Theile nur ein Vorwand, hinter dem die Regierungen ihre mehr oder minder grosse Abneigung gegen einen baldigen Friedensschluss zu verbergen suchten.

In der That hatten die kriegerischen Ereignisse der

letzten Jahre keiner Partei ein derartiges Übergewicht verschafft, dass sie hoffen konnte, nach ihrem Wunsche dem Gegner die Bedingungen des Friedens aufzuerlegen. Beide Seiten suchten noch durch die Entscheidung des Schwertes günstigere Grundlagen für die Verhandlungen zu gewinnen. Ferdinand III. war weit davon entfernt, auf die Durchführung der Pläne zu verzichten, deren Verwirklichung weder sein Vater noch er selbst je wieder so nahe gekommen war, wie einst in den Tagen des Restitutionsediktes. Auf Grund der Stellung, die ihm die fast ausnahmslose Annahme des Prager Friedens durch die deutschen Fürsten und Stände verschafft hatte, gab er sich mit seinen Räthen der Hoffnung hin, die Restauration des Katholizismus im Reiche und die Unterwerfung der Stände unter das Interesse des habsburgischen Staatenkomplexes zur Thatsache zu machen. Vor allen Dingen aber liess er auch jetzt noch nicht von dem Gedanken, durch Separatverhandlungen die Forderungen der schwedischen Regenten, deren kriegerische Neigungen mehr und mehr abnahmen, zu befriedigen, da das ohne Aufopferung habsburgischer Besitzungen geschehen konnte, und so die Allianz der beiden Kronen zu trennen, um in Gemeinschaft mit dem spanischen Familienzweige die bourbonischen Aspirationen niederzuwerfen. Die geheimen Verhandlungen kaiserlicher Diplomaten mit Schweden hören mit dem Hamburger Vertrage nicht auf und trotz der mit Frankreich erst jüngst erneuten Bündnissbestimmungen verhielt man sich schwedischerseits nicht ganz ablehnend dagegen.

In gleicher Weise war Spanien bemüht, die Vereinigten Niederlande zu einem Separatabkommen zu vermögen. Hier lag die um Friedrich Heinrich von Oranien geschaarte kriegerische Partei mit den Friedenstendenzen vornehmlich der grossen Kaufleute der Provinz Holland in dauernden Reibungen. Gelang es, der letzteren Richtung das Übergewicht zu verschaffen, so konnte Spanien hoffen, auch von dieser Seite Frankreich zu isoliren und gegen diese Macht und die von ihr unterstützten Erhebungen in Portugal und Katalonien alle Kräfte des Reiches zu wenden.

Aber noch eine andere Erwartung veranlasste begreiflicherweise bei den Habsburgern im Reiche und in Spanien den Wunsch, den Abschluss des Friedens hinzuziehen: man rechnete auf nahe bevorstehende Veränderungen in Frankreich. Ludwig XIII. war von schwacher Gesundheit. Wiederholt hatten ihn plötzliche Erkrankungen an den Rand des Grabes gebracht, jeden Augenblick schien eine tötliche Katastrophe möglich. Und die Rechnung konnte von den Feinden Frankreichs wohl gemacht werden, dass, sobald für den noch in zartem Kindesalter stehenden Thronfolger die Königin Anna die Regierung lenkte, sie, die habsburgische Prinzessin, die Schwester König Philipps, den leitenden Staatsmann, den nur das Vertrauen des Königs zu halten schien, stürzen und die französische Politik auf die vorgebliche Gemeinschaft der katholischen Interessen und ein Zusammengehen mit dem Hause Habsburg stellen würde.

Anders aber als die Gegner erwarten, die Freunde fürchten konnten, sollten sich die Geschicke Frankreichs gestalten. Vor dem König wurde der grösste Gegner des habsburgischen Hauses vom Schauplatz seiner Thaten abgerufen. Am 4. Dezember 1642 ist der Kardinal Richelieu, erst 57 Jahre alt, gestorben. Es war ihm nicht vergönnt, das Werk, dem er die Kraft seines Lebens gewidmet, zu vollenden: aber auf den Grundlagen, welche er geschaffen, in den Bahnen, die er gewiesen hat, haben seine Nachfolger Frankreich zu Zeiten höchster Machtentfaltung und glänzendsten Ruhmes geführt. Bis in das letzte Jahr seines Lebens hat er gegen offene und geheime Gegner um seine Stellung kämpfen müssen. Es ist ein Beweis, wie kraftvoll und gut gegründet sein Werk — die Einheit des Reiches, die wirkliche Herrschaft des Königthums und die Durchführung einer von nationalen Interessen getragenen auswärtigen Politik — gewesen ist, dass es sich bewährte, nicht nur bei dem vorzeitigen Tode seines Schöpfers, sondern auch durch die stürmischen Zeiten eines minderjährigen Regiments.

Denn auch Ludwig XIII. Tage waren gezählt. Er hatte das Vermächtniss Richelieus erfüllt und dem von ihm bezeichneten Manne die Leitung der Geschäfte übertragen. Wenige Monate darauf ist er dem Lenker seines Staates gefolgt (14. Mai 1643). Ein fünfjähriger Knabe, bestieg Ludwig XIV. den Thron.

Dieser Wechsel auf dem Throne und in der Leitung des Staates gereichte dem Friedenswerke zunächst nicht eben zum Vortheil. Die bisherigen Feldzüge hatten den Franzosen zwar manchen Erfolg gebracht, aber die Wechselfälle der letzten Jahre hatten doch mehr als eine Errungenschaft wieder in Frage gestellt. Richelieu selbst hatte keineswegs an baldigen Frieden gedacht: nur von kriegerischen Plänen und neuen Rüstungen hören wir ihn im letzten Lebensjahre reden. Begreiflicherweise: noch fehlte viel, dass das Ziel erreicht gewesen wäre, um dessentwillen er in den Kampf eingetreten war; dank seiner Verwaltungsthätigkeit war Frankreich im Stande, die Waffen weiter zu führen. Nichts konnte Mazarins Stellung besser befestigen, als kriegerische Erfolge. Und eben jetzt, da Ludwig XIII. die Augen schloss, begann das entscheidende Übergewicht der französischen Waffen. In Torstenson war schon 1642 der bedeutendste Feldherr aus der Schule Gustav Adolfs erschienen. Schon hatte Turenne die ersten Lorbeeren geerntet und am 19. Mai 1643 begründete der jugendliche Herzog von Enghien[1] seinen Ruhm durch den glänzenden Sieg bei Rocroi.

Wohl erhoben sich in den Anfängen der neuen Regierung Schwierigkeiten und Unruhen. Die Regentschaftsbestimmungen Ludwig XIII. wurden mit Hülfe des pariser Parlaments und eines Theils der Grossen beseitigt. Aber eben die Hoffnungen derer, durch die sie erhoben wurden, täuschend, blieb Königin Anna der bisherigen Politik treu. In überaus geschickter Weise hatte sich Mazarin bei der Regentin das Terrain erobert. In seinen Händen liess sie die Leitung der Staates. In kurzer Zeit gelang es ihm, die Partei der Importants zu vernichten, die Unruhen, die sich in einzelnen Theilen des Landes erhoben hatten, zu unterdrücken. Aufs neue konnte die Kraft des Staates sich den

[1] Seit dem Tode seines Vaters 1646 Herzog zon Condé.

auswärtigen Angelegenheiten zuwenden. In Italien und Spanien, in den Niederlanden und im Reiche, zu Lande und zur See trat Frankreich auf den Kampfplatz [1]. Und neben den Feldherrn winkte den Staatsmännern Ruhm und Verdienst.

Denn nun begann allmählich der lange festgesetzte Friedenskongress sich zu versammeln. Nach endlosen Schwierigkeiten waren im Frühjahr 1643 die Ratifikationen des Präliminarvertrages und die Geleitsbriefe für die Gesandten ausgeliefert. Am 11. Juli 1643 sollte die Eröffnung des Kongresses stattfinden. Aber erst nach und nach fanden sich die Gesandten ein, zuerst die kaiserlichen, dann auch die der übrigen Mächte, Schwedens und Spaniens und die Vertreter des Papstes und Venedigs als Vermittler in Münster, Dänemarks zur Vermittlung in Osnabrück.

So sehr anfänglich auf allen betheiligten Seiten die Verzögerung verschuldet wurde, ebenso sehr ist klar, dass jetzt die Hauptschuld eines Verzuges an den Franzosen lag. Schon im September 1643 hatten die Bevollmächtigten Paris verlassen. Aber monatelang wartete man ihrer Ankunft, die stets als nahe bevorstehend angekündigt wurde. Der Grund war für Frankreich wichtig genug, es galt die Vereinigten Niederlande aufs neue an sich zu fesseln und einen Separatfrieden ihnen unmöglich zu machen. Nach überaus langwierigen Verhandlungen kam am 29. Februar 1644 diese Verbindung zu Stande. Nunmehr erschienen auch die französischen Gesandten in Münster: Avaux am 17. März, Servien am 5. April. Der Kongress konnte beginnen.

III.

Wenn wir noch einen kurzen Blick auf die Situation der kämpfenden Mächte im Beginne des Kongresses werfen, so kann das Urtheil nicht zweifelhaft sein, welche Partei in überlegener Machtstellung, mit grösserer Aussicht auf die Verwirklichung ihrer Ansprüche in die Verhandlungen eintrat, vornehmlich auch soweit das Deutsche Reich in Betracht kam.

---

[1] S. über diese Ereignisse: Chéruel B. I u. LdM I.

Die Zeiten, die dem Prager Frieden folgten, bezeichnen einen Höhepunkt der habsburgisch-spanischen Machtentfaltung in diesem Kriege. Süddeutschland war vollkommen in der Hand der Kaiserlichen und Bayern, Bernhard von Weimar und die Franzosen über den Rhein zurückgeworfen. Freilich gelang es Baner, während Paris vor den Reiterscharen Johanns von Werth erzitterte, sich bis Ende 1636 mit Erfolg in Norddeutschland zu behaupten, aber im folgenden Jahre sehen wir die schwedischen Kräfte bis an den Rand der Ostsee zurückgedrängt, kein Glied des Reiches steht mehr gegen den Kaiser im Felde. Dann aber wendet sich das Kriegsglück den Gegnern des Kaisers zu: Bernhard von Weimar gewinnt das Elsass und die beherrschenden Plätze am Oberrhein, seine Erbschaft treten die Franzosen an. Die Schweden erst unter Baner, dann unter Torstenson gewinnen nicht nur den grössten Teil von Norddeutschland wieder, sondern stossen mit Erfolg nach Süddeutschland und in die kaiserlichen Erblande vor. Die Landgräfin von Hessen-Kassel stellt sich wieder offen auf Frankreichs Seite, und wenn auch die Welfenherzöge ihren Frieden mit dem Kaiser machen, so tritt dafür der Kurfürst Friedrich Wilhelm von Brandenburg vom Kampfe gegen Schweden zurück. In jedem Jahre drangen die französischen Heerhaufen über den Rhein vor.

Richelieu aber begnügte sich nicht damit, im Reiche gegen den Kaiser, in Italien und in den Niederlanden, und auch hier nicht ohne Erfolg, gegen die spanischen Habsburger den Krieg fortzuführen: gegen diese erweckte er neue Feinde im eigenen Lande: im Westen hatte Portugal das spanische Joch abgeschüttelt und sich unter dem Herzoge von Braganza wieder zu nationaler Selbständigkeit erhoben; im Osten begaben sich die aufständischen Katalonier in französischen Schutz: die Heere Ludwigs XIII., die schon Roussillon gewonnen hatten, überschritten nun auch die Pyrenäen.

Neben den militärischen Erfolgen ging bei Richelieu wie bei Mazarin die diplomatische Arbeit: die immer wieder erneuerten Bündnisse mit Savoyen, mit den Generalstaaten und mit Schweden stärkten auch durch Subsidienzahlungen den französischen Einfluss auf diese Mächte.

Dagegen hatte Kaiser Ferdinand ausser Spanien nur einen leistungsfähigen Bundesgenossen aufzuweisen: den Kurfürsten von Bayern. Aber Maximilian war alt geworden: ihm stand die Sorge um die Erhaltung seiner Hausmacht, wenn auch schon früher, so jetzt noch in gesteigertem Maasse an erster Stelle seiner Interessen; je länger der Krieg ohne nachhaltige Erfolge dauerte, je grösser die Opfer wurden, die er auferlegte, um so mehr wuchs die Sehnsucht des Kurfürsten nach Frieden; Frieden mit möglichst grossen Vortheilen für sich und sein Haus, das ist die Triebfeder seiner Politik schon vor dem Beginn des Kongresses und mehr als ein Zeichen — man erinnere sich der letzten Versammlungen der Kurfürsten und Reichsstände — musste dem Kaiser gezeigt haben, dass auch für Bayerns Zusammengehen mit Österreich leicht die Grenze kommen konnte, es bedurfte nur der richtigen Lockung des Gegners. Wir werden sehen, wie das Bestreben, den Abfall des Kurfürsten von Bayern zu hindern, für die kaiserliche Politik auf dem Kongresse, gerade auch in der elsässischen Frage, von dem grössten Einflusse geworden ist.

Noch einmal schien die feindselige Haltung, die Christian IV. von Dänemark gegen Schweden einnahm, bessere Aspekten für den Kaiser zu eröffnen. Ohne sich mit Frankreich zu verständigen[1], beschlossen die schwedischen Regenten im Frühjahr 1643 den sofortigen Krieg, Torstenson wurde mit seinem Heere aus Deutschland abberufen. Jetzt war der Augenblick für den Kaiser gegeben, wo er seine ganze Macht gegen die Franzosen wenden musste. Statt

[1] Gindely Dreissigjähr. Krieg III S. 147 behauptet fälschlich, dass der Entschluss im Einverständniss mit Frankreich gefasst sei; hier war man im Gegenteil sehr unangenehm davon berührt: siehe LdM I u. II, bes. I n. 426 (Brief Mazarins an Avaux 1644 Febr. 13) und namentlich I Introd. S. 89 ff. (Brief an Avaux und Servien 1644 Jan. 15): il eût été à désirer que la couronne de Suède . . . . n'eût pas prise une résolution si importante et capable de changer la face des affaires sans l'avoir auparavant concertée avec nous.

dessen erhielt Gallas den Auftrag, Torstenson zu folgen. Der aber war mit erstaunlicher Geschwindigkeit nach Norden gezogen, hatte die Dänen vom Festlande hinweggefegt und in den Monaten, da die ersten Verhandlungen in Osnabrück und Münster stattfanden, trieb er den unfähigen kaiserlichen Feldherrn bereits tief im Reiche wieder vor sich her auf einem Siegeszuge, der im folgenden Frühjahr erst unweit der kaiserlichen Residenz sein Ziel fand.

So standen die militärischen Chancen gegen den Kaiser. Und es war für die verbündeten Kronen Frankreich und Schweden kein kleiner Vortheil, dass sie im wesentlichen im Besitze der Lande waren, die sie im Frieden sich zu bewahren gedachten. Konnte der Kaiser hoffen, sie daraus zu vertreiben?

Dazu gesellte sich die diplomatische Überlegenheit in den Persönlichkeiten ihrer Vertreter ebenfalls auf Seite der Kronen. Schweden hatte neben dem Sohne des grossen Kanzlers, der noch immer in erster Linie die Geschicke dieses Landes lenkte, einen in den deutschen Angelegenheiten gründlich bewanderten, geschäftskundigen und gewandten Vertreter in Adler Salvius entsendet. Ihnen standen in Osnabrück auf kaiserlicher Seite der Graf von Lamberg[1] und der Reichshofrath Dr. Crane gegenüber, die in keiner Weise über die Mittelmässigkeit sich erhoben[2]. Das gleiche gilt von dem convertirten Grafen von Nassau[3], der in Münster die kaiserlichen Interessen zu vertreten hatte; ihm zur Seite stand als eigentlicher Geschäftsführer der österreichische Hofkammerpräsident Dr. Isaac Volmar[4], ein erfahrener und kenntnissreicher Verwaltungsbeamter. Er war ursprünglich für die Gesandtschaft in Osnabrück bebestimmt, erhielt aber bereits im August 1643 den Befehl,

---

[1] Er trat an die Stelle des ursprünglich bestimmten, aber nach Wien berufenen Grafen Auersberg, der später nach Trauttmannsdorffs Tode der einflussreichste Rathgeber Ferdinands III. wurde.

[2] Vergl. Contarinis Urtheil in seiner Finalrelation S. 23.

[3] ADB. 14 S. 258 ff. (Joachim).

[4] Volmar, geb. 1582, gest. 1662 S. ADB 40 S. 263—269 (von Egloffstein).

sich von Frankfurt, wo er einer der kaiserlichen Vertreter auf dem Deputationstage war, nach Münster zu begeben, da ihm „die französische Sache etwas mehr bekannt, er auch alldorten", so schrieb der Kaiser an Volmars Gebieterin, die Erzherzogin Claudia von Tyrol[1], „unseres gesammten löblichen Erzhauses und insonderheit wegen unserer erzfürstlichen Pupillen[2] durch die Franzosen entzogenen vorderösterreichischen Landen, wie auch zugleich der Krone Spanien Interesse besser wird beobachten und negotiiren können." Als früheres Mitglied der vorderösterreichischen Regierung war allerdings hier sein Platz, aber seine Eigenschaft als Beamter der Nebenlinie liess ihn oft deren so gefährdete Interessen wohl zu stark betonen und eine geringe Geschmeidigkeit und Verbindlichkeit im Auftreten trug nicht immer dazu bei, seinen Einfluss und die Sache der Kaiserlichen zu fördern. Erst mit Trauttmannsdorffs Erscheinen im November 1645 begann die kaiserliche Diplomatie von grösseren Gesichtspunkten auszugehen.

Als Vertreter Frankreichs war ursprünglich in erster Linie der Kardinal Mazarin in Aussicht genommen. Diese Bestimmung wurde unausführbar, als er zur Leitung des Staates berufen wurde. An seiner Stelle wurde einer der hervorragendsten Diplomaten Frankreichs zum Kongresse entsendet, Graf d'Avaux[3], ein Mitglied der angesehenen Familie der de Mesmes, eine der anziehendsten Gestalten der Versammlung, seit langen Jahren als Gesandter in Venedig, Dänemark und Schweden aufs trefflichste bewährt,

[1] WA FrA Hauptarchiv, wo sich ein Theil der zwischen dem Kaiser und der Erzherzogin gewechselten Korrespondenz befindet. 1644 und 1645 suchte die Erzherzogin wiederholt Volmars Abberufung beim Kaiser zu erreichen, um ihn in ihrem Dienste zu verwenden; es gelang aber Ferdinand doch, ihn am Kongresse zu halten; auch Trauttmannsdorff rieth dem Kaiser dazu, Volmar nicht loszulassen. S. die angeführte Korrespondenz. Volmar traf am 8. Sept. 1643 in Münster ein (Cortreius S. 1).

[2] Die minorennen Söhne des 1632 gestorbenen Erzherzogs Leopold von Tyrol und der Erzherzogin Claudia, die für sie die Regierung führte.

[3] Siehe die schöne Publikation: Correspondance inédite du comte d'Avaux avec son père (1627—1642) p. p. A. Boppe. 1887.

leider zum Schaden der deutschen Protestanten nicht frei von klerikalen Neigungen.

Als sein Kollege war zunächst der damalige Staatssekretär Chavigny ins Auge gefasst worden, der aber beim Sturze seines Vaters sein Amt und diese Berufung verlor. Er wurde durch einen ergebenen Anhänger des Kardinals, Abel Servien, ersetzt, den jener wohl in Italien in diplomatischen Geschäften kennen gelernt, der sich aber seit Jahren von der Politik zurückgezogen hatte. Eine scharfe und energische Natur, gerieth er, nicht eben zum Vortheil für die Interessen seines Landes, sehr bald mit seinem Kollegen Avaux in den heftigsten persönlichen Konflikt, den einigermassen zu dämpfen ein energisches Eingreifen des Hofes erforderte. Zur Verhütung weiterer Disharmonie und auch zu glanzvollerer Repräsention wurde im Juni 1645 ein Prinz von Geblüt, der Herzog von Longueville, an die Spitze der Gesandtschaft gestellt, der, wie es scheint, sich mehr mit Avaux in Übereinstimmung befand als mit dem auch bei den Reichsständen nicht beliebten, wenig verbindlichen Servien. Jedenfalls hatte Frankreich allen Grund, mit der Vertretung seiner Interessen am Kongresse zufrieden zu sein.

ERSTER ABSCHNITT.

EINLEITENDE VERHANDLUNGEN BIS ZUR ANKUNFT DES GRAFEN TRAUTTMANNSDORFF IM NOVEMBER 1645.

1. ERSTE ERÖRTERUNGEN UND PROPOSITIONEN.

Die ersten Erörterungen des Kongresses waren dem Austausche der Vollmachten und Fragen des Ceremoniells gewidmet. Man ist gewöhnt, über die Weitläufigkeiten und über den Zeitaufwand, den namentlich die Erledigung des zweiten Punktes erforderte, sich in wohlfeilem Spotte zu ergehen. Aber die Sache liegt doch etwas anders. Uns erscheinen die Würde und Feierlichkeit, mit der diese Angelegenheiten bis zu den geringfügigsten Kleinigkeiten erörtert wurden, und die Differenzen, welche sich dabei erhoben, ja allerdings auf den ersten Eindruck höchst lächerlich. Aber wir müssen zweierlei berücksichtigen. Einmal waren die endlosen Streitigkeiten um Etikettefragen ebenso wie die Beanstandung der geringsten Formfehler in den Vollmachten beiden Parteien eine willkommene und eifrig ausgenutzte Handhabe, um die wirklichen Verhandlungen hinzuhalten, besonders ehe in dem dänisch-schwedischen Konflikte eine Entscheidung erfolgt war. Andererseits aber dürfen wir nicht vergessen, dass in jener Zeit die Ausbildung eines festen Ceremoniells im Verkehre der Staaten erst in ihrem Anfange stand, dass eben jetzt zum erstenmal der grösste Theil der europäischen Staaten sich zu gemeinsamen diplomatischen Verhandlungen zusammenfand und dass in jenem Zeitalter auf die äusseren Formen, welche dabei zu beobachten waren, ein ungleich höherer Werth gelegt wurde, als in unseren Tagen, wo sich ein derartiger Verkehr in gewohnten Regeln vollzieht, die eben auf dem Westfälischen Friedenskongresse eine wesentliche Entwickelung erfahren haben. Gewiss lassen sich nicht alle Streitfragen, welche damals auf diesem Gebiete aufgeworfen und oft in leidenschaftlicher Weise erörtert sind, durch solche Erwägungen erklären, aber unzweifelhaft, so scheint es mir, verliert ein grosser Theil derselben — und sie ziehen sich durch die ganze Dauer des Kongresses hindurch — viel von der Lächerlichkeit, der man sie meist preisgegeben hat.

Ungleich erschwerender als die meisten Etikette- und Formfragen war für den Beginn ernsthafter Unterhandlungen über die grossen Streitpunkte, welche der Kongress schlichten sollte, abgesehen von dem wechselnden Verlaufe der kriegerischen Operationen die Anerkennung der Vollmachten der Gesandten. Es ist hier nicht der Platz, auf die Einzelheiten, welche dabei vorgebracht wurden, einzugehen. Auch hier liegen begründete Ausstellungen und absichtliche Tüfteleien, hervorgesucht zum Zwecke der Verzögerung, neben einander. Sie spielen zum Theil bis ans Ende des Kongresses.

Überaus wichtig aber, insbesondere auch für das Auftreten der französischen Diplomaten, wurde eine Streitfrage, die sich schon in den ersten Tagen der Berathungen erhob; sie betraf die Zuziehung der Reichsstände zu den Friedenstraktaten [1].

Schon seit Jahren war diese Frage der Gegenstand von Erörterungen und Kämpfen zwischen dem Kaiser und den Ständen gewesen: sie gewann eine erhöhte Bedeutung, als nun die Kronen, und vornehmlich Frankreich, den Streitpunkt aufgriffen und sich desselben in der geschick-

---

[1] Vergl. hierzu im allgemeinen: Stöckert, die Admission der deutschen Reichsstände zum Westfälischen Friedenskongresse. Kiel 1869; nicht abschliessend und erschöpfend.

testen Weise zur Verstärkung ihrer Position auf dem Friedenskongresse bedienten[1].

Mit dem Prager Frieden hatte Ferdinand II. die Reichsverfassung gebrochen und die grossen Gegensätze, die den Krieg herbeigeführt hatten, auf Grund der Verständigung mit einem Reichsfürsten, durch einseitiges Machtgebot zur Entscheidung zu bringen versucht. Es konnte eine Zeit lang scheinen, als ob der Versuch gelingen werde. Aber selbst in diesen Tagen hat sich der Kaiser den Bestrebungen der kurfürstlichen Oligarchie nicht entziehen können und ihr auf dem Regensburger Kollegialtage (1636) eine Theilnahme an den in Köln in Aussicht genommenen allgemeinen Friedensverhandlungen zugestehen müssen.

Ferdinand II. und ebenso Ferdinand III. hatten dann selbst — z. B. in den Verhandlungen mit Braunschweig, Hessen-Kassel und Strassburg[2] — den Boden des Prager Friedens verlassen; dazu liess der Fortgang der militärischen Ereignisse seine Undurchführbarkeit immer klarer hervortreten.

So tritt begreiflicherweise auf dem Regensburger Reichstage (1640/41) das Bestreben der Stände auf Vertretung am Friedenskongresse immer stärker hervor; sie erreichen ihr Ziel doch vorerst nur zum Theil: dass nämlich neben den Kurfürsten jedem Stande freistehen solle, Vertreter an den Kongress abzuordnen, um den kaiserlichen Gesandten „des Heiligen Reichs und ihrer Prinzipalen Nothdurft in Zeiten" zu kommuniziren.

Der Hamburger Präliminarvertrag gestand den Kronen auch für ihre Anhänger und Verbündeten Geleit zum Kongresse zu. Und wenn der Kaiser versuchte, die Differenzen über Reichsangelegenheiten den allgemeinen Friedensverhandlungen zu entziehen und dem 1642 nach Frankfurt berufenen Deputationstage zu übertragen, so erwies sich

[1] Das energische Eingreifen der Franzosen in dieser Frage rechtfertigt wohl eine gedrängte Hervorhebung der Hauptphasen ihrer Entwickelung an dieser Stelle.

[2] Die Stellung Strassburgs zum Prager Frieden werde ich demnächst eingehend darlegen.

das bei der Stimmung, unter der dieser Konvent zusammentrat, sehr bald als aussichtslos. Hier erhob sich die katholische Opposition unter der Führung des bayrischen Kurfürsten, hier trat Friedrich Wilhelm von Brandenburg mit aller Energie für die Bestrebungen des Fürstenstandes auf Theilnahme an den Friedensverhandlungen ein. Während die Mehrheit der Kurfürsten Fortführung des Deputationstages wünschten, forderten die Fürsten und Stände die Verlegung desselben an den Kongress. Der Kaiser entschied sich für die Auffassung der Kurfürsten, und seinen Gesandten in Frankfurt gelang es zunächst, durch zufällige Abwesenheit einiger fürstlichen Gesandten, in diesem Sinne einen Mehrheitsbeschluss auch dieses Kollegiums herbeizuführen.

Noch von Hamburg aus hatte der schwedische Bevollmächtigte Salvius an die meisten Reichsstände auf Grund des Präliminarvertrages die Aufforderung gerichtet, sich zur Beschickung der Traktate zu rüsten (20./30. April 1643): es wäre das beste Mittel, den Bestrebungen des Kaisers auf absoluten Dominat und Servitut der Stände mit Erfolg entgegenzutreten. Das Schreiben blieb ebenso wirkungslos wie eine erneute Aufforderung im November desselben Jahres.

In der That lag nun die Heranziehung der Stände zu den Verhandlungen durchaus im Interesse der Kronen: es war für sie äusserst wünschenswerth, auf diesem Wege die inneren Streitigkeiten des Reichs an den Kongress zu bringen, um die „Libertät“ der Stände gegen die kaiserliche Machtentfaltung im Reiche sicher zu stellen. Dann aber kam es für sie, und namentlich für Frankreich, darauf an, sich der Unterstützung der Stände in der Satisfaktionsfrage zu versichern.

Freilich galt es zunächst den schon vorhandenen Verdacht, dass es Frankreich unter dem Schein der Protektion darauf ankomme, sich im Reiche festzusetzen, zu beseitigen. Mazarin hält das nicht für so schwierig: man braucht, meint er, nur auf das Verhalten Frankreichs gegen die italienischen Fürsten, auf seine Verträge mit Schweden,

Trier und der Landgräfin von Hessen zu verweisen, um Frankreichs Uneigennützigkeit darzulegen. Wenn der König im Reiche einige wenige Plätze im Besitz habe, so werde das nur als Schirmherr bis zum Frieden der Fall sein [1].

Ein besonderes Gewicht legten die französische Regierung und ihre Bevollmächtigten auf die Heranziehung der Städte, bei der antihabsburgischen, protestantischen Gesinnung der Mehrzahl von ihrem Standpunkte aus durchaus mit Recht.

Avaux namentlich betrieb diesen Punkt mit grossem Eifer [2]. Es war sein erstes Geschäft nach der Ankunft in Münster, ein Schreiben aufzusetzen, das, sobald Servien erschienen war, am 6. April an die Stände und an den Deputationstag in Frankfurt abgesendet wurde [3].

In eindringlichen, wenn auch scharfen Worten mahnten sie die deutschen Stände an die Gefahren, die ihnen von einer Fortsetzung des Kampfes und einer übermächtigen Stellung des Hauses Österreich drohten und riefen sie auf, ihr eigenes Interesse in Verbindung mit den Kronen zu wahren und ihre Gesandten zum Kongresse zu schicken.

Die Hoffnungen, die der Hof und die Bevollmächtigten auf dies Schreiben setzten, erfüllten sich zunächst nicht; noch waren die militärischen Erfolge nicht entscheidend genug, um gerade den kleineren, hülflosen Ständen ein solches Vorgehen gegen den Willen des Kaisers räthlich scheinen zu lassen — die Franzosen waren im letzten Herbst über den Rhein zurückgeworfen und Torstenson war im Kampfe gegen Dänemark begriffen.

Der Kaiser aber und nicht minder seine Vertreter am Kongress und in Frankfurt waren über das in ihren Augen höchst anmassende und ungebührliche Schreiben

[1] Mazarin an Avaux, 1644 April 30. LdM I. p. CXII f.; vgl. Mazarin an Colmar. LdM I p. 710.

[2] Avaux an die Königin-Regentin, 1644 März 25. NS II 1 p. 6 = Gärtner II S. 597.

[3] Der Brief ist oft gedruckt, u. a. Meiern I B. 2 § 63. Gärtner II S. 631—638; vergl. Chemnitz IV B. 4 c. 12.

äusserst empört. Die Kaiserlichen in Münster erhielten den Befehl, „eine starke Ahndung bei den Mediatoren anzubringen“ und anzuzeigen, dass sie angewiesen wären, sich der Visiten und Curialien gegen die Franzosen bis auf weiteres zu enthalten [1]. Den Ständen selbst führte Ferdinand die Verdienste seines Hauses um das Vaterland vor und mahnte sie, dem „übermüthigen, weit aussehenden Schreiben“ nicht zu folgen [2]. Gleichzeitig verlangte er vom Deputationstage, dass er das französische Aufforderungsschreiben zurücksendete: die Mehrheit des Kurfürstenraths, in dem nur Brandenburg energisch widersprach, war geneigt, darauf einzugehen, nicht aber der Fürstenrath; die Verhandlungen darüber zogen sich bis in den August ergebnisslos hin, wo dann unter dem Eindrucke der französischen und schwedischen Waffenerfolge jede weitere Thätigkeit in dieser Richtung unterblieb [3].

Nun entschloss sich die französische Regierung, ein königliches Aufforderungsschreiben an die Stände ergehen zu lassen [4], das mit einem Begleitschreiben von den französischen Gesandten versendet wurde; die Schweden folgten diesem Beispiel im Oktober. Und der französische Resident in Strassburg, Stella, erhielt den Befehl, auf eine Reihe von Ständen persönlich einzuwirken. Wir kennen von mehreren derselben die Antwortschreiben; sie sind theils ausweichend, theils stellen sie die Beschickung des Kongresses zwar in Aussicht, ohne sie aber zunächst auszuführen.

Inzwischen fanden dann, nachdem die Differenzen über Etikette und Vollmachten wesentlich beigelegt waren, am

[1] Befehl Ferd.'s vom 18. Mai, Cortreius S. 66. Schon am 20. April war von Ferdinand der Befehl an die Gesandten ergangen, sich der ihnen in ihrer Instruktion befohlenen Anzettelung geheimer Nebentraktation propter mutatum rerum statum gänzlich zu enthalten: Cortreius S. 58.

[2] Ferd. an die Stände, 1644 Juni 14. Meiern I S. 223 ff. = Gärtner III S. 125—138.

[3] S. darüber bes. Chemnitz IV B. 4 S. 86—90; UA I 852—860.

[4] Ludwig XIV. an die deutschen Stände, 1644 August 20; gedruckt u. a. Meiern I S. 272 f. = Kentzinger I p. 280 ff.

4. Dezember 1644 die ersten Erklärungen der betheiligten Mächte am Kongresse statt. Sie hielten sich in den allgemeinsten Formen; aber schon da zeigte sich, wie weit man noch von einer Verständigung entfernt war.

Während die Kaiserlichen die im Jahre 1630 zu Regensburg getroffenen Vereinbarungen den Friedensverhandlungen mit Frankreich zu Grunde legen wollten und ausdrücklich die völlige Restitution des aus seinem Lande vertriebenen Herzogs von Lothringen forderten, gingen die Franzosen von dem Verlangen aus, dass die Stände des Reichs angehalten werden sollten, ihre Ankunft zu beschleunigen oder ihre Deputirten zu senden, von denen die Mehrzahl unterwegs wäre. Sobald die dazu Berechtigten erschienen wären, wollten sie billige Friedensvorschläge machen. Vor allem aber forderten sie die Freilassung des Kurfürsten von Trier, ohne welche sie in dem Hauptwerke keinen Schritt thun könnten. Die Schweden ihrerseits wollen den Schönebecker Vertrag bei den Verhandlungen zu Grunde legen, aber ebenfalls erst nach Ankunft der Stände. Die Spanier fordern für sich, für den Kaiser und den Herzog von Lothringen völlige Restitution.

Die französische Regierung war mit der von ihren Vertretern übergebenen Proposition durchaus nicht einverstanden: sie beanstandete vor allen Dingen, dass man die Verhandlungen schriftlich zu führen begonnen hätte, statt sich der Vermittler zu bedienen. Auf die bisher beliebte Weise sei keine Aussicht, zu einem dauerhaften Frieden zu kommen; im übrigen sei das Erscheinen der Stände zwar erwünscht und möglichst häufiger Antrieb dazu sei gut, wenn aber einzelne nicht zu erscheinen wagten, könne man deshalb nicht die ganze Handlung verschleppen, zumal die grosse Mehrheit — wie man in Paris irrthümlich zu meinen schien — schon unterwegs sei. Zweitens sei es verkehrt, die Freilassung und völlige Restitution des Kurfürsten von Trier als Vorbedingung zu jeder Unterhandlung zu fordern; das eben sei ein Gegenstand der Verhandlung selbst [1].

[1] Mém. du Roi à MM. les Plénipotentiaires 1645 Jan. 1. NS II 2 p. 4 ff. Von der Unzufriedenheit des Hofes waren die Kaiserlichen im

Am 15. Februar 1645 fand endlich in Münster die Auswechselung der richtig gestellten Vollmachten statt, sonst aber kam man in den Verhandlungen nicht vorwärts.

Wenige Tage darauf übergab Servien, ohne Wissen und gegen den Willen des in Osnabrück mit den Schweden über gemeinsames Vorgehen verhandelnden Avaux, eine neue französische Proposition, die, an die Erklärungen des 4. Dezember anknüpfend, auf das Erscheinen der Stände und Freilassung des trierer Kurfürsten drang, ohne doch diese Punkte als unerlässliche Vorbedingungen hinzustellen; in den Angelegenheiten des Reichs sei der König zu allen billigen Bedingungen bereit, denn auf Sicherheit und Vortheil der Stände, nicht auf seinen Vortheil komme es ihm an. Doch müsse ihnen Satisfaktion gewährt und ihr Interesse zugleich mit dem eigenen Frankreichs erledigt werden[1].

Die Kaiserlichen urtheilten, diese Propositionen seien „in effectu nicht viel besser als die vorigen, in etlichen passibus wohl auch ärger“[2]. In ihrer Erwiderung vom 10. März betonen sie, Ferdinand habe den Ständen nie verboten, zu erscheinen oder Deputirte zu senden; wenn trotzdem keine oder nur wenige erschienen seien, so sei es unrecht von den Kronen, unter diesem Vorwande die Fortsetzung der Verhandlung zu verweigern; auch könnten sie sich für die geforderte Freilassung des Kurfürsten von Trier auf kein Beispiel berufen. Vor allen Dingen aber möchten sie ihre Bundesgenossen und Anhänger einzeln namhaft machen und deutlich und ausführlich anzeigen, was der Allerchristlichste König zu seinem besonderen Interesse von Kaiser und Reich verlange oder worauf er Anspruch mache[3].

---

wesentlichen recht unterrichtet: KGM an Ferd. III. 1645 Jan. 20. Gärtner IV S. 208 ff.

[1] Meiern I S. 350 ff.; Bougeant VI p. 447—452; Gärtner IV S. 424—428; deutsch bei Bougeant-Rambach II S. 205—208. Die Schweden waren äusserst ungehalten über die Eröffnung, da sie den mit Avaux getroffenen Verabredungen widerspräche; der warf alle Schuld auf Servien, s. Brief der Plén. vom 27. Febr. NS II 2 p. 48 ff.

[2] KGM an KGO 1645 Febr. 28. Gärtner IV n. 110.

[3] Meiern I B. 4 § 26; Gärtner IV n. 129.

Hierüber hatte sich die französische Regierung selbst noch nicht im einzelnen schlüssig gemacht, obschon für niemand zweifelhaft sein konnte, dass es sich vornehmlich um Erwerbungen im Elsass und das Schicksal Breisachs handeln musste[1].

Die Kaiserlichen in Osnabrück hatten schon von dem dänischen Sekretär, der mit Avaux gesprochen, Andeutung darüber erhalten: „in Frankreich", so berichten sie am 9. Februar dem Kaiser[2], „gingen die discursus, ob würde man anseiten selbiger Krone den Rheinstrom pro termino Imperii begehren und, um solches facto ipso zu erklären, so sollten alle diesseits stehenden französischen Völker wieder übern Rhein geführet, dagegen aber alle jenseit Rheins gelegenen Örter dergestalt besetzt werden, dass die Unmöglichkeit, um dieselben durch Macht der Waffen wieder zu erobern, gleichsam an sich selbst reden und den Deutschen alle Hoffnung zu deren Rekuperation benehmen sollte". Auch suche Frankreich, um seiner Forderung „so viel mehr einen Schein und Praetext zu geben", Schweden zur Forderung territorialer Entschädigung zu bestimmen.

Diese Gerüchte waren doch nur zum Theil zutreffend, denn die Franzosen rüsteten mit aller Macht für den bevorstehenden Feldzug, den sie offensiv zu führen gedachten. Ehe sie aber im Felde erschienen, war von schwedischer Seite eine der folgenschwersten Entscheidungen gefallen: Torstenson hatte am 6. März bei Jankau das kaiserliche Heer vernichtend aufs Haupt geschlagen, die Erbländer lagen wehrlos vor ihm offen. Wenn Ferdinand und Maximilian von Bayern auch sofort zu energischen Rüstungen sich entschlossen und zunächst nicht um Waffenruhe nachsuchten, so konnten sie sich doch der Nothwendigkeit, die Friedensverhandlungen nun ernstlicher zu befördern, nicht wohl verschliessen.

Zwar waren seit dem Beginn des Jahres eine Reihe von Ständen an den Kongressorten erschienen, aber die

---

[1] Brief an Servien. 1645 Jan. 14. Paris NS II 2 p. 18.

[2] Gärtner IV n. 88.

Mehrzahl hielt sich zurück; der Deputationstag hatte die Frage ohne Ergebniss immer aufs neue verhandelt.

Jetzt entschloss sich Ferdinand zu zwei wichtigen Schritten. Er erfüllte eine Forderung der Franzosen, indem er am 12. April den Kurfürsten von Trier aus der Gefangenschaft entliess[1]: der warf sich alsbald, allen Versprechen, die er dem Kaiser hatte geben müssen, zum Trotz aufs neue den Franzosen in die Arme.

Schon vorher hatte der Kaiser bezüglich der Stände nachgegeben. Am 22. März hatte er dem kaiserlichen Kommissar Graf von Öttingen geschrieben, dass, „im Fall er verspüren sollte, dass die kurfürstlichen und deputirten Stände“ zur Verlegung des Deputationstages an die Kongressorte neigten, er in des Kaisers Namen den Konsens dazu erklären sollte[2]. Am 11. April wurde sodann die formelle Verlegung des Deputationstages an die Kongressorte ausgesprochen; doch verfügte die kaiserliche Resolution gleichzeitig, „dass i. k. M. dero höchste Autorität und die Immediathandlung mit gedachten fremden Kronen in alle Wege verbleibe“[3].

Es sollte sich bald zeigen, dass diese Konzession nicht mehr genügte. Denn die nächsten Monate führten, da nun der Kaiser selbst die Zustimmung gegeben hatte, fast sämmtliche Stände nach Münster und Osnabrück. Und bereits hatten die Franzosen die naturgemäss sich ergebende Frage aufgeworfen, ob den erschienenen Ständen das ius suffragii zugestanden wäre[4]. Hierüber erhoben sich nun monatelange Streitigkeiten.

---

[1] Die Franzosen erfuhren, wie es scheint, zuerst am 27. April durch den schwedischen Residenten davon; kurz darauf von den Vermittlern; sie hielten Torstensons Erfolg für die hauptsächliche Veranlassung. Plén. an Brienne 1645 April 28. NS II. 2 p. 248. S. f. die Haltung des Kurfürsten von Trier: Knipschaar, Kurf. Phil. Christoph von Trier und seine Beziehungen zu Frankreich, 1895; über die Freilassung urtheilt Knipschaar abweichend S. 42; im übrigen befriedigt und erschöpft die Arbeit nicht durchweg.

[2] Ferd. III. an KGM 1645 März 29. Gärtner IV n. 148.

[3] UA I S. 867. Relation 1645 April 11.

[4] Meiern I S. 377 ff.; vergl. KGM an Ferd. III. 1645 April 7. Gärtner IV n. 167.

Inzwischen aber drangen die Kaiserlichen in die Vertreter der Kronen, da die von ihnen gestellten Vorbedingungen erfüllt wären, möchten sie die versprochenen weiteren Erklärungen über ihre Forderungen von sich geben. Die beiden Alliirten aber mussten sich begreiflicherweise zunächst unter einander verständigen und darauf sendeten die Franzosen die Vorschläge, die sie zu machen beabsichtigten, am 13. Mai ihrem Hofe zur Begutachtung ein. Endlich erfolgte am Trinitatissonntage, den 11. Juni 1645, gleichzeitig in Münster und Osnabrück die Übergabe der Propositionen vonseiten der beiden Kronen.

Ein dauerhafter Friede, so sagt das französische Schriftstück[1], soll aufgerichtet werden zwischen den beiden verbündeten Kronen und ihren Anhängern einerseits, dem Kaiser, dem Haus Österreich und ihren Genossen andererseits. Zur grösseren Sicherheit soll, wenn der Friede mit dem Kaiser und dem König von Spanien geschlossen ist, der Kaiser sich weder direkt noch indirekt in etwaige künftige Streitigkeiten zwischen Frankreich und Spanien mischen, noch darf er die Feinde der beiden alliirten Kronen unterstützen. Eine allgemeine Amnestie soll eintreten und folglich im Reiche eine allgemeine Restitution auf den Zustand des Jahres 1618, die Rechte und Freiheiten der Stände sollen wiederhergestellt und die Reichsgesetze beobachtet, die Gefangenen, besonders Prinz Eduard von Portugal, in Freiheit gesetzt werden; freier Handel und Verkehr soll im Reiche herrschen, wie vor dem Kriege; alle Belästigungen, die inzwischen eingetreten sind, sollen fallen.

Nachdem die Franzosen so sich der Reichsangelegenheiten angenommen hatten, vergassen sie auch des eigenen Interesses nicht; es soll, so heisst es weiter, für genügende Sicherstellung des Vertrages gesorgt werden, und daher soll ausser den allgemeinen Sicherheitsbestimmungen die Entschädigung, welche den beiden Kronen zukommt für die

---

[1] Französische Proposition, oft gedruckt, u. a.: franz. u. latein.: Meiern I S. 443—448; franz.: Bougeant III p. 423—432; deutsch: Bougeant—Rambach II S. 284—289.

Anstrengungen, Verluste und Ausgaben, die ihnen dieser Krieg gebracht hat, ihnen derartig zugebilligt werden, dass sie sowohl zur speziellen Sicherheit der beiden Kronen beitragen kann, als zu der ihrer Verbündeten und Anhänger im Reiche[1]. Für eine angemessene Entschädigung der Landgräfin von Hessen und der andern gegenwärtig mit den Kronen Verbündeten soll gesorgt werden, und alle ihre Anhänger und Alliirten sollen in die Verträge eingeschlossen sein. Auch die fremde Miliz soll Rekompens erhalten[2] und nach Vereinbarung aller dieser Punkte soll über die Rückgabe der eroberten Plätze verhandelt werden.

In dieser Proposition war, das ist für unsere Betrachtung der Kern, zum erstenmal offen und offiziell ausgesprochen, dass Frankreich — und ähnlich lautete die Forderung auch in der schwedischen Proposition[3] — eine Entschädigung von Kaiser und Reich beanspruchte: freilich war die Fassung noch ganz allgemein, aber dass es sich um die Absicht territorialer Erwerbungen handelte, das war den Betheiligten klar und eben so nahe lag, wo sie zu suchen waren, was in erster Linie in Betracht kam: das Elsass für die Franzosen, Pommern[4] für die Schweden.

Natürlich erhob sich alsbald, nachdem die Erklärungen der Kronen eröffnet waren, die Frage, in welcher Form die Stände an der Berathung darüber Theil zu nehmen hätten. Die Kaiserlichen brachten die Aktenstücke zunächst nur

---

[1] Que pour cet effet outre les précautions générales qui seront apportées pour ladite sûreté la satisfaction qui est dûe aux deux couronnes pour les fatigues, pertes et dépenses qu'elles ont souffertes en cette guerre, sera accordée en sorte qu'elle puisse contribuer tant à la sûreté particulière desdites deux courounes qu'à celle de leurs alliés et adhérants dans l'Empire.

[2] Hierüber handelt ausführlich: Th. Lorentzen, die schwedische Armee im Dreissigjährigen Kriege und ihre Abdankung 1894, bes. Kap. 5.

[3] Schwedische Proposition, Artikel 10: satisfactio regibus regnisque debita ita fiat, ut pro praeteritis fiant indemnia et cum confoederatis suis in futurum secura. Meiern I S. 437 = Gärtner V S. 244.

[4] Für die Entwickelung der schwedischen Satisfaktionshandlung ist auf das vorzügliche Buch von Odhner, die Politik Schwedens im Westphälischen Friedenskongress Gotha 1877 zu verweisen.

für die der Reichs-Deputation[1] angehörigen Stände zur Diktatur. Auch Ferdinand resolvirte sich unter dem 21. Juni in diesem Sinne; daneben befiehlt er den Gesandten diejenigen „so nicht ordinari deputati status seien, gleichwohl particulatim anzuhören und das zu praecaviren", dass sie an euch nicht etwas in forma collegii bringen thun[2].

Aber es zeigte sich bald, dass weder dieser in sich unmögliche Standpunkt sich aufrecht erhalten liess, noch der Vermittelungsvorschlag auf Erweiterung der Deputation, zumal auch die Kronen gegenseitig sich die Kongressorte als Versammlungsorte der Stände streitig machten. Es dauerte doch bis in den September, wo dann die Stände beschlossen, es solle jedem Stand freistehen, ob er nach Münster oder Osnabrück deputiren wolle, in beiden Orten solle in Form der Reichskollegien berathen werden[3].

Inzwischen war am 30. Juni das Haupt der französischen Gesandtschaft, der Herzog von Longueville, eingetroffen; ihm folgte am 5. Juni der spanische Prinzipalgesandte Graf Penneranda; doch wurden die Verhandlungen dadurch zunächst nicht weiter gefördert.

Mittlerweile empfingen auch die französischen Bevollmächtigten auf ihre Anfrage bei Mazarin Instruktionen darüber, was die Regierung als Satisfaktion vom Reiche zu fordern sich entschlossen hatte[4]. Der König, so heisst es in dem Memoire vom 1. Juli, billige die Anschauung der Gesandten, sich mit Breisach, dem Ober- und Unterelsass, Philippsburg und kleinen benachbarten Plätzen zu begnügen, und zwar als Lehen vom Reiche, ohne dass indess dadurch die Ansprüche auf Lothringen ausgeschlossen würden; ausserdem müssten die Differenzen über die drei Bisthümer Metz, Toul und Verdun gehoben werden. Wenn zugleich in das Ermessen der Gesandten gestellt wurde, ob es angebracht sei,

---

[1] Über das Institut der Reichsdeputation: Erdmannsdörffer in UA I S. 793 ff.

[2] Ferd. III. an KGO 1645 Juni 21. Gärtner V n. 70.

[3] Am 29. August erliess Ferd. ein Ausschreiben an alle Stände, den Kongress zu beschicken. Gärtner V n. 186.

[4] NS II 2 p. 82 f. = Gärtner V n. 81.

da doch anscheinend das Elsass bei Frankreich bleiben werde, schon jetzt mit den Schweden über die Erwerbung der von ihnen besetzten bischöflich-strassburgischen Festung Benfeld in Verhandlung zu treten, so ist man geneigt, daraus zu schliessen, dass es für die Gewinnung nichtösterreichischer Gebiete im Elsass noch besonderer Abkommen bedurfte, dass also unter Elsass zunächst nur der österreichische Theil des Landes verstanden war. Doch ist die Bemerkung zu beiläufig und unbestimmt, um feste Schlüsse darauf bauen zu können [1].

Die Gesandten hielten in ihrer Antwort eben so wie die Regierung für gut, die Territorien, die zu fordern die Regierung sich entschlossen hatte, als Reichslehen zu nehmen, denn dadurch würde ein Theil der Schwierigkeiten, die der Erwerbung nicht nur von den Feinden, sondern auch den Freunden in den Weg gelegt würden, gehoben. Sie theilen die Zweifel der Regierung, ob sich alle Forderungen würden durchsetzen lassen: was sie darüber geschrieben, das sei mehr geschehen, um den gegebenen Befehlen nachzukommen und ihre Meinung zu äussern über das, was sich fordern lasse, als in der Hoffnung Alles zu erlangen, und zwar um so mehr, da die genannten Länder nicht nur dem Hause Österreich, gegen das allein Frankreich im Kriege sei, gehörten, sondern verschiedenen Herren Bischöfen und Reichsständen, ohne die freien Städte zu rechnen. Sie hielten für überaus wichtig, sich über die Besitzverhältnisse der einzelnen Staaten, die vor dem Kriege herrschende Regierungsform und die legitimen und angemassten Rechte des Hauses Österreich zu informiren. Es werde gut sein, eine wohlunterrichtete Persönlichkeit, die aber ihren Auftrag geheim halte, unter dem Vorwande etwa, die Quartiere zu regeln, dorthin zu senden, und die Ergebnisse der Untersuchung unverzüglich ihnen, den Gesandten, zuzustellen. Auch empfehle es sich, einen Offizier der Kommission bei-

---

[1] Die Verhandlungen mit Schweden über Benfeld ziehen sich, am Kongresse und in Stockholm, durch die nächsten Jahre hindurch; sie brauchen aber nicht weiter verfolgt zu werden, da sie ohne Bedeutung und Resultat bleiben.

zugeben, der entscheiden könne, was für die Behauptung der in Betracht kommenden Plätze und eine gesicherte Verbindüngslinie nöthig sei, aber auch diese Mission müsse durchaus geheim bleiben.

Mit der Erwähnung der Bisthümer Metz, Toul und Verdun werde man gut thun, möglichst zurückzuhalten und, um die Einwilligung leichter zu machen, auch diese vom Reiche zu Lehen zu nehmen: dieser Punkt könne leicht den übrigen Ansprüchen hindernd in den Weg treten [1].

Über Benfeld rathen sie, möglichst bald, und zwar direkt am schwedischen Hofe, zu verhandeln. Doch würden die Schweden den Platz nicht leicht hergeben, da 60 Dörfer dazu gehörten [2], und da Stadt und Ortschaften dem Bisthum Strassburg zu Eigen, so werde es schwer sein, mehr als das Schutzrecht zu gewinnen.

Im übrigen sind auch sie der Meinung, dass man sehen müsse, militärische Erfolge im Reiche zu erzielen: die würden die besten Stützen der französischen Ansprüche sein [3].

Bei den verwickelten und umständlichen Verfassungszuständen der vielen Stände halten die Gesandten für nöthig, was man haben wolle, auf einmal zu fordern, denn jeder neue Anspruch werde die Verhandlungen endlos in die Länge ziehen.

Die Regierung erfüllte den Wunsch ihrer Vertreter nach einer genauen Erforschung der Territorial- und Rechtsverhältnisse des Elsass sofort und übertrug die Aufgabe, die Ergebnisse in einer Denkschrift zusammenzustellen, dem mit den elsässischen Verhältnissen nicht unbekannten Intendanten der Regierung in Breisach, Vautorte, der sich einen militärichen Gehülfen dazu nehmen sollte: die beiden

[1] Die Regierung erklärt sich mit diesem Vorschlag einverstanden. Brienne an die Plén. 1645 Aug. 5. NS II 2 p. 109 = Gärtner V n. 137.

[2] Das ist falsch; das ganze bischöfliche Amt Benfeld zählte nicht halb so viel Ortschaften: s. Kirchner S. 17, Territorien S. 88 ff.

[3] NS II 2 p. 91 f. = Gärtner V n. 83. Die Antwort ist wohl vom 22. Juli.

könnten die Aufgaben sehr gut erledigen, ohne dass Jemand Verdacht schöpfen würde[1].

Die Kaiserlichen suchten inzwischen die Franzosen wiederholt zu näheren Erklärungen über die Satisfaktionsforderungen zu veranlassen; diese aber wichen dem aus, indem sie zunächst eine Antwort der Kaiserlichen auf ihre Proposition verlangten, dann würden sie sich endgültig über die Satisfaktion erklären und „selbige also setzen, dass man verspüren sollte, sie begehrten nichts Unbilliges“[2].

Sie versuchten in der That, sich mit den Schweden über gleichmässige Erklärungen in dieser Sache zu verständigen; Avaux begab sich zu dem Zwecke Anfang August nach Osnabrück, die Schweden aber, die noch keine definitiven Instruktionen hatten, suchten eine feste Stellungnahme zunächst, bis die formelle Antwort der Kaiserlichen erfolgt wäre, hinauszuschieben und rückten die Restitution der Exilirten und den Schutz der deutschen Libertät als beste Satisfaktion der Kronen in den Vordergrund. Diese Uneigennützigkeit war doch nur scheinbar und als Avaux äusserte, man gäbe allgemein Pommern an Schweden, Elsass an Frankreich, da erwiderte Salvius nur, des Volkes Stimme wäre Gottes Stimme[3].

In Paris war die Regierung beruhigt, dass ihren Forderungen von dieser Seite kein Hinderniss in den Weg gelegt würde. „Wenn das Elsass auch nicht vom Meere bespült wird“, antwortet Brienne am 26. August, „so hat es doch seinen Werth wie Pommern und der Strom, der das Land durchfliesst, und das beherrschende Breisach versprechen treffliche Wirkungen. Und da die Schweden ohne Zweifel unter Pommern auch die dahin gehörigen Inseln verstehen, so werden sie einverstanden sein, dass dasjenige, was

---

[1] Brienne an die Plén. 1645 August 5. NS II 2 p. 109 = Gärtner V n. 137.

[2] So berichten die Mediatoren am 19. Juli von Longueville: Cortreius S. 192 f.; vgl. KGM an KGO und an Ferd. III. 1645 Aug. 8 bezw. 11: Gärtner V n. 139 bezw. 146.

[3] Plén. an Brienne 1645 Aug. 12. NS II 2 p. 115 f. = Gärtner V n. 147.

das Elsass mit Frankreich verbindet, auch bei Frankreich bleibe" [1].

Am 23. August hatte Ferdinand die Antwort auf die Propositionen der Kronen den Gesandten geschickt, zugleich aber den Grafen Kurtz nach München zum Kurfürsten Maximilian entsendet, der verschiedene Änderungen veranlasste, die Berücksichtigung fanden: die danach veränderte kaiserliche Antwort traf am 20. September in Münster ein [2] und wurde am 25. September an beiden Kongressorten den Ständen zur Berathung mitgetheilt. Darauf machten die Mediatoren unter der Hand den Franzosen Mittheilung vom Inhalte der kaiserlichen Antwort und drängten sie auf Erklärung über die Satisfaktion [3]. Die Franzosen lehnten das ab: sie hätten keinen Grund, von ihrem Entschlusse, die formelle kaiserliche Antwort erst zu erwarten, abzugehen, wollten sich aber mit den Schweden berathen. Thatsächlich war ihnen die Situation nicht angenehm; sie hielten für gefährlich, dass, wie jetzt geschähe, der Kaiser anfinge, sich mit den Ständen zu verständigen, ohne dass zugleich die Interessen Frankreichs verhandelt würden. Sie rechneten dabei auf die Schweden. Aber Beide sahen noch nicht, welchen Weg es einzuschlagen galt. Einstweilen schien ihnen am besten, wenn möglich, die Stände zu bewegen, dass sie die Kronen um eine Erklärung über die geforderte Satisfaktion angingen, um so ein Eingeständniss der Ver-

---

[1] L'Alsace, pour n'être baignée de la mer, ne laisse pas d'avoir son prix comme la Poméranie et le fleuve qui la traverse et Brisac qui la commande portent avec soi de merveilleuses suites. Et comme sans doute sous la Poméranie ils entendent aussi les îles qui en dépendent, aussi entendent-ils, que ce qui joint ce pays à la France nous demeure. NS II 2 p. 120. Gärtner V n. 154.

[2] Cortrejus S. 207.

[3] Auf Wunsch der Kaiserlichen, die am 2. Okt. die Med. damit beauftragen: ausser der Satiskfation begehrten sie nicht ihre praetensiones zu wissen, denn der Kaiser [wäre] ihnen nichts schuldig, vielmehr hätten wir von ihnen zu erfordern, dass sie dem Röm. Reich das regnum Arelatense und die episcopatus Tull., Mett. et Virodun. restituirten, doch mögen die Herren Med. für sich hören, was deren praetensiones seien". Cortreius S. 214.

pflichtung dazu von Seiten der Stände herauszulocken, so dass es sich dann nur noch um das Mehr oder Weniger handeln würde[1]; die Regierung stimmte dem zu[2]. Sehr bald aber veränderte sich die Lage.

Die Stände sahen selbst ein, dass das von den Kaiserlichen beliebte Verfahren unendliche Zeit kosten würde; die Münsterschen schlossen sich dem von Osnabrück ausgehenden Vorschlage an und forderten am 15. Oktober die Kaiserlichen auf, durch die Vermittler den Franzosen die kaiserliche Antwort, so wie sie war, zuzustellen und um kategorische Erklärung darüber bitten zu lassen. „Es wären aber hierbei die Kur-, Fürsten und Stände, Räthe und Botschafter nicht gemeint, ihren Herren Prinzipalen das gebührende ius suffragii zu begeben und wolltens per expressum vorbehalten haben". Die Kaiserlichen erwidern den Deputirten der Stände, Ferdinand denke nicht daran, ihnen das ius suffragii zu verkürzen[3], und gehen im übrigen auf das Ansinnen der Stände ein, sodass dann am 16. Oktober die formelle Auslieferung der kaiserlichen Antwort an die Vermittler erfolgte.

In dieser Antwort lehnt der Kaiser jede Verpflichtung zu irgendwelcher Satisfaktion an die Krone Frankreich ab[4]: er bleibe bei seiner früheren Erklärung und der Forderung völliger Restitution und verlange unverzüglich eine Antwort darauf.

Bei der erwähnten Sendung nach München wurde dem Grafen Kurtz von bayrischer Seite unverhüllt Mittheilung

[1] Plén. an Brienne 1645 Okt. 7. NS II 2 p. 168 — Gärtner VI n. 80.

[2] Brienne an die Plén. 1645 Okt. 21. NS II 2 p. 182 = Gärtner VI n. 112.

[3] Cortreius S. 219, auch Meiern I S. 736 f. und KGM an KGO 1645 Okt. 14. Gärtner V n. 95.

[4] Meiern I S. 632 = Gärtner VI n. 22: ad 13) dicunt plen[ii] Caesarei, Sacram Caesaream Maiestatem ad ullam satisfactionem Coronae Franciae non teneri, quin potius econtra causam justissimam propositioni eius nomine factae postulataeque restitutioni cum omni causa insistendi habere, prout eidem hisce legati Caesarei insistunt et continuum desuper responsionem expectant.

gemacht von den französischen Forderungen; der Kurfürst wünschte des Kaisers Absichten kennen zu lernen, um danach seine Gesandten zu instruiren. Die wahre Absicht war, den Kaiser zur Einwilligung in die französischen Forderungen zu bewegen.

Sowohl vom Nuntius aus Paris wie von den Gesandten in Münster wüsste man, so wurde Kurtz gesagt, dass die französischen Gesandten instruirt wären, Breisach, Philippsburg und das Elsass zu fordern und zwar den österreichischen Besitz daselbst: so hätte Contarini auf eine Anfrage sich geäussert; die anderen Stände im Elsass sollten alle reichsunmittelbar bleiben. Kurtz erwiderte darauf, die Franzosen hätten eben durch Contarini den Kaiserlichen zu verstehen gegeben, „dass sie auf Elsass nicht beharren würden, dass sie öffentlich profitirten, keinem Stand und also ebensowenig das seinige Österreich zu nehmen". Er warnte davor, die Franzosen in ihren Ansprüchen zu bestärken und ihnen Hoffnung zu machen, durch bayrische Unterstützung das Elsass zu gewinnen[1]. Im übrigen könne der Kaiser über Elsass nicht disponiren, „denn der Prinz[2] sei nunmehr aus der Tutel und in dem Stande, dass er seine Nothdurft in Münster handeln könne"; in ungerechter Weise mache Frankreich an die unschuldigen Pupillen Ansprüche. Die Bayern entgegnen, — eben war der Sieg bei Allerheim von den Franzosen erfochten — es sei doch besser, das Elsass zurückzulassen, als Alles zu verlieren.

Als dann am 3. September neue Nachrichten von den bayrischen Gesandten aus Münster eingetroffen waren, wurden am folgenden Tage dem kaiserlichen Boten genaue

[1] Schon im Juli hatte der Kaiser seine Gesandten angewiesen, sorgfältig auf die Verhandlungen der Bayern mit den Franzosen zu achten, aber weder ihnen noch den andern kurfürstlichen Gesandten gegenüber etwas davon merken zu lassen, „es wäre denn summum in mora periculum" (Cortreius S. 194). Volmars Aufzeichnungen vom 29. und 31. Juli zeigen, dass die Kaiserlichen durchaus nicht in Unkenntniss über die bayrischen Umtriebe waren, an denen danach auch der Vertreter des bayrischen Erzbischofs von Köln, der Bischof von Osnabrück, betheiligt gewesen scheint.

[2] Erzherzog Ferdinand Karl von Tirol.

Angaben über die Forderungen, welche die Franzosen den Bayern eröffnet hatten, gemacht: „ihr Begehren wäre Elsass und das Breisgau sammt der Festung Breisach mit denjenigen Rechten, wie es bisher das Haus Österreich inne gehabt hätte, die Immediatstände verlangten sie nicht, sondern wollten sie als immediatos unterm Reich verbleiben lassen. Metz, Toul und Verdun begehrte die Krone zugleich auch, wie nicht weniger Philippsburg, in simili Speyer und Mainz. Wegen Philippsburg aber möchte es allein auf ein praesidium reduzirt werden können; und was wegen Mainz und Speyer angeregt, hätte man sich nicht schrecken zu lassen. Für die Krone Frankreich würde man prätendiren sessionem et votum, allermassen Spanien wegen Burgund hätte".

Kurtz warnte nochmals davor, den Franzosen Hoffnungen zu machen: „in effectu liefe das Werk auf das regnum Austrasiae und auf einen sizilischen Erzkanzler in Deutschland heraus" [1].

Wie weit das Einvernehmen zwischen den Franzosen und Bayern in diesem Punkte schon gediehen war, blieb allerdings dem Kaiser noch verborgen, wenn ihm auch Manches davon zu Ohren kam. Doch rechnete der kaiserliche Hof in diesen Zeiten sicher schon mit der Nothwendigkeit von Konzessionen, wie die Anfang Oktober feststehende Sendung Trauttmannsdorffs und seine Instruktion beweisen.

Zunächst aber suchte Ferdinand den Franzosen alle Hoffnung auf die Erwerbung des Elsass zu nehmen, indem er am 30. September die Gesandten anwies, wenn sich die Franzosen mit ihren Forderungen so hören liessen, wie sie es den Bayern gegenüber gethan, sowohl selbst als auch durch die Bayern und die Vermittler ihnen die Unbilligkeit der Absichten auf das Elsass vorzustellen. Dagegen sollen sie erklären, der Kaiser sei für sich und von Reichswegen bereit, die Stifter Metz, Toul und Verdun bei Frankreich

---

[1] Bericht von Graf Kurtz an Ferdinand III. 1645 Sept. 4 München. Gärtner VI n. 9. Mazarins Vater war Sizilianer: Chéruel I p. 4.

zu lassen und wegen Pinerolo werde sich wohl ein Vergleich finden[1].

Wenige Tage nachdem die Kaiserlichen dieses Schreiben empfangen hatten, am 16. Oktober, zeigte Contarini ihnen an, nicht als Mediator, sondern als ein guter Freund, „dass die Franzosen ihm selbst bekannt [hätten], dass ihnen von vornehmen Reichsständen wäre Vertröstung gegeben und zugesagt worden, dass man anstatt ihrer Satisfaktion die vorderösterreichischen Lande im Elsass und Breisgau ihnen wollte helfen zusprechen“. Volmar hielt darauf eine grosse Rede über die Unbilligkeit der französischen Forderungen nach ihren früheren Verträgen und Versprechungen und wegen der Unschuld der tirolischen Erzherzöge. Die Behauptung, dass „hohe Stände zu dieser Praetension zu helfen begehren sollen“, fuhr er fort, „lassen wir an seinen Ort gestellt“. Ihnen sei am gleichen Tage von Deputirten aus Osnabrück gemeldet, die Schweden und auch die Franzosen hätten angezeigt, dass sie nichts vom Reiche an Land und Leuten begehrten. Darauf erwiderte Contarini, das hätten die Franzosen zwar erklärt, „aber sie sagten, die österreichischen Lande gehörten nicht zum Reiche, noch [sei] deren Inhaber ein Reichsstand“; eine Absurdität, die zu widerlegen für Volmar nicht schwer war[2].

Jene Nachricht aus Osnabrück hatten die Gesandten von Weimar und Lübeck nach Münster mitgebracht und dort öffentlich verkündigt. Die Kaiserlichen in Münster richteten im Anschluss daran an ihre Kollegen in Osnabrück das Ersuchen, den protestantischen Ständen von den französischen Bestrebungen Kunde zu geben und ihre Ansichten zu erforschen. Besonders möchten sie ihnen vorstellen, „dass diesen Landen beide Reichslandvogteien im Elsass und [in der] Ortenau anhängig . . . ., also beider Seiten [des] Rheins

[1] Gärtner VI n. 62. Der Befehl traf am 11. Okt. in Münster ein. Am 10. Okt. hatte Volmar schon ein „Handbriefel“ von Ferdinand erhalten sich bei Avaux zu erkundigen, „was der Franzosen petitum wegen des Elsass sein möchte und ihm die Unthunlichkeit zu remonstriren“, d. d. Linz 23. Sept. Cortreius S. 218.

[2] Cortreius S. 220 f.

13 Reichsstädte begriffen seien und leichtlich zu gedenken, was für beschwerliche Eingriffe selbige inskünftig unterm Schein der Oberreichslandvogtei von einem so mächtigen Potentaten zu gewarten haben werden. Neben dem der Stadt Strassburg solcher Gestalt der Rhein und die Kinzig zu ihrem unvermeidlichen Verderben beschlossen bleiben". Sie sollen daher besonders die Deputirten von Strassburg und Colmar informiren[1].

Der Versuch der Kaiserlichen, auf Grund der ihnen ertheilten Befehle mündlich mit den Franzosen zu handeln, erwies sich zunächst als unausführbar, da die Franzosen augenscheinlich auswichen und Avaux fürchtete[2], wenn er sich persönlich auf Separatverhandlungen einliesse, Servien zu reizen. Sie waren aber im Begriff, nachdem nun ihnen die kaiserliche Antwort ausgehändigt war, sich mit den Schweden über die Formulirung der Forderungen zu benehmen. Es schien ihnen besonders auf zwei Punkte anzukommen, ob die Assekuration mit der Entschädigung zu verbinden wäre und ob man die Forderungen zunächst über das, was man behaupten wollte, hinaus spannen sollte, um in der Lage zu sein, Konzessionen zu machen; diesen Weg, so meinten die Bevollmächtigten, schiene Schweden eimzuschlagen[3]. Mittlerweile war es dann doch den Kaiserlichen gelungen, die Franzosen aufzusuchen und dabei den Satisfaktionspunkt zur Sprache zu bringen. Die Franzosen erklärten, sie müssten sich gegen die Versuche des Hauses Österreich, ihr Land einzuschliessen und zu umfassen, wie es sich noch besonders im venetianischen Kriege und in Wallensteins Absichten gezeigt hätte, sicher stellen.

Die Kaiserlichen erinnerten dagegen an die Erklärungen der Franzosen den Protestanten gegenüber, nichts vom Reiche behalten zu wollen: worauf die Franzosen meinten, das beziehe sich nicht auf die österreichischen Erblande

[1] KGM an KGO 1645 Okt. 17. Gärtner VI n. 104. Über diese Konferenz siehe Abschnitt I, 3.

[2] KGM an Ferd. III. 1645 Okt. 20. Gärtner VI n. 109.

[3] Plén. au Brienne 1645 Okt. 21. NS II 2 p. 185 = Gärtner VI n. 113.

„denn selbe gehörten nicht zum Reiche, es wäre auch dieses nicht soviel von ihnen zu einer Satisfaktion, als zu ihrer und des Friedens Assekuration angesehen“. Die Kaiserlichen erwiderten bezüglich der angefochtenen Reichsstandschaft, konnten aber die Franzosen nicht zu weiteren Äusserungen bewegen; sie erkannten sehr wohl, dass die Franzosen „gern einige Apertur haben wollten, dass sie wenig sagen könnten, man hätte sich der Schuldigkeit in thesi bekenntlich gemacht, damit sie hernach ad specialia inferiren könnte“, und zogen daher vor, keine weitere Eröffnung zu machen. Alles, meinten sie, hinge davon ab, ob Schweden sich ohne territoriale Erwerbungen würde abweisen lassen[1].

Bei ihrem Gegenbesuch am 24. Oktober berührten die Franzosen ihrerseits den Satisfaktionspunkt: sie forderten die Kaiserlichen auf, ihnen hierin etwas entgegenzukommen. Diese aber verhielten sich wieder ablehnend: „man müsse diesen Punkt nicht wie Kaufleute spannen, sondern gedenken, dass man mit christlichen, katholischen und nahverwandten Potentaten handelte“[2], ein Gesichtspunkt, von dessen Wirkung bei den Gegnern sie sich wohl selbst nicht allzuviel versprachen. Die Franzosen gewannen aus diesen Unterredungen doch den Eindruck, dass die Kaiserlichen nicht so unzugänglich in diesem Punkte sein würden[3].

Inzwischen suchten die Kaiserlichen nochmals durch die Vermittler auf die Franzosen zu wirken, gestatteten ihnen aber zugleich, auf deren etwaige Anfrage wegen der drei Stifter Metz, Toul, Verdun Meldung zu thun[4].

Damit hatten sie, sie mochten nachher sagen, was sie wollten, den Standpunkt völliger Restitution der dem Reiche entzogenen Gebiete verlassen.

Und nun erschien auch Ende November der vertraute Rathgeber des Kaisers, Graf Trauttmannsdorff, mit umfassen-

[1] KGM an Ferd. III. 1645 Okt. 24. Gärtner VI n. 116.
[2] Cortreius S. 222 f., cf. Gärtner VI n. 122.
[3] Plén. an Brienne 1645 Okt. 28. NS II 2 p. 190 = Gärtner VI n. 127.
[4] 1645. Okt. 26. Cortreius S. 225.

den Vollmachten und brachte die bisher so gut wie ergebnisslosen Verhandlungen auf allen Gebieten in Fluss.

Schon vorher aber hatten die Franzosen die geheimen Verhandlungen zum Abschluss gebracht, deren Wirkung für die Erfüllung der französischen Satisfaktionsforderungen entscheidend wurden: der Kurfürst von Bayern hatte sich gegen die Zusage, seine Interessen in der Frage der Kur und Ober-Pfalz wahrzunehmen, verpflichtet, den Franzosen das Elsass zu verschaffen. Diesen Verhandlungen müssen wir uns jetzt zuwenden.

2. VERSTÄNDIGUNG ZWISCHEN FRANKREICH UND BAYERN.

Seit dem Tage fast, da Richelieu ins Amt getreten, war es sein Bestreben gewesen, den waffenmächtigsten Bundesgenossen des Kaisers von diesem zu trennen. Die immer erneuerten, aber vergeblichen Versuche durchziehen die ganze Zeit bis zum Tode Gustav Adolfs. Dann tritt durch das offene Eintreten Frankreichs in den Krieg eine Unterbrechung der Verhandlungen ein. Aber alsbald nach Bernhard von Weimars Tode werden dieselben im geheimen wieder aufgenommen[1]. Wie weit dieselben geführt haben, ist nicht klar zu sehen. Daneben hatte Maximilian auch offen auf dem Nürnberger Kurfürstentage, dem Regensburger Reichstage und dem Frankfurter Deputationstage auf eine Verständigung mit Frankreich, die gegebenenfalls selbst ohne den Kaiser eintreten sollte, hingearbeitet. Der Kaiser seinerseits hatte, namentlich durch die Sendung Herbersteins[2] nach Paris, diese Bemühungen mit Erfolg durchkreuzt. Der

[1] Für das folgende vornehmlich zu vergleichen: F. Katt, Beiträge zur Geschichte des 30jährigen Krieges I: Die bayerisch-französischen Verhandlungen von der Zusammenkunft in Einsiedeln bis zur Ulmer Kapitulation 1639—1647. Diss. Gött. 1875. In den Schlüssen vielfach mit Vorsicht zu benutzen. Eine zusammenhängende Untersuchung über die franz.-bayr. Beziehungen in der ganzen Zeit des Krieges ist sehr zu wünschen.

[2] Über die Sendung Herbersteins s. Koch I S. 389—393; WA Frankr. 27.

Feldzug von 1643 schliesst mit dem Siege der Bayern bei Tuttlingen, die Franzosen sind über den Rhein zurückgeworfen. Es scheint, dass in dieser Zeit die Verhandlungen von beiden Seiten völlig abgebrochen sind.

Für den Kurfürsten lag der Schwerpunkt seiner Friedensverhandlungen in dem Bemühen, die Kur und die Oberpfalz bei seinem Hause zu erhalten. Die Anerkennung dieser Wünsche war schon in den Verhandlungen mit Richelieu seit den zwanziger Jahren erörtert worden[1]. Ob dann in den Negoziationen seit 1639 von einer Garantie einerseits der Kur und Oberpfalz, andererseits des Elsass die Rede gewesen ist, darüber wissen wir nichts; doch ist es unwahrscheinlich, denn noch suchte Max die Erledigung der pfälzischen Frage aus den allgemeinen Friedensverhandlungen auszuscheiden und in Separattraktaten zu seinen Gunsten zur Erledigung zu bringen. Indessen zeigte sich sehr schnell die Vergeblichkeit und Aussichtslosigkeit dieses Wunsches, als die Kongressverhandlungen begannen, da die Restituirung der vertriebenen Pfälzer eine Hauptforderung der Schweden war.

In denselben Tagen, als die französischen Bevollmächtigten in Münster eintrafen, vor Beginn des Feldzugs von 1644, fing Maximilian aufs neue an, mit Frankreich anzuknüpfen. Die Mittelsperson bildete auch jetzt der Kardinal Grimaldi: es scheint sich nur um allgemeine Erbietungen zum Frieden gehandelt zu haben. Jedenfalls dünkte der französischen Regierung diese Annäherung überaus wichtig. Die Bevollmächtigten wurden angewiesen, die antihabsburgische Gesinnung, das antikaiserliche Interesse der bayrischen Gesandten, sobald diese auf dem Kongresse erscheinen würden, zu stärken[2]. Vor der Hand allerdings hielt Maximilian sich von dem Kongresse selbst fern und suchte auch das Erscheinen der Stände zu vereiteln. Die französichen Gesandten erkannten alsbald, worauf

[1] Vergl. darüber bes. Fagniez I Kap. V u. IX.

[2] Mazarin an die Plén. 1644 April 9. NS II 1 p. 9 f.: la personne dudit duc bien ménagée est la meilleure pièce pour conduire à la fin la négociation de la paix avec l'avantage de cette couronne,

es ankam: das einzige Mittel, Bayern an sich zu fesseln, sei, sich ihm in der pfälzischen Angelegenheit unentbehrlich zu machen[1], um es dadurch der Erfüllung der französischen Wünsche geneigt zu machen. Indem Frankreich darauf bestand, die pfälzische Frage auf den Kongress zu ziehen, konnte es hoffen, einen starken Druck auf Maximilian auszuüben.

Mazarin war durchaus geneigt, sich auf Verhandlungen mit Bayern einzulassen[2], aber die Erfahrungen der früheren Anknüpfungen mussten ihn begreiflicherweise zur Vorsicht mahnen. Wir wissen sehr wohl, schrieb der Kardinal den Gesandten, dass der Herzog von Bayern überaus schlau und gewiegt ist und alle Künste anwendet, um zu seinem Ziele zu gelangen; aber wir wissen auch, dass sein Verhalten durch seine Interessen bestimmt wird und dass er nicht zweifelt, dass es in unserer Macht steht, seine Position zu bessern, sei es nun hinsichtlich der Kur und der Pfalz, sei es durch andere Mittel[3].

Die Gesandten waren überzeugt, dass der Kurfürst von Herzen wünschte, dass Frankreich seine Eroberungen in Deutschland behielte und sich so in die Reichsangelegenheiten mischte. Man müsse dem Kurfürsten die französischen Interessen plausibel machen, sowohl im allgemeinen als auch speziell, dass der König im Besitz der Plätze bleiben wolle, die er erobert habe, und Sitz und Stimme auf den Reichstagen fordere als Besitzer des grössten Theiles des burgundischen Kreises. Dann werde man sehen, wie weit der Kurfürst zu gehen geneigt sei: falls er sich dem Erscheinen der Stände und der Erledigung der pfälzischen Angelegenheit am Kongresse widersetze, so müsse man sich

---

[1] L'unique moyen que nous pouvons avoir de faire joindre Bavière, est de nous rendre nécessaires en cette affaire du Palatinat . . ., afin que nous le puissions disposer à favoriser les intérêts particuliers de la France, en nous rendant favorables aux siens. Plén. an Brienne 1644 Mai 13. NS II 1 p. 50.

[2] Vergl. u. a. seinen Brief an die Plén. 1644 30. IV. LdM I p. CVIII — CXII.

[3] Mazarin an die Plén. 1644 Juni 14. LdM I p. 754 f.

scheinbar mit besonderem Eifer des Pfälzers annehmen: lasse man diesen dann fallen, so müsse Maximilian dagegen auf Frankreichs Wünsche eingehen[1].

Zunächst kommt es aber noch nicht zu Verhandlungen. Indess, als nach den blutigen Kämpfen der Bayern gegen Enghien bei Freiburg (Anfang August) Philippsburg und die ganze Rheinlinie bis Mainz hinab in die Hände der Franzosen gefallen war, als der Kurfürst einer Invasion in seine eigenen Länder ausgesetzt war, da erwachte sein Eifer zum Frieden aufs neue. Zunächst entliess er den bei Tuttlingen gefangenen Marquis von Noirmoutier mit gewissen Eröffnungen[2].

Ausserdem wendet sowohl er selbst als sein Bruder, der Kurfürst von Köln, sich an den Nuntius am Kongresse. Max stellt wie der Kölner die baldige Ankunft seiner Gesandten in Aussicht.

Schon bei den ersten Eröffnungen, im Frühjahr 1644, hatte der Kurfürst den Wunsch ausgesprochen, einen Unterhändler zu direkten Verhandlungen nach Paris senden zu dürfen; er hatte Noirmoutier beauftragt, in diesem Sinne in Paris anzuklopfen: der hatte auf Befehl der Regierung antworten müssen, der Kurfürst möchte seine Deputirten nach Münster schicken. Man kann, soweit man bis jetzt sieht, nicht zweifeln, dass nach all den früheren Phasen der bayerisch-französischen Beziehungen es dem Kurfürst darauf ankam, sich direkt in Paris zu verständigen, wie weit er auf französische Unterstützung zu rechnen habe, was er dafür auf sich nehmen müsse.

Äusserlich freilich suchte Maximilian den Schein, als ob es sich um eine gemeinsame Aktion von Kaiser und Reich handle, zu wahren. Er schreibt am 26. September 1644 an Ferdinand: da keine Hoffnung sei, auf dem allgemeinen Kongresse zum Frieden zu kommen, so sehe er kein anderes Mittel, als unverzüglich im tiefsten Geheimniss eine vertraute Person nach Paris zu schicken „welche bei der Krone Frankreich für das ganze Römische Reich den

[1] Plén. an Brienne, 1644 April 23. NS II 1 p. 31.
[2] Mazarin an die Plén. 1644 Nov. 19. NS II 1 p. 176 f.

Frieden zwar nit tractiren, sondern nur suchen sollte, und sowohl der Königin und ihrer Räthe Neigung zum Frieden penetriren, die Gemüther dazu disponiren und andere gute praeparatoria machen möchte". Da der Kaiser Bedenken tragen werde, selbst einen Gesandten zu schicken und früher geäussert habe, wenn Maximilian bei Frankreich „einige Gelegenheit haben könne", werde ihm solches nicht entgegen sein. also sei er „gedacht und allbereit auch im Werk, eine solche vertraute Person in Frankreich zu schicken"; er bitte den Kaiser um seinen Rath[1].

Ferdinand billigt den Plan, von dem auch Kurmainz Mittheilung erhält. Katt[2] meint, es sei dem in Spezialmission nach Wien geschickten Hofkammerpräsidenten von Mändl gelungen, Ferdinands Zustimmung dazu im Gegensatze gegen die spanischen Einflüsse zu erreichen. Max hatte sich dann in Paris um Geleitsbriefe bemüht, zunächst vergeblich. Die Schweden wurden, als sich gegen Ende des Jahres das falsche Gerede verbreitete, ein bayrischer Agent wäre in Paris, sehr besorgt. Aber auch die Kaiserlichen und Spanier am Kongresse geriethen in Unruhe, da sich das Gerücht erhielt, es bestünde zwischen Frankreich und Bayern eine bereits weit vorgeschrittene Handlung, die über Rom geführt würde[3].

Nach wiederholten Bemühungen, u. a. auch durch Noirmoutier und Bagni, den Vertreter der Kurie in Paris, hat Maximilian gegen Mitte Februar 1645 die Pässe zur Sendung nach Paris erhalten[4]. Was der Kern der Abordnung war, hatte er schon, indem er den Kaiser wieder-

---

[1] Koch I. S. 469 f.

[2] Katt S. 53.

[3] Tous les esprits de deça sont tellement préoccupes de cette opinion, que le duc de Bavière panche du côtè de la France et qu'il y a déjà une négociation sur le tapis bien avancée entre lui et nous qui se ménage par la voie de Rome. Plén. an Brienne 1645 Jan. 14. NS II 2 p. 20.

[4] Unter der Bedingung strengster Geheimhaltung; nur der französische Gesandte in Solothurn durfte davon erfahren und in Paris der Marquis de Noirmoutier, der den Pass verschafft hatte. Max an die bayr. Ges. in Münster 1645 Mai 10. WA FrA 49.

holt zum Frieden gedrängt hatte, geschrieben: „ich will wenigstens bei Land und Leuten bleiben“[1]. Jetzt wo die Gesandtschaft zur Ausführung kommen soll, macht er dem Kaiser von dem, was er von Paris erfahren, Mittheilung, bittet aber um Geheimhaltung, höchstens mit Trauttmannsdorff möge Ferdinand darüber berathen. Ferdinand warnte in seiner Antwort den Kurfürsten, die Franzosen ja nicht zum Aufgeben der allgemeinen Friedensverhandlungen zu veranlassen.

Schon in diesem Stadium aber beginnen die Forderungen Frankreichs: in den französischen Schreiben, die Max am 15. Februar an Ferdinand gesendet hatte, wurde vom Reiche als Satisfaktion Pinerolo und Breisach — noch nicht das Elsass gefordert. Und Ferdinand erwidert darauf nicht mit grundsätzlicher Ablehnung, sondern will Pinerolo zugestehen; wenn die Franzosen auf Breisach, das doch unschuldigen Kindern gehöre, trotzdem bestünden, so würde er in die Abtragung der neuen Befestigungen, d. h. wohl derer, die im Laufe des Krieges entstanden waren, einwilligen. Sollte Frankreich sich damit nicht einverstanden erklären, so wäre statt Breisach ein anderer Platz im Elsass auf eine beschränkte Zeit anzubieten. Wofern auch das nicht verfinge, so könnte allenfalls vorgeschlagen werden, dass Frankreich das Besatzungsrecht in Breisach behielte, und die Gerichtsbarkeit sammt den Gefällen den tirolischen Prinzen verbliebe. Wenn nun selbst damit nichts erreicht werden sollte, so könnte der Kaiser zwar seinen Mündeln nichts vergeben; da er aber auch nicht gesonnen wäre, ihretwegen den Krieg länger fortzuführen, so würde er einwilligen, dass Breisach in seinem gegenwärtigen Stand bis zur Volljährigkeit des Königs gelassen, alles Übrige aber den tirolischen Prinzen zurückgestellt würde.

Wenn Ferdinand in dieser Weise jetzt schon, ehe noch am Kongresse die eigentlichen Verhandlungen begonnen hatten, sich bereit zeigte, auf Grund der bayrischen Einflüsse hin sich des wichtigsten Punktes am Oberrhein zu

---

[1] Schreiber S. 841.

begeben, so kann man sich nicht wundern, wenn der alternde Kurfürst sich in seinen Verhandlungen mit Frankreich solche Perspektive zu Nutzen machte[1]. Denn wenn Maximilian auch dem Kaiser gegenüber das allgemeine Reichsinteresse bei der bevorstehenden Mission nach Paris in den Vordergrund schob, so war das doch für ihn nur Nebensache, vielleicht kann man sagen, war nur auf Täuschung berechnet. Bis zu einem gewissen Grade liess Maximilian auch den Kaiser über seine Absichten nicht in Zweifel. Durch die Schlacht bei Jankau war auch für Maximilian die Gefahr aufs höchste gestiegen. Wenn wir den Angaben von Schreiber folgen dürfen, so ist erst jetzt beschlossen worden, wer nach Paris gehen solle[2]. Auch erfolgt noch einmal die Aufforderung an Ferdinand, Frieden zu machen, und die Drohung, dass der schwäbische, fränkische und bayrische Kreis sonst allein mit den Franzosen Stillstand schliessen würden.

In Wien war die Stimmung, wie wir wissen, trotz der Niederlage durchaus kriegerisch, und wenn der Kaiser unter dem Eindrucke des Schlages sich auch entschlossen hatte, den Kurfürst von Trier freizulassen und den Frankfurter Deputationstag an den Kongress zu verlegen, so erfolgte doch kein Entschluss zu so opfervoller Nachgiebigkeit, wie sie Maximilians Rathschläge verlangten[3].

Jedenfalls ist in der zweiten Hälfte des März der Gesandte aus München abgereist: es war der Beichtvater und Jesuitenpater Vervaux. Wir kennen die Instruktion, die ihm der Kurfürst mit auf den Weg gegeben hat, nicht: man darf auch wohl bei der persönlichen Stellung des Gesandten zu seinem Herrn annehmen, dass bei dem delikaten

---

[1] Vergl. dazu die unter etwas anderem Gesichtswinkel gefassten Anschauungen Katts S. 59.

[2] Frühester Beleg aus München: 13. März. Schreiber S. 863.

[3] Schreiber S. 863 giebt an, Trauttmannsdorff sei abwesend gewesen, ohne ihn habe Ferdinand keinen Entschluss gewagt; das Ministerium sei gespalten: der eine Theil für Frieden mit Konzessionen: der andere unter Führung von Trauttmannsdorff und Schlick nur für einen Frieden mit geringen oder gar keinen Abtretungen.

Charakter der Mission vieles gerade Wichtiges nur auf mündlichen Beredungen beruhte. Wir wissen aber, was der Kurfürst zwei Monate später seinen Gesandten in Münster, als er sie von der mit strengstem Geheimniss umgebenen Sendung benachrichtigte, als Zweck angab.

Da alle Nachrichten, so schrieb er ihnen am 10. Mai [1], klar erkennen liessen, dass die Franzosen keine Waffenruhe haben wollten und ihre Friedensvorschläge unter allerlei Vorwänden hinausschöben, so habe er fürs Beste gehalten, eine vertraute Person insgeheim nach Paris zu senden, „mit kaiserlichem Vorwissen und Gutbefinden, ja auch zu verschiedenen Malen auf dero gethanes Begehren" zu obbedeutetem Intent — das ist also die Waffenruhe; nun kommt die Hauptsache —: „vornehmlich aber auch der Kron Frankreich unsere private Sachen zu rekommendiren und uns deroselben Hülf und Assistenz in dem pfälzischen Wesen mehrers zu versichern". Wie konnte dieser Zweck erreicht werden? Darüber muss sich doch Maximilian von Anfang an klar gewesen sein, dass das nur auf einem einzigen Wege möglich war: indem er auf die Unterstützung der französischen Forderungen einging. Dass diese auf territoriale Erwerbungen im Elsass hinausliefen, war ihm bekannt: er muss also von vornherein entschlossen gewesen sein, seine Mitarbeit dazu unter Erfüllung gewisser Gegenleistungen zu versprechen [2].

Am 3. April traf Vervaux in Paris ein, wandte sich sofort an den Marquis von Noirmoutier, bei dem er einen Tag blieb und wurde dann zu grösserer Geheimhaltung in einem Privathause untergebracht. Aber seine Reise war doch ruchbar geworden, denn in der ersten Audienz bei

[1] WA FrA 49 c.

[2] Maximilian kommt im Verlaufe des Briefes an die Gesandten vom 10. Mai nochmals auf den Zweck der Gesandtschaft zurück: er habe „diese Abordnung mit Vorwissen und Willen des Herrn Kardinal Mazarin und principaliter zu dem Ende vorgenommen, der Kron Frankreich unsere pfälzische Sachen in bestem zu recommendiren und . . . um Assistenz, Hilf und Manutention anzuhalten". Die andere Prinzipalursache sei gewesen das Verlangen nach Erneuerung der „uralten vertraulichen Korrespondenz und guten Verstandes".

Mazarin, zu der er am Abend des 5. April heimlich abgeholt wurde, zeigte ihm dieser einen Brief aus Frankfurt, in dem es hiess, der Kurfürst von Bayern habe seinen Beichtvater nach Paris geschickt.

In dieser Audienz nun drückt Vervaux zunächst den Wunsch des Kurfürsten nach engem Anschlusse an Frankreich aus[1]. Mazarin erwidert ihm, das militärische Verhalten des Kurfürsten und die ungenügenden Vollmachten des Gesandten stimmten schlecht mit solchen Gesinnungen zusammen. Den Vorschlag Vervaux', auf eine Waffenruhe, sowohl eine allgemeine als eine spezielle mit Bayern, einzugehen, lehnt Mazarin ab. Nach des Kardinals Schilderung hat Vervaux schon in dieser ersten Audienz gesagt, Maximilian sei sich bewusst, dass fast alle Interessen Frankreichs im Reiche beim Friedensschluss die seinigen seien[2]: der Kurfürst bitte um Schutz seiner Interessen. Mazarin will nach einer Berathung mit der Königin, dem Herzog von Orleans und dem Prinzen von Condé geantwortet haben, der König sei bereit, des Kurfürsten Interessen zu begünstigen, soweit nicht die seiner Alliirten im Wege stünden und wenn das Verhalten des Kurfürsten in den Friedensverhandlungen den hier abgegebenen Betheuerungen thatsächlich entspreche[3].

Am 11. April fand die zweite Audienz Vervaux' bei Mazarin statt: hier hat er auf Grund inzwischen erfolgter neuer Instruktion geradezu die Neutralität des bayrischen, fränkischen und schwäbischen Kreises sowie des Kurfürsten von Köln angeboten, wenn Frankreich dafür die Beschützung gegen jeden Feind auf sich nehme[4]. Ferner hat er den

---

[1] De s'attacher étroitement avec la France avec des exagérations que je ne sçaurais assez bien vous exprimer. Mazarin an die Plén. 1645 April 7. LdM II p. 141.

[2] Qu'il [der Kurfürst] reconnait fort bien, que presque tous les intérêts que la France peut prendre en Allemagne dans la conclusion de la paix sont les siens; a. a. O.

[3] Si ledit sieur duc, dans la négociation de la paix, fait paraître par des effets, que sa conduite est telle qu'il proteste ici la vouloir tenir; a. a. O. p. 143.

[4] Mazarin an die Plén. 1645 April 15. LdM II p. 147 f.

Wunsch des Kurfürsten ausgesprochen, es möchten die französischen Gesandten am Kongresse angewiesen werden, zu den wesentlichen Pazifikationspunkten zu schreiten: hierbei hat er die Bedeutung der Pfalz und der Kur hervorgehoben. Darauf, so berichtet er, habe Mazarin erwidert: Frankreich habe ein Interesse, Bayern bei der Kur zu erhalten, aber auch die Pfalz bemühe sich eifrig; Maximilian werde auf Frankreich zählen können, wenn er, wie in Aussicht gestellt, Frankreich das, was ihm wünschenswerth sei, verschaffe; Frankreich wolle, dass die Libertet im Reiche wiederhergestellt werde und dass das Haus Österreich nicht wie im Mantuanischen Kriege und bei anderen Gelegenheiten nach seinem Belieben gegen die Reichsgesetze handle; Frankreich wünsche im Interesse des Friedens und zum Besten des Reiches nur Weniges von dem, was es okkupirt habe, zu behalten. Die französische Regierung wünsche den Kurfürsten im Frieden ungeschädigt zu sehen, da er Frankreich wohlgeneigt und ein guter Katholik sei. Auch der Kurfürst von Mainz habe schon durch einen Abgesandten (Octavian Octaviani) den Wunsch ausgesprochen, wieder des alten Wohlwollens vonseiten Frankreichs theilhaftig zu werden.

Das erneute Anliegen Vervaux' um einen Waffenstillstand lehnt Mazarin wieder ab, da die Interessen und Wünsche der einzelnen Mächte dabei ganz verschieden seien. Etwaige Briefe möge Maximilian durch den französischen Gesandten in Solothurn befördern. Im übrigen werden alle weiteren Verhandlungen an den Kongress verwiesen [1]. Ver-

[1] Hoc loco nihil volunt concludere, imo nolunt tractare nisi Monasterii ideoque meam praesentiam non probant, sed malunt per litteras quae nihil replicant agi me absente, quae res longior est ac difficilior. Vervaux' Bericht an den Kurfürsten, 1645 April 12 Paris. WA FrA 49 c. Koch giebt über Vervaux' Sendung nur den Bericht, den Ferdinand vom Kurfürsten nachträglich darüber erhielt (B. II S. 50 ff.). Schreibers Darstellung (S. 865 ff) ist völlig verzerrt. Auch die Konstruktionen von Katt (S. 60—65) scheinen mir zum Theil verfehlt: das liegt daran, weil er den „Endzweck der Sendung" verkennt, er meint, dieser sei gewesen, sich bei der Königin Anna Gehör zu verschaffen (S. 65).

vaux übergiebt noch einen schriftlichen Aufsatz über die bayrischen Wünsche. Ende April scheint er die französische Hauptstadt wieder verlassen zu haben: jedenfalls hat eine weitere Audienz nicht stattgefunden.

Man hat gemeint, der Kurfürst habe den Zweck der Sendung nicht erreicht. Das ist doch nicht richtig. Die Bemühungen, die mit Vorwissen des Kaisers stattfanden, um Waffenstillstand, um Beschleunigung der Verhandlungen am Kongresse, selbst um Neutralität der Kreise waren zum Theil vorgeschoben, zum Theil nebensächlich. Für Maximilian lag die Bedeutung der Mission, wie wir gesehen haben, an ganz anderer Stelle, er wollte ergründen, ob er sich der französischen Unterstützung für seine pfälzischen Ansprüche versichern könne. Die grundsätzliche Geneigtheit Frankreichs dazu hat ihm die Mission erwiesen, sobald er für die von Frankreich zu fordernden Erwerbungen im Reiche eintrat. Damit war der Zweck der Sendung in der Hauptsache erfüllt. Freilich hätte Maximilian die Verständigung, die im einzelnen hierüber nöthig war, lieber in Paris als am Kongresse herbeigeführt, wo die Geheimhaltung, besonders vor den Kaiserlichen, viel schwerer sein musste; dieser Wunsch blieb ihm versagt, konnte aber doch neben dem hauptsächlichen Erfolg nicht ins Gewicht fallen.

Dem Kaiser musste Maximilian von dem Verlaufe der Sendung natürlich Nachricht geben. Koch berichtet[1], er habe an Ferdinand am 6. Mai Vervaux' Briefe vom 7. und 12. April geschickt: wir müssen annehmen, dass er sie nicht in vollem Umfange mitgetheilt hat: die Exposition, die er selbst von den Berichten in diesem Briefe giebt, erwähnt die Verhandlungen über die pfälzische Frage mit keinem Worte. Er giebt nur an, Vervaux sei eifrig bemüht gewesen, zu ergründen, was Frankreich vom Reiche begehre; er habe von Mazarin nur erfahren, „dass Frankreich von den okkupirten Ländern etwas Weniges für sich behalten, alles Übrige aber wieder abtreten wolle". Dass aber Mazarin die Unterstützung dieser Forderungen von

[1] Koch II S. 50 ff.

bayrischer Seite als Gegenleistung für eine Begünstigung in der pfälzischen Sache gefordert hat, verschweigt er dem Kaiser wohlweislich. Er wisse aber zuverlässig, fährt er fort, dass ein anderer französischer Minister — Katt nimmt, wie es scheint mit Recht, Avaux an[1] — geäussert habe, der König von Frankreich wolle Reichsstand sein, wie es der spanische König für Burgund sei: daher wolle er das Elsass behalten und könne mit Breisach allein — davon hatte Max früher berichtet — nicht zufrieden sein. Alle übrigen Eroberungen auf beiden Rheinseiten wolle Frankreich zurückgeben ausser Philippsburg; damit wolle es Kurpfalz im Zaun halten.

Maximilian war entschlossen, sich für den ganzen Umfang dieser Forderungen einzusetzen, das zeigt der weitere Inhalt des Schreibens an den Kaiser[2]: da zu vermuthen sei, dass Mazarin sein Absehen auf das Elsass habe und auch die französischen Bevollmächtigten in diesem Sinne instruirt seien, „so habe ich meine Schuldigkeit eracht, E. k. M. solches zu kommuniziren, damit Sie der Sachen ihrer Wichtigkeit wegen nachdenken und was dieserwegen sowohl Ihr und Ihrem löblichen Haus als dem ganzen Römischen Reich am verträglichsten sei, beschliessen. Und obwohl die Prätension der Franzosen hoch gespannt . . . ., auch keine Billigkeit ist, dass die unschuldigen Pupillen also leiden sollten, so wird man doch, wenn es die höchste Nothwendigkeit erfordert und Frankreich in keiner andern Weise den Frieden eingehen will, auf alle Mittel und Wege denken müssen, wie man ihm wegen dieser Prätension entgegen kommen möge".

Der Kaiser dankte am 16. Mai für die Mittheilungen und rieth, durch Vervaux oder auf anderem Wege die geheimen Verhandlungen fortzusetzen: freilich, er wusste ja nicht, dass Max diese Ermächtigung benutzte, sich durch Preisgabe des Elsass die Kur und die Oberpfalz zu sichern[3].

---

[1] Katt S. 72, vgl. Söltl III S. 400 f.; vgl. auch im Folgenden S. 56.

[2] Koch II S. 52.

[3] Wenn Koch (II S. 54) aus diesem Briefwechsel beweisen will, dass die geheimen Unterhandlungen Bayerns mit Frankreich nicht ein-

Im Interesse des Friedens allein, so scheint es äusserlich, legt Max dem Kaiser das Opfer nahe: damit begann die systematische Bearbeitung des Wiener Kabinets, die ein Jahr später von Erfolg gekrönt war.

Mittlerweile waren am 22. Februar 1645 die bayrischen Gesandten, von Hasslang und Dr. Krebs, in Münster eingetroffen. Die französischen Bevollmächtigten waren von Anfang an, gemäss den seit langer Zeit ertheilten und oft wiederholten Befehlen ihrer Regierung, bemüht, sich ihnen zu nähern. So viel wir sehen, haben sich die Bayern aber in der ersten Zeit vorsichtig zurückgehalten und nur — allerdings vergeblich — versucht, die Franzosen über ihre Intentionen auszuforschen [1]. In Paris war man darüber durchaus nicht erstaunt, sondern fand nur, dass man den Kurfürsten richtig beurtheilte [2]. Sehr ungelegen war den Franzosen, sowohl den Gesandten als der Regierung, dass eben jetzt die Eröffnung der Propositionen vonseiten der Kronen bevorstand: denn hier musste der Punkt, der eine allgemeine Wiederherstellung des Zustandes vom Jahre 1618 aussprach, Bayern in seinen Hoffnungen auf Erhaltung von Kur und Oberpfalz auf das allerempfindlichste treffen: man verfiel auf den Ausweg, die Bayern unter der Hand zu verständigen, dass ihr Interesse darunter nicht leiden würde. Vor allen Dingen glaubte man, die Kur, an deren Uebertragung einst Frankreich wesentlichen Antheil gehabt habe, Maximilian erhalten zu müssen [3]. Dieser war schon im März mit der Schaffung einer achten Kur für die Pfalz ein-

seitig geheim waren und dass das Angebot der Oberpfalz als Preis für die Opferung des Elsass bei Vervaux' Sendung nach Paris gar nicht vorkomme; dass die Triebfeder für Maximilians Wunsch, mit dem Elsass ein Opfer zu bringen, nicht der Besitz der Oberpfalz, sondern die Erwerbung des Friedens sei, so wird diese Vertheidigung des Kurfürsten als vergeblich gelten müssen. Vgl. auch Huber V S. 596 Anm.

[1] Bericht der Plén. 1645 März 11. NS II 2 p. 62 f.

[2] Brief an die Plén. 1645 März 25. NS II 2 p. 68.

[3] Brief an die Plén. 1645 März 25. Mémoire du Roi 1645 April 4. NS II 2 p. 68 u. 74 f.

verstanden, wenn ihm der Vorrang unter den weltlichen Kurfürsten erhalten bliebe [1].

Die französischen Bevollmächtigten wünschten inzwischen vor allen Dingen, dass ihnen von deutscher Seite ein Satisfaktionsangebot gemacht würde: in dieser Richtung bemühten sie sich in erster Linie bei den Bayern [2].

„Die Krone Frankreich, so berichten diese am 31. März, hätte gern, dass man derselben vom Reich etwas anbiete und sie nichts fordern dürfte, damit es das Ansehen nicht gewinne, sie suche ihren Privatvortheil, weil die Franzosen bisher sich verlauten lassen, sie suchen im Reich nichts, sondern wollen dasselbe erhalten und dessen Ständen zu dem Ihrigen verhelfen, damit die Krone vorgeben könnte, das Reich habe selbst das Anerbieten eines und des andern Orts gethan" [3]. Als die Franzosen in einer Konferenz am 27. März solche Ansprüche deutlich durchblicken lassen und zugleich die Erledigung der pfälzischen Angelegenheit am Kongresse fordern, meinen die Bayern, wenn ihr Kurfürst die 13 Millionen Thaler oder das Land ob der Enns bekomme, brauchten sie nur die Erhaltung bei der Kur: das liege im allgemeinen katholischen Interesse.

Die Bedeutung dieser Gemeinsamkeit zwischen Frankreich und Bayern darf man nicht unterschätzen; sie erleichterte die Verständigung wesentlich, zumal da Graf Avaux sehr stark klerikalen Tendenzen huldigte [4]. Er wurde denn auch der Hauptträger der Verhandlungen, welche die nächsten Monate erfüllten.

---

[1] Schreiben des Kurfürsten nach Münster 1645 März 22. Söltl III S. 389 f.

[2] Bericht der bayrischen Gesandten 1645 März 7; a. a. O.

[3] Bericht an den Kurfürsten. Söltl III.S. 392 f.

[4] Als die Bayern im Juli an Avaux die Frage richten, wie Servien zu gewinnen sei, der weniger affektionirt erscheine, erwidert der Franzose: Servien sei wohl inclinirt, habe aber einen andern modum agendi; er habe bezüglich der Religion ein ander principium; ein Theil der französischen Minister respicire mehr materiam status als causam religionis catholicae. Bericht der bayr. Ges. an den Kurfürsten 1645 Juli 19. WA FrA 49 c.

Bereits am 10. April berührt Avaux in einer Konferenz mit Hasslang[1] aufs neue die Nothwendigkeit einer Erledigung der pfälzischen Angelegenheit: Frankreich werde des Kurfürsten Interesse dabei in Obacht nehmen, hoffe aber, dass der Kurfürst Frankreich in seinen Anforderungen dafür „Beistand und Hülfe leisten“ werde. Hasslang stellte das seinen Instruktionen gemäss in Aussicht, jedoch nur soweit es Eid und Gewissen dem Kurfürsten gestattete, forderte aber, dass Frankreich präcise Vorschläge machte. Avaux suchte das zunächst zu umgehen, äusserte dann, Frankreich möchte Alles behalten, was es in Händen habe. Schliesslich bequemte er sich zu der Erklärung, dass der König von Frankreich ein Fürst des Reiches sein und daher die Landgrafschaft Elsass behalten wollte, Breisach allein genügte nicht, sie müssten das Elsass dabei haben, um dadurch die Festung zu unterhalten, sonst werde sie ihnen in wenigen Jahren genommen; am rechten Rheinufer wollten sie alles Übrige zurückgeben, am linken nichts weiter begehren, nur Philippsburg behalten, um den Pfalzgrafen im Zaum zu halten. Avaux meinte die Erwerbung des Elsass und des wichtigen Rheinpasses für Frankreich könnte einst vielleicht dem Sohne des Kurfürsten zu Gute kommen. Hasslang erwiderte ihm, die Forderungen seien „ein starkes und schweres Begehren“, auch sei er nicht darauf instruirt, Frankreich müsse mit förmlichen Propositionen kommen. Wir wissen, dass in dieser Zeit die Regierung in Paris sich über den Umfang der Satisfaktionsforderungen noch nicht endgültig schlüssig gemacht hatte. Avaux' Angaben scheinen ein Fühler zu sein, wie weit die bayrische Unterstützung gehen werde; die Art, wie sie aufgenommen wurde, konnte nicht dazu dienen, Frankreich bescheidener zu machen. Wir haben ferner gesehen, dass Maximilian alsbald von diesen Eröffnungen Ferdinand Mittheilung machte und sich ihrer als eines kräftigen Mittels, um in Wien auf Nachgiebigkeit zu dringen, bediente.

---

[1] Bericht der bayrischen Gesandten aus Münster an den Kurfürsten 1645 April 13. WA FrA 49 c; Auszug bei Söltl III S. 400 ff.

Er wies zugleich die Gesandten in Münster sofort an[1], nachdem Avaux sich so konfident gezeigt habe, mit diesem ohne Zuziehung von Servien vertraulich über die pfälzische Angelegenheit zu reden. Er formulirt seine Forderungen: die Kur und Geldentschädigung oder anderen Ersatz für seine Auslagen: kann er in diesen Punkten auf französische Unterstützung rechnen, ist er zur Erledigung der pfälzischen Angelegenheit am Kongresse bereit. Zugleich erbietet er sich, Frankreich bei seinen Prätensionen „in allen billigen Dingen Satisfaktion zu leisten" und wird sich angelegen sein lassen, den französischen Intentionen nach bestem Vermögen zu sekundiren, mit andern Worten, er war bereit, Breisach und das Elsass bei Frankreich zu lassen; er kannte ja Avaux' Forderungen, er wünschte nur, dass die Franzosen eine ordentliche Proposition übergäben. Er, der Kurfürst, könnte den Vorschlag nicht machen, das würde auch den französchen Absichten nur hinderlich sein, ihn bei Kaiser und Reich verdächtig machen und ihn um Gelegenheit und Kredit bringen, „das zu praestiren", was er, wenn Frankreich die Proposition thue, durch sein „Zuthun so viel wie nur immer möglich zu sekundiren und zu befriedigen ganz willig und erbietig" sei. Niemandem aber, auch dem Bischof von Osnabrück, dem Gesandten des Kurfürsten von Köln, nicht, sollen Hasslang und Krebs von diesen Verhandlungen Mittheilung machen.

Bei solchen Gesinnungen und Absichten kam der Sieg, den die Bayern am 5. Mai bei Mergentheim[2] über Turenne davontrugen, dem Kurfürsten durchaus nicht gelegen. Er schrieb zwar an Ferdinand, wenn noch ein oder zwei ähnliche Siege folgten, werde der Friede bald gesichert sein. Auf der andern Seite aber weist er seine Gesandten an, den Vermittlern gegenüber hervorzuheben, dass dieser Erfolg an seinen friedlichen Gesinnungen nichts ändere, seine

---

[1] Schreiben des Kurfürsten nach Münster 1645 April 26. WA FrA 49 c.

[2] Die Franzosen nennen die Schlacht nach dem Dorfe Marienthal.

Truppen seien zum Kampfe gezwungen worden; sie sollen nach wie vor auf Waffenstillstand dringen. Den französischen Gesandten gegenüber sollen sie gar nicht von dem Ereigniss reden; wenn diese aber davon anfangen und dem Kurfürsten die Schuld beimessen, sollen sie „glimpflich und bescheidentlich“ sagen, dass er wohl wisse, dass von einem französischen Minister gesagt sei, sie könnten, ehe Bayern ruinirt wäre, nicht zu ihrem Vorhaben gelangen; um Schwedens willen habe Turenne den Befehl zum Angriff bekommen: so seien die Bayern zur Gegenwehr genöthigt worden; seine friedlichen Gesinnungen blieben unverändert.

Über Vervaux' Mission informirte Maximilian seine Gesandten am gleichen Tage, an dem Avaux dieselbe zur Sprache gebracht hatte. Der Kurfürst muss den Bericht des Beichtvaters vom 12. April erst nach dem 26. April empfangen haben, denn er weist seine Gesandten in Münster jetzt an, auf eine Minderung der französischen Ansprüche zu dringen: man wisse von Mazarin, dass Frankreich nur „etwas Weniges von dem, was es im Reiche okkupirt habe, zu behalten wünsche und dass es des Kurfürsten Assistenz anders nicht begehre, als allein was sine damno Imperii et nostro gravamine“ geschehen könne. Das sollen die Gesandten betonen, wenn Avaux dem Kurfürsten Assistenz „in gar zu schweren und dem Reiche schädlichen Intentionen“ zumuthe. Es war ein Rückzugsversuch, denn am 26. April war er ohne Bedenken bereit gewesen, die viel weitergehende Forderung von Avaux zu unterstützen. Freilich fährt er auch jetzt fort: „doch werdet ihr euch dieser Entschuldigung mit guter Diskretion zu gebrauchen wissen“, damit die Franzosen nicht glauben, dass der Kurfürst ihnen gar keine Hülfe leisten wolle und ihm dann in der pfälzischen Sache weniger Assistenz gewähren, sondern nur „wann der Franzosen praetensiones so exorbitant, dass man ihnen nicht willfahren könnte, dass so viel möglich uns nicht, sondern Anderen die Schuld zugemessen werde.“ Zugleich wies er die Gesandten an, jede Verhandlung über Protektion, falls die Franzosen davon anfangen sollten, abzuweisen. Münster sei dazu nicht der Ort und als der Plan in Paris angeregt worden, habe man sich damit nur französischer Assistenz versichern wollen, auch habe Vervaux ohne Auftrag aus eigenem Antriebe davon geredet[1].

Inzwischen hatten die bayrischen Gesandten gemäss den Befehlen vom 26. April Avaux aufgesucht, hatten aber abgelehnt, sich im einzelnen zur Unterstützung bestimmter Punkte zu verpflichten, so lange nicht eine Proposition erschienen sei; dieser würden sie nach Kräften sekundiren[2]. In der am 11. Juni übergebenen Proposition hatten, wie bekannt, die Franzosen zwar formell eine ihren gebührende Satisfaktion gefordert, ohne aber dieselbe irgend wie genauer zu bezeichnen. Auch von speziellen Verhandlungen zwischen den Bayern und Franzosen darüber hören wir in den nächsten Wochen nichts.

Wohl aber hat in dieser Zeit Maximilian einen neuen Schritt beim Kaiser gethan: Schreiber[3] berichtet, dass er am 15. Juni, in Uebereinstimmung mit den Fürstbischöfen von Augsburg, Würzburg, Bamberg und Eichstett eine Denkschrift an Ferdinand gerichtet habe, mit der Aufforderung, Frankreich durch eine territoriale Konzession zufrieden zu stellen, um es dadurch auf die Seite der Katholiken zu bringen. Geschehe das nicht, so seien der schwäbische, fränkische und bayrische Kreis übereingekommen, mit den Franzosen einen Separatwaffenstillstand zu schliesen. Der Kurfürst führte immer noch eine Sprache, als ob es sich nur um das Wohl des Reiches handelte: „auch suchen wir nichts", so schrieb er am 7. Juni seinen Gesandten[4], „als der Krone Frankreich alle mögliche Genugthuung zu geben, so viel nur immer ohne Verletzung unserer gegen das

[1] Am 15. Mai behaupteten die Bayern Volmar gegenüber, von Vervaux' Reise nach Paris nichts zu wissen, worauf der kais. Gesandte ihnen mittheilt, was der holländ. Ges. am 22. April aus Paris geschrieben hatte. Cortreius S. 168.

[2] Söltl III S. 415—418.

[3] S. 863: er beruft sich auf Akten im Münchener Reichsarchiv.

[4] Söltl III S. 423.

Heilige Römische Reich habenden schweren Pflicht sein kann", er vergass hinzuzufügen, dass der Preis dafür die Kur und die Oberpfalz sein sollten!

Seine Gesandten hatten inzwischen auch Serviens Geneigtheit zu ergründen gesucht; der hatte kurzweg erklärt, Frankreich verlange in Deutschland nichts, als was es habe[1].

Als die Gesandten berichten, Servien habe die Frage eines Separatwaffenstillstandes angeregt, da weist der Kurfürst die Idee nicht ganz ab, die Gesandten sollen nähere Informationen einziehen und mit Avaux darüber reden.

Am 16. Juli betonen dann in einer Konferenz mit Avaux die Bayern aufs neue die Bereitwilligkeit ihres Herrn, Frankreich alle Satisfaktion zu prästiren, soviel Eid und Pflichten gegen das Reich es erlaubten; seine „gerechte, begründete Prätension an das Ländlein ob der Enns werde durch andere freundliche Mittel können akkommodirt werden"[2].

In der Zwischenzeit hatten die französischen Gesandten vom Hofe Nachricht über den Umfang der zu beanspruchenden Entschädigung erhalten[3]. Avaux präcisirt sie jetzt aufs neue: Breisach, Philippsburg und Elsass. Er fügt hinzu, „Mainz und die untere Pfalz prätendirten sie nicht so hoch, obwohl auch vor diesem die Koadjutorei zu Trier dem Kardinal de Richelieu sei aufgetragen worden".

Die Bayern bekämpfen die Forderung: es sei bedenklich, die unschuldigen Erzherzöge von Innsbruck und andere vornehme Stände vom Reich loszureissen. Sie haben, ich weiss nicht, ob Avaux es so erläutert hat, oder ob es ihre eigene Interpretation war, hier unter dem Elsass nicht die Landgrafschaft oder die österreichischen Besitzungen, sondern den geographischen Begriff verstanden: das zeigt das Raisonnement, das sie hinzufügen. „Bei uns selbst aber", so fahren sie nämlich fort, „haben wir leichtlich die Ge-

---

[1] Söltl III S. 424.

[2] Bericht der bayrischen Gesandten an den Kurfürsten 1645 Juli 19. WA FrA 49 c.

[3] S. o. S. 31 f.

danken machen können, dass consequenter allbereits die freien und unmittelbaren Fürsten und Stände am Rheinstrom und [im] Elsass in servitutem immanissimam wollen redigirt werden, dagegen ohne Zweifel sowohl die protestirenden als katholischen Kurfürsten und Stände zum höchsten pro libertate patriae et Germaniae sich opponiren werden, denn unter dem postulato wäre die Landgrafschaft Elsass, das Fürstenthum des weltlichen freien Stifts Andlau, die Fürstenthümer und Bisthümer Strassburg und Speyer[1], auch die fürstliche Propstei Weissenburg, die ansehnliche Grafschaft Hanau, die Grafen von Leiningen, ansehnliche Grafschaften der Grafen von Fürstenberg, Fugger, Freiherren von Fleckenstein, Herren von Rappoltstein und andere, die freie Reichsritterschaft, die 10 Städte im Elsass, sammt den anderen unmittelbaren Abteien, welche ansehnliche status Imperii perniciosissimo exemplo vom Römischen Reich diesmal de facto abgerissen und annihilirt werden." Das bedeute den Untergang des Reiches und werde noch in diesem Jahrhundert zur Uebertragung des Kaiserthums an die Franzosen führen. Zwischen Frankreich und Deutschland müssten die alten Grenzen, „so Gott und die Natur verordnet, nämlich das burgundische und lothringische Gebirge" bleiben, sonst werde es ewigen Streit geben[2].

Der Kurfürst aber war weit entfernt, die Bedenken der Gesandten zu theilen oder ein Eintreten für die französischen Forderungen in dem Umfange, wie sie bisher von Avaux gestellt waren, abzulehnen. Seine Antwort ist überaus charakteristisch, sie zeigt uns zur Evidenz, dass diese ganze Verhandlung für Max nur ein Tauschgeschäft war, bei dem er sich die Kur und Schadloshaltung für seine Kriegskosten sichern wollte.

Er weist die Gesandten an[3], Avaux zu versichern, dass er, der Kurfürst, „nicht allein bei kaiserlicher Majestät

[1] Dem Bisthum Speyer gehörte das Amt Lauterburg, s. Territorien des Elsass S. 163.

[2] Bericht an den Kurfürsten 1645 Juli 19. WA FrA 49 c. S. auch Söltl III S. 433—436.

[3] Weisung an die Gesandten 1645 August 2. WA FrA 49 c.

das Werk mit guter Manier nächstens vorbringen, sondern auch seinem äussersten Vermögen nach dahin operiren wolle, damit die Krone Frankreich über obberührte Erklärung — damit sind eben Avaux' Forderungen vom 16. Juli gemeint — möglichste Satisfaktion erhalte". Er hoffe, dass Ferdinand auf seine „treuherzige, eifrige und bewegliche Erinnerung" sich überwinden werde; er sei zur grössten Geheimhaltung bereit, wünsche aber auch von französischer Seite derselben versichert zu sein, damit seine „Offerte und wohlgemeinte Intention nicht frühzeitig an den Tag komme und dergestalt der Handlung selbst Hinderung causirt werde". Damit aber Avaux aus diesen Erklärungen nicht schliesse, dass Maximilian seine petita gleich völlig für richtig halte und dann noch mehr fordere, sollen sich die Gesandten an ihre Befehle halten — das heisst, so meine ich, auf Mazarin's Aeusserungen über geringere Forderungen hinweisen. Aber die folgenden Sätze nehmen diese Beschränkung alsbald zurück: denn, so heisst es weiter, sie sollen das französische Begehren nicht dergestalt in Zweifel setzen, als wolle man es ihnen gar absprechen oder schwer machen. Freilich seien die Forderungen sehr hoch gespannt, aber es sei doch „rathsamer, einen Particul, wie schwer es auch ankommt, nachzusehen", als die Gesammtheit in Gefahr zu setzen. Dem Kurfürsten ist aus dem Berichte der Gesandten nicht klar geworden, ob sie die Bedenken gegen Avaux' Vorschläge nur ihm geschrieben oder sie dem Franzosen in der Konferenz entgegengehalten haben: sei dies der Fall, so seien sie zu weit gegangen und hätten gegen des Kurfürsten Meinung gehandelt. Sie sollen Avaux für die zugesagte Unterstützung danken: es handle sich um die Kur und Wiedererstattung der für die erkauften pfälzischen Lande ausgelegten oder gutgemachten Gelder. Wenn die Franzosen schriftliche Festlegung der bayrischen Zusagen zu Gunsten ihrer Satisfaktion fordern, so sollen sie es im Interesse der Geheimhaltung ablehnen; bestehen die Franzosen darauf, so sollen sie schriftliche Feststellung ihrer Ansprüche und ihrer Erbietungen in der pfälzischen

Sache fordern und ihrerseits dann die bayrischen Zusagen in den vorgeschriebenen Ausdrücken einhändigen[1].

Die französischen Bevollmächtigten sahen in den erneuten Annäherungsversuchen der Bayern, die sich auch an Servien um Unterstützung ihrer Wünsche gewendet hatten, eine Wirkung der militärischen Lage[2]: eben in dieser Zeit zog Enghien heran, um sich mit Turenne zu vereinigen. Gemeinsam haben sie dann am 3. August bei Allerheim[3] die Bayern aufs Haupt geschlagen. Die Wirkung dieses Sieges bei Maximilian zeigte sich sofort[4]. Schon am 9. August erfolgt ein neuer dringender Befehl an die Gesandten, sich den Franzosen gegenüber zu aller Beförderung ihrer Ansprüche bereit zu erklären und Avaux im tiefsten Geheimniss um Waffenstillstand anzugehen: je nach dessen Gutbefinden sollen sie sich auch an Servien und Longueville wenden: weder die Vermittler, noch auch Kurköln dürfen davon erfahren[5].

Schon vor der neuen Niederlage hatte Max seinem Bruder, dem kölner Erzbischof, die Nothwendigkeit, im Satisfaktionspunkte nachzugeben, dargethan[6]. Jetzt richtet er auch an den Kurfürsten von Mainz das Ersuchen, da die Mittel zu längerem Widerstande schwinden und man nur durch Erledigung der Partikularforderungen den Franzosen den Grund zur Fortsetzung des Kampfes nehmen könne — denn die Reichssachen gingen sie nichts an —, gleich ihm in diesem Sinne beim Kaiser vorstellig zu werden, damit

---

[1] Der Brief im Auszuge auch bei Söltl III S. 436—439. Das Schreiben an Ferdinand, das der Kurfürst diesem Briefe an seine Gesandten beigefügt hat, ist mir nicht bekannt geworden.

[2] Plén. an Brienne 1645 Juli 29. NS II 2 p. 106 = Gärtner V n. 129. So urtheilte man auch in Paris: Brienne's Brief an die Plén. 1645 August 2. NS II 2 p. 107. = Gärtner V n. 133.

[3] Die Franzosen nennen den Kampf Schlacht bei Nördlingen.

[4] Ce n'est pas un des moindres fruits du gain de la bataille de Nordlinghen, que d'avoir obligé le duc de Bavière à rechercher de nouveau avec chaleur la protection de la France. Mém. du Roi an die Plén. 1645 Sept. 1. NS II 2 p. 139. = Gärtner VI n. 4.

[5] Söltl III S. 441 ff.

[6] 1645 August 21. Auszug in WA FrA 49 c.

derselbe seine Bevollmächtigten anweise, unverzüglich diesen Punkt am Kongresse zur Berathung zu bringen[1].

Erst am 20. August bringen die bayrischen Gesandten bei Avaux die Befehle des Kurfürsten vom 2. August an; sie präcisiren ihre Forderung jetzt ganz scharf: Maximilian fordere die Erhaltung der Kur mit allen Prärogativen, dazu 13 Millionen Thaler baar oder das Land ob der Enns, nicht die Oberpfalz. Avaux hält seine Zusagen in allgemeinen Wendungen und lässt sich selbst erst nach langem Drängen herbei, die französischen Forderungen ganz im geheimen detaillirter als bisher anzugeben. Hatte er am 16. Juli vom ganzen Elsass gesprochen und dadurch die lebhafteste Besorgniss der Gesandten geweckt, so beschränkt er die Ansprüche jetzt zwar im Elsass, dehnt sie aber auf das rechte Rheinufer aus. Frankreich, so lässt sich Avaux nach dem bayrischen Berichte vom 21. August vernehmen, beanspruche Breisach, „sammt dem, was im Elsass dem Hause Oesterreich zugehörig, welches dann proprie der Sundgau wäre, so von Breisach sich ungefährlich extendirt bis an die Schweiz und eingeschlossen ist zwischen dem Rhein und Gebirg", ferner „was dem Haus Oesterreich im Breisgau zuständig, den übrigen Reichsständen aber begehre die Krone Frankreich nichts zu entziehen, sondern sollen selbige in ihrem freien Immediatstand sein und verbleiben. Jedoch wollen sie auch die Landvogtei und Schirmgerechtigkeit behaupten, welche das Haus Oesterreich über die 10 Reichsstädte im Elsass gehabt, am Bisthum Strassburg begehren sie zwar nichts, jedoch müssen sie die Stadt Zabern . . . wegen des Passes in Lothringen von ihren Völkern besetzt lassen". Dazu komme das Besatzungsrecht in Philippsburg[2].

Die bayrischen Gesandten begnügen sich, die Eröffnungen zur Kenntniss zu nehmen, um darüber nach München zu berichten. Wenn sie nun geglaubt haben, dass Avaux diese Verhandlungen ohne Wissen seiner Kollegen führe, so haben

---

[1] Gärtner V n. 140.

[2] Bericht der bayr Ges. an den Kurfürsten 1645 August 21. WA FrA 49 c.

sie sich, zum Theil wenigstens, getäuscht, denn Avaux berichtete darüber in dem gemeinsamen Schreiben vom 30. August[1] an Mazarin. Allerdings scheint es, dass er hier nur die allgemeinen Umrisse der gegenseitigen Anerbietungen angegeben hat[2]. Wir haben aber bei den bestimmten Angaben der bayrischen Gesandten und bei dem Charakter aller uns bekannten französischen Berichte keinen Grund, dem bayrischen Referat nicht zu folgen. Es scheint, dass Avaux seine Kollegen absichtlich nicht ganz eingeweiht hat. Wie weit er hierin etwa speziellen Weisungen seiner Regierung folgte, lässt sich einstweilen nicht feststellen.

Gemäss den Befehlen des Kurfürsten vom 9. August, die am 22. d. M. in ihre Hände kamen, fanden sich die Gesandten am folgenden Tage aufs neue bei Avaux ein[3]: unter dem Eindrucke der Niederlage von Allerheim tritt hier das Verlangen nach einem Waffenstillstand in erste Linie, ja der Kurfürst erbietet sich, gegen diejenigen, die sich vernünftigen Friedensbedingungen nicht fügen, seine Streitkräfte mit den französischen zu verbinden[4] — freilich wird darin mehr eine Anregung als ein förmliches Anerbieten zu sehen sein. Zu diesen Bedingungen rechnen die Bayern auch die französische Satisfaktion. Bei diesem Punkt, so berichten die Bayern[5], habe Avaux hinzugefügt, wenn Ferdinand in den französischen Forderungen einen zu grossen Verlust des Reiches sehe, so möge der Kurfürst erklären, er halte dafür, dass, wenn man Metz, Toul und Verdun ganz preisgebe, Frankreich die Landgrafschaft Elsass

[1] Mémoire des Plén. à M. le card. Mazarin 1645 Aug. 30. NS II 2 p. 133.

[2] Es heisst dort: Nous parlâmes de Brisac, de Philisbourg et de l'Alsace, mais en des termes généraux, me remettant à ce qui en serait arrêté sur mon rapport par Messieurs mes collègues.

[3] Bericht der bayrischen Gesandten an den Kurfürsten 1645 August 23. WA FrA 49 c. Mémoire des Plén. an Mazarin 1645 Aug. 30. NS II 2 p. 133 f.

[4] So sagt der französische Bericht.

[5] Der französische Bericht weiss davon nichts, da es wieder geheime Vorschläge Avaux' sind.

vom Reiche zu Lehen nehme mit Sitz und Stimme im Fürstenrath. Von diesen Verhandlungen seien weder die Schweden noch die Vermittler unterrichtet; der Kurfürst möge in Wien diese Eröffnungen anbringen, aber so, als ob sie aus eigenem Antriebe erfolgten.

Am Nachmittage [1] bringen Avaux und Servien — nachdem inzwischen neue Instruktionen aus Paris eingetroffen waren, die Antwort auf die bayrischen Eröffnungen vom 20. August [2]. Nach dem bayrischen Berichte stellen die beiden Franzosen jetzt dieselbe Forderung, die Avaux am 20. gestellt hatte, nur fügen sie das Besatzungsrecht in Mainz dazu; der Kurfürst möge das als eigenen Wunsch in Wien vorbringen.

Die Franzosen berichten ausführlicher [3]: sie haben danach zunächst Philippsburg, Breisach, Ober- und Unterelsass und die Waldstädte gefordert. Darauf hatten die Bayern ihr Erstaunen ausgedrückt und ausgeführt, wie in dieser „Provinz“ eine Reihe von Ständen und Reichsstädten sich befänden, über die der Kaiser nicht verfügen könne; solche Forderung würde das ganze Reich und ihre engeren Verbündeten vor den Kopf stossen. Die Franzosen weichen darauf zurück und erklären, sie glaubten, dass ihr König sich mit dem österreichischen Besitz als Eigenthum begnügen werde: als solchen zählen sie auf Breisach, Breisgau, Sundgau und andere Gebiete, die Hoheitsrechte, die es

[1] So berichten die Bayern, deren Schreiben noch das Datum des 23. August trägt, nach dem französischen Memorial vom 30. August am folgenden Tage. Dass es sich um dieselbe Konferenz in beiden Fällen handelt, geht aus Inhalte der Berichte zweifellos hervor.

[2] Mémoire vom 30. August. NS II 2 p. 34 f.

[3] Avaux hatte das schon am Vormittag angekündigt und hinzugefügt: da werde die Forderung härter ausfallen, Servien sei „etwas hart und streng“ hierin, wolle Speyer, Mainz und Worms und erwäge Mazarins Koadjutorei für Trier oder Mainz; Frankreich sei aber mit dem zufrieden, was er am Sonntag (den 20. August) gefordert habe. Auch sagt er: Servien sei dafür, Maximilian wegen der Kur keine Versicherung zu geben, bis Frankreich seine Wünsche von Bayern erfüllt sehe; er (Avaux) sei anderer Meinung: sichere man Max die Kur, so werde er Frankreich gute Dienste leisten. Bayr. Bericht 1645 Aug. 23. WA FrA 49 c.

im Ober- und Unterelsass besessen habe, das Schutzrecht über die Reichsstädte und das Besatzungsrecht in den Orten, wo es der König für nothwendig halte. Diejenigen Reichsstände, die reichsunmittelbar sind und bisher unter österreichischer Protektion gestanden haben, sollen reichsunmittelbar bleiben und unter französische Protektion treten, und die Mediatstände sollen vom König von Frankreich als Landgrafen des Elsass zu Lehen gehen[1]. Philippsburg müsse ihnen bleiben, Mainz, Worms und Speyer wollten sie zurückgeben. Es erschien ihnen wünschenswerth, dass der König das Elsass und die andern erwähnten Staaten zu vollem Eigenthum und mit voller Souveränetät erwerbe[2]. Der König werde aber schliesslich, wenn die Reichsstände daran Anstoss nehmen, bereit sein, dem Reiche dieselbe Anerkennung zu erweisen, wie es die bisherigen österreichischen Besitzer gethan haben[3]. Zabern sei zur Verbindung nöthig. Die Bevollmächtigten erklärten in ihrem Berichte an den Hof, dass sie sich absichtlich etwas allgemein gefasst hätten, damit sie, wenn die erwarteten Befehle vom Hofe kämen, ihre Forderungen nur zu erläutern, nicht zu vermehren brauchten. Sie betonten schliesslich den Bayern gegenüber, dass alle Arbeit an der französischen Satisfaktion vergeblich sein würde, wenn man nicht gleichzeitig die schwedische vornähme.

Wir aber sehen aus diesen vielfachen Verhandlungen zweierlei:

---

[1] Nous croyons que le roi se contenterait d'avoir à propriété ce qui a appartenu à la maison d'Autriche: qui est Brisac, Brisgau, Sundgau et autres terres et les droits de souveraineté qu'elle a eu dans la Haute et Basse Alsace, la protection des villes impériales avec garnison aux lieux où S. M. jugera qu'il sera besoin. Enfin que les Etats de l'Empire qui relèvent immédiatement de l'Empire et qui ont été ci-devant sous la protection de la maison d'Autriche, relèveront encore de l'Empire et seront sous la protection du Roi et les Etats médiats relèveront de S. M. comme landgrave d'Alsace. NS a. a. O.

[2] Sie begründen den Wunsch so: puisqu'ils ont fait autrefois partie du Royaume d'Austrasie appartenant à nos rois

[3] A faire la même reconnaissance à l'Empereur qu'en ont ci-devant fait les princes de la maison d'Autriche qui l'ont possédée.

einmal: dass die französische Regierung sich über den Umfang ihrer Ansprüche noch nicht klar war; nur das war sicher, dass der Kern derselben die vorderösterreichischen Besitzungen, in erster Linie die im Elsass gelegenen, blieben;

zweitens: dass über die territorialen und rechtlichen Beziehungen dieser Gebiete bei den Franzosen gänzlich unklare Vorstellungen herrschten; die Gesandten hatten ja selbst bereits um nähere Erkundigungen gebeten.

Jedenfalls aber sah sich Maximilian veranlasst, dem Wunsche der französischen Gesandten Folge zu leisten und ihre Forderung beim Kaiser anzubringen, indem er sie dem von Ferdinand damals nach München entsandten Grafen Kurtz vortragen liess[1]. Charakteristisch aber ist, in wie unehrlicher Weise Maximilian auch hierbei vorging. Seinen Gesandten schrieb er am 6. September, er werde „das Werk bei I. k. M. also einrichten und praktizirn . . ., dass es das Ansehen nicht gewinne, als ob solches auf Begehren und Anweisung der französischen Bevollmächtigten geschehe", er habe „diese Sache bereits jetzt angedeutetermassen und quasi motu proprio I. k. M. anbringen lassen"[2]. Wir wissen aber aus dem Berichte des Grafen Kurtz, dass diesem mitgetheilt wurde, dass die Franzosen gesagt hatten, wenn der Kurfürst von ihren Forderungen dem Kaiser Mittheilung zu machen beabsichtige, so „begehrten sie, dass solches in höchstem Geheim geschehe und von Ihro kurfürstlichen Durchlaucht vorschlagsweise" beim Kaiser erfolge und sie, die Gesandten, „nicht in Jalousie bei denen Protestirenden gestürzt würden"[3]. Von den Verhandlungen über die pfälzische Sache erhielt Kurtz natürlich auch eine falsche Schilderung: die Franzosen seien der Meinung, die Frage könne nur durch eine achte Kur gelöst werden, der Kurfürst verhalte sich „dieses Orts passive als in einer Sache die vorderst" den Kaiser „konzernirte"[4]. So hinterging der Kurfürst beide Theile.

---

[1] S. Abschnitt 1.
[2] WA FrA 49 c.
[3] Gärtner VI n. 9.
[4] Ebenda.

Mit der Haltung ihrer Gesandten in Münster in diesen Verhandlungen waren beide Regierungen, sowohl die französische wie die bayrische, zufrieden. Maximilian lobte Hasslang und Krebs, dass sie mit ihrem Urtheil über Billigkeit oder Unbilligkeit der französischen Forderungen zurückgehalten hatten[1]. Der französiche Hof billigte, dass die Gesandten ihre Ansprüche über das nothwendige Mass gesteigert hatten: müsste man später nachgeben, so würde man auch den Kurfürsten zu Ermässigungen seiner Wünsche zwingen können[2].

Die französischen Gesandten bemühen sich nun vor allen Dingen, den Kurfürsten zu bestimmter Zusage auf die einzelnen Forderungen, die sie aufgestellt haben, zu veranlassen. Maximilians Gesandte aber weichen aus und wünschen ihrerseits, eine direkte Verpflichtung der Franzosen für ihre Haltung in der pfälzischen Sache herbeizuführen; das gelingt ihnen ebensowenig. Die Franzosen erklären, zunächst die Antwort des Kaisers auf ihre Propositionen abwarten zu müssen, ehe sie sich auch in ihren Forderungen im einzelnen erklären könnten[3].

In der zweiten Hälfte des Oktober scheint eine Stockung in den Verhandlungen eingetreten zu sein[4], bis der mit neuen Instruktionen vom Kurfürst gesandte Dr. Ernst in Münster eintraf.[5].

Ende Oktober hat dann Avaux den Vorschlag gemacht, um in der Handlung vorwärts zu kommen, sollten beide Theile sich gegenseitig schriftlich verpflichten[6]: Frankreich,

[1] Ebenda.

[2] Brienne an die Plén. 1645 Sept. 23. NS II 2 p. 149. = Gärtner VI n. 48.

[3] Bayrischer Bericht von 1645 Sept. 27. WA FrA 49 c. Französische Berichte vom 1. u. 4. Okt. NS II 2 p. 162 u. 166 f. = Gärtner VI n. 69 u. 74.

[4] Französischer Bericht von 1645 Okt. 28. NS II 2 p. 190 = Gärtuer VI n. 127.

[5] Max schreibt am 25. Oktober, dass er unterwegs sei. WA FrA 49 c.

[6] Darüber haben die bayrischen Gesandten am 30. Okt. berichtet; das geht aus der Antwort des Kurfürsten vom 15. November hervor. WA FrA 49 c.

dass Bayern die Kur erhalten bleibe; Bayern, dass es den Franzosen Breisach und das Elsass, „wie man sich hierüber deutlich und ausdrücklich erklären kann“ [1], wolle behaupten helfen, und dass man die beiderseitigen Interessen eventuell gemeinsam mit den Waffen vertheidigen wolle. Die bayrischen Gesandten schienen den Franzosen wenig geneigt dazu [2]; der Kurfürst aber wünschte, dass die Franzosen den Vertrag aufsetzten: Avaux sehe ja selbst, wie wenig sich Frankreich auf die Protestanten verlassen könne, „dann aber werde der Krone Frankreich eine sichere Assistenz“ von den bayrischen Waffen erwachsen [3].

Denn der Kurfürst wollte, dass Frankreich durch katholische, nicht durch protestantische Hülfe zur Erfüllung seiner Ansprüche käme, damit es nicht das evangelische Interesse im Reiche nachher verträte. Darum wies er seine Gesandten an, die Bevollmächtigten mit Misstrauen gegen die Protestanten zu erfüllen. Und diesen Gesichtspunkt hält er auch dem Kaiser aufs neue vor. Bei der Erschöpfung der militärischen Hülfsmittel, schreibt er an Ferdinand [4], müsse man auf grösste Beschleunigung des Friedens denken; Frankreich sei für das kommende Jahr entschlossen, sich mit aller Macht auf Deutschland zu werfen; darum gelte es, die französischen Ansprüche, wenn auch mit territorialen Opfern, zu erfüllen; der Kaiser möge Trauttmannsdorff, der inzwischen als Prinzipalgesandter zum Kongresse abgeschickt war, anweisen, umgehend darüber in Verhandlung zu treten. Die Stände würden nicht länger um der österreichischen Interessen willen von einer Verständigung mit den Kronen sich abhalten lassen, und auch ihm werde Ferdinand nicht zumuthen, dass er es auf seinen Ruin und Verjagung aus seinem Lande ankommen lasse.

Max wusste wohl, dass die Neigung zur Preisgabe habsburgischer Territorien in Wien gering war und dass

---

[1] Der Wortlaut ist aus Maximilians Antwort.

[2] Französischer Bericht 1645 Nov. 18. NS II 2 p. 207 = Gärtner VI n. 163.

[3] Max an die Gesandten 1645 Nov. 15. WA FrA 49 c.

[4] 1645 Okt. 29. WA FrA 49 c.

mächtige Einflüsse sich den bayrischen Bemühungen entgegen stellten, in erster Linie der spanische Gesandte und die spanische Partei am Hofe, dann die Anstrengungen des Herzogs von Lothringen. Auch die Erzherzogin Claudia habe, so berichtet Max seinen Gesandten, einen besonderen Boten nach Wien geschickt, um zu protestiren, „dass weder sie noch ihr Sohn gedacht seien, vom Elsass etwas zu lassen, sondern eher auch das Übrige aufzusetzen“ [1]. Der Kurfürst kam daher auf den Plan, wenn die Kaiserlichen nicht vorwärts zu treiben wären, so sollten die Stände sich zusammenthun, um die Kronen zu befriedigen. Jedes Zögern der Kaiserlichen bedeute eine unverantwortliche Schädigung der katholischen Religion aus Privatinteresse. Da die Kaiserlichen die Protestanten zu gewinnen suchen und auch die Franzosen deren Prätensionen unterstützen, so sieht er als grosse Gefahr, dass die Protestanten mit Hülfe der Kronen „die Waage auf ihre Seite schlagen“. Er denkt daher an einen Kollektivschritt der Stände am Kaiserhofe. Zu dem Zwecke sollen Hasslang und Krebs mit dem Vertreter Kölns, dem Bischof von Osnabrück, konferiren, ob man nicht Trier, Mainz, Bamberg, Würzburg und Salzburg ins Vertrauen ziehen könne, ebenso Brandenburg — auf Sachsen rechnet er anscheinend nicht —, Lüneburg und Württemberg, damit diese Stände sich zu gemeinsamer, eindringlicher Vorstellung in Wien vereinigen.

Als der Kurfürst das schrieb, war Trauttmannsdorff schon unterwegs.

In Paris aber galt Maximilian immer mehr als das wichtigste Werkzeug für die Erfüllung der französischen Ansprüche, durch den sich mehr erreichen lasse, als durch die Vermittler, da sein Interesse sich mit dem der Franzosen begegne [2].

War auch kein Vertrag zwischen beiden Mächten geschlossen, so war doch eine grundsätzliche Verständigung erreicht. Freilich sollte Max bald sehen, dass er der Ueber-

[1] 1645 Nov. 8. WA FrA 49 c.

[2] Mazarin an die Plén. 1645 Nov. 30. NS II 2 p 215 = Gärtner VI n. 805.

listetе war, denn als nun die Verhandlung über die französische Satisfaktion in Fluss kommt und von den Bayern auf das entscheidenste beeinflusst wird, kommt sie auch bald zum Abschluss, ohne dass aber die pfälzische Frage, um derentwillen doch allein Max seine Hülfe den Franzosen verkauft hatte, zugleich geregelt wurde.

Jetzt beginnt der diplomatische Kampf um das Elsass. Wir haben bereits gesehen, wie unklar, auf französischer Seite namentlich, die Anschauungen über die rechtliche und territoriale Bedeutung dieses Begriffs waren, wie schwankend der Umkreis ihrer Forderungen; es gilt sich in kurzen Umrissen über die thatsächlichen Verhältnisse klar zu werden und zugleich zu sehen, wie sich die einzelnen Reichsstände im Elsass bis dahin zu der Frage über die Gestaltung ihrer ferneren Geschicke verhalten haben.

3. DAS ELSASS IM BEGINN DER FRIEDENSVERHANDLUNG[1].

Um die Mitte des 17. Jahrhunderts bezeichnet „das Elsass", wie schon seit langer Zeit, nur einen geographischen, keinen staatsrechtlichen Begriff: es umfasst die westliche Hälfte der oberrheinischen Tiefebene zwischen dem Rhein und der Kammhöhe der Vogesen, im Süden durch die Birs von der Schweiz, im Norden durch die Lauter[2] von den pfälzischen Landen geschieden. Schon ehe die Römer ihre Herrschaft an den Rhein vorschoben, hatten hier germanische Stämme die Kelten verdrängt und ihre Wohnsitze aufgeschlagen; hier hatte zum letzten Male der Kaiser Julian dem Ansturme der rechtsrheinischen Germanen Trotz geboten, dann aber hatten die Alamannen das Land überfluthet und

---

[1] Kirchner, Elsass im Jahre 1648. Duisburg 1878 (Progr. u. S.-A.). Die alten Territorien des Elsass nach dem Stande vom 1. Januar 1648, herausg. vom statistischen Bureau des kaiserlichen Ministeriums für Elsass-Lothringen 1896. Die beste Uebersicht über die Geschichte des Elsass geben: Lorenz und Scherer, Geschichte des Elsasses, 3. Aufl. 1886.

[2] Im Mittelalter bildete der etwas südlichere Selzbach die Grenze, s. Kirchner S. 4.

als dieses Volk dem Hause der Merowinger unterthan wurde, da waren zur Sicherung der erkämpften Herrschaft Frankenschaaren hier angesiedelt – solche, die nun „in der Fremde sassen“: von ihnen hat das Land den Namen erhalten und bewahrt[1]. In den folgenden Jahrhunderten hat das Elsass, durch seine Lage schon ein Streitobjekt der karolingischen Theilreiche, in hervorragendem Masse an den wechselvollen Geschicken der Erbschaft Karls des Grossen theilgenommen. Erst Heinrich I., der Begründer der nationalen Monarchie, hat dies Gebiet dauernd dem Deutschen Reiche gewonnen; es wurde ein Theil des Herzogthums Schwaben. So kam es unter die Herrschaft des Hohenstaufenhauses; gerade im Elsass haben die späteren Staufer ihre Machtstellung zu entwickeln sich bemüht. Als aber mit dem Erlöschen dieses Geschlechts das schwäbische Herzogthum auseinanderfiel, da erhoben sich auch im Elsass die geistlichen und weltlichen Machthaber, grosse und kleine, zu immer grösserer territorialer Selbständigkeit und es erwuchs die unendliche Mannigfaltigkeit reichsunmittelbarer Staatsgebilde, die der staufischen Erbschaft in noch weit höherem Masse als den übrigen Theilen des Reichs eigen war.

Der Entwickelung der Landeshoheit in den Territorien ging, wie überall im Reiche, so im Elsass, der Verfall des Reichsguts und der Reichsrechte zur Seite. Ursprünglich war das Land in zwei reichslehnbare Grafschaften[2], den

[1] S. Deutsche Städtechroniken B. VIII. Einl. S. 1 (Hegel). Grimm Wörterb. III 417.

[2] Ueber die Landgrafschaft und Landvogtei im Elsass verweise nur auf die wichtigste Litteratur: neben Schöpflins Alsatia illustrata und Alsatia diplomatica sind von Neueren zu nennen: Waitz, Verf. Gesch. VII; Franck, die Landgrafschaften des h. röm. Reichs 1873; Küster, das deutsche Reichsgut 1273—1313, 1883; Schulte, Geschichte der Habsburger in den ersten drei Jahrhunderten 1887; Teusch, zur Geschichte der schwäbischen und elsässischen Reichslandvogteien im 13. Jahrh. I. II. Kölner Progr. v. 1890 u. 1893 (die Programme sind eine nicht wesentliche geänderte Ausgabe seiner Dissert. Bonn 1880); Becker, die Landvögte des Elsass 1308—1408, Diss. Strassburg 1894 u. die Wirksamkeit und das Amt der Landvögte im 14. Jahrhundert ZfGO n. F. XI S. 320—360; Becker hat eine dringend erwünschte Geschichte der Landvogtei in Aussicht gestellt.

Nordgau und den Südgau (Sundgau) getheilt gewesen; schon im 12. Jahrhundert erscheinen dafür die Bezeichnungen Unter- und Oberelsass, doch so, dass sich daneben für den südlichsten Theil des Landes, der nordwärts bis zur Thur reicht, der specielle Name Sundgau erhalten hat. Geschieden wurden die beiden Grafschaften durch die Landwehr und den Eckenbach im Süden von Schlettstadt. Wie in anderen Gegenden, so haben bald auch im Elsass die Inhaber der vom Reiche zu Lehen gehenden Grafschaften, zum Unterschiede von den aus anderen Rechtstiteln erwachsenen Grafenhäusern, sich Landgrafen genannt. Im Besitze dieser landgräflichen Gewalt sind im Oberelsass, mindestens seit der ersten Hälfte des 12. Jahrhunderts, die Habsburger, schon damals das mächtigste und reichstbegüterte Geschlecht dieser Gegend. Während nun mit dem Verfalle der deutschen Königsmacht und des Lehnswesens und der Entwickelung der Landeshoheit die reichsrechtlichen Befugnisse der Landgrafen naturgemäss immer mehr verkümmerten, benutzten auch die Habsburger im Elsass diese Entwickelung: indem Eigengut und Königsgut im Laufe der Zeit mit einander verschmolzen wurde, und mannigfache andere Rechtstitel in ihrer Hand sich zu vollem Besitzthum ausbildeten, erwuchs durch fürsorgliche Verwaltungsthätigkeit ebenso wie durch Kauf und Erbschaft zusammen mit den rechtsrheinischen Besitzungen des Geschlechts ein bedeutendes Territorialfürstenthum, das namentlich im Elsass, wo durch Erbschaft 1324 die grosse Hinterlasssenschaft der Grafen von Pfirt[1] an die Habsburger gefallen war, ein ziemlich geschlossenes politisches Machtgebiet bildet[2]. Den ursprünglichen Amtstitel Landgraf haben die Habsburger als Territorrialherren für dieses Gebiet alle Zeit weitergeführt, ohne aber damit in den letzten Jahrhunderten noch die Idee reichsrichterlicher oder anderer Amtsbefugnisse zu ver-

[1] Die Lehnsabhängigkeit der Grafschaft Pfirt vom Bischof von Basel bestand nur noch nominell; sie hatte in den späteren Jahrhunderten jede praktische Bedeutung verloren und die Habsburger schalten hier genau wie in ihrem Allodialbesitz.

[2] Vergl. die Nebenkarte bei Kirchner.

knüpfen. Der „Landgraf im Elsass" entspricht durchaus dem „Erzherzog von Oesterreich". Im Jahre 1630 hatte Kaiser Ferdinand II. seinem Bruder Leopold, der auf seine geistlichen Würden verzichtet und die schöne Claudia Medici heimgeführt hatte, die Regierung der österreichischen Vorlande zugleich mit Tirol abgetreten[1]; nach dem frühen Tode ihres Gatten (1632) führte die energische Italienerin für ihre unmündigen Söhne die Regentschaft: die konnte sich freilich im Elsass wenig geltend machen: seit 1634 setzten sich die Franzosen hier fest, seit dem Falle von Breisach waren die linksrheinischen Lande für Habsburg verloren: zuerst Bernhard von Weimar, dann die Franzosen waren die Erben der österreichischen Regierung.

Die übrigen reichsunmittelbaren Territorien im Oberelsass waren daneben von geringerer Bedeutung. Der Bischof von Strassburg sowohl, wie die Herzöge von Lothringen und Württemberg verfügten hier über einzelne Gebietstheile[2]), dazu kam die Abtei Murbach und der Besitz der Herren von Rappoltstein; von den Reichsstädten war Mülhausen[3], seitdem es sich 1515 den Eidgenossen angeschlossen hatte, thatsächlich aus dem Reichsverbande geschieden, Colmar, noch immer als Festung von Wichtigkeit, war seit 1634 von den Franzosen besetzt, Münster im Thal, Türckheim und Kaysersberg waren kleine, unbedeutende Landstädtchen mit engem Gebiete; wenn sie trotzdem

[1] Der Vertrag vom 20. März 1617, in dem Ferdinand II. sich verpflichtete, nach Erlangung der Kaiserwürde dem König Philipp III. von Spanien das Elsass mit der Landvogtei Hagenau und der Ortenau abzutreten, ist nie in Kraft getreten und auch bei den Friedensverhandlungen nicht in Frage gekommen. S. üb. d. Vertrag: Huber V S. 89, wo sich weitere Verweise finden, vergl. auch Lorenz und Scherer[3] S. 334. Strobel IV S. 476 berichtet, Trauttmannsdorff habe in Münster im Mai 1646 bemerkt, dass das Elsass seit 10 Jahren, also 1636, an Spanien abgetreten sei (cf. V. S. 5); davon ist sonst nichts bekannt; auch Nachforschungen im Wiener Archive waren vergeblich.

[2] Siehe die vollständige Uebersicht bei Kirchner und in den Territorien des Elsass.

[3] Grober, die politischen Beziehungen des ...... Ortes Mülhausen im Elsass zum Deutschen Reich und zu Frankreich 1597—1678 (Progr.) 1880.

besonderer Beachtung werth gefunden wurden, verdankten sie das ihrer Zugehörigkeit zum elsässischen Zehnstädtebunde, dessen thatsächliches Haupt Colmar war.

Ganz anders lagen die Verhältnisse im Unterelsasss. Hier hatte sich nicht, wie im oberen Landestheile, eine Gewalt zu überwiegender, beherrschender Machtstellung herauszubilden vermocht; weit zahlreicher und vielgestaltiger noch lagen grössere und kleinere reichsständische Gebilde hier durcheinander. Den kommerziellen und in gewisser Weise auch politischen Mittelpunkt bildete die alte freie Stadt Strassburg, die, im Besitze des wichtigen Rheinpasses, sich im Laufe des Krieges auch militärisch von grosser Bedeutung erwiesen hatte und über ein vergleichsweise nicht unansehnliches, noch jüngst durch Schenkungen von Schweden vergrössertes, aber nicht geschlossenes Landgebiet verfügte. Noch umfangreicher war der Besitz des Bisthums Strassburg, auch dieser weithin im Lande zerstreut[1]; an dem wichtigen Passe über die Steige nach Lothringen lag die bischöfliche Residenz Zabern mit der Feste Hoh-Barr[2]; daneben erhob sich nur noch der Besitz der Grafen von Hanau-Lichtenberg zu leidlicher Ausdehnung. Von den Reichsstädten hatten allenfalls noch Hagenau und Schlettstadt, beide in französischen Händen, strategischen Werth, die übrigen, Weissenburg, Rosheim und Oberehnheim waren belanglose, verarmte und im Kriege völlig zu Grunde gerichtete Ackerstädtchen, die an dem stolzen Rechte ihrer Reichsunmittelbarkeit nicht minder wie die Äbtissin von Andlau zehren konnten. Dazu kommen im Süden zwei österreichische Herrschaften (die im Weilerthal und die Hohkönigsburg), im Norden die Enklaven benachbarter Stände, und bunt hineingewürfelt befinden sich die staatlichen Duodezgebilde gräflicher Dynasten

[1] Er erstreckte sich auch auf das rechte Rheinufer; vergl. auch Fritz, Territorium des Bisthums Strassburg.

[2] Weiter im Süden lag das befestigte Benfeld, noch immer von schwedischer Besatzung gehalten, der Rest ihrer einstigen Eroberungen.

und der freien Reichsritterschaft[1]. Zu dem allen hatten sich im Unterelsass noch Reste des alten Reichsbesitzes erhalten: der Hagenauer Forst und 40 kleine Reichsdörfer. Noch verwickelter wurde diese territoriale Mannigfaltigkeit durch vielfach streitige Rechtsverhältnisse, die durch die freigebigen Schenkungen der Schweden noch mehr erschwert waren.

Früher noch als im Oberelsass war hier die Landgrafschaft verschwunden. Die alte reichslehnbare Grafschaft war im Laufe der Zeiten bei verschiedenen Häusern gewesen; der landgräfliche Titel erscheint zuerst, als die Grafen von Metz Inhaber der Grafschaft sind; an ihre Stelle traten unter Heinrich VI. die Grafen von Werd, dann in den Zeiten Karls IV. die Grafen von Oettingen: von ihnen kam in nicht ganz klaren Transaktionen durch Kauf der grössere Theil ihrer Reichslehen und das Landgericht an die Herren von Lichtenberg, die Landgrafschaft aber an den Bischof von Strassburg, der eben damals ein Herr von Lichtenberg war. Dessen Nachfolger, Friedrich von Blankenburg, erreichte dann am 19. November 1384 von König Wenzel die Belehnung als Landgraf des Unterelsass; und wenn von den damit ursprünglich verbundenen reichsrechtlichen Befugnissen auch bald nicht weiter die Rede sein konnte, so haben die Bischöfe von Strassburg doch den landgräflichen Titel für das Unterelsass seitdem weitergeführt. Eben jetzt besass ein Habsburger, der Erzherzog Leopold Wilhelm, der Bruder Kaisers Ferdinands III., dessen Haupt auch andere Bischofsmützen und geistliche Würden schmückten, den bischöflichen Stuhl von Strassburg und damit zugleich das Recht, den landgräflichen Namen zu führen.

Während also der Landgraf im Oberelsass nur den Besitzer des grössten reichsunmittelbaren Territoriums bezeichnete, im Unterelsass aber nur das Epitheton ornans eines Reichsstandes war, so hatte sich doch im Lande mit

---

[1] Für die Details s. Kirchner und Territorien des Elsass; für die Ritterschaft verweise ich auf Overmann ZfGO n. F. XI.

den Resten des Reichsbesitzes auch ein auf diesen fundirtes Reichsamt erhalten und eben dieser Umstand mag zu dem frühzeitigen Verschwinden der landgräflichen Rechte beigetragen haben: es handelt sich um die Reichslandvogtei. Wir haben hier auf die Entstehung und ursprüngliche Bedeutung dieses Amts, das weder erblich noch lehnbar war, nicht einzugehen; seine hauptsächliche Entwickelung fand unter den ersten Habsburgern in den südwestdeutschen Gegenden statt, als es galt, hier die gefährdeten und verloren gegangenen Reichsrechte und Reichsgüter zu wahren und wieder zu sammeln; auch für die Durchführung der Landfriedensbestimmungen, an denen ja das 14. Jahrhundert so reich ist, im Namen des Reichs Sorge zu tragen, ist Aufgabe der Reichslandvögte. Dass aber diese Institution der Reichslandvögte im Elsass nicht, wie fast überall, untergegangen oder ganz bedeutungslos geworden ist, ist jedenfalls eine Folge der 1354 von Karl IV. inaugurirten Verbindung des Amts mit dem Sonderbunde, den zunächst auf zeitlich beschränkte Frist, dann ohne Zeiterstreckung dauernd, die elsässischen Reichsstädte mit Ausnahme von Strassburg zu gegenseitigem Schutze miteinander schlossen[1]. Den Städten der Dekapolis gegenüber war der Landvogt der Vertreter des Kaisers, in seiner Hand lag die Aufsicht über Justiz und geregelte Verwaltung, die Einziehung der Reichsabgaben, die Pflicht, die Städte gegen Angriffe zu schützen und im Kriege ihre Kontingente in den Kampf zu führen. In der thatsächlichen Ausübung des Amts liess sich der Landvogt, meist ein Reichsfürst, durch einen von ihm gesetzten Untervogt fast regelmässig vertreten. Der

[1] Schon in der ersten Hälfte des 14. Jahrhunderts begegnen uns solche Verbindungen mehrerer elsässischer Städte, auch mit nicht städtischen Reichsgliedern; auch nach 1354 ist die Zahl der Bundestheilnehmer anfänglich schwankend: eine Zeit lang gehören Hagenbach und Selz dazu; im Anfange des 16. Jahrhunderts scheidet Mülhausen durch seinen Anschluss an die Eidgenossenschaft aus, dafür tritt das ausserhalb des Elsass gelegene Landau hinzu. Seitdem bleiben dieselben 10 Städte: Colmar, Münster i. Th., Türckheim, Kaysersberg, Schlettstadt, Rosheim, Oberehnheim, Hagenau, Weissenburg, Landau.

Umfang der landvogteilichen Rechte war nicht fest umschrieben, neben dem allgemeinen Aufsichtsrechte bestanden in manchen Städten noch Sonderbefugnisse — z. B. das Recht des Blutbanns oder Antheil am Ungelt —, und an Uebergriffen und Eingriffen in die städtische Autonomie hat es zu allen Zeiten nicht gefehlt. Um so eifersüchtiger wachten die Städte über die peinliche Innehaltung ihrer Privilegien und der alten Formalien, unter denen sich ihr Verkehr mit den Vögten vollzog, und die Anerkennung ihrer Reichsstandschaft, die sie durch alle Fährnisse glücklich hindurchretteten; in der Führung des Bundes rivalisirten der ursprüngliche Vorort Hagenau, der Sitz des Unterlandvogts, das dem ganzen Bunde den Namen gab, und das in späteren Zeiten bedeutendere Colmar. Seit dem 16. Jahrhundert war die Vereinigung, als mit den veränderten Verhältnissen das Bedürfniss schwand und die Bedeutung der Städte versank, thatsächlich zerfallen und werthlos geworden: dass er sich dennoch darüber hinaus erhielt, lag nicht zum wenigsten daran, dass das Amt des Landvogts noch immer einige finanzielle Einträglichkeit besass. Von dem Reichsbesitz, auf den es fundirt gewesen, hatten sich im Hagenauer Forst und 40 Reichsdörfern, wie schon bemerkt, Reste erhalten, dazu kam die jährliche Reichssteuer der Städte: so erklärt es sich, dass trotz aller Zusicherungen das Amt 1408 als Pfandschaft in die Hand der Kurfürsten von der Pfalz kam und bei ihnen blieb; Maximilian I. benutzte zwar die Wirren des Landshuter Erbfolgekrieges dazu, die elsässische Landvogtei ans Reich, d. h. ans Haus Oesterreich, für das sie einen Machtzuwachs in den Vorlanden bedeutete, zu bringen, aber, nach einer erneuten Verleihung an die Pfalz durch Karl V., gelang es erst 1558 Ferdinand I., sie endgültig an sein Haus zu ziehen, bei dem sie seitdem geblieben war. Der letzte Landvogt war der 1632 als Besitzer der vorderösterreichischen Gebiete gestorbene Erzherzog Leopold. Seitdem war ein Nachfolger nicht ernannt worden, so dass rechtlich und thatsächlich beim Beginne des Kongresses hier eine Vakanz vorlag.

Jetzt waren die Städte wie das ganze Land entweder von den Franzosen besetzt oder — ausser Strassburg — in ihrem Machtbereich. Freilich hatten die Franzosen überall da, wo sie sich durch Verträge festgesetzt hatten, verkündigt, das geschähe nur für die Dauer des Krieges und ihre Diplomatie war nicht müde geworden, die Uneigennützigkeit der französischen Politik, die nichts für sich begehrte und alle Stände im Frieden restituiren würde, laut anzupreisen.

Indess fehlte es nicht an Gerüchten und Anzeichen für die elsässischen Stände, die sie für ihr künftiges Schicksal nach dem Kriege besorgt machen mussten[1], trotz all der schönen Zusicherungen, mit denen die französischen Beamten im Lande und die Staatsmänner in Paris nicht kargten. Wollten sie wenigstens den Versuch machen, ihre Wünsche für die Zukunft ihres Landes zur Geltung zu bringen, so konnten alle Missionen nach Paris darin schwerlich etwas nützen, sie mussten mit allem Nachdruck sich am Kongresse Gehör zu verschaffen suchen; wie weit sie dabei in dem Interessespiel der grossen Mächte auf Erfolg rechnen konnten, blieb freilich dahingestellt. Sicherlich wäre das Beste gewesen, wenn sie von Anfang an geschlossen in einheitlicher Aktion aufgetreten wären. Daran aber war gar nicht zu denken. Eine gemeinsame Organisation war in den Stürmen des Krieges vollends zu Grunde gegangen und engherzige Interessen- und Kirchthurmspolitik auf Kosten der Nachbarn war im Elsass nicht minder als anderswo im Schwange. Zu selbständigem Auftreten aber war die grosse Mehrzahl der kleinen Staatengebilde in ihrer Verarmung und Kriegsnoth völlig ausser Stande. So sehen wir nur die grösseren Territorien, auch diese meist zögernd und vorsichtig, sich zur Beschickung des Friedenskongresses entschliessen, ohne irgendwie sich über ein gemeinsames Vorgehen vorher zu verständigen. Diese Politik war nur geeignet, die etwa für sie vorhandenen Chancen noch zu verringern.

---

[1] Vergl. z. B. RA 1882 die Aeusserungen des Generalsauditeurs Dr. Wölcker.

Die grössten Interessen hatte natürlich die Erzherzogin Claudia von Tirol zu vertreten, die ihre elsässischen Lande im Kampfe an Frankreich verloren hatte. Zwar ist am Kongresse von kaiserlicher Seite stets behauptet worden, die unschuldigen Pupillen dürften nach Recht und Billigkeit, da sie sich an den Feindseligkeiten nicht betheiligt hätten, ihrer Besitzungen nicht beraubt werden. Dazu stimmt aber schlecht, dass sich am 21. Februar 1639 die Erzherzogin auf Spaniens Antrag dem Bündniss dieser Krone mit dem Kaiser zur Wiedergewinnung ihrer Vorlande angeschlossen und mit Geld und Truppen am Kampfe betheiligt hat[1]. Genützt hat ihr dieser Schritt freilich nicht. Die Erkenntniss der Aussichtslosigkeit dieses Weges, die nicht unbegründete Besorgniss, dass sich Bayern auf ihre Kosten mit Frankreich im geheimen verständigen könnte, dazu die zunehmende Erschöpfung ihrer Lande und Mittel, diese Momente werden es gewesen sein, die an der Wende des Jahres 1642 zu direkten Anknüpfungen zwischen Claudia und der französischen Regierung geführt haben.

Leider sind wir über diese Vorgänge nur sehr dürftig unterrichtet[2]. Anfang März 1643 hat der Beichtvater der Erzherzogin, P. Malaspina, dem vom kaiserlichen Hofe nach Innsbruck entsendeten Grafen Martinitz mitgetheilt, dass „vor etlicher Zeit“ von französischer Seite der Vorschlag ausgegangen wäre, gegen das Zugeständniss dauernder französischer Besatzung in Breisach der Erzherzogin wieder den vollen Genuss ihrer Territorien zuzugestehen. Wie weit das richtig ist, müssen wir dahin gestellt sein lassen. Wir wissen nur, dass Volmar schon im December 1642, an-

[1] Egger. Geschichte Tyrols II 379 f.

[2] Ausser einer gleich zu erwähnenden Notiz in Volmars Korrespondenz ist die Quelle für die folgenden Angaben die Schlussrelation des im März 1643 von Wien nach Innsbruck entsandten Geh. Rath Graf Martinitz; bekannt ist sie mir durch eine jetzt im Bezirksarchiv des Unterelsass in Strassburg befindliche, aus den 60er Jahren von D. V. Goehlert aus der böhmischen Hofkanzlei in Wien herrührende Abschrift; G. giebt an, dass sich das Original schon damals in sehr verwahrlostem Zustande befunden habe; Nachforschungen im Wiener und Innsbrucker Archive haben über die Angelegenheit nichts Weiteres ergeben.

lässlich der von katholisch-ständischer Seite beabsichtigten Legation nach Paris, der Erzherzogin dringend anrieth [1], keine „Handlung nach Frankreich ohne Vorwissen des Kaisers anzufangen“, wohl aber diesen vor den von Bayern ausgehenden Machinationen bei der genugsam bekannten Politik des Kurfürsten zu warnen, der mit Frankreich in Korrespondenz geblieben wäre und zweifellos sich eines Vortheils versichert hätte; denn alle Aktionen am Rheinstrom zeigten, dass Bayern sich „zu empfindsamer Offensive gegen Frankreich“ nicht fortreissen liesse; für den Fall, dass es zu Konferenzen [2] käme, sollte sie dem Kaiser die Restitution ihrer Söhne ans Herz legen. Ob und wie weit Claudia dem Rathe gefolgt ist, ist unbekannt.

Wohl aber hat sie Anfang 1643 durch ihren Obersthofmeister, den Grafen Truchsess von Waldburg, dem Kaiser eröffnen lassen: ihrer Ansicht nach bliebe das einzige Mittel, um die tirolische Vormauer und den Rest der Pupillenlande zu erhalten, Neutralität oder, wenn das unmöglich, Protektion bei Frankreich zu suchen; im Falle der Abtretung des Elsass müsste sie auf äquivalenter Entschädigung — wobei auf Kärnthen hingedeutet wurde — bestehen. Das Alles wird freilich wohl als Perspektive für den äussersten Nothfall dargestellt sein. Immerhin erschien eine Beeinflussung und genaue Erforschung der in Innsbruck herrschenden Absichten dem Kaiserhofe so wichtig, dass in seinem Auftrage Anfang März dort der Geheime Rath Graf Martinitz erschien. Sein Bericht zeigt uns, dass es ihm nicht leicht gemacht wurde, einen klaren Einblick in die von Misstrauen gegen Bayern und Verfolgung der eigenen Interessen erfüllte Politik der habsburgischen Nebenlinie zu gewinnen. Von zwei Audienzen bei der Erzherzogin abgesehen, blieb Martinitz auf Konferenzen mit den Grafen Mohr [3] und Hohenems angewiesen; nur vom Beichtvater P. Malaspina berichtet er, dass derselbe in Claudias Auftrage confidenter

[1] WA Hauptarchiv FrA 1.
[2] In Strassburg oder Basel.
[3] Diesen bezeichnet Martinitz als die Seele der Regierung.

mit ihm geredet hätte. An Zusicherungen kaiserlicher Unterstützung hat es der Gesandte nicht fehlen lassen und auf die Erfahrungen derjenigen, die sich in französische Protektion begeben hatten, hat er warnend hingewiesen. Die Regentin hatte darauf wohl „mit vielen Umständen der französischen Krone übles Belohnen der Adhaerenten exaggerirt", aber zugleich erklärt, dass auch ihr für den äussersten Nothfall nichts Anderes übrig bliebe, ein Schritt, vor dem sie hoffentlich ausreichender Schutz vonseiten des Kaisers bewahren würde [1]. Eine ausdrückliche Assekuration aber im Namen des Kaisers zu geben, wie sie gefordert wurde, war Martinitz nicht ermächtigt. Er selbst gab in Wien den Rath, um die Gefahr der Neutralität oder Protektionsannahme von dieser Seite zu beschwören, sollte man bayrische Einquartierung und andere (wohl bayrische) Dispositionen in den Vorlanden beseitigen und, um der Erzherzogin zu ruhigem Besitze zu verhelfen, kaiserliche oder tirolische Kriegsvölker dorthin legen; Bedrückungen von bayrischer Seite würde sie, so meinte er, nicht lange ertragen, sondern lieber die Protektion eines mächtigen Königs annehmen [2]. Wenn Claudia sich auch dem kaiserlichen Gesandten gegenüber verpflichtete, „keine Traktate der Neutralität, Protektion und Pazifikation ohne Vorwissen und Konsens des Kaisers einzugehen", so urtheilten doch die Geheimen Räthe [3] in Wien wohl nicht ohne Grund, das ganze Verhalten liefe darauf hinaus, sich für den äussersten Nothfall, den kaiserlichen Schutz als ungenügend darstellend, die Neutralität offen zu halten und damit zu entschuldigen, dass der Kaiser Alles vorher gewusst hätte.

[1] Als Martinitz die Schuld für die Neutralitätsconsilia auf ihre Räthe schob, nahm die Erzherzogin die Verantwortung dafür durchaus auf sich.

[2] Ins „Governo" einzugreifen hielt er nicht für rathsam. „I. fl. Dt. ist in ihren Grundsätzen ganz vertieft, dass sie absolute domina sei und sein wolle". Kaiserliche Assistenz liesse sie sich gefallen, aber keine Abhängigkeit ihrer Entschlüsse; er rieth, den Grafen Werdenberg zu senden, der müsse suchen, Alles zu dirigiren.

[3] Das Urtheil der Geh. Räthe befindet sich (wenigstens in der Abschrift) hinter der Relation des Grafen Martinitz.

Doch erfahren wir nichts weiter von französisch-tirolischen Separatverhandlungen. Der Friedenskongress ward jetzt der Schauplatz, auf dem um das Schicksal des Elsass gekämpft wurde.

Kaiser Ferdinand war, als er seine Schwägerin bat, ihm Volmars Kraft zur Friedensverhandlung zur Verfügung zu stellen, der Ansicht gewesen, dieser könnte zur Ersparung weiterer Spesen zugleich ihr und ihrer Kinder Interesse vertreten (Juli 1643). Aber schon am 11. Mai 1644 stellte er ihr vor, dass wegen zu befürchtender Rangstreitigkeiten die Doppelstellung für Volmar undurchführbar wäre[1]; er überliess es ihrem Gutdünken, einen besonderen Deputirten zu entsenden. Als dann die Verlegung des Deputationstages an den Kongress ausgesprochen war, hielt Ferdinand die besondere Vertretung der Vorlande sogar für nothwendig[2]. So traf der vorderösterreichische Vormundschaftsrath Dr. Johann Wilhelm Goll am 7. August 1645 in Münster ein. Ein Kind des Elsass, früher Bürgermeister von Schlettstadt, war er zweifellos ein geeigneter Vertreter für die bevorstehenden Verhandlungen, in denen er mit Schärfe und nicht ohne oft schroffe Einseitigkeit die Interessen seiner Gebieterin geltend machte.

Sofort berichtet er[3] von der Gefahr, die dem Elsass drohe. In Innsbruck war man von den bayrischen Separat-

---

[1] „Fürnemblich wegen besorgender Kompetentien, die sich zwischen ihm und andern Gesandten ereignen möchten, indem man ihm einerseits als kaiserlichen Gesandten die Praecedenz geben, andererseits aber als österreichischem commissario vorgehen wollte". WA Hauptarchiv.

[2] Ferdinand III. an Claudia 1645 Juni 21, a. a. O. Einen weiteren Deputirten gelehrten Standes für Osnabrück zu schicken, was ihr Ferdinand am 16. September zumuthete, da Richtersperger u. Graf Wolkenstein, die österreichischen Vertreter, nicht an beiden Orten sein konnten, lehnte sie ab, da sie keine qualifizirte Person entbehren könnte; Goll wollte sie in Münster unterhalten, der sich Volmars Direction bedienen könnte (Sept. 25), a. a. O.

[3] Unter Verweis auf ein Schreiben Volmars vom 4. August. Ein Theil der Korrespondenz von Goll mit seinem Hofe befindet sich abschriftlich in WA FrA 94, 1—4 bezw. 95, 1. Volmars Korrespondenz mit Claudia (WA Hauptarchiv) fehlt leider für die Jahre 1644—47.

verhandlungen schon früher unterrichtet; bereits im Juni liess Claudia durch ihren Rath Dr. Pappus in Wien melden, dass über Breisach ein geheimer Traktat vorhanden sei und vom Kurfürsten von Bayern „stark urgirt werde, selbige Festung sammt dem ganzen Breisgau und allem, was den v. ö. Landen inkorporirt, der Krone Frankreich zur Erlangung eines Friedens zu übergeben". Schoss diese Behauptung auch über die Wahrheit hinaus, so zeigt sich doch darin, wie richtig man in Innsbruck die bayrische Politik beurtheilte; und was Ferdinand der Erzherzogin am 5. Juli [1] über Vervaux' Mission nach Maximilians Berichten mittheilte, zugleich mit der Mahnung, Acht zu geben, dass nichts ihren Kindern Nachtheiliges vorgenommen würde, konnte ihr Misstrauen nicht beseitigen.

Zwar suchte Goll am 20. Oktober [2] noch seine Gebieterin damit zu trösten, dass sich die Stände von Osnabrück einmüthig gegen jede Satisfaktion ausgesprochen hätten; aber in demselben Briefe berichtet er, „die bayrischen Praktiken fangen an auszubrechen und ich habe noch keinen Menschen gehört, der ihnen Beifall gäbe, — will es auch nicht hoffen, sofern man nur ex parte Österreich tenaciora consilia ergreifen will".

Neben der Erzherzogin Claudia finden wir in der ersten Periode des Kongresses, vor Trauttmannsdorffs Ankunft, von elsässischen Ständen nur noch Strassburg und Colmar vertreten. Beide Städte hatten sich schon bald nach dem Hamburger Präliminarvertrage sowohl um Geleitsbriefe wie um Vertretung ihrer Interessen an den französischen Hof gewendet [3]. Als dann seit dem Herbst 1643 von den beiden ver-

[1] Die dem Pappus ertheilte Antwort, auf die sich Ferdinand in diesem Briefe bezieht, kennen wir leider nicht. Auch im September macht Ferdinand über das, was er durch die Mission des Grafen Kurtz nach München (S. Abschnitt I, 2) erfahren hat, nach Innsbruck Mittheilung, mit der Bitte, Pappus zu vertraulicher Berathung an den Hof zu schicken.

[2] WA FrA 95, 1 n. 92.

[3] Uebrigens wurden auch Schweden und grössere protestantische Reichsstände mit diesen Gesuchen bedacht.

bündeten Kronen wiederholte Mahnrufe an die Reichsstände zur Beschickung des Kongresses ergingen, da hielten sich die elsässischen Stände vorsichtig zurück; auch die Werbungen des neuen französischen Residenten in Strassburg, Stella, vermochten nicht, den Rath zu einem Schritte zu veranlassen, mit dem er fürchten musste, den Zorn des Kaisers herauszufordern. Beide Städte, Strassburg wie Colmar, waren wohl von Anfang an zur Beschickung des Kongresses entschlossen, aber sie hatten keine Sicherheit, wie, in Anbetracht ihrer Haltung während des Krieges, von den Kaiserlichen gerade ihr Erscheinen würde aufgenommen werden: beide waren Mitglieder des Heilbronner Bundes gewesen; seitdem hatte Colmar sich in französische Protektion begeben (Oktober 1634) und es vorgezogen, dem Reichstage von 1640 unter Entschuldigung seines Ausbleibens sich fernzuhalten; so war auch unsicher, ob es der Kaiser unter die amnestirten Stände zählen oder als Feind ansehen würde. Mit Strassburg war Jahre lang über die Annahme des Prager Friedens verhandelt worden; die Stadt, die namentlich an den darin verfügten kirchlichen Bestimmungen Anstoss nahm, hatte es stets verstanden, einen schroffen Abbruch der Verhandlungen zu vermeiden und, ohne eine formelle Anerkennung ihres Wunsches nach Neutralität von den kriegführenden Mächten durchzusetzen, doch sich thatsächlich meist einer solchen Stellung erfreut. Aber als ausgesöhnt mit dem Kaiser galt die Stadt nicht und auf dem Reichstage von Regensburg hatte ihr Vertreter Marcus Otto vergeblich versucht, seinen Platz im Kollegium der Städte einzunehmen.

Indess hatte schon die kaiserliche Instruktion vom 23. September 1643 die Gesandten angewiesen, die Neutralen und in specie die Stadt Strassburg gutwillig anzuhören „und nit als Feinde, weil wir sie als solche seit des Prager Friedens nit traktiret, sondern sogar einer Abordnung in die Stadt selbsten gewürdiget[2]“. Als dann im

---

[1] Kentzinger I S. 280 ff.

[2] Es ist die 1640 erfolgte Mission des Freiherrn von Nothaft gemeint. Die kaiserl. Instruktion sagt weiter: „Und dieweiln es mit Strass-

Januar 1645 Strassburg bei den kaiserlichen Gesandten in Osnabrück sowohl durch den Sekretär dieser Stadt als durch die Schweden um einen Geleitsbrief nachsuchte, wollten die Kaiserlichen in Münster dem Wunsche sofort nachkommen, indem sie die Stadt als Konföderirte der Kronen ansahen[1]. Die Osnabrücker Gesandten aber liessen diese Betrachtung nicht gelten und stellten den gewünschten Pass aus, ohne einer Verbindung mit Schweden zu gedenken: der Kaiser sprach seine Zufriedenheit mit dieser Art der Erledigung aus[2].

Colmar hatte wiederholt mit der Nachbarstadt über die Frage verhandelt; Strassburgs Erklärung, dass es sich entschieden habe, gab dann auch für jene Stadt den Ausschlag, am 15. Februar meldet sie den Schweden, dass sie ihren Vertreter abordnen werde, am 19. April traf derselbe, Johann Balthasar Schneider, am Kongresse ein[3], zugleich mit Vollmachten von den kleinen benachbarten Genossen der Dekapolis, Münster, Kaysersberg und Türkheim. Seine Instruktion legt ihm nicht nur das Eintreten für die besonderen Interessen der Stadt — Wiederanschluss ans Reich, Erhaltung der 1627 von Oesterreich vernichteten, 1632 wieder hergestellten Rechte — und die Rechtfertigung ihres Verhaltens während des Krieges an's Herz; sie trägt ihm zugleich auf, Sorge zu tragen, dass am Kongresse das wahre Wesen der Landvogtei erkannt werde, die ohne irgend welche territorialen Rechte ein reines Amt, ein blosses Schirmrecht sei.

---

burg den Absatz hat, dass sie weder schwedisch noch französisch, also da sie sich aparte zum Ziel legen wollte, so kann mit dieser von euch wohl zu wirklicher Zutretung auf unsere Seite auch in loco, doch aber höchst circumspecte tractirt werden".

[1] Gärtner IV n. 61.

[2] Ueber Strassburgs Admission s. u. a. Pufendorf XVII c. 41. Gärtner III n. 118, IV n. 59. 62. 64. 70. 92.

[3] Ueber seine Thätigkeit und Korrespondenz mit Colmar s. Mossmanns Auszüge aus dem Colmarer Stadtarchive RA 1883 ff. Er war Sekretär des städtischen Gerichts.

Von den übrigen Städten der Dekapolis bleiben, so viel wir sehen, Schlettstadt, Oberehnheim und Rosheim[1], so weit nicht das von Schneider auch ohne Vollmacht beobachtete Gesammtinteresse in Frage kam, zunächst unvertreten. Dagegen hatten Landau, Weissenburg und Hagenau ihre Vertretung dem strassburger Abgeordneten übergeben. Die alte Reichsstadt hatte ihre Interessen einem bereits vielfach in ihrem Dienste bewährten Manne anvertraut, dem Advokaten Dr. Marcus Otto, nachdem man von der Entsendung des ursprünglich beauftragten Dr. Johann Wencker auf dessen Bitte – gesundheitshalber – Abstand genommen hatte[2].

Am 8. April 1645 traf Otto in Osnabrück ein, bereits am 11. begab er sich nach Münster, um sich den dortigen Vertretern des Reiches und der Franzosen vorzustellen. Er hatte sogleich Gelegenheit, ein Zeugniss für die Gesinnung seiner Stadt abzulegen, denn Avaux sprach ihm seine Ver-

---

[1] Der Rath von Rosheim hatte schon im Januar 1644 ein wehmüthiges Schreiben an Strassburg gesendet, in dem er dem Friedenswerk besten Erfolg wünschte. „So viel aber unser Stadtwesen und zugleich dies belanget, was dabei auch unserestheils in Obacht zu ziehen sein möchte, so sind wir jetzt in etlich und zwanzig Jahren hero mit unserer allerverarmtesten Bürgerschaft durch die verschiedenen Brände, Raub und Kontributionen leider in solch elendem Stand, dass wir wenig Übriggebliebenen kaum den Athem im Leib und demnach hierzu weder That noch Rath wissen. Befehlens demnach für diesmal den höhern Potentaten lediglich und bitten den lieben Gott äusserst und nochmals, dass er aller Menschen Herzen zum Guten dirigiren und uns zusammt unserer armen Bürgerschaft aus diesem übergrossen Elend zu voriger Ruhe und Gnaden wieder fördern wolle“. Str. StA 1114.

[2] Siehe über Marcus Otto: Wiegand in ADB 25 S. 787 ff; W. nennt ihn „wohl den bedeutendsten Strassburger Diplomat im 17. Jahrh.“ Er war 1600 in Ulm geboren, 1630 in die städtische Verwaltung in Strassburg eingetreten, 1632 geh. Sekretär und Adjunkt des Stadtschreibers, 1633 Referendar beim grossen Rath geworden; seit 1635 bei den Verhandlungen über Annahme des Prager Friedens hervorragend betheiligt und in dieser Sache mit Missionen nach Baden, Darmstadt und Hessen betraut, war er, seit 1637 mit einer strassburger Bürgerstochter verheirathet, 1640 zum Rath und Advokat der Stadt erwählt und als Deputirter an den Reichstag nach Regensburg entsendet.

wunderung aus, dass er sein Anbringen nicht in französischer Sprache gethan, „weil selbige zu Strassburg durchgehend üblich sein solle“, so berichtet Otto, „dem ich zur Antwort gegeben, wir seien Deutsche und reden deutsch, haben uns aber der lateinischen als der mächtigsten Sprache bisher gleich andern Ständen des Reichs in Schreiben und Propositionen beflissen, womit er allerdings zufrieden gewesen[1]“.

Sonst aber konnten die Gesandten nicht viel Tröstliches melden. Es ist bezeichnend, dass die Korrespondenz vonseiten der Magistrate in den nächsten Monaten mit Erörterungen über die Fragen der Amnestie, der Religionsbeschwerden, der Restitution erfüllt sind, ohne indess der von Frankreich drohenden Gefahr sonderlich zu gedenken. Und doch hing dieselbe in diesen Sommermonaten 1645 schon wie ein unabwendbares Geschick über dem Lande. Schon bald nach seiner Ankunft berichtete Schneider, auf Grund einer Unterhaltung mit dem französischen Residenten in Osnabrück, de Rorté, dass das Elsass schwerlich aus Frankreichs Händen zu lösen sein würde; die Hoffnung auf ein besseres Schicksal für Colmar setzt er auf Schweden, doch warnt er davor, den Kronen zu viel zu trauen. Aber er erfüllt sich allmählich mit der Anschauung, dass die Abtretung des Elsass an Frankreich nicht nothwendigerweise die Unterwerfung Colmars nach sich ziehen müsste, wenn nicht die Kaiserlichen die Hand dazu böten[2]; dagegen sieht er schon jetzt die Bedeutung, die Breisach bei den Verhandlungen spielen musste.

Wurde auch über die Geschicke des Elsass in den nächsten Monaten offiziell am Kongresse noch nicht verhandelt, so konnte doch das, was den elsässischen Vertretern in dieser Zeit zu Ohren kam, ihre Zuversicht auf Entfernung der Franzosen aus dem Lande nicht heben, die sie, wenn sie es auch nicht auszusprechen wagten, so doch

---

[1] Otto an Strassburg 1645 April 17 (27). Str. StA 1120. In Münster liess Otto, damit ein ständiger Vertreter dort auf die Interessen der Stadt Acht gab, den Sekretär Ernst Heuss; seine Berichte sind uns leider nur sehr lückenhaft überliefert, auch kehrte er schon 1646 zurück.

[2] RA 1885. S. 480 f.

durchgehends wünschten. Schon Volmar hatte bei der ersten Audienz Otto gewarnt[1]; im August erklärte der den französischen Bevollmächtigten beigegebene bekannte Geograph Theodor Godefroy an Schneider, Frankreich dürfte das eroberte Elsass, besonders Colmar und Schlettstadt, nicht aufgeben[2]. Auch Oxenstierna warnte den Colmarer, die Städte möchten auf ihrer Hut sein[3]. Die französische Proposition vom 11. Juni hatte grundsätzlich die Forderung einer Entschädigung aufgestellt: zwar war das Objekt nicht bezeichnet, aber man wird sich im Elsass darüber einem Zweifel nicht hingegeben haben; doch bieten die uns bekannten Korrespondenzen kaum etwas darüber. Auch zeigen sie uns nicht, dass man an diesen Stellen von den gerade in dieser einleitenden Periode zum Abschluss kommenden Separatverhandlungen zwischen Bayern und Frankreich, die eigentlich über das Schicksal des Elsass entschieden haben, etwas erfuhr.

Noch einmal, im Juli, hatte Colmar die anderen Bundesstädte zur Beschickung des Kongresses aufgefordert; am 11. September fand dann auf seine Veranlassung im Schwarzen Ross in Strassburg eine Konferenz von Vertretern von Colmar, Weissenburg und Hagenau statt[4]; selbst jetzt hielten die Kommunen die Gefahr noch nicht für dringend und beschlossen nur, sich an das Städtekolleg am Kongresse um Unterstützung zu wenden.

Am Kongresse hatten die Kaiserlichen Otto, als er seinen Platz in den Verhandlungen einnehmen wollte, zunächst nochmals Schwierigkeiten gemacht, dann aber doch seine Zuziehung verantworten zu können geglaubt; auch Colmar war in Osnabrück zugelassen worden, so dass die

---

[1] Otto an Strassburg 1645 April 17 (27). Str. StA 1120.

[2] RA 1886 S. 53; als Schneider dem kaiserlichen Gesandten Craue gegenüber sich auf Colmars Verträge zu seinem Schutze beruft, entgegnet dieser mit Recht, die grossen Friedensschlüsse gingen über solche Sonderverträge leicht hinweg; a. a. O. S. 224 ff.

[3] A. a. O. S. 226.

[4] RA 1886 S. 53. Schlettstadt und die übrigen Städte hatten Colmar Alles überlassen.

abweichende Ansicht von Nassau und Volmar ohne Belang blieb [1].

Zur Erledigung des von ihren Kollegen in Münster ausgesprochenen Wunsches [2] hatten die Kaiserlichen in Osnabrück am 23. Oktober die Abgeordneten von Sachsen-Altenburg, Strassburg und Colmar vor sich beschieden, um sie, im Gegensatz zu dem in Osnabrück verbreiteten Gerüchte, dass weder Frankreich noch Schweden Land und Leute vom Reiche begehre, über die französischen Forderungen aufzuklären. Sie behaupteten, in Münster hätte eine glaubhafte Person von den Franzosen erfahren, „dass in puncto satisfactionis deren Absehen auf die in beiden Landvogteien Hagenau und Ortenau [3] gehörigen Reichsstädte" ginge; die Deputirten sollten den übrigen Protestanten davon Mittheilung machen, doch möge darüber nicht in den Kollegien zur Berathung geschritten werden; sie wollten hoffen, dass zu solchem Verlangen Niemand Rath oder That geben würde [4]. Den Abgeordneten, namentlich Schneider und Otto, kam „solches Insinuiren sehr unvermuthlich vor", sie wussten sich nur auf die Versprechungen der Franzosen im Heilbronner Vertrage und bei späteren Separattraktaten zu berufen. Die Kaiserlichen gewannen den Eindruck, dass die Protestanten „einig sein würden, von des Reiches Landen nichts zu lassen" [5].

Longueville freilich, so schrieb Otto in demselben Briefe, habe alle diese Absichten gegen die Städte abgestritten, da sie „mit jeder Stadt absonderlich traktirt, derselben ihre Reichsimmedietet gelassen und sich zum Abzug nach dem Frieden verbunden, Offenburg auch noch nicht einmal im

[1] Ueber diese Streitfragen s. Gärtner V u. VI passim; für Colmar bes. VI n. 93. Ferd. III erklärt sich am 24. Oktober mit Strassburgs Zulassung einverstanden (Gärtner VI n. 117).

[2] S. Abschn. I. 1. S. 39 f.

[3] Die mit dem Breisgau verbundene Landvogtei Ortenau (rechtsrheinisch) zählte drei kleine Reichsstädte: Offenburg, Gengenbach und Zell a. Harmersbach.

[4] Ottos Bericht vom 13. (23.) Okt. Str. StA 1121; s. auch RA 1887 S. 111 ff.

[5] KGO an KGM 1645 Okt. 30. Gärtner VI n. 129.

Besitz hätten; er wollte in solchen Behauptungen nur eine Aufhetzung der Stände gegen Frankreich sehen[1].

Mit der Zeit aber war nun der strassburger Rath doch endlich lebhafter besorgt geworden; er fürchtete, Frankreich werde Breisach ungern aus der Hand und die vorderösterreichischen Lande nicht unangefochten lassen, und hielt eine Verbindung mit den benachbarten und interessirten Ständen für angebracht, um sich Frankreich energischer widersetzen zu können; denn wenn die österreichischen Vorlande abgetreten würden, so sei das für die Nachbarn, besonders diejenigen, welche mit französischen Garnisonen bedacht wären oder in irgend welcher Verbindung mit der Landvogtei stünden, höchst bedenklich, „und vielleicht des alten Sprichworts sich nicht unzeitig zu erinnern, Francum amicum habeas, non vicinum". Es bezeichnet aber die ganze klägliche Schwäche dieser städtischen Politik, wenn an diese so richtige Erkenntniss der Schluss geknüpft wird, es sei nichts zu übereilen, sondern abzuwarten, bis die Franzosen sich selbst erklärten[2].

Und doch hätten die Berichte ihres Gesandten die Stadt zu schleunigen und energischen Massnahmen veranlassen müssen, denn am 30. November wusste er zu melden, dass Longueville sehr aufgebracht darüber war, dass die Städte unter die Restitutionsforderungen auch die Schleifung der Festung Philippsburg aufgenommen hatten, „da doch die Krone Frankreich ihre Satisfaktion zwar unter anderm bei Breisach, ihre Assekuration aber bei Philippsburg suche"[3]. Und acht Tage später hat er aus den Reden von Longuevilles Sekretär, Stenglin, als der in Osnabrück war, gemerkt, dass es auf die vorderösterreichischen Lande und bezüglich der Assekuration auf Philippsburg abgesehen sei[4].

[1] Otto an Strassburg, 1645 Okt. 23 st. v. Str StA 1121.

[2] Der Rath von Strassburg an Otto 1645 Okt. 27 (Nov. 6). Str. StA 1121.

[3] Str. StA 1121.

[4] Natürlich sollte, so hatte Stenglin beruhigend hinzugefügt, künftig alle Veranlassung zu Klagen aufhören (die theils dem Krieg theils der Garnisonen Dürftigkeit beizumessen wären) und die Regierung

Aber alle diese alarmirenden Nachrichten scheuchten weder Strassburg noch die anderen elsässischen Stände aus ihrer ängstlichen und kleinmüthigen Passivität auf. Und doch versäumten sie so die einzige noch mögliche Gelegenheit, wo sie sich von ihrer Aktion Erfolg versprechen konnten.

Eben um diese Zeit traf Trauttmannsdorff am Kongress an und in der ersten Hälfte des kommenden Jahres fielen thatsächlich die Würfel über das künftige Schicksal des Elsass. Dann erst, als es zu spät war, haben sich die gefährdeten Stände zu selbständigen Schritten aufgerafft.

von solchen Leuten geführt werden, „denen die Landesgelegenheit und der benachbarten Stände Privilegia besser bekannt und sich mit E. Gn. ganz nachbarlich und wohl betragen werden". Otto an Strassburg 1645 Nov. 27 (Dez. 7). Str. StA 1121.

ZWEITER ABSCHNITT.

DIE ENTSCHEIDENDEN VERHANDLUNGEN (DEZEMBER 1645 BIS SEPTEMBER 1646).

1. ERSTE VERSUCHE ZUR VERSTÄNDIGUNG.

Am 29. November 1645 traf Graf Trauttmannsdorff in Münster ein[1]. Dass sich Ferdinand entschlossen hatte, dem vertrautesten seiner Rathgeber die Leitung der gesammten Friedensverhandlungen zu übertragen, musste als Zeichen gelten, dass an Stelle der bisherigen dilatorischen Behandlungsweise der ernsthafte Versuch gemacht werden sollte, sich mit den Kronen und den Ständen über die Streitpunkte und Forderungen zu verständigen[2].

Trauttmannsdorff[3] hatte das sechzigste Lebensjahr überschritten. Aus dem niederen böhmischen Adel stammend,

---

[1] KGM an Ferd. III. 1645 Dez. 1. Gärtner VII n. 1. Ich gebrauche die nach dem Gothaischen Hofkalender heute geltende Orthographie des Namens.

[2] S. Brienne's Schreiben an die Plén. 1645 Dez. 16. L'arrivée de ce comte qui a la plus parfaite confiance de son maître doit avancer la paix ou faire juger, si elle est pour se conclure et sous quelles conditions. NS II 2 p. 231 = Gärtner VII n. 29 S. 159.

[3] Eine monographische Würdigung dieses bedeutenden und einflussreichen Staatsmannes fehlt; diese überaus wünschenswerthe Arbeit wird aber auf die Benutzung des bisher unzugänglichen Familienarchivs nicht verzichten können. Ich verweise einstweilen auf ADB 38 S. 531—536 (v. Egloffstein) u. Wurzbach, Biogr. Lex. 47 S. 76—79.

war er schon 1623 von Ferdinand II. zum Lohne für die Unterhandlungen mit der Liga und dem Kurfürsten von Bayern in den Reichsgrafenstand erhoben. Seine Eltern waren vor seiner Geburt zum Protestantismus übergetreten, er aber hatte sich in jungen Jahren bereits wieder der alten Kirche angeschlossen. Seit 1633 war er Obersthofmeister des damaligen Thronfolgers. Sein Werk hauptsächlich war der Vertrag von Pirna und der Prager Friede. Nachdem Ferdinand III. an die Regierung gekommen war, trat Trauttmannsdorff an die Spitze des Geheimen Raths. Er galt als Vertreter einer gemässigten Richtung des Katholizismus, frei vom Fanatismus des Konvertiten, und Gegner der spanischen Partei am Wiener Hofe; von dieser Seite wurde seine Entsendung nur ungern gesehen.

Das Verdienst, den Kaiser zu diesem Schritte veranlasst zu haben, mass sich der Kurfürst von Bayern bei[1]. Auch die Franzosen glaubten das[2]. Und dass die Rücksicht auf Bayern und das Drängen Maximilians dabei von Einfluss gewesen ist, wird sich nicht wohl in Abrede stellen lassen; ob sie ausschlaggebend gewesen ist, muss dahin gestellt bleiben. Wir wissen, dass Trauttmannsdorff mit aussergewöhnlichen Vollmachten entsendet wurde[3]. Leider ist die geheime Instruktion, die der Kaiser eigenhändig aufgesetzt haben soll, bisher nicht bekannt geworden[4]. Was aber des

[1] Maximilian an seine Gesandten 1645 Nov. 29: sie sollen den Franzosen sagen, „dass wir mit unsern beweglichen Erinnerungen bei I. k. Mt. erhalten, dass sie den Grafen nach Münster geschickt habe“. WA FrA 49 c; dazu Brienne an die Plén. 1645 Nov. 4: le duc de Bavière prétend, que c'est à son instance que l'Empereur a délégué le comte de Trauttmannsdorff. NS II 2 p. 194 = Gärtner VI n. 136 S. 633. Die Nachricht stammt wohl vom Nuntius in Paris.

[2] Mazarin, Mémoire 1645 Nov. 22. NS II 2 p. 212, 215.

[3] Die Vollmacht ist vom 4. Oktober 1645. Gärtner VI n. 72.

[4] Sie befindet sich in dem unzugänglichen Archive des Fürsten Trauttmannsdorff, vergl. Koch II 139. Sie muss aber nicht, wie Koch behauptet und allgemein angenommen wird, vom 4., sondern vom 16. Oktober sein: das geht aus einem geheimen Bericht des Grafen an den Kaiser vom 14. April 1646 hervor: Ich weiss gar wol, wasz mein in-

Grafen Aufgabe war und welche Politik er durchführen sollte, das können wir zunächst aus dem Verfahren sehen, das er bei den Verhandlungen eingeschlagen hat; dazu lässt sich dann eine umfassende Denkschrift über die Aufgaben der kaiserlichen Politik heranziehen, die er im Januar 1645 auf ausdrücklichen Befehl des Kaisers verfasst hat[1]: wir dürfen wohl annehmen, dass Ferdinand, indem er sich zur Entsendung Trauttmannsdorffs entschloss, in seinen Weisungen sich im wesentlichen den Rathschlägen anschloss, die dieser ihm gegeben hatte.

Die Nothwendigkeit, Frieden zu schliessen, wird hier von Trauttmannsdorff vorausgesetzt. Zwei Fragen erheben sich da, deren Beantwortung ihm der Kaiser aufgetragen hat:

1. Wie ist bei weiterer Friedensverweigerung der Gegner durch andere Mittel als bisher zu einem billigen Frieden zu gelangen?

2. Was ist zu thun, wenn sich die Stände durch einen unbilligen Friedensschluss vom Kaiser trennen und welche Vertheidigungsmittel sind anzuwenden, um zu einem billigen Frieden zu gelangen?

Da gebe es nun, so beginnt Trauttmannsdorff seine Erwägungen, bei Frankreich kein besseres Mittel, als auch ferner den Einfluss des Papstes wirken zu lassen, denn wenn auch nicht anzunehmen sei, dass Frankreich diesen Einwirkungen folge, so werde doch der Papst die Gewissheit erlangen, dass die französischen Minister am Verderben der Christenheit arbeiteten; den italienischen Fürsten würden die Augen geöffnet und man könne zur Bekämpfung der französischen Unterdrückung ein Bündniss zwischen denselben herbeiführen, dem dann der Papst die geistlichen Waffen leihe.

Aber verlassen dürfe man sich auf diese Schritte nicht, sondern nur auf die eigenen Waffen, daher müsse man er-

struction d. 16. Octobris 1645 ... sagt". WA FrA 50 a; vergl. auch Trauttm. Randbemerkung zu dem Prot. der Unterredung mit Longueville 1646 April 4: Anhang n. 5.

[1] Das Gutachten (WA FrA 49 a) ist abgedruckt im Anhang n. 1.

hebliche Streitkräfte werben; dazu sei vor allen Dingen der nervus belli, nämlich Geld, nöthig, dafür müsse man sich weiter in Venedig und Rom bemühen und, wenn diese Schritte erfolglos bleiben, alles Gold und Silber im eigenen Lande an sich ziehen und die, welche es hergeben, auf die sichersten Mauthgefälle anweisen. Habe man dann Geld und dadurch Kriegsvolk, „so werden die Waffen auch müssen nach der Kriegsregel gebraucht werden".

Neben diesen Zurüstungen müsse man zugleich bedacht sein, sich einige Feinde vom Halse zu schaffen, um den übrigen besser widerstehen zu können. Ein Versuch bei Frankreich („so zwar katholisch und daher der Anfang sonst zu machen wär") sei vergeblich, denn es wolle dem Hause Österreich die Kaiserkrone entziehen. Schweden „bleibt derzeit noch bei Frankreich, also auch dort vergebens Partikularvergleich zu suchen, obs wol nicht gar aus aller Acht zu lassen". Daher müsse man mit dem Türken, mit dem noch kein völliger Bruch eingetreten sei, Frieden halten, wenn auch unter schweren Bedingungen; dadurch werde man auch von seinem „Sklaven", dem Fürsten von Siebenbürgen, frei und könne die noch in Ungarn stehenden Truppen im Reiche verwenden. Sei das Alles geschehen, so werden sich die Mittel zu einem Frieden mit Frankreich zeigen, der muss mit allem Eifer durch den Papst befördert werden.

Wollen — damit kommt Trauttmannsdorff zum zweiten Punkte — die Stände dem Kaiser einen unbilligen Frieden aufdrängen oder sich gar von ihm trennen, so seien dagegen die angeführten Mittel am besten; sehen die Stände, dass die kaiserlichen Waffen sie schützen, so werden sie lieber in ihrer Schuldigkeit bleiben, als sich fremdem Dominat untergeben. Werden sie aber des Krieges überdrüssig, so solle es der Kaiser nicht zu einer Trennung kommen lassen, sondern sich eher selbst ungünstigen Friedensbedingungen fügen.

„Vor allen Dingen ist Kurbayern auf E. k. M. Seiten zu erhalten, auch viel sonst Unbilliges von dorther zu ertragen; dann, wann selbige arma mit E. k. M. vereinigt bleiben, ist wider die Feind noch das aequilibrium zu finden, bei Verlierung aber derselben würde die Sache sehr gefährlich stehen".

Ziehen wir zu den hier ausgesprochenen Anschauungen, von denen in der Hauptsache Trauttmannsdorff auch jetzt noch erfüllt gewesen sein wird, gelegentliche Aeusserungen hinzu und betrachten wir das Verfahren, das der Graf im Verlaufe der Verhandlungen eingeschlagen hat, so werden wir als seine Aufgabe folgendes betrachten dürfen:

zunächst festzustellen, wo wirklich auf ernste Friedensabsichten zu rechnen sei[1];

die Vergleichung der Stände unter sich und mit dem Kaiser stets in erster Linie im Auge zu behalten[2];

durch diese Aussicht einen Druck zur Verständigung auf Frankreich und Schweden auszuüben[3];

auch die Gelegenheit zu geheimen Separatverhandlungen nicht unbenutzt zu lassen[4];

---

[1] Trauttmannsdorffs geh. Bericht 1645 Nov. 13 Frankfurt: „wasz E. k. M. mir in eiffer von eigener handt anbefelchen, wil ich sowol wegen Elsasz alsz ordinis tractandi cum quibus videtur inesse desiderium pacis (so allzeit mein einfeltige meinung gewest) allergehorsamst in acht nemen". Das ist die Antwort auf ein Handbriefel Ferdinands vom 3. November.

[2] Trauttmannsdorff an KGM 1645 Nov. 20 Köln: Ihm sei Ferdinands „Intention der zwischen beiderseits Ständen sich noch unerörtert haltenden gravaminum halber soweit bekannt, dass man unerwartend dessen, was sich die fremden Kronen (als denen nicht so gar viel von denen Reichssachen einzuräumen) erklären möchten, alsobald zur Sache thun und sehen sollte", diese gravamina möglichst bald beizulegen, damit „eine rechtschaffene Zusammensetzung zwischen Haupt und Gliedern gestiftet werde". Gärtner VI n. 167.

[3] Trauttm.'s geh. Bericht an Ferdinand 1645 Novemb. 28 Dorsten: „Die forcht, dasz E. k. M. die reichsstendte auf ihr seiten bringen, macht die feindliche cronen den friden wasz merehr alsz ehe verlangen, derenthalben ist das der rechte weg (iedoch sine exclusione tractatus cum coronis), den man ferner gehen muesz".

[4] In WA FrA 50 c findet sich ein Schreiben an Trauttmannsdorff (Ueberschrift: Hochgeborner Herr Graf; Unterschrift fehlt), mit dem ein Geheimrathsgutachten vom 2. Nov. übersendet wird, in dem es u. a. heisst: „Betr. die Münstersche Relation wird die weitere Erklärung

soweit irgend möglich, stets mit Spanien gemeinsam vorzugehen, weit mehr aber noch die Verbindung mit Bayern zu erhalten.

Die Rücksichtnahme auf Maximilian ist in der That von entscheidender Bedeutung für Trauttmannsdorff in der Folge gewesen.

An die Aussicht, sich mit den feindlichen Kronen ohne territoriale Entschädigung zu verständigen, hat Trauttmannsdorff, schon ehe er nach Münster kam, nicht geglaubt; nur wenn eine völlige Vereinigung der Stände gelänge, hielt er das allenfalls für möglich; deshalb sei an einer Verständigung mit den Ständen am meisten zu arbeiten, ohne aber die Verhandlungen mit den Kronen zu vernachlässigen [1].

Für die von den Franzosen geforderte Entschädigung, die ja in erster Linie das Elsass betraf, muss Trauttmannsdorff Vollmacht gehabt haben, mehr noch zuzugestehen, als im Laufe der Verhandlungen festgesetzt wurde. Er hat trotzdem vorgezogen, als über diese Frage im Frühjahr 1646 ernstliche Berathungen begannen, sich neue Verhaltungsmassregeln geben zu lassen.

Von Anfang an steht er in der französischen Satisfaktionsfrage unter der Einwirkung der vom Kurfürsten von Bayern ausgehenden Pression. Schon Anfang November hatten die französischen Bevollmächtigten erzählt, sie wüssten bestimmt, dass der Kaiser den Grafen Trauttmannsdorff entsende, „mit gemessener Instruktion, . . . ihnen nicht

---

auf die responsa zu erwarten sein, auch was die Kron Frankreich auf die remonstrirte Absurdität ihrer praetensiones sich weiter werde vernehmen lassen und hat man allein dieses erinnern wollen, dass die kais. Gesandten zweifelsohne mit dem d'Avaux in Konferenz sich einlassen, dass er seinen Mitgesandten nicht suspekt werde".

[1] „Der Volmar von Münster an canzler Reithlmayr vermeinet wol, man khöne die frembden coronas ohne land oder leut contentiren, Got gebs, aber dessen khan khein vermutliche hoffnung sein, es seye den das reich völlig mit E. k. M. vereinigt, daran non negligendo tractatus cum coronis iezo am meisten zu arbeiten". Geh. Bericht 1645 Nov. 1 Regensburg.

allein die vorderösterreichischen Lande sammt allem, was (der Kaiser) im Obern und Untern Elsass possidirte" abzutreten, „sondern auch ihre mehrere conditiones zu vernehmen", da er entschlossen sei, mit Frankreich unter allen Umständen Frieden zu schliessen. Diese Erklärungen können nicht wohl anders als auf Mittheilungen von bayrischer Seite zurückgeführt werden. Als aber Volmar am 6. November die bayrischen Gesandten aufsuchte, um etwas über die Intentionen der Franzosen zu erfahren, erklärten sie, sie wüssten von nichts und wunderten sich sehr über die angeführten Aeusserungen der Franzosen. Sie meinten, es wäre das beste, sich mit den Protestanten zu vergleichen und mit vereinten Kräften gegen die Kronen zu gehen[1]; wir haben hier einen neuen Beweis, wie durch und durch unehrlich die bayrische Politik war.

Noch hielt Trauttmannsdorff für rathsam, den Versuch zu machen, ob direkte Schritte der Erzherzogin Claudia bei Frankreich dieses zum Verzicht auf seine Forderungen bringen könne[2].

Jedenfalls war er entschlossen — und sicher in Uebereinstimmung mit seiner Instruktion —, mit den Anerbietungen auf die französischen Forderungen nur Schritt für Schritt vorzugehen, um nicht mehr als nöthig preiszugeben; die Bayern aber drängten, das ganze Zugeständniss, zu dem man bereit wäre, auf einmal zu machen. Des Grafen Sorge war vor allem die Ungeduld der Bayern[3]. Schon auf der Reise klagt er, dass die Verhandlungen dadurch erschwert würden, dass anscheinend kaiserliche Entschlüsse von den Bayern an die Franzosen mitgetheilt würden[4].

Eben jetzt wies auch Maximilian seine Gesandten zur Mässigung an; wenn ihnen auch befohlen wäre, so schrieb er am 22. November[5], bei den Gesandten der Stände dahin

---

[1] KGM an Ferdinand 1645 Nov. 7. WA FrA 49 a.
[2] Geh. Bericht 1645 Nov. 28.
[3] Geh. Bericht 1645 Dez. 1.
[4] In dem in Anm. 2 citirten Briefe.
[5] WA FrA 49 c.

zu arbeiten, dass Frankreich durch Elsass und Breisach befriedigt werden möchte, so sollten sie bei der gegenwärtig geringen Neigung dazu vorsichtig sein, sich nicht blossstellen und den Satisfaktionsvorschlag nicht zu früh machen, damit sie nicht alles Odium beim Kaiser und den Ständen auf ihn, den Kurfürsten, lüden, sondern sie sollten sich zunächst in allgemeinen Wendungen bewegen und abwarten, was die Kronen selbst forderten. Das selbst zu thun, sollten sie nach Kräften die Franzosen veranlassen und ihnen vorstellen, eine längere Geheimhaltung liege auch nicht im französischen Interesse.

Trauttmannsdorff hatte sich alsbald an die Behandlung dieser Frage gemacht. Wenn er den Vermittlern am 3. Dezember die Unbilligkeit der französischen Ansprüche vorstellte, so versprach er sich trotz des Beifalls von Chigi und Contarini davon keine Wirkung; aber er benutzte die Gelegenheit, die Bereitwilligkeit des Kaisers zur Abtretung der drei lothringischen Bisthümer und zugleich von Moyenvic und Pinerolo auszusprechen — damit, so schreibt er dem Kaiser, sei dem Wunsche des bayrischen Kurfürsten genug gethan [1].

Dessen Gesandte ermahnte er dagegen, „dass man sich mit vielem Versprechen gegen die fremden Kronen nicht praezipitiren müsse; liesse man den Franzosen auch das Elsass, so wäre man doch nicht sicher, dass sie nicht den bayrischen und schwäbischen Kreis an sich rissen [2].

---

[1] „Et sic satisfactum electori Bavariae, dasz man offeriren sol". Geh. Bericht 1645 Dez. 5.

[2] Off. Bericht 1645 Dez. 4. WA FrA 49 a, dazu der geh. Bericht 1645 Dez. 8. Trauttmannsdorff berichtet, er habe Köln und Bayern vorgestellt, welche Gefahr es für Bayern sei, wenn Frankreich Breisach behalte: „die potentia Galliae ist propria et perpetua, Churbayerns bestehet in der prudentia Maximiliani, in contributione trium circulorum Imperii, in constantissima assistentia Caesarea, in praesenti exercitato milite; dasz seindt allesz sachen, so in momento zerfallen khönen, die cupido dominandi wext bei Frankreich, die innocentia Bavarica darauf erga Galliam khan nicht gröszer sein, alsz der Tirolischen erzfürstl. pupillen, denen man das ihre nemen wol, also khünftig auch dem Hausz Bayern das seinige".

Auf die ausdrückliche Anzeige Contarinis, dass die Franzosen die vorderösterreichischen Lande, die Schweden Pommern begehrten und „dass man solches den Ständen auf sein Wort wohl möchte vorhalten, ob dann rathsam wäre, noch der Zeit diesen Punkt bei denselben in Konsultation zu bringen“, beriethen sich die Kaiserlichen am 6. Dezember. Sie beschlossen, Contarinis Aufforderung nicht zu folgen, denn sie hielten für sicher, dass einige Stände sich dafür aussprechen würden; ergäbe sich gar die Mehrheit oder Einstimmigkeit für den Vorschlag, so wäre daran nichts mehr zu ändern und die Gegner würden nur um so mehr darauf fussen. Sie hielten für besser, darüber nur mit denen im Vertrauen zu reden und sich der Meinung derer zu versichern, die aus eigenem Interesse sich den Forderungen widersetzen würden[1].

Volmar hatte in einer Unterredung[2] mit dem Venetianer am 8. Dezember schon eine eventuelle Demolirung von Breisach in Aussicht gestellt: das war doch nicht in irgendwie bindender Weise geschehen. Am 10. Dezember aber begab er sich im Auftrage von Trauttmannsdorff zu den Vermittlern: sie möchten den Franzosen die Abtretung der drei lothringischen Bisthümer anbieten, dazu den Verzicht des Reichs auf Pinerolo und Moyenvic[3], Alles unter der Voraussetzung, dass die Reichsstände einwilligten. Die Vermittler meinten, die Franzosen würden darin einen Versuch sehen, sie von Schweden zu trennen und um so mehr auf ihren Ansprüchen beharren; die Kronen wären unter sich über ihre Satisfaktionsansprüche noch nicht so weit verglichen, „dass sie formaliter in denen terminis damit herausgehen wollten“. Contarini rieth aufs neue, die Kaiserlichen möchten den Ständen einzeln Vorstellungen über die Forderungen der Kronen machen und sie, da der Kaiser nichts ohne die Zustimmung der Stände thun wolle, einzeln zur

---

[1] Cortreius S. 238 f.

[2] A. a. O. S. 241 ff.

[3] Pinerolo, in der Grafschaft Turin, wichtig als französisch-piemontesische Grenzfestung; Moyenvic, Festung im Gebiete des Bisthums Metz, heute zum deutsch-lothringischen Kreise Château-Salins gehörig.

schriftlichen Abgabe ihres Votums veranlassen; er hielt dieses Verfahren für das beste Mittel, den französischen Ansprüchen zu begegnen[1].

Am 11. erfolgt dann durch alle drei kaiserlichen Gesandten die offizielle Aufforderung an die Vermittler, den Franzosen das bereits von Volmar bezeichnete Angebot zu überbringen[2]. Volmar, der auch hier das Wort führt, betont aufs neue, die Absicht des Kaisers gehe dahin, einen Abschluss nicht nur mit den Ständen, sondern gleichzeitig mit den Kronen zu erzielen und so den allgemeinen Frieden herbeizuführen[3].

Die Franzosen waren natürlich durch die kaiserlichen Vorschläge keineswegs zufriedengestellt, sprachen indess die Hoffnung aus, dass man sich bei weiteren Verhandlungen einander nähern werde[4].

So war die erste Anknüpfung Trauttmannsdorffs mit Frankreich gescheitert; doch darf man darin nicht das Fehlschlagen eines ernst gemeinten Versuches sehen; es hatte sich darum gehandelt, die unvermeidliche Verhandlung vorsichtig anzubahnen.

Trauttmannsdorff aber begab sich, ehe er sich zu weiteren Konzessionen verstand, zunächst am 14. Dezember nach Osnabrück, um mit den Schweden und den protestantischen Ständen Fühlung zu gewinnen. Wenn sich ihm hier Aussicht bot, durch geringere Opfer die Protestanten zu gewinnen und die Schweden von den Franzosen zu trennen, so hätte er solche Gelegenheit sicher benutzt. Aber man darf überzeugt sein, dass er darauf durchaus nicht rechnete, es kam ihm, wie schon früher ausgeführt, darauf an, an

---

[1] Volmar II S. 676—680 (Cortreius S. 241 f. giebt fälschlich den 9. Dezember); Extr. Prot., Beil. zu KGM an Ferd. III. Dez. 13; vergl. Meiern II S. 213 f.

[2] Cortreius S. 243; Extr. Prot., Beil. zu KGM an Ferd. III. 1645 Dez. 13.

[3] Mit den Ständen sich zu vergleichen „und der fremden Kronen Kriegsschwall im Reiche zu lassen", damit könne dem Kaiser nicht gedient sein. Extr. Prot., s. die vorige Anm.

[4] Meiern II B. 11. § 16 S. 214 f; Cortreius S. 244 ff.

allen Punkten Verhandlungen anzuknüpfen und durch eine auf die anderen zu wirken[1].

Die französischen Gesandten sahen, ebenso wie ihre Regierung, mit Besorgniss und Misstrauen auf diese Entfernung des kaiserlichen Prinzipalgesandten aus Münster. Sie fürchteten einmal, dass es ihm — von dessen diplomatischem Geschick sie eine hohe Meinung hatten — gelingen könnte, die Schweden durch Erfüllung ihrer Wünsche von Frankreich zu trennen: die schwedische Satisfaktion war im Prinzip wiederholt auch von kaiserlicher Seite zugestanden, und sie war um so leichter zu erfüllen, als es sich dabei nicht um habsburgische Besitzungen handelte[2]. Und ausserdem besorgten sie, dass Konzessionen und Geldzuwendungen die Protestanten auf die Seite des Kaisers führen könnten[3], ja, sie behaupteten, Trauttmannsdorff hätte schon eine Reihe von Ständen so gewonnen[4]. „Die Franzosen sind gar übel mit mir zufrieden", schreibt Trauttmannsdorff, „sagen, ich mache ihnen die Stände abtrünnig"; Servien habe erklärt, „sie wollten, wo ich 200 gebe, 400 geben, da ich doch keinen Pfennig gegeben"[5]. Die französischen Gesandten hatten vom Hofe den Auftrag, nichts zu sparen, um die Stände zu gewinnen; eben in diesen Tagen waren ihnen zu diesem Zwecke 100 000 Livres zur Verfügung

[1] Vergl. die leider undatirten Worte bei Koch II S. 174., die meines Erachtens so zu verstehen sind. Er befand sich dabei im Gegensatz zu Volmar, der, in erster Linie auf die Erhaltung der tirolischen Linie bedacht, zunächst die Religionsgravamina beilegen und die Satisfaktion möglichst vermeiden wollte; s. Koch a. a. O. a. 2.

[2] Ueber die Verhandlungen mit Schweden: vornehmlich Odhner, die schwedische Politik u. s. w., dazu für einzelne Punkte: Lorentzen, die schwedische Armee u. s. w.

[3] Mémoire du Roi, 1645 Dez. 23. NS II 2 p. 238 = Gärtner VII n. 41.

[4] Schon am 13. Dezember berichten die Mediatoren, die Franzosen meinten, mit etlichen Ständen seien schon particularia vorgegangen, „und ihnen grosse offerte gethan worden; liessen sich expresse verlauten, dass sie solchen deputatis nit allein dasjenige so offerirt, sondern noch doppeltsoviel erstatten und sich mit den Ständen und Schweden desto fester verknüpfen wollten". Extr. Prot., Beil. zu KGM an Ferd. III. 1645 Dez. 13.

[5] Geh. Bericht 1645 Dez. 12 Münster.

gestellt worden[1]. Servien reiste Mitte Dezember selbst nach Osnabrück, um die Protestanten den französischen Ansprüchen auf Elsass und Breisach geneigt zu machen — nach Trauttmannsdorffs Bericht ohne Erfolg[2].

Oxenstierna begab sich noch vor Schluss des Jahres nach Münster, um die Franzosen zu beruhigen. Trauttmannsdorff hatte vor dessen Abreise sich bemüht, ihn von einer Unterstützung der französischen Forderungen abzubringen, die so unvernünftig wären, dass der Kaiser sie nie bewilligen würde[3]. Auch liess er nochmals durch die Vermittler den Franzosen direkt mittheilen, sie möchten sich auf Elsass und Breisach keine Hoffnung machen[4].

Als Chigi und Contarini sich des Auftrages entledigten, hielten die Franzosen diesen vor, sie machten ihnen die Sache mit dem Elsass so schwer; den Schweden gegenüber hätten die Kaiserlichen doch schon von einer Demolirung Breisachs geredet, „gleichsam wollte man ihnen damit das Elsass nachgeben". Servien begründete ihre Ansprüche auch damit, dass sich die Erzherzogin Claudia — sie könnten das durch Schriften beweisen — „mit Einziehung kaiserlicher Kriegsvölker und Offension ein und anderen Stands" am Kriege betheiligt habe. Die Kaiserlichen erwidern darauf, man habe wohl von Breisach geredet, aber nur gesprächsweise und ohne Verbindlichkeit, auch Trauttmannsdorff habe nichts Anderes geäussert[5]. Im übrigen habe die

---

[1] Mém. du Roi 1645 Dez. 9. NS II 2 p. 226 = Gärtner VII n. 16.

[2] „Alsz der Servient vor etlichen tagen hier war, hat er vermeinet, die uncatholische gesandte darzu zu disponiren, dasz sie die französische praetension wegen Elsasz vnd Breysach billichen solten, aber er hat kheinen gefunden, der es hat thun wollen, ist also malcontent wider nach Münster gereist. Man wär ihnę aller orten gern loss". Geh. Bericht 1645 Dez. 19 Osn.

[3] Plén. an Brienne 1645 Dez. 22. NS II 2 p. 242 = Gärtner VII n. 39. Trauttm. an Volmar 1645 Dez. 24 Osn. WA FrA 92 7.

[4] Trauttm. an Volmar 1645 Dez. 20 Osn. a. a. O.

[5] Vergl. Trauttm. an Volmar 1646 Jan. 1. Osn. a. a. O. „Wegen demolition Breysach hab ich deszwegen gegen Oxenstierna meldung gethan, weilln ich besorgt, es seye ohne dasz ihme schon zu ohren khomen. Das heyst aber nicht, ihnen Franzosen wasz offeriren von landt oder leut, sondern die gelosia benemen".

Erzherzogin Claudia Kriegsvolk nur zur Vertheidigung an sich gezogen[1].

So lange Trauttmannsdorff in Osnabrück blieb, kam die Verhandlung mit den Franzosen natürlich nicht wesentlich vorwärts. Immerhin hatten diese in der am 7. Januar 1646 den Vermittlern mündlich[2] überbrachten Replik auf die kaiserliche Beantwortung ihrer Proposition zum erstenmal ihre Forderungen formulirt[3]: zur Sicherstellung der Kronen und der mit ihnen verbündeten Reichsstände, sowie als ihnen gebührende Entschädigung fordern sie ausser den ihnen bereits angebotenen Territorien, die schon lange Zeit zu Frankreich gehörten: das Ober- und Unterelsass, einschliesslich des Sundgaus, Breisachs, des Breisgaus und der Waldstädte mit allen Rechten, mit denen die österreichischen Fürsten diese Gebiete vor dem Kriege besassen. Dazu beanspruchen sie Philippsburg mit der nöthigen Kommunikationslinie[4]. Halten Kaiser und Reich es in ihrem Interesse für wünschenswerth, die genannten beiden Elsass mit Philippsburg als Reichslehen zu geben, so ist der König von Frankreich nicht dagegen, fordert aber dafür Sitz und Stimme auf dem Reichstage.

Das war nun weit mehr, als die Franzosen bisher beansprucht hatten, es waren so ziemlich alle vorderöster-

---

[1] KGM an Trauttm. 1645 Dez. 31, Beil. zu KGM an Ferd. III. 1646 Jan. 2.

[2] Die Regierung wünschte dies Verfahren. Goll schrieb darüber an die Erzherzogin Claudia. „Vermuthlich ist den Franzosen ihr Gewissen nicht allerdings sicher, weil sie es schriftlich nicht auslassen wollen". 1646 Jan. 19. WA FrA 95 1.

[3] Meiern II B. 11 § 6 S. 200—203 = Gärtner VII n. 68 S. 378; deutsch: Bougeant-Rambach II 503: französisch: Bougeant IV B. 4 § 47 p. 141 f. Die Vermittler setzten die Erklärung der Franzosen schriftlich auf, stellten sie aber erst am 18. Januar den Kaiserlichen zu: KGM an Ferd. III. 1646 Jan. 19.

[4] KGM an Ferd. III. 1646 Januar 9. „Über dies alles müsse ihnen eine Landschaft, zwischen dem Elsass und Frankreich gelegen, überlassen werden, damit sie eine Kontinuation auf den Rhein haben könnten, so sie aber nicht benannt hätten". Gärtner VII n. 71 S. 416. Die Worte können sich nur auf die für Philippsburg nothwendige Kommunikationslinie beziehen

reichischen Besitzungen; und wenn hier der Breisgau und die Waldstädte zum Elsass gezählt werden, die Ortenau aber z. B. nicht namentlich aufgeführt ist, so sehen wir, wie unklar die Begriffe noch waren. Schon dieser Umstand zeigt, dass hierin nicht das letzte Wort gesprochen war.

Während nun die direkten Verhandlungen zwischen den Kaiserlichen und Franzosen zunächst unterbrochen blieben, so nahmen dafür die Bayern, die sich in den ersten Wochen nach Trauttmannsdorffs Ankunft zurückgehalten hatten, ihre Bemühungen zu Gunsten der französischen Ansprüche wieder auf. Schon Ende Dezember fand Longueville sie dazu bereit, vorausgesetzt, dass Frankreich für ihre Forderungen — die Erhaltung der Kur und eine entsprechende Entschädigung, im Fall ihnen die Oberpfalz nicht bliebe — einträte[1].

In der ersten Hälfte des Januar 1646 drängen sie wiederholt die Kaiserlichen; der Kurfürst habe ihnen befohlen, Trauttmannsdorff aufzufordern, dass er mit der Satisfaktionshandlung nicht länger an sich halte[2]. Volmar, der am 8. Januar von einem kurzen Aufenthalte in Osnabrück zurückgekehrt war, erklärte am folgenden Tage den Bayern, ein Verzicht auf das Elsass sei ausgeschlossen[3]. Trauttmannsdorff erkannte sehr wohl, dass es Maximilian darauf ankam, sich durch die Auslieferung des Elass Frankreichs Unterstützung in der pfälzischen Frage zu erkaufen[4]. Er hoffte noch, die Ansprüche der Kronen würden eine „völlige Vereinigung des Reichs mit ihrem höchstgeehrten Oberhaupt verursachen“. Aber ihn bekümmert das unablässige Drängen der Bayern zur Entschädigung: „das ist ja ein schädliches procedere, auch nicht prudens und ich kann nichts mehr offeriren, als bereits beschehen“[5].

---

[1] Pléu. an Brienne 1645 Dez. 30. NS II 2 p. 243 = Gärtner VII n. 50.

[2] Cortreius S. 253 f.

[3] Cortreius S. 256; Volmar an Trauttm. 1646 Jan. 20. Beil. zu Trauttm.'s off. Bericht Jan. 22.

[4] Geh. Bericht 1646 Jan. 18 Osn.

[5] Geh. Bericht 1646 Jan. 11 Osn.

„So aber der Kurfürst von Bayern übel handeln wollen", schreibt Trauttmannsdorff dem Kaiser[1], „habe ich fest versicherte Mittel, ihm seine Kriegsunkosten durch die hiesigen Reichsstände und die Krone Schweden absprechen zu machen, und dieses coniunctis viribus zu manuteniren".

Man darf wohl sagen, dass solch energisches Vorgehen gegen Bayern die einzige Aussicht geboten hätte, — wenn es überhaupt noch möglich war — den Verlust des Elsass zu vermeiden. Aber Trauttmannsdorff konnte sich nicht dazu entschliessen. Er beauftragte nur den Grafen Wolkenstein, sich den Abstimmungen der Bayern, die etwa dem Hause Österreich Schaden bringen möchten, zu widersetzen. „Man hat wol vota, so dahin gehen, Kurbayern für seine Kriegskosten nichts zu geben, aber behüte Gott, dass ich einen solchen Vorschlag der Undankbarkeit approbiren sollte, also müssens andere auch thun[2]". Kurfürst Maximilian wendet sich selbst an Trauttmannsdorff, er malt die Unmöglichkeit weiteren Widerstandes in grellen Farben aus; das einzige Mittel, einer neuen Kampagne zu entgehen, sei die grösste Beschleunigung der Traktate, ehe die Feinde mit ihren Rüstungen fertig wären[3].

Die Franzosen waren mit den Bemühungen des bayrischen Kurfürsten und seiner Gesandten sehr zufrieden. Nur hatten diese gemeint, die französischen Forderungen würden etwas gemässigt werden müssen; insbesondere gegen die Abtretung von Philippsburg und der Kommunnikationslinie würde sich ein zu starker Widerstand erheben[4].

Aber die Regierung erwiderte, man sollte sich durch das Geschrei über unmässige Ansprüche nur nicht schrecken lassen; es wäre sehr ungeschickt, wollte man die Gunst der

---

[1] Geh. Bericht 1646 Jan. 4 Osn.; vergl. den offiz. Bericht vom gleichen Tage.

[2] Beil. zum off. Bericht 1646 Jan. 4 Osn.

[3] Max an Trauttm. 1646 Jan. 10, Beil. A zu Trauttm.'s off. Bericht Jan. 22.

[4] Réponse des Plén. auf Mazarins Mémoire 1646 Jan. 20. NS III p. 27 f. = Gärtner VII n. 97; cf. Mémoire de Son Eminence aux Plén. 1646 Jan. 27. NS III p. 32 = Gärtner VII n. 110.

Lage nicht benutzen, der Kaiser müsste und wollte sich aus der Noth helfen und die Österreich ergebenen Reichsstände, die der französischen Satisfaktion nicht günstig gesinnt wären, würden doch lieber darein willigen, als weiter Krieg führen; die Hauptsache wäre Festigkeit, man müsste erklären, weder das Elsass noch was man sonst erobert hätte, würde man herausgeben. Auch wäre Trauttmannsdorff, das wüsste man bestimmt, vor seiner Abreise von Wien über die französischen Forderungen unterrichtet gewesen [1].

In Osnabrück beschlossen die protestantischen Stände, ihren Berathungen die schwedische Replik zu Grunde zu legen und so in erster Linie die Reichssachen zu erledigen. Die Franzosen waren sehr ungehalten, dass sich die Schweden nicht mit Eifer dagegen wehrten. In Münster schlossen sich die Reichskollegien diesem Berathungsmodus an, zu gleicher Zeit aber liessen sie am 1. Februar 1646 durch eine Deputation die Kaiserlichen auffordern, inzwischen direkt oder durch die Vermittler die Verhandlung über den Satisfaktionspunkt fortzusetzen. Sie selbst wollten Abgeordnete zu den Franzosen schicken, um über verschiedene Punkte der französischen Replik um Erläuterungen zu ersuchen [2]. Die Kaiserlichen waren äusserst unzufrieden mit diesen Beschlüssen. Im Fürstenrath hatte der österreichische Vertreter Goll sich bemüht, mit Hülfe des Deutschmeisters, der sieben vota führte, die Deputation zu vereiteln, aber ohne Erfolg; „denn es war also umstellt mit den geistlichen votis, so ihre Dependenz vom Herrn Bischof von Osnabrück und Kurbayern haben, dass wir allezeit um 6 bis 7 Stimmen überlegen waren [3]". Auch die Osnabrücker hielten zu der Zeit eine Deputation an die Franzosen für un-

---

[1] Mémoire du Roi 1646 Jan. 6. NS III p. 7 = Gärtner VII n. 65.

[2] Protokoll der Münsterschen Fürstenraths-Session Jan. 29. Die Kurfürsten hatten ursprünglich das französische Instrument der Berathung zu Grunde legen wollen. Die Städte missbilligten die Deputation, wollten aber den beiden andern Kollegien hierin nicht opponiren. WA FrA 95 1 n. 135. 136. 139. 140.

[3] D. h. in der Minderheit blieben. Goll an die Erzherzogin Claudia 1646 Febr. 2. WA FrA 95 1 n. 141.

angebracht[1], die Münsterschen Stände könnten sie höchstens im eigenen Namen, nicht aber in dem der Reichsstände abordnen[2]. Diese aber hatten schon vorher beschlossen, die Abordnung zu verschieben, bis sich im Laufe der Verhandlungen die Nothwendigkeit ergäbe[3].

Die Aufforderung der Münsterschen Stände an die Kaiserlichen zur Satisfaktionshandlung hatten die Bayern veranlasst[4]. Die Kaiserlichen erwiderten der ständischen Deputation sofort, Trauttmannsdorff hätte zwar den Franzosen die drei lothringischen Bisthümer, Pinerolo und Moyenvic angeboten, aber man hätte dadurch nicht die Verpflichtung zu einer Satisfaktion eingestehen wollen, sondern das sei nur „zu Abschneidung künftiger Differenz und zu desto mehrer Pflanzung eines guten nachbarlichen Willens geschehen und auf Ratifikation der Stände gestellt worden"; jetzt kämen die Franzosen mit ganz übertriebenen Forderungen[5]. Auch die Osnabrücker Stände wünschten erst die Erledigung der Reichssachen, ehe die Satisfaktionsfrage vorgenommen würde[6].

Trauttmannsdorff war, wie gesagt, über die Absicht der Stände in Münster, sich mit den Franzosen in Verbindung zu setzen, sehr ungehalten; er wies den Grafen Wolkenstein an, dafür zu sorgen, dass sie unterbliebe. Der österreichische Gesandte sollte ebenso der Behauptung der Franzosen entgegentreten, dass sie nicht mit dem Reiche Krieg führten; Frankreich habe nach dem Prager Frieden, das soll er den Ständen vorhalten, wie alle Stände mit dem Kaiser vereinigt waren, das Römische Reich ohne einzige

---

[1] Meiern II B. 12 § 6 S. 286. Conclusum des Osnabrücker Fürstenraths. Jan. 27 (st. vet.).

[2] Die prot. Stände von Osnabrück an die kath. Stände in Münster 1646 Febr. 13 [st. vet.?]. WA FrA 95 1 n. 159.

[3] Prot. des Fürstenraths in Münster 1646 Febr. 7 WA FrA 95 1 n. 144.

[4] KGM an KGO 1646 Febr. 2. Gärtner VIII n. 7.

[5] Beil. zu KGM an Ferd. III. 1646 Febr. 2.

[6] Conclusum d. Osnabr. Fürstenraths 1646 Jan. 27 (a. St.). Meiern II B. 12 § 6 S. 286; vergl. Prot. d. Städteraths 1646 Jan. 23 (a. St.) Str. StA 1144.

gegebene Ursache angefallen, sich der Festung Philippsburg bemächtigt und einen Ort nach dem andern, wo sie nur gekonnt, eingenommen; „mit was unchristlicher Blutbegierde sie die kfl. Durchlaucht in Bayern und dero untergebene Reichswaffen verfolgt“, andere treue Stände von Residenz, Land und Leuten vertrieben und wie feindselig sie mit denselben und armen unschuldigen Unterthanen im Reich gehauset und verfahren“, sei bekannt. Wenn man die Behauptung der Franzosen nicht bekämpfte, „so wäre die Folge, dass I. k. M. und das hochlöblichste Erzhaus ohne Beitrag und Zuthun des Reichs die Satisfaktion allein erstatten müsste“, das sei doch unbillig, zumal auf dem letzten Reichstage Sachsen und die Protestanten den Beschluss herbeigeführt hätten, dass die schwedische Entschädigung nicht allein von den Protestanten zu tragen wäre[1].

Insbesondere beunruhigte Trauttmannsdorff nach wie vor die von den Kaiserlichen abweichende Politik der Bayern. Er traute sich zwar zu, im Fürstenrath und im Städterath die Majorität für ein Österreich günstiges Votum zu gewinnen, aber mit der dadurch geschaffenen Differenz mit Bayern werde dem Kaiser auch nicht genützt. Das Ziel sei beim Kaiser und beim Kurfürsten das gleiche, schleunige Herbeiführung des Friedens; aber die Mittel, welche die Bayern dazu anwendeten, seien ganz zweckwidrig. Er fürchtete, wenn man nicht mit „guten unwidertreiblichen Gründen und Motiven“ die Bayern davon abbrächte, würde der Ausgang schlecht sein. Er liess daher die Gesandten von Köln und Bayern ersuchen, sich zu ihm nach Osnabrück zu mündlichen Verhandlungen zu begeben[2].

Diese Konferenz fand am 11. Februar statt. Die Kaiserlichen wünschten zu wissen, worauf die Franzosen beharren würden, die Kurfürstlichen behaupteten, keine bestimmte Auskunft geben zu können; aber trotz Trauttmannsdorffs Widerspruch bestanden die Bayern wieder darauf, man müsste Frankreich geben, was es forderte und zwar

[1] Trauttm. an Wolkenstein 1646 Febr. 2 Osn. WA FrA 92 7.
[2] Trauttm. an KGM. 1646 Febr. 5 Osn. WA FrA 92 7.

mit grösster Beschleunigung, die Eröffnung des Feldzuges stünde bevor, und nach demselben würden die Franzosen ihre Forderungen nur steigern[1]. Auch der Kurfürst Maximilian richtete im gleichen Sinne ein „unverhofft scharfes“ Schreiben an Trauttmannsdorff[2].

Von Salvius suchte dieser ebenso vergeblich bestimmte Auskunft zu erhalten, an welchen Forderungen die Franzosen fest halten würden[3]. Er wollte erst noch in Osnabrück die Gravamina vergleichen und dann nach Münster zurückkehren, um zu sehen, wie die Franzosen gesinnt seien. „Vielleicht mutirt sich unterdessen was in ihrem Königreich“, meint er, so dass sie ernstlich nach Frieden verlangen[4]. Diese Hoffnung scheint ihn in seiner Zurückhaltung den Franzosen gegenüber noch bestärkt zu haben; um so störender war ihm die „Kleinmüthigkeit“ der Bayern[5].

Diese versuchten die Stände zu bestimmen, ihrerseits den Satisfaktionspunkt in die Hand zu nehmen, fanden aber keine Unterstützung[6].

Inzwischen hatte sich Ferdinand entschlossen, die Verhandlungen über die Gravamina an erster, die über die Satisfaktion an zweiter Stelle, aber beide zu gleicher Zeit

---

[1] Protokoll der Konferenz bei Gärtner VIII n. 24.

[2] 1646 Febr. 7. Beil. B. zu Trauttm.'s off. Bericht 1646 Febr. 19 = WA FrA 92. 7 n. 1055; ein ähnliches Schreiben war schon unterm 30. Jan. erfolgt. Beil. zum geh. Bericht 1646 Febr. 12.

[3] Salvius meinte, des Elsass sei früher von ihnen nicht gedacht, Avaux habe stets von Lothringen gesprochen. Geh. Bericht 1646 Febr. 12.

[4] A. a. O. Auf innere Unruhen in Frankreich scheint er schon in dieser Zeit ernstlich gerechnet zu haben: er schreibt z. B. am 11. Januar: „Man musz sich befleiszen, dasz der povel in Frankhreich erfarr, mit was gueten conditionibus sie khundten fridt haben und ihre ministri möchten content sein, möchte ein sedition verursachen“; und am 4. Januar: "Ich hoff, den Mazzarino sol noch das vngeduldig volkh zu Pariss selbst den khopf einrichten“. Geh. Berichte.

[5] „Im fal motus in Frankhreich, darzu es sich fast ansehen lest, sich erreigten, muesz man mit diesen werkh prudenter vmbgehen; das khan alles geschechen, wen die Churbayerischen nicht so sehr khleinmutigkeit erzeigeten“. Geh. Bericht 1646 Febr. 15.

[6] So berichten KGM an KGO 1646 Febr. 20. Gärtner VIII n. 43.

führen zu lassen, an dritter Stelle sollte die Amnestiefrage erörtert werden. Als aber dieser Befehl, der am 13. Februar erlassen war[1], am 24. in die Hand der Gesandten gelangte, war es natürlich zu spät, da die Stände bereits die Berathung an der Hand der schwedischen Replik begonnen hatten — die Kaiserlichen bemühten sich beim Mainzischen Direktorium vergeblich um eine Änderung des Verfahrens[2], der Kaiser beruhigte sich dann auch[3].

Im Fortgange ihrer Berathungen kamen nun aber auch die Stände ihrerseits an die Satisfaktionsfrage, zunächst die Kurfürsten am 26. Februar[4]. Trauttmannsdorff berichtete, dass Kurtrier sich wohl gehalten hätte, auch die Bayern hätten sich „nicht stark zu Gunsten der Krone herausgelassen". Es wurde beschlossen: da die Kaiserlichen den Schweden schon Andeutung von einer Geldsumme gemacht und Frankreich die Abtretung der drei Bisthümer angeboten hätten, „so wären selbige zu ersuchen, die Handlung noch weiter fortzusetzen und zu sehen wo immer möglich, dass dieser Satisfaktionspunkt möchte richtig gemacht werden".

Das war nach der Lage der Dinge der einzig mögliche Weg, es war, nachdem die Kaiserlichen sich einmal, wenn auch nur zu geringen Konzessionen bereit erklärt hatten, doch unmöglich, diesen Standpunkt wieder zu verlassen. Selbst Trauttmannsdorff schien es jetzt zweifelhaft, ob durch die grösste Festigkeit das Elsass noch zu retten wäre[5].

Es war daher ein ganz überflüssiges und thörichtes Beginnen, dass sich der Fürstenrath in Münster am 1. März nochmals mit der Frage befasste, ob überhaupt an Frank-

---

[1] Ferd. III. an KGM 1646 Febr. 13 Linz. WA FrA 92, 7 n. 1071.

[2] KGM an Ferd. III. 1646 Febr. 27. Gärtner VIII n. 57.

[3] Ferd. III. an KGM 1646 März 13. Gärtner VIII n. 85.

[4] Das Conclusum ist mir nicht bekannt. Wir erfahren von dieser Berathung durch zwei Schreiben der Kaiserlichen: KGM an Ferd. III. 1646 Febr. 27. Gärtner VIII. n. 57. Trauttm.'s geh. Bericht 1646 Febr. 27.

[5] „Dem Volmar hat noch gestern ein vertrauter berichtet, wan wir steiff auf der negativa wegen Elsass halten, so werden endlich die Franzosen darvon ablassen, aber es ist zweifelhaftig." Geh. Bericht 1646. März 6.

reich Satisfaktion zu geben sei, und sich gegen eine kleine Minderheit weltlicher Fürsten dagegen aussprach [1]. Die ganze Schaar der kleinen geistlichen Gewalthaber war Österreich gefolgt. Nur Württemberg, die beiden fränkischen Brandenburger, die beiden Pommern und die fränkische Grafenstimme erhoben sich dafür, dass man sich, nachdem einmal vonseiten der Kaiserlichen ein Angebot erfolgt sei, mit dieser Frage nicht länger aufhalten sollte.

In einer zweiten Frage wurde aber dieser Thatsache doch Rechuung getragen und demgemäss wurden im Conclusum die Kaiserlichen aufgefordert, bei ihrem Angebot zu beharren und die Franzosen durch Vorstellungen dahin zu bringen, dass sie sich damit zufrieden erklärten; doch sollten allen interessirten Ständen ihre Rechte in den Bisthümern vorbehalten werden und eine Ratifikation durch die Stände erforderlich sein [2].

---

[1] Münstersche Fürstenrathsession über die französische Satisfaktion 1646 März 1.

1. quaestio an?

1. Antwort: weder Kaiser, noch Reich, noch Stände seien Frankreich Satisfaktion schuldig:

dafür:

Österreich	Augsburg	Kempten
Burgund	Hildesheim	Murbach
Bisanz	Paderborn	Lüders
Deutschmeister	Freising	Ellwangen
Halberstadt	Regensburg	Chur
Baden	Passau	Weissenburg
Bamberg	Münster	Prüm
Leuchtenberg	Osnabrück	Berchtesgaden
Eichstädt	Minden	Stablo
Speyer	Verdun	Corvey
Strassburg	Lüttich	Praelaten
Johanniter	Fulda	Schwäb. Grafen
Konstanz	Hersfeld	

2. Antwort: sich mit der quaestio an nicht aufzuhalten, da von den Kaiserlichen schon ein Angebot erfolgt sei: Kulmbach, beide Pommern, Württemberg, Ansbach, Fränkische Grafen. WA FrA 95, 1 n. 164 und in 52 a Beil. zu KGM an Ferd. III. 1646 März 6. Hier sind nur 4 opponirende Stände angeführt: Ansbach und Pommern-Wolgast fehlen.

[2] Das Conclusum bei Gärtner VIII n. 60.

Der Vertreter der Erzherzogin Claudia schrieb alsbald höchst entzückt von der unerschrockenen Abstimmung der Stände und verstieg sich zu der Erwartung, nun müssten die französischen Forderungen zu Falle kommen, denn „ius et ratio status et suffragia statuum" seien gegen sie [1].

Auch Trauttmannsdorff fand, dass sich die Stände wohl gehalten hätten [2]. „Hätte ich mich", so schreibt er dem Kaiser, nach kurbayrischer Meinung eher was herausgelassen, so blieb das onus auf E. k. M. allein. So wird's noch moderationes geben. Die Franzosen sagen zwar, sie achten der Stände vota für nichts, sie hätten die Lande in Händen und wollten sie behalten, bis man sie ihnen mit Gewalt nehme [3]".

Den Franzosen war in der That der Beschluss der Stände höchst unangenehm. Sie suchten alsbald die kurfürstlichen und verschiedene fürstliche Gesandten auf und machten ihnen Vorstellungen; aber sie versprachen sich selbst nicht viel Erfolg bei den in Münster weilenden Ständen. Von diesen nahmen sie nur Bayern und Brandenburg aus, obschon auch deren Zusagen nicht so bestimmt lauteten, wie ihnen wünschenswerth; ausserdem wäre höchstens auf zwei bis drei protestantische Fürsten zu zählen; die übrigen wären Parteigänger Österreichs und man hätte schon viel gewonnen, wenn sie nicht offen gegen die französischen Forderungen aufträten [4].

Immerhin erreichten sie, dass in der nächsten Sitzung des Fürstenraths verschiedene Stände eine Änderung des Conclusums beantragten, dass nämlich der Beschluss über die quaestio an fortbleiben sollte; nachdem Trauttmannsdorff sich damit einverstanden erklärt hatte, setzte Goll eine neue Fassung auf, die jedoch nicht die Billigung der Stände fand, da nach ihrer Form eine weitere Verhandlung ausgeschlossen

[1] 1646 März 9. WA FrA 95, 1 n. 176.

[2] „Vor 3 Monaten hete ich mich des contrarii besorget". Geh. Bericht 1646 März 9.

[3] Geh. Bericht 1646 März 2.

[4] Plén. an Brienne 1646 März 10. NS III 115 f. = Gärtner VIII n. 82.

war, während „man schon insgemein angefangen auszubrechen, dass es um Breisach zu thun sei". Schliesslich fand das Salzburgische Direktorium eine ähnliche Fassung, die nur den Wunsch aussprach, den Franzosen möchte nahe gelegt werden, sie sollten sich bescheiden, und die Rechte der Stände möchten gewahrt werden, im übrigen aber über alle weiteren Eventualitäten sich ausschwieg[1]. Die Kaiserlichen benutzten diesen Beschluss, den Vermittlern anzuzeigen, dass auf Grund desselben von einer Abtretung des Elsass und der vorderösterreichischen Lande keine Rede sein könnte, wohl aber wären sie bereit, die Festungswerke von Breisach zu schleifen[2].

Im Anschluss an das Münstersche Votum beriethen die beiden Kollegien in Osnabrück am 13. März über die französische Satisfaktion. Der Fürstenrath zog es vor, sich über die quaestio an überhaupt nicht zu entscheiden, und erneuerte den bezüglich der schwedischen Entschädigungsforderung gefassten Beschluss, in dem die Kaiserlichen aufgefordert wurden, mit „Vernehmung und Vorwissen" der an der Satisfaktion interessirten Stände mit den Kronen zu handeln und auf eine möglichst billige Erledigung bedacht zu sein, dann aber die ganze Materie der Ratifikation vonseiten der Stände vorzubehalten, die Stände aber sollten sich zunächst weiter mit der ersten Klasse des schwedischeu Instruments beschäftigen[3].

Im Städtekolleg in Osnabrück hatte an diesem Tage Otto den Vorsitz; der erklärte die Lage für schwierig, denn wenn man die Satisfaktion billigte, so würde man beim Kaiser anstossen, im entgegengesetzten Falle aber es in der Haltung der Kronen in puncto gravaminum, restitutionis et amnestiae zu büssen haben. Daher wäre am besten, in der Generalität zu bleiben; man wollte den Kaiserlichen, „in

---

[1] WA FrA I 95 1 n. 167. 169. 207. Es scheint, dass Gärtner VIII n. 60 dies abgeänderte Conclusum giebt. Sachlich ist diese Aenderung irrelevant.

[2] Trauttm.'s Bericht 1646 März 13. Gärtner VIII n. 84 S. 477 f.

[3] Der Beschluss bez. der schwedischen Satisfaktion: Gärtner VIII n. 93 S. 528; bez. der französischen Satisfaktion: ebenda S. 528 f.

dem Werk ferner fortzuschreiten, desto lieber kommittirt und überlassen haben, weil darinnen von und zu zu geben in der interessirten Stände Mächten und Gewalt ohne das nicht stehe". Zugleich wurde die Hoffnung ausgesprochen, dass die Kaiserlichen die Sicherheit der angrenzenden Stände im Auge behalten, nicht ohne Zustimmung der Stände abschliessen und besonders diejenigen hinzuziehen würden, die dabei passive interessirt wären oder zu leiden haben würden. In diesem Sinn sollte das Conclusum abgefasst und den zum grössten Theile gerade nach Münster verreisten Städteboten zur Billigung vorgelegt werden [1].

Die Franzosen waren mit diesen Beschlüssen wohl zufrieden, sie sahen darin eine Wirkung ihres Goldes [2]; dass man Frankreichs Interessen mit denen Schwedens gleichgestellt habe, sei Alles, was man habe erwarten können, nachdem den Protestanten so viel Furcht vor einer Festsetzung Frankreichs im Reiche gemacht sei [3].

Auf welchen Forderungen die französichen Bevollmächtigten eigentlich bestehen sollten, darüber ist in den ersten Monaten des Jahres vielfach zwischen Paris und Münster korrespondirt. Wiederholt ging am Kongresse das Gerücht, sie würden schliesslich doch noch auf Elsass verzichten, Avaux sollte einmal von Lothringen, ein anderes Mal vom Herzogthum Mailand gesprochen haben. Das war doch nicht ernstlich gemeint: die Erwerbung des Elsass ist gar nicht mehr in Frage gestellt worden; wir werden aber später sehen, dass darüber, was denn unter dem Elsass zu verstehen sei, bei den Franzosen am Kongresse sowohl wie

[1] Sess. 17. 1646 März 3. Str. StA 1144. Otto dachte auch an private Versuche bei Frankreich, dass es sich statt mit Elsass mit anderer und geringerer Entschädigung begnügte; aber nur wenn ein solcher Schritt von der Gesammtheit der Stände ausginge, damit die Städte nicht allein etwaigen Unglimpf trügen.

[2] Trauttm. schreibt am 13. März (geh. Bericht) dem Kaiser, die Franzosen sollten 60000 Thaler daran gewendet haben, um die Stimmen der Stände zu gewinnen, „diss allesz vmbsonst, E. k. M. costets khein khreizer". WA FrA 50 a.

[3] Plén. an Brienne 1646 März 17. NS III p. 119 = Gärtner VIII n. 95 S. 546.

am Hofe, immer noch durchaus keine Klarheit herrschte. Wohl aber waren sie noch geneigt, nicht nur die drei Bisthümer — um den Werth des Angebots zu drücken —, sondern auch das Elsass als Reichsleben mit Sitz und Stimme auf den Reichstagen zu nehmen. Ferner wurden die Gesandten ermächtigt, im äussersten Nothfalle, besonders auch um dafür den formellen Verzicht der tirolischen Linie herbeizuführen, dieser eine Geldentschädigung in Form einer jährlichen Revenue bis zu 50000 Thalern zu bewilligen und Philippsburg, dessen Forderung sie als besonderen Stein des Anstosses bezeichnet hatten, preiszugeben, aber die Bereitwilligkeit zu diesen Konzessionen sollte geheim gehalten werden [1].

Es lag den Franzosen daran, die Entschädigung vom Reiche sicher gestellt zu haben, ehe sie mit Spanien sich weiter einliessen, um durch getrennte Verhandlungen mehr herauszuschlagen. Ausserdem waren sie lebhaft beunruhigt durch den Gedanken einer einseitigen Verständigung der Schweden mit dem Kaiser, namentlich so lange Trauttmannsdorff in Osnabrück weilte. Avaux begab sich selbst einmal dorthin, um die französischen Interessen gegen unliebsame Ueberraschungen sicher zu stellen.

Trauttmannsdorff kehrte am 26. Februar, ohne weitere Ergebnisse als die ferne Aussicht auf eine Vereinbarung mit Schweden [2], nach Münster zurück; er musste jetzt versuchen, mit den Franzosen zur Verständigung zu kommen. Dabei waren ihm natürlich die Spanier im Wege, die sich mit dem Gedanken an wesentliche Konzessionen von ihrer Seite, wie sie die Franzosen beanspruchten, noch gar nicht befreunden konnten. Trauttmannsdorff versuchte, indem er durch Volmar mit Penneranda verhandeln liess, ob nicht das Elsass dadurch zu retten wäre, dass Spanien, welches ohne Opfer sicher nicht weg kam, sein Angebot für das ganze Haus Habsburg machte. Penneranda liess sichs gefallen, berichtet Trauttmannsdorff, aber ernstlich wird letzterer

---

[1] Siehe darüber NS III und Gärtner B. VII und VIII passim.
[2] Siehe Odhner S. 130—138.

sich davon wenig versprochen haben[1]. Er wusste um die heimlichen Verhandlungen der Franzosen mit den Bayern und erkannte wohl, dass es sich dabei um die Preisgebung des Elsass von bayrischer Seite handelte[2]. Darin sah er die Hauptgefahr für seine ganze Aufgabe.

Um so mehr waren die Franzosen, der Hof und die Gesandten, mit der Haltung der Bayern und ihres Kurfürsten zufrieden. Die Bayern zeigten sich in dieser Zeit äusserst besorgt vor den französischen Kriegsrüstungen und wünschten dringend einen Waffenstillstand. Sie wussten aber, dass vor einer Verständigung über die französische Satisfaktion dazu keine Aussicht wäre. Die Franzosen suchten sie in dieser Richtung vorwärts zu treiben und drängten sie zur Bearbeitung der Stände und Beeinflussung der Kaiserlichen. Sie sagten, sobald die pfälzische Frage zur Verhandlung kommen würde, volle Unterstützung der bayrischen Forderungen zu; deren Erfüllung und die Erwerbung des Elsass für Frankreich wären untrennbare Friedensbedingungen. Es sei jetzt nicht die Zeit, äussern sie in einer Konferenz, die Mitte März stattfand, neue Forderungen aufzustellen; was Frankreich bebehalten wolle, seien die beiden Elsass, Breisgau, Sundgau und Philippsburg. Die Bayern meinten, es würde nicht möglich sein, diese Ansprüche durchzubringen, zumal Spanien heftig widerstrebte und lieber die Franchecomté als das Elsass preisgeben würde. Immerhin aber erklärten sie sich bereit, ihre Bemühungen fortzusetzen, um die Kaiserlichen zur Nachgiebigkeit zu bringen[3].

Der Kurfürst selbst hatte inzwischen seine Pressionen erneuert. Alle Gefahren der künftigen Kampagne setzte er dem Grafen Trauttmannsdorff auseinander; es gäbe kein besseres Mittel den Frieden zu beschleunigen, als „unverlängte Vergleichung der Satisfaktion“, der Graf müsste, so

[1] Geh. Bericht 1646 März 9.

[2] Geh. Berichte 1646 Febr. 27, März 9.

[3] Plén. an Brienne 1646 März 10 u. 17, NS III p. 115 u. 119 ff. = Gärtner VIII n. 82 u. 95; an Mazarin 1646 März 17, NS III p. 122 = Gärtner VIII n. 97.

schrieb er ihm, Alles daran setzen, um vor der Eröffnung der Kampagne abzuschliessen [1].

Am 7. März erfolgte ein neues drohendes Schreiben, es ja nicht zum Feldzuge kommen zu lassen; der Kurfürst wollte durch den Nuntius Bagni aus Paris wissen, dass Frankreich ernstlich zum Frieden geneigt wäre und sich mit der Investitur des Elsass kontentiren lasse [2]".

Hasslang und Krebs hatten schon am 10. März sich bei Trauttmannsdorff eingestellt und auf neue Anerbietungen gedrängt, da Frankreich sich nicht abweisen liesse. Die Kaiserlichen schoben in ihrer Erwiderung die Schuld auf die Stände; sie würden den Punkt eher zur Hand genommen haben, wenn die Stände früher mit ihrem Gutachten erschienen wären, sie wollten nun aber sich so weit erklären, dass die Franzosen ihre Gelosie fallen lassen müssten [3].

Diesen Gedanken, ohne Ermächtigung der Stände sich auf die Satisfaktionshandlung nicht einlassen zu können, hatten die Kaiserlichen in Osnabrück schon Anfang Februar — damals war Trauttmannsdorff daselbst anwesend — ausgeführt, sonst läge, so begründeten sie ihr Verhalten, die Gefahr nahe, dass auf den Kaiser und sein Erzhaus die Zahlungslast allein fiele [4]. Auch jetzt beeilte sich Trauttmannsdorff zunächst nicht sonderlich weiterzukommen. Er schrieb dem Kurfürsten Maximilian, dass er die Befehle des Kaisers auf das Gutachten der Stände und Mändls Anbringen erwartete [5] — Maximilian hatte auch wieder direkt in Wien Vorstellungen erhoben — und hielt es nicht für rathsam, sich mit dem Kurfürsten in weitläufigen Schriftwechsel einzulassen [6]. Er meinte, dieser würde selbst einsehen, welch schwere Verantwortung vor den Ständen und

---

[1] Maximilian an Trauttm. 1646 Febr. 28 München. Beil. A zu Trauttm.'s Bericht 1646 März 9, vergl. Koch II S. 176.

[2] Beil. A zu Trauttm.'s off. Bericht 1646 März 16.

[3] Extr. Prot., Beil. zu KGM an Ferd. III. 1646 März 13; Cortreius S. 273 f.

[4] KGO an Ferd. III. 1646 Febr. 8. Gärtner VIII n. 19.

[5] Beil. A zu Trauttm.'s off. Bericht 1646 März 13.

[6] Off. Bericht 1646 März 16.

dem Kaiser er auf sich würde genommen haben, wenn er, ehe sich die Stände hatten vernehmen lassen, in diesem Punkte weiter gegangen wäre [1].

Aber immer aufs neue drängte der Kurfürst, drängten seine Gesandten. Ferdinand hatte dem Kurfürsten durch Mändl mittheilen lassen, er werde seine Vertreter anweisen, ohne Verzug die Satisfaktionshandlung aufzunehmen und Frankreich in billiger Weise zufrieden zu stellen [2]. Trotz dieser Zusage mahnte der Kurfürst wenige Tage darauf den Kaiser aufs neue [3]. Auch die Gesandten erhielten Befehl, wenn Trauttmannsdorff nicht alsbald den kaiserlichen Befehlen Folge gäbe, nochmals zu mahnen und mit dem Abschluss eines Separatwaffenstillstandes zu drohen. Ausserdem sollen sie bei längerem Widerstreben der Kaiserlichen sich an die Stände wenden und diese zu gemeinsamen Schritten bei Trauttmannsdorff veranlassen. Der Kaiser sei vom eigenen Bruder, Erzherzog Leopold Wilhelm, aufgefordert, sich schleunigst über den Satisfaktionspunkt zu erklären. Und vor allen Dingen sollen sie den katholischen Fürsten, über deren ablehnende Haltung Max sehr entrüstet ist, die Nothwendigkeit und den Vortheil einer Abfindung Frankreichs vorstellen [4]; den Bishof von Osnabrück, der den kölner Kurfürsten vertrat und den Franzosen Vorstellungen über die Unbilligkeit ihrer Ansprüche auf das Elsass gemacht hatte, mahnte Maximilian, er sollte ja die Franzosen nicht irre machen [5].

---

[1] Ebenda Beil. A.

[2] Mändl an Kurfürst Maximilian 1646 März 7 Linz. WA FrA 49 c.

[3] Maximilian an Ferd. III 1646 März 11. A. a. O.

[4] Maximilian an die bayrischen Gesandten 1646 März 7. 14. 21. 28. Erzherzog Leopold Wilhelm an Maximilian 1646 März 11 Tirschenreuth. „Vortrag und Erinnerung, so die Kurbayrischen den katholischen Gesandten erstlich insgesambt zu thun, hernach aber absonderlich, doch in continenti den Kaiserlichen vorzutragen, aber nit zuvor, damit sie nit bei den Ständen praeoccupirn". (Beilage zum Befehl vom 14. März). Alles in WA FrA 49 c.

[5] Trauttm.'s off. Bericht 1646 April 3: Der Bischof von Osnabrück melde im Vertrauen, er habe an Maximilian geschrieben „welcher Gestalt er den Franzosen die . . Unbilligkeit ihrer Praetensionen des Elsass

Einstweilen suchte Trauttmannsdorff noch Penneranda zur Spezialproposition zu drängen; diese sollte, wie schon bemerkt, für das ganze Haus Österreich gelten und so die Nothwendigkeit, das Elsass preiszugeben, vermieden werden. Penneranda hielt für ausgeschlossen, dass sie mit den Franzosen überhaupt so weit kämen, erklärte sich aber schliesslich bereit, dem Wunsche zu willfahren[1]. Erfolgte dieses spanische Angebot, so fand Trauttmannsdorff, habe er wenig mit Frankreich zu handeln, nur über die Bedingungen wegen der drei Bisthümer; andernfalls werde er nach den Befehlen des Kaisers vorgehen[2].

Von dieser Aussicht einer Vermischung der spanischen Traktate mit den deutschen Angelegenheiten war der bayrische Kurfürst durchaus nicht erbaut; er wies seine Gesandten an, dringend davon abzurathen[3]. In der That hat dieser Gedanke dann auch keine weitere Verfolgung gefunden.

Dass nur in Folge der bayrischen Unterstützung die Franzosen so fest auf der Forderung des Elsass beharrten, hatte noch am 19. März Contarini Trauttmannsdorff gegenüber ausgesprochen. Letzterer wollte noch einmal die Bayern mahnen, die Sache nicht zu übereilen, fürchtete aber, es würde vergeblich sein, da Tags zuvor die Bayern wieder drei Stunden bei Servien gewesen waren. Contarini behauptete sogar, es wäre schon eine Eventualkonföderation geschlossen, wenn auch nicht völlig zu Papier gebracht[4].

---

remonstrirt habe; worauf I. kfl. Dlt. ihm bei der am 28. v. M. angekommenen Post gleichsam verweislich zur Antwort gegeben, dass er solches unterlassen und die Franzosen mit dergleichen Einwürfen nicht irre machen sollte, aus welchem unschwer abzunehmen, wohin I. kfl. Dlt. Intention in p° der franz. Satisfaktion ziele".

[1] KGM an Ferd. III. 1646 März 20. Gärtner VIII n. 105.

[2] Trauttm.'s geh. Bericht 1646 März 20: „So wollen die Spanier ihre oblation dessen, so sie hinden lassen wollen (nomine tamen totius domus Austriacae vnndt dass denselben hingegen alless anderesz restituirt werde) bei den mediatoribus anbringen, es möchte auf Artois endlich hinauszlaufen".

[3] 1646 März 21. WA FrA 49 c.

[4] Trauttm.'s geh. Bericht 1646 März 20.

Noch einmal beschlossen die Kaiserlichen, die alten Zugeständnisse bei den Mediatoren anzubringen; sie baten die ungestüm drängenden Bayern, die Resolution, die Mändl vom Kaiserhofe zurückgebracht hatte, geheim zu halten und nicht zu einer Separathandlung zu schreiten. Diese sagen beides zu[1].

Als aber am folgenden Tage die Kaiserlichen zu den Vermittlern kamen, mussten sie sich von der Unhaltbarkeit ihres Standpunktes überzeugen. Contarini führte aus, die Franzosen beriefen sich auf die Conclusa der Stände, die zu ihren Gunsten ausgefallen wären; sie beständen auf dem Elsass, wären aber zu Verhandlungen über einzelne Bedingungen bereit; auch rühmten sie sich, über die Mission Mändls unterrichtet zu sein, und es hätte der Kaiser in die Abtretung des Elsass und in den Abschluss mit Schweden durch französische Vermittlung gewilligt[2]. Was konnte aller Widerspruch der Kaiserlichen nützen; sie hatten einen neuen Beweis von der Ehrlichkeit der Bayern[3]. Maximilian hatte selbst aufs neue an Trauttmannsdorff geschrieben, ihm die Fortführung der Verhandlungen ans Herz gelegt, jetzt aber zugleich den Wunsch ausgesprochen, die Kronen möchten ehe ihre Satisfaktion zum Abschluss gelangte, zur Aufrechterhaltung des in der pfälzischen Sache gemachten Schlusses verpflichtet werden[4]. Die bayrischen Gesandten bringen dasselbe Verlangen am 24. März bei den Kaiserlichen an: bei längerem Zögern müssten sie sich nach den ihnen zugegangenen Befehlen richten — das sollte heissen, sich in Separatverhandlungen einlassen[5].

---

[1] 1646 März 21. Cortreius S 280.

[2] Cortreius S. 281 f., vergl. Meiern II S. 870 ff.

[3] Vergl. Trauttm.'s geh. Ber. 1646 März 23: „Mit denen Franzosen ist gar zu schwer zu handeln, den sie sagen, auf ihr begern sey der Mändl nach E. k. M. hoff geschickht worden, sie wüssen auch alle gradus, deren sich E. k. M. wegen Elsass resolvirt, heten von ChurBayern die zusag, E. k. M. dahin zu constringiren, dass sie das Elsass denen Franzosen cediren müszten, also khan E. k. M. leichtlich erachten, was es für ein conclusionem pacis abgeben khan“.

[4] 1646 März 14: Beil. zu Trauttm.'s off. Bericht 1646 März 23.

[5] Cortreius S. 283.

Es war klar, dass für die Vertreter des Kaisers ohne weitere Zugeständnisse nicht vorwärts zu kommen war. Die Ermächtigung dazu hatten sie bereits. Jetzt entschlossen sie sich dazu, sie anzuwenden.

2. DIE GRUNDLAGEN DER VERSTÄNDIGUNG.

So weitgehend auch die Vollmachten waren, mit denen Trauttmannsdorff auf dem Kongresse erschienen war: er hat doch vorgezogen, ehe er davon Gebrauch machte, wenigstens hinsichtlich der französischen Satisfaktion zunächst noch einmal in Wien anzufragen. „E. k. M. wolle mich allergnädigst bescheiden“, so schreibt er am 2. März, „ob Sie es bei meiner Instruktion, sonderlich das Elsass und Breisach betreffend, allerdings verbleiben lassen, oder was Sie darinnen limitiren wollen, darauf ich bestehen soll, ungeachtet, dass man darüber brechen soll“ [1].

Am gleichen Tage hatte Kaiser Ferdinand ein eigenhändiges Schreiben [2] an Trauttmannsdorff gerichtet: auf das Drängen von bayrischer Seite hin hätte er sich entschlossen, neben den Gravamina den Satisfaktionspunkt zur Verhandlung zu stellen und ein Stück des Unterelsass, soweit es nämlich österreichisch wäre, zu opfern; „wie ungern ich zu dieser Resolution komme, könnt ihr euch leicht einbilden“. Im geheimen sollten die Gesandten Salvius von diesem Entschlusse in Kenntniss setzen und ihm vorstellen, der Kaiser gäbe sich, da das Angebot so werthvoll wäre, der Hoffnung hin, dass die Franzosen sich damit zufrieden erklärten und

---

[1] Geh. Bericht 1646 März 2. Wie wenig Trauttmannsdorff eben damals von der ernstlichen Aussicht auf Frieden überzeugt war, zeigt folgender Passus des Berichts: „Mir sagt man, der Cardinal Mazzarin, Orange vndt der alte Oxenstirn haben sich absonderlich gegen einander in geheim verbunden, kheinen fridt zu machen, sondern allein die zeit durch tractat verzerrn vndt ihre eigene gesandte zu betrigen, est verisimiliter, weilln des Oxenstirn leiblicher sohn khein genugsame jnstructjon zum schlüssen hat“. Dieser Satz steht ohne Datirung bei Koch II S. 174 Anm. zu Dezbr. 1645.

[2] Die in diesem Schreiben enthaltene Entscheidung erfolgt auf Grund eines Geh.-Raths-Gutachtens vom 26. Februar 1646: Koch II S. 178 f.

die Schweden in diesem Sinne, nöthigenfalls mit Gewalt, auf jene einwirken würden; den spanischen Gesandten am Kongresse und in Wien, Penneranda und Terra Nova, sollte gleichfalls Mittheilung gemacht werden[1]. Im übrigen verwies der Kaiser seinen Prinzipalgesandten auf eine chiffrirt beiliegende Instruktion, die ihm angäbe, wie weit er nöthigenfalls gehen dürfte.

Diese Instruktion bildet die Grundlage für die weiteren Verhandlungen; sie unterscheidet verschiedene Stufen bei den Konzessionen[2].

Hier wird als erste Stufe des Angebots das eine Elsass, also Unter- oder Oberelsass bezeichnet; welcher Theil aber es sein soll, das wird dem Ermessen der Gesandten überlassen, die beurtheilen sollen, welches Opfer[3] dem Hause Österreich minder nachtheilig ist. Ist damit nicht durchzukommen, so sollen Unter- und Oberelsass mit dem Sundgau preisgegeben werden, nicht aber der Breisgau und die vier Waldstädte und alle übrigen vorderösterreichischen Be-

---

[1] WA FrA 50 c: Konzept von Ferd.'s Hand, s. Anhang n. 2; es ist das einzige vollständige, eigenhändige Schreiben Ferdinands an Trauttm., das ich kenne, ausserdem nur das gleich zu erwähnende Bruchstück eines Schreibens vom 12. März 1646, jenes hat sich unter die offiziellen Weisungen an Trauttm. verirrt, dieses unter dessen geh. Berichte; doch sind zahlreiche ergangen, die sich wohl im Trauttmannsdorffschen Archive befinden.

[2] Anhang n. 3. Die Instruktion ist abschriftlich erhalten in den Beilagen zu Volmars Tagebuch, freilich an viel späterer Stelle (zum Oktober 1647) unnumerirt eingebunden (WA FrA 92, 8 hinter n. 1846), es ist aber zweifellos die vom Kaiser im Briefe vom 2. März 1646 angezogene Instruktion; sie ist überschrieben: gradus observandi in tractatu cum Gallis ratione Alsatiae, item conditiones sine quibus non; auf dem Umschlag ist, augenscheinlich von Volmars Hand notirt: Caesaris instructio secreta in Trauttmannsdorffium de Alsatia Gallis concedenda. Mit einem Briefe des Kaisers vom 9. März wurde ein dechiffrirtes Suplikat geschickt (Trauttm.'s off. Bericht vom 23. März).

[3] Es ist sehr wunderbar, dass man bei dem Entschlusse zur Opferung des einen Theils des Landes überhaupt schwanken konnte und den Gesandten die Entscheidung liess, da doch der ganze grosse habsburgische Besitz im Oberelsass lag und die Abtretung des Unterelsass dagegen ein minimales Opfer für Österreich war. Vergl. Abschnitt I, 3.

sitzungen auf dem rechten Rheinufer, ebensowenig Breisach, doch soll dessen Schleifung, die einmal angeboten ist, nöthigenfalls zugestanden sein. Der innsbrucker und spanischen Linie bleiben, wenn sie nicht einverstanden sind, alle Rechte vorbehalten. Alle Abtretungen sollen in erster Linie als Hypothek bis zur Erlegung einer mässigen Geldsumme durch das Haus Österreich gegeben werden. Lehnen die Franzosen das ab, so soll die Uebertragung als Reichslehen erfolgen, aber ohne Sitz und Stimme auf den Reichstagen, und zwar zunächst nur für die männliche Nachkommenschaft Ludwigs XIII., eventuell für den ganzen Mannesstamm der Bourbonen; daher soll die Mitbelehnung der innsbrucker Linie, bezw. ihrer Rechtsnachfolger erfolgen. Alle diese Konzessionen sollen nur für den Fall, dass der Friede wirklich zustande kommt, Gültigkeit haben und nur unter bestimmten Voraussetzungen, dass nämlich Frankreich 1. den König von Spanien in den Frieden einschliesst; 2. Schweden zu massvollen Bedingungen veranlasst und seine Unterstützung in Sachen der Amnestie und der Gravamina gegen die Akatholischen leiht; 3. für die Erwerbungen eine entsprechende Geldsumme erlegt; 4. in der pfälzischen Frage für die Erhaltung der Oberpfalz bei Bayern eintritt, so dass dem Kaiser das Land ob der Enns unangefochten bleibt[1].

Da nun von diesen Verhandlungen die Bayern durch die Franzosen erfahren werden, so sollen die Kaiserlichen das, was sie bezüglich des Elsass vorschlagen wollen, unverzüglich den kurfürstlichen Gesandten mittheilen[2], um diese ebenfalls auf die den Franzosen zu stellenden Bedingungen zu verpflichten; nöthigenfalls müsse sich der Kur-

[1] Maximilian konnte bis zur Erstattung seiner Kriegskosten aus dem böhmisch-pfälzischen Kriege vertragsmässig eventuelle Ansprüche auf Oberösterreich erheben.

[2] Dem Kurfürsten von Mainz hatte Ferdinand am 9. März 1646 geschrieben, er habe sich entschlossen, „etwas vom Elsass in die Traktate kommen“ zu lassen; er bittet ihn, für eine Entschädigung der tirolischen Prinzen einzutreten. Dazu erklärt sich der Kurfürst in seiner Antwort vom 19. März bereit. WA FrA 52 c 1.

fürst mit einem Theil der Oberpfalz begnügen, aber ohne dass dann der Kaiser durch bayrische Forderungen an ihn in Mitleidenschaft gezogen werde; ausserdem sollen die Bayern versprechen, während der Traktate keinen Separatvertrag einzugehen und den Kaiser darin zu unterstützen, dass durch die schwedische Satisfaktion seine Erblande nicht betroffen werden und dass Brandenburg einer solchen in mässigem Umfange nicht widerstrebt.

Auf Trauttmannsdorffs Anfrage vom 2. März bestätigte der Kaiser diese Instruktion, zumal auch der Erzherzog Leopold Wilhelm zum Frieden gerathen hatte; noch vor dem Feldzuge sollte ein Abschluss herbeigeführt werden [1]. Trauttmannsdorff hoffte, dass er nicht von allen Zugeständnissen würde Gebrauch machen müssen. „Nun geht der Traktat erst recht an, so der feindlichen Kronen Plenipotentiarii rechte Vollmacht haben, könnte man“, so meinte er, „auf Ostern geschlossen haben“ [2].

Aber diese Hoffnung sollte sich schnell als eitel erweisen. Trauttmannsdorff selbst kam sehr bald davon zurück. Schon wenige Tage darauf glaubt er nicht an den Erfolg einer Handlung mit den Franzosen, da diese keinen Frieden wollen; nur durch Vereinigung mit den Schweden, Protestanten und Holländern würde man sie dazu zwingen können [3].

Indess, diese Anschauung war doch kaum nachhaltig, jedenfalls schlug er diesen Weg nicht ein. Vielmehr machten sich die Kaiserlichen auf Grund der neuerdings an Trautt-

---

[1] Extractus litterarum, Linzii 1646 März 12 (vergl. Anm. 1 auf S. 125), WA FrA 50 c, abgedruckt: Anhang n. 4.

[2] Geh. Bericht 1646 März 16.

[3] „Nunmehr wirdt sonnenclar, dasz wan wir fridt haben wolln, solches durch reconcilijrung der reichsstendt, der cron Schweden vnndt der Holländer erhalten werden musz vnndt durch entziehung dieser hülffen erst Frankhreich zum friden zu bringen seye; alle die consilia, so man anderwerts und hie gefürt, dasz man erstens Frankhreich satisfaction geben, durch dessen hülff mit denen vbrigen feindten friden machen sol, seind ohne einiges fundament, sondern ausz privatverhofften nuz hergeflosen, welches man sehr vngern bekhenen wil“. Die letzte Bemerkung geht natürlich auf Bayern. Geh. Bericht 1646 März 30.

mannsdorff ergangenen Weisungen schlüssig, sobald die Vermittler die Antwort auf ihre letzte Eröffnung bringen würden, in weitere Verhandlungen einzutreten[1].

Das geschah am 28. März. Chigi und Contarini berichteten, die Franzosen wären unzufrieden über die Zurückhaltung der Kaiserlichen. Nun nahmen diese das Anerbieten, das die Vermittler kürzlich gemacht hatten, auf, dass nämlich dieselben von sich aus feststellen sollten, zu welchen Leistungen die Franzosen auf gewisse Erbietungen hin bereit wären. Zunächst sollten sie versuchen, ob nicht an Stelle des Elsass die Franchecomté als Entschädigung treten könnte, die andernfalls doch bald verloren gehen würde. Contarini erwiderte sofort, gerade aus diesem Grunde habe sich Servien, während seine Kollegen eine gewisse Geneigtheit gezeigt hätten, dagegen erklärt. Danach nun, so wünschten die Kaiserlichen, möchten die Mediatoren in unverbindlicher Form, als ob es von ihnen ausginge, anfragen, was die Franzosen für die Abtretung eines Theiles vom Elsass als Gegenleistung bieten würden; sie erwarteten nicht nur eine angemessene Entschädigung der tirolischen Linie, sondern auch ihre Unterstützung in den Verhandlungen über die Gravamina und Amnestie, in der pfälzischen Sache und Türkenhülfe, ferner eventuell Hülfe gegen Schweden und Protestanten, falls diese den Kampf fortsetzen wollten. Wenn die Franzosen sich zur Erfüllung dieser Punkte bereit erklärten, so sollten die Vermittler ihnen darlegen, eine Abtretung des Oberelsass wäre völlig ausgeschlossen; über Unterelsass aber liesse sich reden und zwar könne der Theil der Landvogtei abgetreten werden, den das Haus Oesterreich zwischen Moder und Lauter besässe und der die beiden Reichsstädte Hagenau und Weissenburg einschlösse[2]; diese Abtretung solte erfolgen als Pfand bis zur Zahlung einer angemessenen Geldsumme, äussersten Falls als Lehen

[1] Konferenz der Kaiserlichen 1646 März 26: Extr. Prot. zu KGM an Ferd. III. März 27. WA FrA 52 a, auch Cortreius S. 283 f.

[2] Das war also noch nicht einmal der ganze habsburgische Besitz im Unterelsass.

für die männliche Nachkommenschaft Ludwigs XIII., der Rechtszustand im übrigen Theile des Unterelsass sollte dadurch unberührt bleiben.

Die Mediatoren betonten, dass die Franzosen immer wieder darauf zurückkämen, „es würde ihnen von hohen Ständen des Reichs die Elsass gleichsam selbst angeboten und angerathen, sich davon nicht abwendig machen zu lassen“, darauf hätte besonders der Kurfürst von Bayern gedrungen[1]. Einen Erfolg versprach sich Trauttmannsdorff von seinem Angebote von vornherein nicht. Im Herzen und in der Seele, so schreibt er dem Kaiser, sei ihm dieser Traktat zuwider, weil habsburgische Besitzungen geopfert würden, aber er gehorche den gemessenen, wiederholten Befehlen des Kaisers; viel leichter falle ihm der schwedische Traktat, dort gelte es doch, habsburgische Lande wieder zu gewinnen[2].

Die Vermittler brachten am 3. April die Antwort: natürlich waren die Franzosen durchaus nicht zufrieden; ohne das ganze Elsass wollten sie sich auf nichts einlassen, sie wüssten bestimmt, dass der Kaiser darein gewilligt hätte, auch liesse sich das Land nicht theilen, „wären keine

[1] Für diese Konferenz vom 28. März: KGM an Ferd. III. 1646 März 30. Gärtner VIII n. 121, auch Cortreius S. 284 f. Memoriale pro dominis mediatoribus, quatenus cum Gallis de aliqua parte Inferioris Alsatiae introducere possunt: WA FrA 92, 8 n. 1114 = 52 a., Beil. zu KGM an Ferd. III. 1646 März 27. In diesem Memorial heisst es: die Mediatoren sollen erklären: non se credere, Caesarem ulla ratione Alsatia Superiori cessurum ob maximas difficultates, quae ibi considerandae veniant. Sed de Alsatia Inferiori nonnihil transigi posse. Nimirum aut regi Galliarum cedatur illa pars advocatiae provincialis, quam domus Austriaca inter amnes Motteram et Lutram possedit et quae duas civitates imperiales, Hagenoam scilicet et Weissenburgum, comprehendit. Istaque cessio fiat pro aliqua tolerabili pecuniae summa praesenti tractatui determinanda per modum antichreseos cum reservatione ut [soluta] tali pecunia pars haec advocatiae ad domum Austriacam redire debeat, demum etiam in feudum successoribus regis Ludovici XIII. legitimis naturalibus masculis concederetur. Quaecunque vero ultra praedictos amnes de Alsatia Inferiore supersunt, pristino iure censebuntur.

[2] Geh. Bericht 1646 April 3. Danach haben die Mediatoren am 2. April ihren Auftrag bei den Franzosen ausgerichtet.

termini reales zu finden, man würde daher stets in Gezänk mit einander kommen". Wenn man ihnen das ganze Elsass gäbe[1], zu dem sie aber auch den Breisgau rechneten, wollten sie die Kaiserlichen in der pfälzischen Frage und mit Geld gegen die Türken unterstützen, im übrigen aber sich zunächst mit Salvius bereden. Den Einschluss Spaniens in den Frieden hatten die Vermittler noch gar nicht berührt. Contarini betonte aufs neue, seiner Ansicht nach würden die Franzosen gegen Burgund und Artois doch noch das Elsass fahren lassen[2].

Am 6. April berichteten die Vermittler dann weiter, die Franzosen hätten nach einer Konferenz mit Salvius einen Kourier nach Paris geschickt; auf ihren Forderungen glaubten sie beharren zu müssen, wären aber im allgemeinen willig gewesen, dann auf die von den Kaiserlichen gestellten Bedingungen einzugehen; auch wollten sie, wenn man ihnen das ganze Elsass gäbe, es zu Lehen nehmen und zu den Reichslasten in derselben Höhe wie die weltlichen Kurfürstenthümer beitragen. Trauttmannsdorff betonte sofort, dass die Zusage, Spanien in den Frieden einzuschliessen, fehlte[3].

Anlässlich eines Besuches, den Trauttmannsdorff am 4. April dem Herzog vom Longueville abstattete[4], war

[1] Darunter ist nur die Gesammtheit der österreichischen Besitzungen zu verstehen.

[2] Cortreius S. 286 f.; Extr. Prot. über die Konferenz mit den Vermittlern, Beil. zu KGM an Ferd. III. 1646 April 6 und dieser Brief selbst: Gärtner IX S. 19 ff. Von französischer Seite: Bericht an Brienne 1646 April 7, NS III p. 141: danach haben die Franzosen erklärt ohne die Abtretung von Unter- und Oberelsass mit Sundgau, Breisgau, den Waldstädten und Philippsburg werde es keinen Frieden geben. Man sieht wieder daraus, wie unklar die geographischen Begriffe waren, wie denn die Franzosen fragten, ob zu dem durch die Mediatoren ihnen angebotenen Stück des Unterelsass auch Philippsburg gehörte (Cortreius S. 287).

[3] Extr. Prot. zu KGM an Ferd. III. 1646 April 6; Bericht der Plén. an Brienne 1646 April 7, NS III p. 142 f.

[4] Longueville hatte am 2. April Trauttmannsdorff aufgesucht; als dieser ihm die Unbilligkeit der Ansprüche auf das Elsass vorhielt, entgegnete der Franzose: „Wann wir ihnen solches als guten Freunden

zwischen den beiden Prinzipalgesandten auch vertraulich über die Satisfaktionsfrage geredet; da hatte Longueville beide Elsass mit Sundgau und Breisgau gefordert und ausserdem das Bisthum Strassburg — er kann also unter Elsass nur den österreichischen Besitz verstanden haben. Dafür erbot er sich, den Kurfürsten von Bayern hinsichtlich der dreizehn Millionen zufrieden zu stellen und ihm bis dahin den Sundgau und Breisgau als Hypothek zu lassen, ein Vorschlag, den Trauttmannsdorff ebenso wenig ganz von der Hand wies, wie die weiter von Longueville angeregte Ueberlassung der Oberpfalz an die tirolischen Fürsten. Auch zur Türkenhilfe und zur Unterstützung in den Streitigkeiten zwischen den Ständen war Longueville bereit und wollte den ältsten Sohn Ferdinands zum Römischen König gewählt sehen; davon wollte Trauttmannsdorff aber nichts wissen[1].

Eine Wirkung hatte die Unterredung zunächst nicht. Wohl aber kam eine Förderung von anderer Seite: die Bayern griffen nachdrücklich in die Verhandlungen ein. Die Franzosen nahmen ihre Dienste lieber als die der Vermittler in Anspruch, da sie nicht unter spanischem Einflusse standen[2]. Maximilian hatte am 28. März den Grafen Trauttmannsdorff wieder einmal dringend aufgefordert, auf Grund der kaiserlichen Anweisungen ungesäumt vorzugehen, ehe der Feldzug begänne. Der Kurfürst wollte nicht einsehen,

überlassen thäten, würden sie es mit gutem Gewissen behalten und geniessen; gäben wir ihnen aber dasselbe als Feinden, hätten wir aufs wenigste diese Konsolation, dass Gott sie, die Franzosen, darum strafen würde, welches m. E. keine geringe Blasphemie ist". Trauttm.'s off. Bericht 1646 April 3.

[1] Darüber hatten auch die Mediatoren am 6. April referirt. Aber Trauttmannsdorff meinte, das ginge die Franzosen gar nichts an; vergl. dazu auch den geh. Bericht 1646 April 6: „Imo alia vice obtulerunt, dem hauss Österreich dasz Römisch Reich erblich zu machen, dess gleichen hat von solchem der schwedische resident Rosenhan gegen mir meldung gethan. Sed has oblationes habeo pro tentationibus periculosissimis; ich reijcire sie also baldt in limine". Für die ganze Unterredung: dieser Bericht und das Protokoll über die Konferenz: Anhang n. 5.

[2] Réponse au mémoire du Roi du 31. mars 1646. NS III p. 153.

wesshalb die kaiserlichen Gesandten hinsichtlich des Elsass so grosse Rücksicht auf die Stände nähmen, da sie doch, ohne dieselben zu befragen, die drei lothringischen Bisthümer angeboten hätten und mit den Schweden bis zur Aussicht auf einen Abschluss gekommen wären[1]. Dazu stellten sich die bayrischen Gesandten ein[2] mit der Drohung, dass sie, wenn die Handlung über das Elsass nach den Vorschriften des Kaisers nicht in acht Tagen erledigt wäre, Befehl hätten, sich zu salviren und zu akkomodiren. Trauttmannsdorff entgegnete ihnen, das erste Angebot sei bereits erfolgt und hielt ihnen die Frage vor, ob sie sich denn getrauten, in acht Tagen mit den Gravamina und der pfälzischen Sache fertig zu werden; die Drohung, sich mit Frankreich in Separatverhandlungen einzulassen, schrecke ihn nicht, denn auf den Fall seien die Schweden, wie sie den Franzosen angezeigt, zu Sonderverhandlungen mit dem Kaiser bereit[3].

Am 7. April kamen die Bayern wieder und referirten, dass die Franzosen auf den beiden Elsass, Breisach, dem Breisgau, den Waldstädten und Neuenburg bestünden; auf ihre, der Bayern, Entgegnung, dass sie aus Paris Kunde hätten, der Hof wäre mit den Besitzungen am linken Rheinufer zufrieden, versprach Avaux, sich mit Longueville zu bereden; das, worüber sie sich einigten, würde trotz des Widerspruchs von Servien, der namentlich auf die Waldstädte nicht verzichten wollte, in Paris Billigung finden. Einstweilen hätten sie den Verlockungen von Avaux zu Separattraktaten widerstanden, die Kaiserlichen möchten aber eilen, dass man zum Waffenstillstand selbst gelangte, sonst käme, da ein Kourier nach Paris geschickt werden müsste, die Kampagne heran[4].

Am folgenden Tage fand eine neue Konferenz der Bayern mit den Franzosen statt, auf Grund derselben

---

[1] Beil. A zu Trauttm.'s off. Bericht 1646 April 6 = Beilage zu Maximilians Brief an seine Gesandten 1646 März 28. WA FrA 49 c.

[2] Jedenfalls ehe am 6. April die Vermittler kamen.

[3] Off. und geh. Bericht 1646 April 6.

[4] Meiern III B. 19 § 2 S. 3 f., zu ergänzen aus KGM an Ferd. III. 1646 April 10 u. Beil. dazu, das Protokoll der Konferenz enthaltend.

theilten Hasslang und Krebs den Kaiserlichen mit, dass Frankreich nun mit den beiden Elsass, dem Sundgau, Breisach und Neuenburg zufrieden wäre, auf den Breisgau, die Waldstädte „und was ferner diesseits Rheins dem Hause Österreich zustehe“ verzichteten, dafür aber Benfeld, Zabern und Philippsburg behalten wollten, doch würde sich darüber noch handeln lassen; gestünden die Kaiserlichen diese Bedingungen zu, so wollten die Franzosen innerhalb zehn Tagen die Zustimmung aus Paris verschaffen und „alsobald die Sachen der Waffen richten“.

Die Kaiserlichen aber behaupteten, sie könnten weder Breisach noch sonst etwas rechts des Rheins preisgeben und trotz der bayrischen Drohungen, dass ihr Kurfürst ausdrücklich auf die Abtretung Breisachs drängte und sonst auf Separatverhandlungen eingehen würde, blieben sie dabei, das äusserste, was sie thun könnten, wäre die Abtretung beider Elsass, aber ohne Breisach [1].

Auf die Erhaltung Breisachs kam in der That Alles an: es war der stärkste Platz am Oberrhein, der beide Uferlandschaften beherrschte, von der Natur zur Festung geschaffen, das Ausfallsthor ins Elsass für die Österreicher, noch mehr ins Breisgau und über den Schwarzwald hinüber für die Franzosen, wenn sie sich hier dauernd festsetzen durften. Avaux begab sich am 10. April persönlich zu Trauttmannsdorff und erklärte, man wolle von französischer Seite Alles thun, um die tirolischen Fürsten zufrieden zu stellen, aber auf Breisach zu verzichten, hätten sie keine Vollmacht und mit der Schleifung der Festungswerke dürften sie sich nicht zufrieden geben [2].

Bereits am 10. April wendeten sich die Kaiserlichen in dieser Streitfrage an ihren Gebieter. Um Breisach und Neuenburg, so schreiben sie [3], drehe sich hauptsächlich der Streit; aber weder Trauttmannsdorff allein, noch die Gesandten insgesammt hätten bisher Vollmacht zur Nach-

[1] Meiern III B. 19 § 3 p. 4; dazu Cortreius S. 293 und Extr. Prot., Beil zu KGM an Ferd. III. 1646 April 10.

[2] Geh. Bericht 1646 April 11.

[3] KGM an Ferd. III. 1646 April 10.

giebigkeit in diesem Punkte bekommen; sie sahen „die höchste Gefahr der kurbayrischen Separation vor Augen", welche die des westphälischen Kreises nach sich ziehen und alle Feinde auf die Erblande locken werde, während die Abtretung der Plätze alsbald einen Waffenstillstand und weiterhin die Aussicht auf Frieden herbeiführe. Trauttmannsdorff war zweifelsohne auf Grund seiner ursprünglichen Vollmacht befugt, Breisach zu opfern, aber er hielt sich — sicher mit Recht — an die neueren Weisungen, die wie alle rechtsrheinischen Besitzungen, so speziell Breisach von den Satisfaktionszugeständnissen ausdrücklich ausnahm [1].

Sehr energisch weist der Prinzipalgesandte den von bayrischer Seite erhobenen Vorwurf ab, dass er nur mit den Schweden traktirt und die französische Handlung vernachlässigt habe [2]; nur sei von der durch Bayern gerühmten Moderation der Franzosen, die danach nicht einmal auf dem ganzen Elsass bestehen wollten, wenig zu spüren.

Konnte die Frist, die man jetzt durch die Anfrage in Wien gewann, auch nicht lang sein, so schien sie Trauttmannsdorff doch genügend, um die spanisch-holländischen Traktate soweit zu führen, dass sie eine Wirkung auf die Franzosen nicht verfehlen könnten. Er selbst begab sich am 15. April nach Osnabrück, um hier die Gravamina zu komponiren und mit den Schweden zu schliessen: „das giebt als noch Hoffnung, Breisach erhalten zu können [3]".

Doch wird das mehr Wunsch als Zuversicht gewesen sein, denn er hatte selbst drei Tage vorher geschrieben [4], ohne Breisach sei zu keinem Frieden zu kommen. Entschliesse sich aber der Kaiser zur Abtretung Breisachs,

---

[1] KGM a. a. O.: Obwohl ich (Trauttm.) „kraft mir zugestellter eigenhändiger Instruktion" von E. k. M. „wol etwas weiter zu gehen bevollmächtigt sein möchte"; aber der Kaiser weise ihn im letzten Briefe ausdrücklich an die Resolutionen vom 2. März u. s. w. Dazu Trauttm. geh. Bericht 1646 April 14: „Ich weisz gar wol, wasz mein instruction d. 16 octobris 1645 in hoc puncto sagt, aber die vom 2. martii 1646 ist iunger, so billich vorderist in acht zu nemen".

[2] Off. Bericht 1646 April 16.

[3] Geh. Bericht 1646 April 14.

[4] Geh. Bericht 1646 April 11.

so müsse man am Hofe „das Widerspiel spargiren", sonst erführen es die Franzosen eher als er selbst[1]. Freilich würde man für Breisach den Franzosen Benfeld geben müssen; er wollte wegen der Einwilligung an den Erzherzog Leopold Wilhelm schreiben[2].

Als nun die Bayern am 12. April neue Vorstellungen erhoben hatten, wurde ihnen erklärt, sobald die Franzosen eine Waffenruhe bewilligten, würde ihnen die Eröffnung über die beiden Elsass und den Sundgau gemacht und dass wegen Breisach beim Kaiser angefragt wäre. Noch am gleichen Tage referirten die Bayern, die Franzosen wären, sobald ihnen jene Zusagen offiziell mitgetheilt würden, zu einem Waffenstillstand auf vier Wochen bereit und wollten dann auch Schweden dazu zu bewegen suchen; sie vergassen nicht, hinzuzufügen, ihr Kurfürst verlangte, dass die Satisfaktionsfrage nicht ohne Regelung der pfälzischen Frage zum Abschluss gebracht würde[3].

Trauttmannsdorff glaubte, die vier Wochen würden genügen, um zum Schlusse zu kommen, und damit wäre die Sorge vor einer Absonderung Bayerns beseitigt[4]. Er selbst begab sich nach Osnabrück und liess in Münster am 14. April durch Volmar und den Grafen Nassau den Vermittlern schriftlich seine Erklärung in der französischen Satisfaktionsfrage überreichen[5]. Unter der Voraussetzung, so heisst es

[1] „Allermaszen es mit denen beyden Elsasz beschechen, dasz sie solche resolution von hoff ausz den 30. martii schon hier gewist, so von München nicht hat khünen so bald herkhomen, auch die churbayerische gesandte noch nie gewust haben." Geh. Bericht 1646 April 14.

[2] Benfeld gehörte wie Zabern dem Stifte Strassburg, dessen Bischof eben des Kaisers Bruder, Erzherzog Leopold Wilhelm war.

[3] Meiern III B. 19 § 4 S. 5; dazu KGM an Ferd. III 1646 April 13 und Beilage (Extr. Prot.): hier und in Volmars Tagebuch (Cortreius S. 294) wird die Forderung der Bayern erwähnt.

[4] Geh. Bericht 1646 April 14.

[5] Der kaiserlichen Gesandten Memorial über das den Franzosen offerirte Elsass und Sundgau. Gärtner IX n. 24 S. 103—107. Meiern III B. 19 § 6 S. 6 f. hat die auf Wunsch der Franzosen erfolgte geänderte Form. Es ergiebt sich das aus einem Zettel, welcher der mit dem Brief vom 17. April dem Kaiser von KGM überschickten Kopie des Memorials (in der ursprünglichen Form) beiliegt.

hier, dass die Franzosen alle reichsunmittelbaren Stände im Elsass, geistliche und weltliche, restituiren und bei ihrer Reichsunmittelbarkeit lassen, insbesondere auch Zabern, Benfeld und Philippsburg [1] ihren Eigenthümern zurückstellen, willigen die Kaiserlichen im Namen ihres Herrn ein, dass „das Unter- und Oberelsass“ als „Landgrafschaft Elsass“ in demselben Rechtsverhältniss, unter dem bisher das Haus Österreich im Besitze dieser Landgrafschaft gewesen ist, an Ludwig XIV. übergeht [2], mit einer Reihe von Bedingungen:

Die Abtretung erfolgt nur für die männliche eheliche Deszendenz Ludwigs XIII.; nach deren Aussterben fallen die Lande an das Haus Österreich zurück, daher sollen die innsbrucker Fürsten zugleich mitbelehnt werden; die Abtretung soll als Reichslehen erfolgen und zwar soll Frankreich zu den Reichslasten nach Massgabe eines weltlichen Kurfürstenthums beitragen. Alle österreichischen Besitzungen auf dem rechten Rheinufer sollen zurückgegeben und an die tirolische Linie zur Entschädigung innerhalb von zwei Jahren fünf Millionen Reichsthaler ausgezahlt werden; ausserdem wird Frankreich sich bemühen, ihnen drei württembergische Herrschaften zu verschaffen. Weitere Stipulationen betrafen die Türkenhülfe, den gleichzeitigen Abschluss mit Spanien und die Abfindung von Kurpfalz mit der Unterpfalz, dazu kam die Verpflichtung, Schweden zu massvollen Bedingungen zu veranlassen und die Kaiserlichen in puncto amnestiae et gravaminum zu unterstützen, um eine Schädigung der katholischen Religion in den Erblanden zu hindern. Würde eine dieser Bedingungen nicht erfüllt, so so sollte das Angebot hinfällig sein. Um schliesslich über

---

[1] Diese drei Orte werden ausdrücklich erwähnt, weil sie unter den von französischer Seite erhobenen Forderungen ausser den österreichischen Territorien namhaft gemacht waren.

[2] Caesareani ...... consentiunt, ut Alsatia Superior et Inferior cum Sundgovia titulo landgraviatus Alsatiae, eo plane iure quo hactenus a domo Austriaca possessus sit, regi Christianissimo Ludovico XIV. cedat ... Ueber die Bezeichnung Landgrafschaft Elsass für die österreichischen Besitzungen im Elsass vergl. Abschnitt I, 3.

Breisach die Befehle des Kaisers zu erwarten und alle übrigen Punkte zum Abschluss zu bringen, sollte ein vierwöchentlicher Waffenstillstand auch für den burgundischen Kreis — also die Niederlande — und die kaiserlichen Erblande eintreten.

Wenn die Kaiserlichen gehofft hatten, mit dieser Formulirung ihrer Bedingnngen zu schleunigem Abschluss zu kommen, so wurde diese Aussicht schnell getrübt. Schon als sie die Vorschläge den Vermittlern übergaben, erklärten diese, Avaux hätte letzter Tage wieder fest auf der Abtretung von Breisach bestanden und auf die Frage, ob denn damit der Friede gesichert wäre, hätte er verneinend geantwortet, da sie den Befehl hätten, die gesammten vorderösterreichischen Lande auf beiden Rheinseiten zu behalten.

Solche Äusserungen waren doch wohl nur darauf berechnet, einen Druck auszuüben und möglichst viele Konzessionen herauszuschlagen, denn in ihrem Berichte nach Paris baten die Bevollmächtigten gleichzeitig um bestimmte Befehle, ob sie, sobald die Zusage Breisachs, der beiden Elsass und des Sundgaus erfolgt wäre, abschliessen dürften, es wäre sonst zu befürchten, dass durch frühzeitigeren Abschluss vonseiten der Alliirten ihre Aussichten geschädigt würden [1].

Den Kaiserlichen gegenüber aber erhoben sie eine Reihe von Einwendungen [2]. Zunächst bemängelten sie die Form des Aufsatzes und forderten, da sie denselben ihren Verbündeten müssten vorlegen können, die Auslassung verschiedener Punkte — sie betrafen die württembergischen Herrschaften, die Verpflichtung, Schweden zu mässigen For-

---

[1] Der eigentliche Bericht über die Abtretungen ist leider nicht bekannt, s. das Schreiben der Plén. an Brienne 1646 April 19. NS III p. 154 f.

[2] Darüber verhandelten am 15. April die Vermittler, am 16. die Bayern mit den Kaiserlichen. Die kleinen Differenzen in den Berichten erklären sich dadurch leicht, dass diese ganzen Besprechungen anscheinend ohne schriftliche Fixirung stattgefunden haben. Berichte darüber von Volmar und Nassau an Trauttm. und an Ferd. III. Gärtner IX S. 129 ff. und 141 ff.

derungen zu bestimmen und die Kaiserlichen bei den Gravamina und der Amnestiefrage zu unterstützen; die Kaiserlichen gaben nach, wofern die Verpflichtung für Frankreich hinsichtlich dieser Punkte bestehen bliebe[1]. Dann aber erklärten sie, wenn auch der Breisgau und die Waldstädte von ihnen zurückgegeben würden, so sollten diese Gebiete nicht wieder in die Hände der tirolischen Linie kommen, sondern an Stelle der Oberpfalz dem Kurfürsten von Bayern bleiben, bis ihm die dreizehn Millionen, deren Bezahlung Frankreich auf sich nehmen wollte, erlegt sein würden; falls aber der Kurfürst von Bayern darauf nicht einginge, könnten die Länder als Ersatz für die Oberpfalz dem Kurpfälzer gegeben werden, doch liessen die Franzosen dies Projekt auf den Widerspruch der Bayern alsbald fallen und erklärten sich zur Restituirung der Lande an Österreich bereit. Für das Elsass allein wollten sie aber nicht noch eine Geldsumme geben; darauf bestanden nun wieder die Kaiserlichen und die Berichte der Mediatoren und der Bayern liessen erkennen, dass die Franzosen auf einer prinzipiellen Ablehnung nicht beharren und nur suchen würden, die Summe möglichst herabzusetzen. Ausserdem hatten diese noch eine Reihe von Nebenwünschen bezüglich Philippsburgs, der Entfestigung von Benfeld und des freien Passes in Zabern, auch wünschten sie die Abtretung der kleinen rechtsrheinischen Festung Neuenburg, die, an sich nicht bedeutend, doch ins Gewicht fiel als einziger befestigter Platz am Rhein zwischen Basel und Breisach. Gegen die zuletzt genannte Forderung sprachen sich die Kaiserlichen mit ziemlicher Heftigkeit aus[2]. Mehr noch fiel aber ein anderer

---

[1] Daraus ist dann die von den den Vermittlern hergestellte. bei Meiern III S. 6 f. abgedruckte Form des Entwurfs entstanden; die Erwähnung der pfälzischen Frage liessen die Franzosen nachträglich zu, so erklärt sich ihre Anführung hier an letzter Stelle nach der allgemeinen Bemerkung über die Gültigkeit des Angebots.

[2] Die Franzosen waren darüber noch nicht entschlossen. Die Gesandten wendeten sich an Erlach mit der Anfrage, ob, wenn die Königin auf den Breisgau und die Waldstädte verzichtete, Neuenburg für die Erhaltung Breisachs und die Verbindung mit Basel nothwendig wäre oder ob die Schleifung der Festungswerke und das Verbot, zwischen

Punkt ins Gewicht, über den sich eine Einigung schwerer musste erzielen lassen: die Franzosen erklärten, die Investitur mit den abgetretenen Landschaften müsse sich auf alle französischen Könige erstrecken, mindestens aber auf das ganze Haus Bourbon: diese Beschränkung waren die Kaiserlichen, ihrer Instruktion gemäss, bereit, zuzugeben; wenn aber, so argumentirten darauf die Franzosen, die Abtretung zu Lehen erfolgen sollte und ihnen dafür Reichslasten zugemuthet würden, so wollten sie auch Sitz und Stimme auf den Reichstagen haben. Schon die Bayern hatten entgegnet, dass Österreich für das „Landgrafenthum Elsass" niemals Sitz und Stimme auf den Reichstagen gesucht hatte, sie gewannen aber den Eindruck, als ob Frankreich nicht leicht darauf verzichten würde, zumal wenn den Schweden die gleiche Forderung für Pommern bewilligt würde; auch die Kaiserlichen glaubten, dass die Mehrzahl der Reichsstände dem Wunsche geneigt wäre[1]. —

Bereits am 26. April erging von Paris aus die Antwort auf die Anfrage der Bevollmächtigten. Es ist begreiflich, dass die Briefe erfüllt sind von hoher Freude[2] über das gewonnene Resultat. Die neuen Weisungen verbreiten sich über eine Reihe von Einzelfragen; die Schleifung von Benfeld, die Neutralisirung von Zabern mit freier Passage für die französischen Truppen findet die Billigung der Re-

---

Basel und Breisach neue Befestigungen zu errichten, genügte. 1646 April 20. Lettres des Plén. S. 41 f.

[1] „Und scheint wohl", schreiben sie dem Kaiser, „dass diese Intention schon lange in geheimen Traktaten möchte gesteckt sein", da der Bischof von Osnabrück schon vor fast 2 Jahren sich darüber gesprächsweise habe vernehmen lassen.

[2] Am 19. Mai schreibt Graf Lamberg (eigenhändig) aus Osnabrück an Trauttm.: der Brandenburger von Löben habe vor seiner Abreise erzählt: ein preussischer Kavalier (von Dohna) hätte „von Paris her geschrieben, dass, als jüngsthin der Kourier von Münster ankommen, daselbst ein grosses Frohlocken gewesen, und wäre den franz. Gesandten zu Münster anbefohlen worden, selbige ambabus manibus zu amplektiren und den Frieden länger nit aufzuhalten", aber für die Satisfaktion der Konföderirten zu sorgen. WA FrA 92, 9 n. 1224. Fabian von Dohna war im März 1646 als brandenburgischer Gesandter nach Paris gekommen, s. UA I S. 610 f.

gierung; die Erwerbung von Philippsburg, mindestens das Besatzungsrecht für eine gewisse Zeit, erscheinen ihr höchst wünschenswerth, aber, wenn diese Frage den Frieden hindern würde, so dürfen die Gesandten darauf verzichten. Die Regierung ist bereit, wie die Kaiserlichen gefordert hatten, alle reichsunmittelbaren Stände im Ober- und Unterelsass zu restituiren und in ihrer Reichsunmittelbarkeit zu belassen, wenn über dieselben der König von Frankreich die gleiche Protektion erhalte, die bis dahin das Haus Oesterreich besessen habe. Es ist schwer zu sagen, was sich unter dieser Klausel die Staatsmänner in Paris vorgestellt haben, und wir sehen nicht, dass die französischen Bevollmächtigten diesen Punkt zunächst weiter verfolgt haben. Indem sie aber zugleich die Vollmacht erhielten, sich mit der Abtretung beider Elsass und des Sundgaus, Neuenburgs und Breisachs zufrieden zu geben, so war hier sicherlich nur der österreichische Besitz gefordert. Breisach selbst wollte in seinem augenblicklichen Zustande erhalten bleiben und der König für diese Erwerbungen, die er als Lehen für alle französischen Könige, mindestens aber für die Nachkommen der zur Zeit lebenden Prinzen des königlichen Hauses haben will, Sitz und Stimme auf den Reichstagen haben und zu den Reichslasten in der Höhe der Beiträge eines weltlichen Kurfürstenthums beisteuern. Da den Erzherzögen die sämmtlichen rechtsrheinischen Besitzungen zurückgestellt werden, so soll eigentlich von einer Entschädigung keine Rede sein, doch erscheint es wünschenswerth, die Aushändigung einer genügenden formellen Verzichtsurkunde mit Geld zu erkaufen, und zwar dürfen die Gesandten bis zum Gebot von zwei Millionen Thalern, ja im Nothfall noch darüber hinausgehen; am besten sei, wenn die Erzherzöge die Summe zum Ankauf anderer Territorien, au denen sicher kein Mangel sei, verwenden. Will der Kurfürst von Bayern auf einen Theil der Oberpfalz verzichten und dafür den Breisgau und die Waldstädte eintauschen, so kann die Entschädigungssumme für die Erzherzöge erhöht werden, da man so die Nachbarschaft der Österreicher verlieren werde. Jedenfalls sollen die Gesandten Sorge tragen für die Aufnahme der Bestimmung, dass zwischen Basel und Strassburg keine Befestigungen am rechten Rheinufer errichtet werden dürfen; dafür dürfen sie schliesslich auf Neuenburg verzichten, um so mehr, da Erlach berichtet hat, dass der Platz weder wichtig noch zur Sicherung des Elsass und Sundgaus nothwendig sei. Die Hauptsache aber bleibe die Erwerbung von Breisach, und man habe von allen Seiten sichere Kunde, dass Trauttmannsdorff zur Abtretung dieses Platzes ermächtigt sei[1].

Am 4. Mai trafen diese Weisungen in Münster ein[2]. Die Franzosen erklärten sich darauf sofort zum Abschlusse bereit, sobald die Zustimmung des Kaisers zur Abtretung von Breisach erfolgen würde; daran hinge Krieg oder Friede. Die Vermittler bestätigten, dass ohne Breisach keine Hoffnung auf erfolgreiche Handlung wäre und Trauttmannsdorffs Rückkehr nach Münster höchst wünschenswerth erschien[3]. Dieser hatte sich, im Gegensatz zu Volmar, lange in der Hoffnung gewiegt, Breisach doch noch retten zu können[4]. Jedenfalls, so schrieb er, sollten die beiden kaiserlichen Gesandten in Münster von den Bedingungen, unter denen die Abtretung des Elsass zugesagt war, nicht abgehen, die Franzosen würden schon auf Alles eingehen; „ja, hätten wir“, so schreibt er, „länger gedurft mit Elsass zurückhalten, so wären endlich die Franzosen gewichen, dieses hab ich von glaubwürdigen Orten[5]“.

Von den geforderten fünf Millionen glaubte er einen grossen Theil erhalten zu können und hielt es für besser, als wenn der Kaiser ein Aequivalent geben oder beim Reiche um Rekompens für die geschädigte Linie nachsuchen müsste[6].

---

[1] Mémoire du Roi 1646 April 26. Brief des Königs und Brief von Brienne an die Plén. von demselben Tage. NS III p. 160—167 = Gärtner IX n. 62. 63. 64.

[2] KGM an Ferd. III. 1646 Mai 4. Gärtner IX n. 93 S. 589.

[3] KGM an Trauttm. 1646 Mai 5. Gärtner IX n. 65 S. 589 f.

[4] „Breisach zu erhalten verzweifel ich noch nicht, obwohl Volmar es schon verloren gibt; est aliquantum credulus tam boni quam mali. Geh. Bericht 1646 April 19 Osn.

[5] An KGM 1646 April 17. WA FrA 92, 8 n. 1151.

[6] In dem Anm. 4 citirten Briefe.

Auch die Sorgfalt für die Restituirung aller Privatpersonen im Elsass vergass er nicht[1]. Noch am 28. April hatte er vom Kaiser den Befehl erhalten, das Angebot, die linksrheinischen Besitzungen abzutreten, zu wiederholen, „was aber diesseits des Rheins liegt, aus[zu]behalten und weiter nichts ein[zu]willigen“[2].

Servien hatte auch bei einem Besuche in Osnabrück versucht, von Trauttmannsdorff ein Zugeständniss wegen Breisachs zu erhalten; sie dürften, so hatte er gesagt, eine abschlägige Antwort nicht an den Hof schicken, da sie dem Frieden hinderlich wäre[3]. Der Kaiserliche aber blieb dabei, er hätte sichere Nachricht, dass die Franzosen auf Breisach verzichten würden, zumal die Schweden und die Reichsstände ihnen diese Festung nicht einräumen würden[4]; wenigstens sei ihnen befohlen, sich mit der Demolirung der Festungswerke von Breisach zu begnügen[5]. Dass sich diese Lösung erreichen liesse, darauf hatte ihm auch Salvius Hoffnung gegeben. „Ich schreibe dem Volmar täglich, den Franzosen solche Praetensionen unmöglich zu machen[6]“.

Volmar hatte inzwischen die Unterbrechung der Verhandlungen dazu benutzt, auf Grundlage der bisherigen Anerbietungen einen Entwurf für das mit Frankreich zu vereinbarende Friedensinstrument aufzusetzen, der Trauttmannsdorffs Billigung fand[7]. Der Aufsatz hat eine praktische Verwendung nicht erlangt, seine Bedeutung liegt aber in der Form, in der die Abtretungen im Elsass hier praezisirt sind. Danach soll an Frankreich kommen die Landgrafschaft Oberelsass und die Landvogtei Unterelsass mit den

---

[1] An KGM 1646 April 24 Osn. WA FrA 92, 8 n. 1167.

[2] Trauttm. an KGM 1646 April 29 Osn. WA FrA 92, 8 n. 1180, vergl. Cortreius S. 302 („wegen Breisach nichts einzuwilligen“).

[3] Extr. Prot. zu Trauttm. off. Berichte 1646 April 26 Osn.

[4] Trauttm. an KGM 1646 Mai 5. WA FrA 92, 8 n. 1195.

[5] An dieselben April 29, Beil. zum off. Bericht 1646 April 30.

[6] Geh. Bericht an Ferd. III. 1646 April 30.

[7] Gärtner IX n. 75. Trauttmannsdorff forderte nur, dass die ausgelassene Bestimmung über die Geldentschädigung hinzugefügt würde.

Rechten, wie sie das Haus Österreich besessen hat[1]. Hier wird also eine ganz richtige Scheidung zwischen den österreichischen Gerechtsamen gemacht, freilich würden damit die im Unterelsass belegenen österreichischen Herrschaften im Weilerthal und Hoh-Königsburg nicht abgetreten werden[2]. Ausserdem aber war durch die ganz allgemein gehaltene Fassung des § 15 die Reichsunmittelbarkeit aller Stände in beiden Theilen des Elsass durchaus klar gestellt[3].

Mittlerweile hatten die Stände ihre Berathung über die Repliken der Kronen fertig gestellt und ihre Vota am 28. April den Kaiserlichen eingehändigt[4]. Diese übergaben sie am 1. Mai den Vermittlern, welche sogleich rügten, „bei Artikel 13 wäre unnöthig, ja sehr odios, dass man viel Ausführung einbringen soll, warum man den Franzosen keine Satisfaktion nit schuldig, da man doch schon allbereit mit ihnen deswegen in Handlung eingetreten“[5]. Auf ihren Wunsch ward die ganze Duplik durchweg gekürzt und in dieser Gestalt am 5. Mai aufs neue ihnen zugestellt; sie bezieht sich bezüglich der Abtretung der drei Bisthümer, der beiden Elsass und des Sundgau auf die besondere „darüber getroffene Vereinbarung“[6].

Von Breisach war keine Rede; das aber war der Punkt, um den sich der Kampf in den nächsten Wochen drehte. Auch hier sekundirte Kurfürst Maximilian nach wie vor mit Eifer den Franzosen, er wies seine Gesandten

[1] Duodecimo: praeter haec landgraviatum Alsatiae Superioris ac praefecturam provincialem Alsatiae Inferioris cum omnibus iuribus, regaliis et appertinentiis eo prorsus modo, quo antehac a Domo Austriaca possidebantur, dehinc Rex Christianissimus sibi retinebit. Gärtner IX S. 516.

[2] Ueber die österreichischen Rechte im Elsass siehe Abschnitt I, 3. Vergl. auch die Fassung in dem Ultimatum der Kaiserlichen vom 29. Mai 1646.

[3] Quinto decimo: teneatur .... status omnes et singulos immediate Imperio per utramque Alsatiam subiectos .... in sua libertate et possessione erga Romanum Imperium relinquere. Gärtner IX S. 517.

[4] Cortreius S. 300.

[5] Cortreius S. 303.

[6] Meiern III B. 19 § 14 S. 17; dazu Cortreius S. 305 f.

an, deren Begehren nach Breisach kräftig zu unterstützen und den Kaiserlichen wieder einmal zu drohen, wenn sie es darüber zum Bruche kommen liessen, wären sie beauftragt, die Separatverhandlung zu beginnen; auch sollen sie den Franzosen mittheilen, dass er, der Kurfürst, wegen Breisach und Neuenburg einen Eilboten an den Kaiser abgesandt habe [1]. In dem Schreiben, das dieser überbringt, beschwört er die kaiserliche Majestät, „dieselben wollen sich um des gemeinen Besten und hochnothwendigen Friedens willen zu ihrem noch grösseren unsterblichen Ruhm und immerwährender Glorie aus väterlicher Lieb und Kompassion gegen dem ganzen, im höchstem Squalor und Drangsal nunmehr fast gänzlich zu Boden sinkenden Deutschland, auch Konservation ihres eigenen höchstlöblichen Hauses, vollends überwinden" und schleunigst an Trauttmannsdorff den Befehl schicken, wenn die Franzosen nicht nachgäben, in die Abtretung von Breisach zu willigen [2].

Als Ferdinand am 27. April auf dies Schreiben antwortete, hatte er, wie wir sehen werden, bereits an Trauttmannsdorff die eventuelle Ermächtigung zum Verzicht auf Breisach ertheilt; seinem Schwager aber scheint er, zweifellos nicht ohne Absicht — denn dann wäre bei dem unausgesetzten Drängen der Bayern das Opfer nicht mehr zu umgehen gewesen und die Franzosen hätten vorzeitig davon erfahren —, davon keine Mittheilung gemacht zu haben; er stellt ihm vielmehr vor, welche Gefahr Breisach in französischen Händen für die Ruhe des Reiches bilden würde und bittet ihn, seine Gesandten zu äusserster Opposition in diesem Punkte anzuweisen und die Franzosen an die Zusagen ihres Hofes zu erinnern, er wollte wissen, dass sie sich mit der Schleifung der Festung begnügen würden [3].

Doch hatte der Kaiser bereits, auf die erwähnte Anfrage seiner Gesandten vom 10. April [4], das Schicksal Brei-

---

[1] Maximilian an seine Gesandten 1646 April 25. WA FrA 49 c.

[2] Maximilian an Ferd. III. 1646 April 21. WA FrA 49 c = 92, 8 n. 1203 Beilage.

[3] Ferd. III. an Maximilian 1646 April 27, a. a. O.

[4] S. oben S. 133 f.

sachs dem Gutachten seiner Geheimen Räthe unterbreitet. Dieselben kamen schon am 22. zu dem Urtheil, dass sich seit dem Entschlusse, beide Elsass und den Sundgau abzutreten, die Lage des Kaisers nicht gebessert habe. Sie rathen daher, es möge Trauttmannsdorff über Breisach und Neuenburg ganz freie Hand gelassen werden; immerhin schlagen sie zugleich einige Zwischenstufen in den Konzessionen vor [1]. Auf Grund dieses Gutachtens hat der Kaiser am 24. April ein eigenhändiges Schreiben an Trauttmannsdorff gerichtet, das ihm äusserstenfalls erlaubte, Breisach und Neuenburg preiszugeben [2].

Diese Ermächtigung muss in den ersten Tagen des Mai im Besitze des Prinzipalgesandten gewesen sein, er hat aber zunächst nicht nur keinen Gebrauch davon gemacht, sondern, wie es scheint, auch seine Kollegen von diesem entscheidenden Entschlusse des Herrschers nicht in Kenntniss gesetzt [3].

Am 5. Mai schrieb er ihnen von Osnabrück, die Bayern möchten schreien, was sie wollten; ehe er ihnen Breisach gäbe, lieber wollte er auf und davon gehen [4]. Er versuchte noch einmal durch die Schweden die Franzosen zu beeinflussen, er bot, nach Münster zurückgekehrt, die Entfestigung Breisachs, er suchte Avaux in einer Unterredung durch den Hinweis, dass auch Schweden die Abtretung nicht gern sehen würde, umzustimmen. Es half Alles nichts. Der Franzose erklärte, sie wollten keine Gründe hören und keinen Rath haben, weder von Freunden noch von Feinden, sondern Breisach behalten [5].

Trauttmannsdorff konnte sich nicht verhehlen, dass es für ihn immer schwerer wurde, auf seinem ablehnenden

---

[1] Geh.-Raths-Gutachten 1646 April 22. WA FrA 52 b.

[2] S. darüber weiterhin S. 152.

[3] Dieser Schluss erscheint naheliegend dadurch, dass Volmar erst bei der Berathung am 22. Mai dieses Schreibens gedenkt, und durch die Form, in der es hier geschieht: Cortreius S. 313.

[4] An KGM. WA FrA 92, 8 n. 1195; Cortreius S. 307. Am 8. Mai ist Trauttm. wieder in Münster.

[5] Trauttm.'s off. Bericht 1646 Mai 11.

Standpunkte zu beharren[1]. Trotzdem versuchte er, ihn noch weiter zu behaupten. Als am 10. Mai die Bayern aufs neue mit der Drohung, sich auf Separatverhandlungen einzulassen, erschienen, berief er sich auf den Befehl seines Herrn und warnte, man möge den Kaiser und Spanien nicht zum äussersten treiben[2]. Am nämlichen Tage lehnten die Kaiserlichen bei den Vermittlern die Ueberlassung der wichtigen Festung wiederum in ganz formeller Weise ab[3]. Sie wiesen darauf hin, dass der Rhein die natürliche Grenzlinie bildete und dass Bagni, der Nuntius in Paris, an den Kurfürsten von Bayern geschrieben hätte, er wisse aus Mazarins eigenem Munde, dass nur ein Theil des Elsass, aber kein Ort im Breisgau gefordert werde. Dagegen erklärten sie sich im Namen des Kaisers bereit, die während des Krieges entstandenen Festungswerke von Breisach schleifen und die Rheinbrücke eingehen zu lassen; damit gäbe sich auch der Erzherzog Ferdinand Karl von Tirol zufrieden; dem König von Frankreich wurde freigestellt, am linken Ufer eine neue Festung anzulegen. Die Vermittler hatten keine Hoffnung, dass man von französischer Seite darauf eingehen würde, wollten sich aber dafür bemühen.

---

[1] Geh. Bericht 1646 Mai 11: „Die negotiation wegen Breisach wirdt sehr schwer; pro concessione urgirt Frankhreich oblationibus pacis, restrictionis praetensionum Protestantium, Brandenburgium, Hassiae satisfactionis et omnium aliorum extremorum. Elector Bavarus minatur secessionem, particularem accomodationem cum Gallis“. Auf der andern Seite drohe Spanien, mit England, Schweden und den Protestanten im Bunde die Pfalz zu restituiren und Bayern die Kur zu nehmen. Dazu fordere der Erzherzog Ferd. Karl Kärnthen oder gar Steiermark. „Sueci improbant Gallorum praetensionem in hoc puncto et adhuc magis Hollandi. In hac confusione hab ich gestern denen mediatoribus E. k. M. resolution bisz auf demolitionem fortalitii novi Brisacci cum ponte inclusive proponirt; die haben khein hoffnung, dasz sich Frankhreich mit contentiren werde; doch wollen sie das ihrige thun.“

[2] KGM an KGO 1646 Mai 11. Gärtner IX n. 114 S. 695.

[3] Cortreius S. 308, Meiern III. S. 18 f. (er hat fälschlich den 11. Mai angegeben). Vergl. auch den Brief Trauttm.'s in Anm. 2. Die Kaiserlichen hatten, so berichtet Volmar, zunächst nach dem Geh.-Raths-Gutachten [vom 22. April] auch Elsass-Zabern und Benfeld bieten wollen, Trauttm. aber hatte für „besser befunden, noch derzeit darmit inzuhalten“.

Das erwies sich als vergeblich. Der Bericht, den die Vermittler am 12. Mai über ihre Mission den Kaiserlichen abstatteten, zeigt deutlich, mit welcher Heftigkeit in diesen Tagen die Verhandlungen geführt wurden. Die Franzosen hatten die Hartnäckigkeit des Kaisers für eine Folge spanischer Umtriebe [1] erklärt, sie wiesen auf die reichliche Entschädigung, die man den Schweden zugebilligt hätte, hin und lehnten jegliche Erklärung ab, so lange ihnen Breisach nicht zugesprochen wäre: sie wären betrogen worden, denn nur durch die Aussicht auf Breisach wären sie zu so weitgehenden Konzessionen veranlasst worden; „man würde ehender noch hundert Jahr den Krieg kontinuiren, als sich dieses Platzes begeben". „In summa", berichteten die Mediatoren, „sie wären über die Mass übel 'zufrieden gewest und rund gesagt, sie wollten nun Alles unterfangen, was zu Hinderung des Friedens ausschlagen möchte [2].

Trauttmannsdorff lehnte den Vorwurf, die Franzosen getäuscht zu haben, durchaus ab: Breisach wäre ihnen nie versprochen, noch die geringste Hoffnung darauf gemacht; es sei in den Instruktionen des Kaisers, in die man den Bayern Einblick gewährt habe, ausdrücklich ausgenommen, noch ein eigenhändiges Schreiben vom 1. Mai schärfe das aufs neue ein; wenn die Franzosen am linken Ufer keine Festung bauen wollten, könnte vielleicht von Ueberlassung Benfelds die Rede sein [3].

Man kann nicht sagen, dass der Kampf um Breisach bis dahin für die Kaiserlichen ohne Aussicht war; wäre es nur auf diplomatische Geschicklichkeit und Zähigkeit der beiden Gegner angekommen, kann die Erhaltung der Festung

[1] „Sie hatten es aus intercipirten vom Duca di Terra Nova [dem span. Ges. in Wien] an Conte Pineranda [dem span. Ges. am Kongresse] abgegangenen Briefen". Cortreius S. 309.

[2] Volmars Bericht (Cortreius a. a. O.) giebt die Erregtheit der Franzosen sehr anschaulich wieder; s. auch Meiern III S. 20; KGM an Ferd. III. 1646 Mai 15, Gärtner IX S. 753 f.; Plén. an Brienne Mai 14, NS III p. 178 f.

[3] Cortreius S. 310, dazu die in der vorigen Anm. gegebenen Belege. Doch hat dies Schreiben die am 24. April gegebene, von Trauttm. geheim gehaltene Ermächtigung sicher nicht berührt.

beim Reiche keineswegs als ausgeschlossen betrachtet werden; wir werden sehen, dass die französische Regierung sich thatsächlich zum Verzicht entschlossen hat. Aber schon vorher waren ihr zu den bayrischen Freunden neue Helfer entstanden.

Bayern war nicht der einzige katholische Staat, mit dem die Franzosen nähere Fühlung genommen hatten. Das kam ihnen nun zu statten. Schon am 7. Mai hatte Servien aus Osnabrück berichtet, dass Vorburg, der Vertreter des Bischofs von Würzburg[1] sich zu weitgehender Unterstützung der französischen Forderungen bereit gezeigt hatte; auch der Bischof von Basel, als Lehnsherr der Grafschaft Pfirt[2] an der Satisfaktionsfrage nicht unbetheiligt, hatte sich dem Gesandten genähert[3]. Ueberhaupt scheint unter den katholischen Ständen sich eine gewisse Opposition gegen die Kaiserlichen geregt zu haben, da diese protestantischen Säkularisationswünschen gegenüber sich nicht ganz ablehnend verhielten. Diese Stimmung suchten die Franzosen zu fördern und für ihre Zwecke auszunutzen, als am 12. Mai eine Deputation der Katholiken bei ihnen erschien. Sie behaupten[4], dass dieselben erklärt hätten, keinesfalls den Kaiserlichen zur Rettung Breisachs gegen Frankreich beistehen zu wollen.

Schon am 9. Mai waren die Bayern in einer Plenarversammlung der katholischen Stände, unterstützt vom Bischof von Osnabrück als Vertreter des Erzbischofs von Köln[5], für die Aufopferung Breisachs eingetreten, die nothwendig sei, um eine Vereinbarung mit den Kronen zur Bekämpfung

---

[1] Über die Stellung des Bischofs Joh. Phil. v. Schönborn, der im November 1647 Kurfürst von Mainz wurde, auf dem Friedenskongresse vergl. die beiden kürzlich, fast gleichzeitig erschienenen Arbeiten von Mentz und Wild. Vorburg gehört zu den einflussreicheren Diplomaten des Kongresses; über ihn vergl. bes. Wild S. 7—12.

[2] S. Abschnitt I, 3.

[3] NS III p. 175: Relation Serviens vom 7. Mai.

[4] Plén. an Brienne 1646 Mai 14 NS III p. 179.

[5] Der Erzbischof von Köln, Ferdinand, war der Bruder des Kurfürsten Maximilian. Die Berathungen der Kathol. galten den Religionsbeschwerden.

der Protestanten zu erzielen. Eine Reihe von Ständen hatte ihnen sekundirt, nur Goll sich energisch gegen solche Zumuthungen gewehrt[1]. Am 14. Mai erneuerten die Wittelsbacher ihren Vorstoss im Schoosse der Katholiken: schon hätten, so erklärten sie, die Franzosen gedroht, die Verhandlungen abzubrechen und davon zu ziehen. Wieder erhob sich Goll zu einem langen Proteste, da man von ganz anderen Materien auf die französische Satisfaktion übergesprungen wäre[2], er behielt sich eine ausführliche Darlegung über „das breisachische Wesen“ vor und wies die Hoffnung auf Frankreichs Unterstützung als Irrthum ab[3]. Der Bischof von Osnabrück entgegnete dem Österreicher und schnitt ihm dabei durch schnelle Umfrage die beabsichtigte Erwiderung ab.

Aber die grosse Mehrzahl der Katholiken war, das geht aus den österreichischen Berichten klar hervor, nicht gewillt, um Breisachs willen den Frieden aufzuhalten und als am 19. Mai sich eine ähnliche Debatte erhob, da widersprach nur der spanische Vertreter des burgundischen Kreises jeder weiteren Ausdehnung der französischen Satisfaktion[4].

Diese Stellungnahme der natürlichen Bundesgenossen des Kaisers musste naturgemäss die Position seiner Vertreter schwächen. Gleiche Wirkung musste die fortgesetzte Bearbeitung von bayrischer Seite haben. Schon Anfang Mai hatte Maximilian behauptet, die Franzosen wären auf keine Weise von Breisach abzubringen; anders lautende Nachrichten aus Paris — die er doch selbst dem Kaiser gegeben hatte — sollten nun unrichtig oder unvollständig wiedergegeben sein; ja vielleicht hätte erst die Verschleppung der Verhandlung die Ansprüche der Franzosen so weit

---

[1] Gärtner IX n. 99 S. 671—678; dazu Beil. zum Bericht der österr. Ges. (Wolkenstein und Goll) 1646 Mai 11 (WA FrA Z III 2b Hauptarchiv). Hieraus ergiebt sich, dass es sich um eine Berathung der kathol. Stände handelt und dass nicht Volmar, sondern Goll für Österreich gesprochen hat.

[2] Er sagt, das sei schon zum dritten Mal geschehen.

[3] Beil. zum österr. Bericht vom 18. Mai; a. a. O.

[4] Ebenfalls Beil. z. österr. Bericht; a. a. O. Vgl. Plén. an Brienne 1646 Mai 21. NS III p. 186 f.

gesteigert[1]. Immer neue Mahnungen ergingen nach Wien[2]. Zugleich mussten seine Gesandten am Kongresse die Franzosen versichern, dass der Kurfürst in seinen Bemühungen zu ihren Gunsten nicht erlahmte; Hasslang sollte die Kaiserlichen veranlassen, eine etwaige abschlägige Weisung Ferdinands ja zurückzuhalten und auf willfährigen Bescheid zu warten[3]. Er bestürmte Trauttmannsdorff selbst; hier musste die Argumentation helfen, dass die Franzosen ihren Forderungen nicht untreu geworden sein wollten, da sie Breisach stets als Pertinenz des Elsass betrachtet hätten; er, der Kurfürst, hätte nähere Erkundigungen darüber in Paris vermieden, damit man ihm nicht die Schuld beimässe, dadurch zu dieser Forderung Anlass gegeben zu haben[4]. Der Kurfürst von Köln unterstützte die Bemühungen seines Bruders[5].

Indess hatte sich Trauttmannsdorff noch nicht entschliessen können, Breisach preiszugeben, da er keine Aussicht sah, sich über die anderen Ansprüche mit den Kronen zu vergleichen. Er meinte, wenn die Festung auch nur eventualiter zedirt würde, so arrogirten die Franzosen stracks ein ius retentionis in perpetuum. „Ich fürchte mich, bei Hofe giebts viel Ungeduld, dass der Friede hier nicht gleich geschlossen wird, etiam quibuscunque conditionibus, aber solche Werke, so die Posterität betreffen und die man mit wenigen Tagen Verzug in viel zu verbessern vernünftige Hoffnung hat, lassen sich nicht präzipitiren"[6].

Diese Hoffnung musste ihm nicht ungerechtfertigt erscheinen, wenn er sah, dass Avaux, als er diesem bei einem Besuche am 17. Mai gesprächsweise an Stelle von Breisach die Souveränetät über das Elsass[7] anbot, das nicht abwies,

[1] Maximilian an Ferd. III. 1646 Mai 5. WA FrA 49 c.
[2] So am 14. und 19. Mai; a. a. O.
[3] Maximilian an seine Gesandten 1646 Mai 9 und 16; a. a. O.
[4] Maximilian an Trauttm. 1646 Mai 16; a. a. O.
[5] Kurfürst von Köln an Trauttm. 1646 Mai 20. WA FrA 52 1.
[6] Geh. Bericht 1646 Mai 15.
[7] „Und sich alles Eigenthums in perpetuum zu verziehen"; Cortreius S. 310 f. Bis jetzt war nur von einer Abtretung als Reichslehen

sondern sich mit seinem Kollegen bereden wollte, obschon „er besorgte, es würde nicht gehen". Und als Servien am folgenden Tage von einer Ueberlassung Breisachs auf 4 oder 5 Jahre sprach, sahen die Kaiserlichen auch darin ein Zeichen von Nachgiebigkeit [1].

Auch die Bayern beruhigten sich zunächst [2]; sie hielten für nöthig, jetzt die Erledigung der pfälzischen Frage in ihrem Sinne den Kaiserlichen ans Herz zu legen [3]. Aber schon am 19. Mai drängten sie daneben wieder auf die Abtretung Breisachs, sonst müsste der Kurfürst, so schwer es ihm fiele, sich vom Kaiser trennen. Sie hatten richtig in Erfahrung gebracht, dass die Schweden, sobald sie sich im westfälischen Kreise erholt hätten, „mit hellen Haufen nach Bayern marschieren wollten [4].

Trauttmannsdorff behauptete noch einmal, des Kaisers Befehle erlaubten ihm keine weitere Nachgiebigkeit; Volmar protestirte im Namen des Erzherzogs Ferdinand Karl und wies auf die Nothwendigkeit des Besitzes von Breisach für die Erhaltung des Breisgau hin [5].

Aber die Widerstandsfähigkeit der Kaiserlichen war bereits erschöpft; einem erneuten Ansturm von allen Seiten vermochten sie nicht mehr zu widerstehen. Servien, Longueville und die Schweden drängten ebenso zur Nachgiebigkeit in sie, wie die katholischen Stände [6]. Dazu gesellten sich

---

die Rede gewesen. Trauttm. berichtet, die Franz. hätten auch Benfeld gewollt, das aber habe er abgelehnt: zwei geh. Berichte vom 18. Mai. Vergl. Meiern III S. 21 f., auch für das Folgende.

[1] Cortreius S. 311.

[2] Bavari iterum urgent cessionem Brisaci, attamen audita oblatione superioritatis Alsatiae acquieverunt. Trauttm.'s geh. Bericht Mai 18; vergl.

[3] Am 17. Mai, dem gleichen Tage mit Avaux' Besuche. Cortreius und Meiern haben fälschlich den 18; der 17. ergiebt sich aus Cortreius selbst und Trauttm. geh. Bericht vom 18. Mai. Volmar (Cortreius S. 311) zeigt an dieser Stellung seine Gesinnung gegen die Bayern („ein wohlgeschmiertes deo gratias" u. s. w.).

[4] S. darüber im folg. Abschnitt S. 187.

[5] Cortreius S. 311 f.; Beil. zu KGM an Ferd. III. 1646 Mai 22; vergl. Meiern III S. 23.

[6] KGM an Ferd. III. 1646 Mai 22. Gärtner IX n. 154.

die militärischen Fortschritte, vornehmlich der Schweden im westfälischen Kreise.

So entschlossen sich die Vertreter des Kaisers am 22. Mai von den in dem eigenhändigen Schreiben Ferdinands vom 24. April gegeben Vollmachten Gebrauch zu machen[1]. Dieser Brief wies Trauttmannsdorff an das schon berührte[2] Geheimerathsgutachten vom 22. April[3].

Seit dem Entschlusse, beide Elsass und den Sundgau abzutreten, so heisst es hier, habe sich die Lage des Kaisers nicht gebessert, sondern die Gefahr vermehrt durch die kriegerische Haltung der Türken und des Fürsten von Siebenbürgen, die Separationsgelüste des Kurfürsten von Bayern, die Fortdauer des sächsischen Waffenstillstandes und die Erschöpfung der Erblande. Diese Erwägungen führten zu dem Rathschlage, der Kaiser möge wegen Breisach und Neuenburg[4] dem Grafen Trauttmannsdorff „ganz freie Hand geben und lassen". Freilich werden dann noch einige vermittelnde Konzessionen vorgeschlagen[5]; die Hauptsache erschien den Räthen, dass man keine Zeit verlieren und vor der Kampagne schliessen sollte. Wäre das nicht anders zu erreichen, müssten beide Festungen geopfert werden. Diese Ermächtigung hatte der Kaiser durch eigenhändige Randbemerkung bestätigt[6].

Zunächst wurde also, noch am 22. Mai, den Vermittlern

---

[1] Cortreius S. 313. Das Schreiben selbst kenne ich nicht. Koch's Behauptung (II S. 209), dass der Kaiser „mit dem Schreiben vom 24. April 1646 von eigener Hand dem Gr. Trauttmannsdorff auftrug, in diese Forderung [Abtretung von Breisach] nicht zu willigen, selbst wenn die Verhandlungen sich darüber zerschlagen sollten", ist zweifellos unrichtig, das geht schon aus Volmars Tagebuch a. a. O. hervor; da steht nur, dass der Kaiser es dem venetian. Ges. rotunde abgeschlagen habe. Meiern III S. 23 f. § 25 beruht augenscheinlich auf Cortreius.

[2] S. oben S. 145.

[3] WA FrA 52 b.

[4] Neuenburg „ist ohne das nichts nutz, befördert und verhindert facta pace die Kommunikation auf Breisach gar nicht".

[5] Dieselben sind Cortreius S. 313 und Meiern III S. 23 angeführt.

[6] Cortreius und Meiern a. a. O.

das Angebot überbracht, Elsass-Zabern und Benfeld[1] zu den bisherigen Konzessionen hinzuzufügen und ferner für einige Jahre auch Philippsburg, bis die Franzosen zu ihrer Sicherheit gegen Breisach eine neue Festung erbauen könnten[2].

Bei der Berathung, in der sich die Kaiserlichen zu diesen Erbietungen schlüssig gemacht hatten, war auf Volmars Anregung auch beschlossen worden, die zehn Landvogteistädte und die Stadt Metz mit allen Hoheitsrechten zu vollem Eigenthum abzutreten, da man doch die österreichischen Besitzungen zu voller Souveränetät geboten, mit denen sie konsolidirt werden könnten, „sintemal zu besorgen steht, dass diese Städte wider die französische Macht so wenig als die Stadt Metz bei des Heiligen Römischen Reichs Immedietät zu erhalten sein" würden[3]. Erst auf dem Wege zu den Vermittlern liessen sie diesen Punkt fallen, weil Trauttmannsdorff der Ansicht war, man sollte es noch in suspenso lassen, da es „die Reichsstände principaliter antreffen thäte[4]".

Die Vermittler waren von der Aussichtslosigkeit der kaiserlichen Vorschläge überzeugt, ihrer Ansicht nach würde Breisach doch hingegeben werden müssen. Auf ihren Rath wurde abgemacht, dass sie von sich aus, „ohne dass die kaiserlichen Gesandten ihnen Kommission gegeben hätten", die Franzosen sondiren sollten, wie weit sie, falls ihnen Breisach eingeräumt würde, den Kaiserlichen in andern Ob-

[1] „Dann nit unbillig, weil E. k. M. Erzhaus um Friedens willen so viel thut, dass auch das Bisthum Strassburg sich angreife"; das Erzhaus würde so viel nicht dabei verlieren, denn da bei der franz. Nachbarschaft „die capitula mittlerweile französischer Intention addicirt würden", so dürfte das Stift doch nicht lange beim Hause Österreich bleiben". Geh.-Rathsgutachten.

[2] Meiern a. a. O. Cortreius S. 313 f. KGM an Ferd. III. 1646 Mai 22, Gärtner IX n. 154. In Volmars Tagebuch ist die zeitliche Beschränkung betr. Philippsburg ausgelassen.

[3] Cortreius und KGM an Ferd. III. Mai 22, a. a. O.

[4] Cortreius a. a. O.

jekten der Friedenshandlung entgegen zu kommen bereit wären [1].

Damit war thatsächlich die Entscheidung über Breisach gefallen, die Franzosen mussten den Schluss ziehen, dass die Kaiserlichen zum Verzichte auf diese Festung bereits ermächtigt waren oder auf die Ermächtigung dazu unter gewissen Bedingungen rechneten.

Sie liessen sich daher, so berichteten die Vermittler am folgenden Tage, von Breisach nicht abbringen; schliesslich hatten sie zwei Vorschläge formulirt: entweder sollte ihnen neben beiden Elsass mit dem Sundgau Breisach bleiben, während man wegen Benfeld, Zabern und Philippsburg weitere Traktate pflegen könnte [2]; oder Breisach sollte entfestigt bei Frankreich bleiben und dazu Laufenburg, Rheinfelden und Säckingen ihnen abgetreten werden [3].

Beide Vorschläge gingen über die bisher von den Franzosen erhobenen Ansprüche hinaus. Es ist daher begreiflich, dass die Vertreter des Kaisers beide verwarfen; was sie aber an die Stelle setzten, hatte wieder keine Aussicht von den Franzosen gut geheissen zu werden. Sie boten am 24. Mai als ihr Ultimatum den Vermittlern ausser der Abtretung der beiden Elsass einschliesslich des Sundgaus, soweit sie österreichisch waren, zu vollem Eigenthum und mit allen Hoheitsrechten entweder: 1. Lauffenburg und Rheinfelden, dazu das Besatzungsrecht in Benfeld und Zabern oder 2. Zabern, Benfeld und Philippsburg zu dauernder Besetzung oder 3. alle vier an erster Stelle genannten Orte ohne Vorbehalt [4].

Diese Vorschläge wollten die Franzosen „kaum an-

---

[1] Meiern III S. 27, nach Cortreius S. 314; dazu KGM an Ferd. III. 1645 Mai 25.

[2] „Wobei die mediatores soviel zu verstehen gegeben, man könnte die Ueberlassung von Breisach etwa bis auf des Königs Mündigkeit bestimmen".

[3] Cortreius S. 314 f., danach Meiern III. S. 28.

[4] KGM an Ferd. III. 1646 Mai 25, Beil. A. (Extr. Prot.) und B. (Consultum non est ut Brisiacum ulla ratione in manibus Gallorum relinquatur), vergl. Meiern III B. 19 § 30; Cortreius a. a. O.

hören": sie beriefen sich auf Aeusserungen Lisolas[1] und der österreichischen Deputirten, dass der Kaiser wegen Breisach den Frieden nicht aufhalten würde, auch die Schweden riethen ihnen, fest zu bleiben; durch den letzten Kourier aus Paris hätte Mazarin die feste Erwartung ausgesprochen, es würde wegen Breisach seine Richtigkeit haben[2]. Die Kaiserlichen gewannen zudem aus dem Berichte der Mediatoren den Eindruck, dass die Franzosen immer neue Forderungen erhoben, „wie sie dann allen ihren vorigen Versprechen zuwider, dass sie keinem Reichsstand zu präjudiziren gedächten, anjetzt die Souveränetät über die Reichsstädte im Elsass praetendiren." Eben dieses Zugeständniss hatten die Kaiserlichen ja schon ein paar Tage zuvor für die zehn Landvogteistädte machen wollen, ausser denen nur noch Strassburg[3] in Betracht kam; jetzt, wo die Franzosen die Forderung aufstellten, urtheilten die Kaiserlichen plötzlich, dass, wenn man hierin nachgäbe, die Franzosen bald auch die Souveränetät „über alle anderen der Enden angesessenen geist- und weltlichen Stände extendiren, also dem Römischen Reiche die ganze Provinz vollkommen entziehen werden"[4].

Inzwischen hatten die beiden Regierungen in Wien und Paris sich noch einmal mit dem Streitpunkte beschäftigt. Am 25. Mai schickte Ferdinand seinen Gesandten das Geheimerathsgutachten vom 22. Mai, das zu dem Schlusse kam, der Kaiser möchte die Abtretung von Breisach nicht länger unterlassen, sondern ungesäumt den Grafen Trauttmannsdorff direkt dazu anweisen, zugleich wäre dem Kur-

---

[1] Pribram, Franz Paul Frhr. v. Lisola S. 53—56: über Lisolas Thätigkeit am Kongresse und bes. S. 56 über den im Texte berührten Punkt.

[2] Meiern a. a. O. § 31, stimmt zum Theil wörtlich mit Volmars Tagebuch (Cortreius S. 316) und Extr. Prot., Beil. zu KGM an Ferdinand 1646 Mai 27.

[3] Das zur Eidgenossenschaft gehörige Mülhausen kommt bei den ganzen Verhandlungen nicht in Frage.

[4] KGM an Ferd. III. 1646 Mai 27.

fürsten von Bayern und dem Grafen Penneranda Mittheilung zu machen[1].

Einen Tag später, am 26. Mai, schrieb Brienne in Beantwortung ihrer Berichte vom 8. Mai an die französischen Bevollmächtigten, das beiliegende Memoire, das wir leider nicht kennen, würde ihnen zeigen, dass man einen Verzicht auf Breisach nicht für ausgeschlossen hielte, wenn dafür zwei Bedingungen erfüllt würden: erstens die Schleifung der Festungswerke und der Abbruch der Brücke von Breisach, dazu die Ermächtigung für Frankreich, am linken

---

[1] WA FrA 52 b. Auszug aus dem Gutachten des kaiserlichen Geh.-Raths:

Quaestio 1: „ob Breisach ohne längere Cunctation den franz. ministris zu offeriren?" Weitläufige Erwägung der Lage und der Rücksicht, die auf Bayern zu nehmen ist, führen zu der Ansicht: „es möge die Zurücklassung Breisachs sammt Neuenburg a. Rhein oder zu einem oder zu keinem Frieden dienen, dass .... die Zurücklassung Breisachs .... E. k. M. keineswegs zu difficultirn, sondern zu befördern hätten". Im Falle Trauttmannsdorff schon ermächtigt sei, möge er den Befehl erhalten nicht länger zu zögern.

Quaestio 2.: quomodo et quibus conditionibus? Alles solle nur für den Fall des Friedensschlusses gelten.

Quaestio 3.: ob und was an Bayern mitzutheilen sei? Vertrauliche Mittheilung sei zu machen, auch möge Ferdinand sich an die Kurfürstin wenden, damit sie schädliche Beschlüsse hintertreibe.

Quaestio 4.: „was E. k. M. auf das von Trauttm. überschickte Schreiben von Penneranda zu resolviren?" Ad 1: dass Breisachs Abtretung eine Separation von Spanien nach sich ziehe, sei falsch; Spaniens Einschliessung in den Frieden sei besonders betont; ad 2: dass Trauttm. „aus Affection oder aus Furcht den bayr. consiliis nachgebe", da verweisen sie auf die geringen Mittel des Kaisers und das Beispiel des Kurfürsten von Trier; ad 3: dass alle consilia zum Ruin des Erzhauses führten, da sei die Zeit zur Beantwortung zu kurz; ad 4: ruina der Religion: sei durch die Theologen genug deliberirt.

Volmars Protestation betr. „ist für rathsam befunden worden, die contractus so zwischen E. k. M. Herrn Vater und Erzh. Leopolden vorgegangen", in Abschriften an Trauttm. zu schicken. Die Ueberlassung des Elsass sei nur aus brüderlicher Liebe geschehen. Trauttm. möge dem Volmar vorstellen, wie viel Millionen man zur Erhaltung von Tirol aufgewendet und wie man sich bei Frankreich und den Ständen um Rekompens bemüht hätte; wenn die Erzherzöge Mittel hätten, wäre es gut, aus eigenen Mitteln könnte der Kaiser Breisach nicht halten.

Rheinufer beliebige Befestigungen zu errichten, während das fürs rechte Ufer ausgeschlossen bleiben müsste, und zweitens die Abtretung von Philippsburg mit der nothwendigen Verbindungslinie [1]. Wenige Tage darauf bestätigte ein Schreiben des Königs diesen Verzicht auf Breisach, da die angeführten Bedingungen denselben Nutzen für Frankreich brächten, den man sich von jener Festung versprach, nämlich die Sicherung eines Rheinpasses [2].

Ehe aber die Weisungen von beiden Seiten in Münster eintrafen, war hier die Entscheidung bereits gefallen. Am 26. Mai hatten die Kaiserlichen nach erneuter Berathung sich bereit erklärt [3], Breisach mit einem ganz beschränkten Gebiete bis zur Mündigkeit des Königs an Frankreich abzutreten; für diese Zeit sollte Lindau in österreichischen Händen bleiben und der Hohentwiel entfestigt werden. Wenn die Franzosen dann Breisach zurückgäben, sollten ihnen statt dessen Rheinfelden, Laufenburg, Benfeld und Zabern eingeräumt werden; Philippsburg blieb also ausgeschlossen. Es war ein unglücklicher Vermittelungsvorschlag, den durchzusetzen sich für die Kaiserlichen keine Aussicht bot; daher fügten sie sofort hinzu, wenn die Franzosen sich auf die zeitweilige Erwerbung Breisachs nicht einliessen, könnte es ihnen dauernd verbleiben, dazu beide Elsass und der Sundgau. Österreich wollte dann aber für immer Lindau behalten [4].

Die Vermittler brachten zunächst nur den ersten Vorschlag an, ohne darauf eine feste Antwort zu erhalten; dann stellten sie die Frage, was die Franzosen bei weiteren Eröffnungen über Breisach zu thun bereit wären. Diese gaben darauf über die Unterstützung der kaiserlichen Politik im

[1] NS III p. 194.

[2] 1646 Mai 31, NS III 206; möglicherweise ist dies das Mémoire auf das sich Brienne am 26. Mai beruft, indem nur Verwechselung der Daten vorläge.

[3] Trauttmannsdorff schreibt am 25. Mai: „Penneranda bitet noch etlich tag mit Breisach zurückzuhalten: entgegen Bayern ist ungestumb". Geh. Bericht.

[4] Extr. Prot., Beil. zu KGM an Ferdinand 1646 Mai 27; auch Meiern III B. 19 § 32; Cortreius S. 316 ff.

allgemeinen befriedigende Zusicherungen, ohne sich aber auf Einzelheiten, wie die Kaiserlichen gewünscht hatten, einzulassen; auch zum Vergleiche mit Spanien, woran dem Wiener Hofe so viel lag, waren sie erbötig, aber mit dem Herzog von Lothringen wollten sie nicht auf dem Kongresse verhandeln und Philippsburg nicht zurückgeben. Ausserdem machten sie neue Schwierigkeiten wegen der elsässischen Lande: Benfeld müsste demolirt, in Zabern ihnen freier Pass zugesichert werden; wegen der Entschädigung für den Erzherzog Ferdinand Karl vermieden sie eine Erklärung, da so viele Schulden auf dem Lande ruhten, dass sie keine Einnahmen erzielen würden. Dann aber regten sie die Ueberlassung der Souveränetät über die elsässischen Reichsstädte an. Einen Waffenstillstand lehnten sie ab, weil Schweden nicht darauf eingehen wollte. Die Vermittler, die noch am Abend Bericht erstatteten, hatten darauf mit weiteren Eröffnungen zurückgehalten; sie riethen den Kaiserlichen, die Zugeständnisse, zu denen sie bereit wären, schriftlich zusammenzufassen[1].

Am 29. Mai übergaben die Vertreter des Kaisers darauf das Ultimatum an Chigi und Contarini[2]. Sie zählten zunächst eine Reihe von Bedingungen auf, deren Erfüllung Voraussetzung der dann folgenden Zugeständnisse sein sollte. Sie forderten die Anerkennung des kaiserlichen Amnestieerlasses von 1641, das Zugeständniss, dass an Kurpfalz nur die Unterpfalz und die achte Kur kommen sollte, Zusagen über die brandenburgische, hessische und schwedische Satisfaktion und über Türkenhülfe, Einschliessung des Herzogs von Lothringen in den Frieden, gleichzeitige Verhandlung und gleichzeitigen Abschluss mit Spanien und neben unwichtigen Punkten fünf Millionen Reichsthaler als Entschädigung für die Erben des Erzherzogs Leopold.

Dafür sollten an Ludwig XIV. für das ganze Haus Bourbon abgetreten werden die drei Bisthümer Metz, Toul

---

[1] Ebenda, an beiden Stellen; auch KGM an KGO 1646 Mai 29, Gärtner IX n. 168.

[2] Meiern III B. 19 § 34 S. 31—35.

und Verdun, die Städte Metz, Moyenvic, Pinerolo und Breisach mit einem kleinen, genau bezeichneten Landstreifen am rechten Rheinufer. Ferner trat der Kaiser für sich und das ganze Haus Österreich ab: den Sundgau, die Landgrafschaft Oberelsass mit Breisach und die Landvogtei des Unterelsass zu freiem Eigenthum mit allen Hoheitsrechten, wie sie bisher im Besitz des Hauses Österreich gewesen waren. Für diese Erwerbungen sollte der König von Frankreich in keiner Weise dem Reiche verpflichtet oder unterthan, wohl aber zum Schutze der katholischen Religion verpflichtet sein [1]. Wir sehen, dass hier deutlich die Verschiedenartigkeit der Rechtstitel des habsburgischen Besitzes zum Ausdruck kommt, wie sie schon in dem im April aufgestellten Entwurfe Volmar unterschieden hatte. Und zwar sind es nur österreichische Besitzungen im Elsass, die abgetreten werden, denn es wird ausdrücklich gefordert, dass alle unmittelbaren Reichsstände in beiden Theilen des Elsass in ihrer Reichsunmittelbarkeit erhalten und alle französischen Garnisonen abgeführt werden sollen; dann folgt der Zusatz, dass diese Stände nicht durch Einführung neuer und in Deutschland ungewohnter Gerichtshöfe belästigt werden sollen [2].

Weitere Forderungen betrafen die Restitution von Philippsburg, den Schutz von Privatpersonen und Privatgütern, den Uebergang württembergischer Herrschaften an

[1] Sundgoviam, Landgraviatum Alsatiae Superioris una cum Brisaco, sicuti etiam praefecturam provincialem Alsatiae Inferioris ...... libero allodii et proprietatis iure cum omnimoda iurisdictione et superioritate in perpetuum retineat eo prorsus modo, quo antehac a domo Austriaca possidebantur, nullaque prorsus ratione ob hasce ditiones Sacro Romano Imperio obligatus aut subiectus esse intelligatur ...

[2] Teneatur ... Rex X^{mus} status omnes et singulos immediate Imperio per utramque Alsatiam subiectos ... in sua libertate et possessione immediatatis ergo Romanum Imperium relinquere et restituere .... nec vero eosdem status institutione novorum et hactenus in Germania inusitatorum parlamentorum gravare: diese Bestimmung erklärt sich durch die eigenmächtige Errichtung eines Parlaments in Metz für die 3 Bisthümer durch Ludwig XIII, hier sollte sie augenscheinlich den Gerichtsstand der Landvogteistädte vor den Reichsgerichten sicher stellen.

Österreich, das auch Landau behalten will, so lange Breisach französisch bleibt, schliesslich die Uebernahme der fiskalischen und Kammerschulden, die auf den abgetretenen Gebieten ruhen, durch Frankreich, während die ständischen Schulden in angemessener Weise getheilt werden sollen.

Mit diesem Ultimatum war nun keineswegs der Abschluss der französischen Satisfaktionshandlung erreicht. Es wurden neue Fragen, neue Forderungen erhoben, deren Erledigung die nächsten Monate erfüllten.

3. DER ABSCHLUSS DES PRÄLIMINARVERTRAGS.

Die entscheidenden Konzessionen von Seiten des Kaisers waren erfolgt. Wenn man den bisherigen Verlauf der französischen Satisfaktionshandlung betrachtet, so kann man sich dem Schlusse nicht entziehen, dass für ihre Gestaltung die Haltung des Kurfürsten von Bayern von ausschlaggebender Bedeutung gewesen ist. Mag man Maximilians Verhalten durch sein Alter und seine Friedenssehnsucht zu rechtfertigen[1] oder zu entschuldigen suchen: das ist sicher, dass seine Politik, wenn eine Erhaltung des Elsass überhaupt möglich war, diese vereitelt, dass sie die Abtretung von Breisach direkt herbeigeführt hat[2]. —

Zunächst zeigte sich sehr schnell, dass entgegen den wiederholten Behauptungen der französischen und bayrischen Gesandten der Friede noch im weiten Felde lag. Zwar die französische Regierung hat bereits Ende Mai die Ansicht ausgesprochen, dass es, sobald die Abtretung Breisachs zugestanden sei, in ihrem grössten Interesse liege, dass im Reiche unverzüglich der Friedensschluss oder doch ein Waffenstillstand zur Regelung der minder wichtigen Angelegenheiten erfolge[3]. Derselben Hoffnung gab Mazarin wenige Tage darauf Ausdruck, zumal im Hinblick auf die geringen Kriegsvorbereitungen der Kaiserlichen, denn er

[1] Koch I S. 389.

[2] Vergl. üb. d. Bedeutung der bayrischen Politik für die französische Satisfaktionshandlung auch Contarini S. 46–51.

[3] Mém. du Roi à MM les Plén. 1646 Mai 26. NS III p. 189.

wünschte auf diese Weise für die deutsche Armee unter Turenne freie Hand gegen die Spanier zu erhalten, eine Aussicht, die ihm von grosser Wichtigkeit war in einem Augenblicke, wo der Abschluss zwischen Spanien und den Generalstaaten zu gewärtigen war[1].

Gross war daher die Freude am Hofe, als am 11. Juni der Kourier mit der ersehnten Kunde von der Erwerbung Breisachs eintraf; die Königin war voll des Lobes für die so gekrönten Bemühungen ihrer Vertreter[2]. Denn Breisach galt nun, wohl nicht mit Unrecht, den Franzosen als wichtigster Platz im Reiche[3]. Die Regierung war mit dem Stande ihrer Angelegenheiten auf diesem Gebiete zufrieden[4]. Sie billigte zugleich durchaus das weitere Vorgehen des Herzogs von Longueville und seiner Kollegen[5]. Kaum war nämlich diesen von den Vermittlern der Verzicht des Kaisers auf Breisach mitgetheilt, so erhoben sie neue Forderungen, nicht sowohl in der Hoffnung, dieselben zu erreichen — so schreiben sie selbst[6] —, als um sich gegen Ansprüche der Kaiserlichen sicher zu stellen. War Trauttmannsdorff schon vorher misstrauisch gegen die angeblich ernstliche Friedensabsicht der französischen Regierung gewesen[7], so mussten ihn die nächsten Schritte ihrer Bevollmächtigten darin bestärken, die ihrerseits den Frieden mit dem Reiche zwar für gesichert ansahen, aber doch zugleich ihrer Regierung gegenüber betonten, welch eine Fülle von Fragen noch bis zum völligen Schlusse zu erledigen wäre[8].

Bereits die mündlich den Vermittlern ertheilte Antwort auf das kaiserliche Ultimatum, welche diese am 30. Mai

---

[1] Mém. de S. Em. à MM les Plén. 1646 Juni 2. NS III p. 210.

[2] Brienne an d. Plén. 1646 Juni. 15 NS III p. 219. Die Bevollmächtigten hatten erst am 4. Juni die Meldung abgeschickt. S. auch Mém du Roi 1646 Juni 22. NS III p. 227.

[3] Brienne an Plén. 1646 Juni 22. NS III p. 227.

[4] A. a. O. p. 219.

[5] A. a. O. p. 219. 227.

[6] Mém. de MM. les Plén. 1646 Juni 14. NS III p. 214, vgl. a. a. O. p. 249.

[7] Geh. Berichte vom 27. Mai u. 1. Juni.

[8] Rép. des Plén. au Mém du Roi du 31. mai. NS III p. 217.

überbrachten[1], liess erkennen, dass die Franzosen verschiedene Punkte, namentlich die Höhe der Entschädigungssumme und die Form der Abtretung beanstandeten und bezüglich mehrerer Festungen weitere Ansprüche erhoben. Noch stärker traten die Differenzen hervor in der schriftlichen Erwiderung[2], welche die Vermittler am Sonntag den 3. Juni den Kaiserlichen einhändigten und zugleich mündlich erläuterten[3].

Die wichtigste Forderung war die, dass die Franzosen — neben den drei lothringischen Bisthümern und den Festungen Moyenvic und Pinerolo — Breisach und die elsässischen Lande[4] für alle Zeiten und mit allen Hoheitsrechten ihrem Reiche einverleiben wollten; und zwar sollten alle reichsunmittelbaren Stände im Elsass darunter begriffen sein, ausser den Bisthümern und Städten Strassburg und Basel, während es sich bisher bei allen Verhandlungen nur um österreichische Gebiete im Elsass gehandelt hatte und selbst die Frage der Souveränetät über die zehn Reichsstädte der Landvogtei Hagenau nur gesprächsweise gestreift worden war. Ferner wollten sie ein ausgedehnteres Landgebiet um Breisach haben, dessen genaue Festsetzung durch eine Kommission erfolgen könnte; auch müsste ihnen in Philippsburg dauerndes Besatzungsrecht eingeräumt werden. In den übrigen Punkten erhoben sie keinen oder unwesentlichen Widerspruch. Aber den Herzog von Lothringen wiesen sie aufs neue vom Kongresse fort und über den Schutz und die Sicherheit der reichsunmittelbaren Stände im Elsass sich zu erklären, wäre unangebracht, so meinten sie, so lange sie nicht das Formular der Abtretungsurkunden in Händen hätten. Schliesslich forderten sie eine andere Vertheilung für die Uebernahme der auf den vorderösterreichischen Landen ruhenden Schuldenlast, für die sie selbst

[1] Meiern III B. 19 § 35.

[2] Meiern III B. 19 § 36, am 1. Juni von den Franzosen den Vermittlern zugestellt.

[3] Meiern a. a. O.

[4] La ville et forteresse de Brisach, son territoire et les dépendances, la Haute et Basse Alsace et le Sundgau.

Vorschläge machten; Rheinau und Benfeld sollten nicht in französischen Besitz übergehen, aber entfestigt werden und ohne Besatzung bleiben, ebenso Zabern und Hohbarr, beide unter Verpflichtung zu exakter Neutralität und mit freiem Durchzugsrecht für französische Truppen.

Die Vertreter des Kaisers hatten schon am 30. Mai den neuen Ansprüchen der Franzosen widersprochen. Sie hoben dieselben in ihrem Berichte nach Wien hervor [1], besonders das neue Verlangen auf Ausdehnung der elsässischen Erwerbungen über den österreichischen Besitzstand hinaus. „Alles was in E. k. M. Gewalt ist, verwilligen wir“, schreibt Trauttmannsdorff [2], „aber soviel Reichsstände als begehrt worden, dem Reich zu entziehen und dem französischen iugo zu untergeben, muss den Reichsständen vorgebracht werden“.

Bereits am 5. Juni stellte er den Vermittlern eine ausführliche Gegenerklärung zu, in der die Franzosen aber am folgenden Tage eine ganze Menge von Auslassungen und Abänderungen verlangten [3]. Kaiserlicherseits hatte man gewünscht, die Franzosen sollten zum Danke für die reichliche Entschädigung, die ihnen gewährt wurde, sich verpflichten, ihre Alliirten zu massvollen Bedingungen zu bestimmen und sich erklären, ob sie, falls diese Einwirkung vergeblich bliebe, in der Koalition gegen den Kaiser verharren würden oder bereit wären, sich mit Ferdinand III. gegen die bisherigen Genossen zu verbünden. Die Franzosen lehnten die Aufnahme einer derartigen Verpflichtung ab.

Im übrigen betrafen die Wünsche der Kaiserlichen, die in dem neuen Ultimatum niedergelegt wurden, den ganzen Kreis der kaiserlichen Interessen in der Friedenshandlung, ganz überwiegend aber die elsässische Frage. Sie erklären, dass sie bisher überzeugt gewesen seien, dass im Namen des Allerchristlichsten Königs nichts weiter von den beiden

---

[1] KGM an Ferd. III. 1646 Juni 4.

[2] Geh. Bericht 1646 Juni 5.

[3] Caesareanorum declaratio ulterior in p°. satisfactionis ad recensionem Gallorum. Per d^{num} comitem Trauttmannsdorff tradita d^{no} Nuncio 5. VI 1646, s. Anhang n. 6. Erwähnt: Meiern III S. 46.

Elsass und dem Sundgau gefordert werde, als was dem Hause Österreich zustehe. Dessen sämmtliche Rechte sind sie bereit, abzutreten; es ist wichtig, zu bemerken, dass dieser Punkt darauf von den französischen Bevollmächtigten nicht weiter beanstandet worden ist[1]. Die Kaiserlichen willigen ein, dass die Einverleibung der Abtretungen für alle Zeiten erfolge; im Interesse des Kaisers solle aber bei den Verhandlungen mit Schweden zunächst von einer Uebertragung für die Dauer des Hauses Bourbon die Rede sein; diesen Passus fordern die Franzosen in der aufzusetzenden Vereinbarung zu streichen, wollen ihn jedoch „im Gedächtniss behalten".

Ueber die Abtretung der reichsunmittelbaren Stände im Elsass, heisst es weiter, könne der Kaiser nicht verfügen[2] und wolle auch ihrer Freiheit und Reichsstandschaft als österreichischer Fürst nicht prajudiziren. Diese Frage müsse den Reichsständen vorgelegt werden, und dazu erklären die Kaiserlichen sich bereit, wenn die Franzosen es wünschen. Diese wollen, dass die Kaiserlichen im Geheimen ihre Zustimmung zur Forderung aussprechen und sich verpflichten, in diesem Sinne auch auf die Stände zu wirken[3].

Detailliirten Vorschlägen über eine anderweitige Begrenzung des breisacher Gebietes widersprechen die Franzosen nicht, wünschen aber die Einschaltung von Bestimmungen über das Verbot von Befestigungsanlagen am Rhein zwischen Basel und Philippsburg; das der neuen Befestigungen zu entkleidende Neuenburg sind sie bereit, zurückzugeben.

Ausführlich begründen die Kaiserlichen ihre Vorschläge über die Regelung der Schulden der Ensisheimer Kammer

---

[1] S. Anhang n. 6: ad primum et secundum.

[2] In der Erklärung der Kaiserlichen heisst es: cum in potestate Imperatoris non sint; am Rande: Galli volunt addi: solius, ergo videntur iam habere assensum aliquorum statuum.

[3] KGM berichten auch an Ferd. III. 1646 Juni 8, dass die Franz. „E. k. M. zumuthen, ohne vorhergehende Kommunikation mit den Reichsständen sie der Souveränetät über die im Elsass angesessenen unmittelbaren Reichsstände heimlich zu vergewissern ...."

und die Entschädigung der tiroler Linie, stossen aber auf den Widerspruch ihrer Gegner. Während jene gegen Uebernahme aller Schulden vonseiten der Franzosen die geforderten fünf Millionen Thaler auf vier Millionen ermässigen wollen, sind diese nur bereit, die Hälfte der Schulden auf sich zu nehmen und, wie sie sich erboten, eine Million zu zahlen.

Dem Vorschlage, die ständischen Schulden einer Vereinbarung nach dem Frieden zu überlassen, widersprechen sie nicht.

Dagegen blieb die Differenz über Philippsburg bestehen; von der einen Seite wurde erklärt, der Kurfürst von Trier wäre gar nicht berechtigt, ohne Zustimmung von Kaiser und Reich und ohne Einwilligung seines Kapitels die Festung einer fremden Macht zu unterwerfen; die Frage müsste vor die Reichsstände gebracht werden. Auf der anderen Seite forderten die Franzosen nicht nur die Zustimmung der Kaiserlichen, sondern auch deren Zusage, sich bei den Ständen hierfür ebenso angelegentlich zu bemühen, wie sie es von ihnen hinsichtlich der Reichsstände im Elsass beanspruchten. Auch erboten sie sich, wenn zu diesen beiden Punkten, der Abtretung Philippsburgs und der elsässischen Reichsstände, der Kaiser seine ganz geheim zu haltende Zustimmung gäbe, die von ihnen zu zahlende Entschädigungssumme um eine Million zu erhöhen. Mit einer schriftlichen Fixirung der Abmachungen waren die Franzosen einverstanden, lehnten aber ab, die Geheimhaltung bis zum Abschlusse des Kaisers mit den Schweden und Protestanten ausdrücklich darin zu stipuliren.

Von einer mündlichen Konferenz, die die Gegner zur Verständigung für nützlich hielten, versprachen sich die Kaiserlichen bei dem damaligen Stande der Verhandlungen nichts, zumal die Franzosen alles „auf schlupfrige Weitläufigkeit stellten“ und, ohne sich selbst zu erklären, den Kaiser in Verbindlichkeiten zu bringen suchten. Sie erklärten den Vermittlern, nicht einen einzigen Passus streichen zu können. Trauttmannsdorff verabschiedete sich am 7. Juni von den Franzosen, um die Verhandlungen in Osnabrück persönlich zu fördern[1]. In seinem Auftrage überbrachten am 9. Juni Volmar und Nassau den Vermittlern die formelle Erklärung, dass sie an ihrem Entwurfe nichts ändern könnten; hinsichtlich der gewünschten Souveränetät über die elsässischen Reichsstände und Philippsburg „da könnten I. k. M. weder directe noch indirecte, weder implicite noch explicite inconsultis statibus darein willigen“, das laufe der Wahlkapitulation entgegen; sie seien aber erbötig, „solches den Reichsständen zu proponiren“[2].

Auch in Osnabrück bemühte sich Trauttmannsdorff, dem dort beglaubigten französischen Residenten de la Barde jede Aussicht auf die Gewinnung Philippsburgs zu nehmen; dessen Vorschlag, dass die Abtretung nur für die Lebenszeit des regierenden Kurfürsten gelten sollte, beantwortete er nicht[3]. Er wies am 13. Juni seine Kollegen in Münster an, zu erklären, dass es bei dem gemachten Schlusse verbleibe: Philippsburg nicht abzutreten, die elsässischen Stände nicht preiszugeben und an den vier Millionen Thalern festzuhalten; dafür müsse Frankreich die auf dem Elsass haftenden Kammerschulden übernehmen und Lothringen und Spanien in den Frieden einschliessen. Wenn die Franzosen auf diese Bedingungen hin Frieden machen wollten, so war er bereit, nach Erledigung der Gravamina nach Münster zurückzukehren[4].

Als die Gesandten diesen Auftrag am 15. Juni anbrachten, meinten die Vermittler, wenn man ihnen freie Hand liesse, würde es gelingen, die Franzosen zum Verzicht entweder auf die elsässischen Stände oder auf Philippsburg zu bringen. Das lehnten Nassau und Volmar ab[5].

---

[1] KGM an Ferd. III. 1646 Juni 8.

[2] Extr. Prot., Beil. zu KGM an Ferd. III. 1646 Juni 12; vergl. Meiern a. a. O. § 37; Cortreius S. 321.

[3] Trauttm. an Nassau u. Volmar, 1646 Juni 13 Osnabr. WA FrA 92, 9 n. 1271.

[4] Trauttm. an Nassau u. Volmar, a. a. O. Bezüglich Philippsburgs beruft er sich auf ein Schreiben des Kaisers aus Linz vom 1. Juni.

[5] Nassau u. Volmar an Trauttm. 1646 Juni 16 (Konzept von Volmar). WA FrA 92, 9 n. 1281.

Als aber am folgenden Tage Longueville die Forderung erneuerte, ihr Begehren in diesen beiden Punkten den Ständen zu unterbreiten, wendeten sie sich an Trauttmannsdorff[1]. Der erwidert: das könne hinsichtlich der Reichsstände geschehen, „jedoch nicht dergestalt, als wenn wir solches rekommendirten oder geschehen lassen wollten, sondern damit sie [die Reichsstände] sehen, auf was für impertinentiis die Krone Frankreich bestehe und wohin dero Intent gerichtet sei; es ist auch das österreichische Direktorium auf allen Fall hierüber dahin zu instruiren, dass es dieser . . . Prätension in seinem voto ausdrücklich widersprechen soll“[2]. Die Franzosen aber betrieben ihre beiden Forderungen auf das heftigste und forderten Trauttmannsdorffs Rückkehr, hierin von den Kaiserlichen selbst unterstützt[3]. Am 26. Juni finden wir den Prinzipalgesandten wieder in Münster.

Drei Punkte waren nun in der französischen Satisfaktionshandlung noch unentschieden, deren Erledigung sich mehrere Monate hinzog und in den nächsten Wochen geringe Fortschritte machte. Die Höhe der Entschädigungssumme für den Erzherzog von Tirol, der Anspruch auf Besatzungsrecht in Philippsburg und der Umfang und die Form der Abtretungen im Elsass: die französischen Bevollmächtigten erklärten selbst am 9. Juli ihrer Regierung, sie hätten sich diese Punkte aufgespart, nicht sowohl in der Hoffnung, sie durchzusetzen, als um einen Druck auf die Kaiserlichen auszuüben; natürlich würden sie sich bemühen, eins oder das andere zu erreichen, während über die Angelegenheiten des Reichs und ihrer Verbündeten verhandelt würde. Am meisten Erfolg erwarteten sie hinsichtlich Philippsburgs, obwohl sie sich auch hier die grossen Schwierigkeiten, selbst wenn man die Zustimmung des Kurfürsten erlangen würde[4], nicht verhehlten[5]; sie hofften,

[1] Nassau u. Volmar an Trauttm. 1646 Juni 17. A. a. O. n. 1284.

[2] Trauttm. an Nassau u. Volmar 1646 Juni 18. A. a. O. n. 1289.

[3] Nassau u. Volmar an Ferd. III. 1646 Juni 19; an Trauttm. Juni 19 u. 22. A. a. O. n. 1294, 1299, 1306.

[4] Der Vertrag des Kurfürsten mit Frankreich wurde erst am 19. Juli abgeschlossen, s. Knipschaar S. 52 f.

[5] NS III p. 249 f.

dass entgegenkommende Erklärungen hinsichtlich der Türkenhülfe und das Zugeständniss, dem Erzherzog Ferdinand Karl in drei Terminen drei Millionen Livres zu zahlen, ihnen die Erreichung ihres Zweckes erleichtern würden[1]. Trauttmannsdorff hatte also die richtige Empfindung, wenn er, auf Grund von Konferenzen mit Longueville am 27. Juni und mit Avaux am folgenden Tage, dem Kaiser schrieb, dass die Franzosen auf Abtretung der elsässischen Immediatstände nicht so sehr als auf Philippsburg beharren würden; er liess ihnen aber nur die Alternative zwischen Breisach und Philippsburg, als äusserste Konzession stellte er die Demolirung dieser Festung hin[2]. Dr. Krebs, einer der bayrischen Gesandten, berichtete den Kaiserlichen, er hätte vergeblich die Franzosen zu einer kategorischen Erklärung zu bringen gesucht; auf die Frage, ob sie gegen das Besatzungsrecht in Philippsburg auf die Souveränetätsansprüche im Elsass verzichten würden, hätten sie stets mit zweifelhaften Worten, es könnte sein und dergleichen geantwortet und schliesslich alles auf weitere Handlungen mit den Kaiserlichen gestellt[3].

Trautmannsdorff rechnete noch im Anfange des Juli darauf, mit dem Angebot der Entfestigung zum Ziele zu kommen; indess berichteten die Vermittler am 6., dass die Franzosen auf den Einwand, dass die Stände in die Forderung von Philippsburg nicht willigen würden, als unzweifel-

---

[1] Mémoire des Plén. 1646 Juni 14. NS III p. 215.

[2] Off. Bericht 1646 Juni 29. Dieselbe Anschauung, dass es den Franzosen in erster Linie auf Philippsburg ankomme, hatten Chigi und Contarini schon am 15. Juni ausgesprochen; sie meinten, das beruhe auf Rekatholisirungsabsichten gegen die Pfalz und auf geheimen Abkommen mit den Bayern; diese würden nicht eher Ruhe haben, als bis sie die Abtretung von Philippsburg durchgesetzt hätten, wie früher die von Breisach. Nassau u. Volmar (Konz. v. V.) an Trauttm. Juni 16. WA FrA 92, 9 n. 1281. Dafür findet sich nun doch kein Anhalt. Immerhin wies Maximilian seine Gesandten an, in der Handlung über Philippsburg vorsichtig zu verfahren, weder ab- noch zuzurathen, sondern sich „gleichsam in medio zu halten“ (Juni 13). WA FrA 49 c.

[3] Nassau und Volmar an Ferd. III. 1646 Juni 26; s. üb. d. Bayern auch die vorhergehende Anm.

haft hingestellt hätten, dass es deswegen keine Schwierigkeiten geben werde. Trauttmannsdorff aber blieb einstweilen entschlossen, über die Zusage der Schleifung von Philippsburg nicht hinauszugehen[1].

Die wichtigste Frage indessen für den Abschluss mit den Franzosen blieb die Verständigung über den Umfang und die Form der Abtretungen im Elsass.

Selbst Kurfürst Maximilian war über die neu erhobenen Forderungen betroffen, die er gar zu exorbitant, auch ihren vorigen Erklärungen, Verspruch und Parole ganz zuwiderlaufend fand; eine Erinnerung von seiner Seite hielt er nicht für wirksam, sondern wies seine Gesandten an, sich zunächst mit den Vertretern der Erzbischöfe von Mainz und Köln ins Benehmen zu setzen, mit diesen zusammen die Kaiserlichen vor weiterer Nachgiebigkeit zu warnen, auch den jenseits des Rheins angesessenen Ständen die ihnen drohende Gefahr vor Augen zu stellen und dann einen Kollektivschritt aller Reichsstände herbeizuführen; aber nicht an die Vermittler müsste man sich deswegen wenden, sondern direkt durch eine Deputation bei den Franzosen Vorstellungen erheben, dass nach ihren eigenen Erklärungen ihre Forderungen sich stets auf die österreichischen Besitzungen im Elsass beschränkt hätten; durch ihr Verfahren würde das Vertrauen der Reichsstände zu ihnen erschüttert[2].

Gleichzeitig schrieb er selbst an die Kurfürsten von Mainz und Köln. Auch hier bezeichnet er das Erscheinen der neuen Prätensionen als eine Folge davon, dass die Kaiserlichen sich erboten hätten, die österreichischen Besitzungen zu voller Souveränetät abzutreten, also vom Reiche zu lösen. Damit hatten auch die Franzosen dem Kurfürsten gegenüber ihr Verhalten entschuldigt, denn wenn die offerirten Lande Frankreich einverleibt würden, dürfte der Kaiser in Elsass nichts weiter zu befehlen haben, „sintemalen es sich

---

[1] Geh. Berichte 1646 Juli 3 u. 10; Extr. Prot., Beil. zu KGM an Ferd. III. Juli 10.

[2] PS zu Maximilians Schreiben an seine Gesandten vom 13. Juni. WA FrA 49 c.

nicht schicken wolle, dass zwei so hohe Potentaten in einem Lande absolut kommandiren wollen"[1].

Der Kurfürst, der doch bisher am allermeisten für die Befriedigung der Ansprüche der Franzosen gethan hatte, zeigte jetzt, dass er den wahren Hintergrund der Politik ihrer Staatsmänner vollständig durchschaute. Denn ihre Motivirung der neuen Forderungen schien ihm durchaus nicht zutreffend und nur ein Vorwand zu sein, da sie gerade die bedeutendsten elsässischen Stände ausgelassen hätten; sie wären nur noch nicht so keck, dermalen die Stadt Strassburg und die beiden Stifter Strassburg und Basel zu fordern, „weil sie dadurch bei den Katholischen und Unkatholischen sich ein grosses Odium auf den Hals geladen und das ganze Spiel verderbt haben würden." Wenn aber alle anderen Stände ihnen preisgegeben würden, so wäre das Schicksal dieser drei schon jetzt besiegelt. Noch mit der letzten Post habe Mazarin, so schreibt Maximilian[2], durch den Nuntius Bagni wiederholen lassen, dass Frankreich nur die österreichischen Besitzungen fordere. Es gelte daher, so schliesst er, die Abtretung zu Lehen herbeizuführen und darin stimmte sein Bruder durchaus mit ihm überein[3]; in diesem Sinne sollten auch die bayrischen Gesandten am Kongresse thätig sein.

Für eine Stellungnahme der französischen Regierung und ihrer Vertreter in dieser Frage war eine genaue Kenntniss der komplizirten territorialen Verhältnisse des Elsass natürlich durchaus erforderlich. Wir wissen, dass schon im vergangenen Sommer die Bevollmächtigten auf genaue Erkundigungen gedrungen hatten und dass von Paris aus im August 1645 der Generalintendant Vautorte mit der Ausarbeitung einer Denkschrift und der Verfertigung einer Landkarte des Elsass beauftragt wurde[4]. Wir hören, dass er seit Anfang Januar 1646 dafür in Strassburg thätig

[1] Maximilian an Kurmainz 1646 Juni 20. WA FrA 49 c.

[2] Maximilian an seinen Bruder Kurfürst Ferdinand von Köln, 1646 Juni 20, a. a. O.

[3] Kurf. Ferd. von Köln an Maximilian 1646 Juni 10, a. a. O.

[4] Siehe Abschnitt I, 1 S. 32 f.

war [1]. Hier freilich scheint er nicht viel Unterstützung gefunden zu haben, sondern mit Misstrauen betrachtet zu sein. Mehr Bereitwilligkeit bewies der Magistrat von Colmar; als besonders wichtig bezeichnet Vautorte selbst die Aufklärungen, die ihm in Breisach, natürlich in erster Linie vom Gouverneur Hans Ludwig von Erlach [2], zu Theil wurden. Dadurch waren die Angaben seiner schon an Brienne gesandten Denkschrift in manchen Punkten so modifizirt worden, dass er bittet, dieselbe nicht nach Münster zu schicken [3]. Bereits am 7. März ist er in der Lage, die neue Arbeit zu senden. Er weiss Erlachs Unterstützung nicht genug zu loben, der nicht nur selbst mit seinen reichen Kenntnissen ihm zur Hand gegangen sei, sondern auch alle seine Offiziere dazu angewiesen habe [4].

Im April 1646 wurde dann den Gesandten in Münster der Strassburger Josias Glaser beigegeben, der als Agent früher in schwedischen, dann in französischen Diensten stand, eine überaus zweifelhafte politische Persönlichkeit, der besser als der bei der Gesandtschaft befindliche Geograph Godefroy über die Verhältnisse des Landes aus eigener Kenntniss Aufklärung geben konnte und sicherlich den Bevollmächtigten mit seinem Rathe zur Seite stehen sollte [5].

[1] „Mr de Vautorte, intendant général, ist nun in die vierte Woche hier und lässt das ganze Unter- und Oberelsass en diligence beschreiben und distinctis coloribus in Specklins Landkarte, was einem jeden Stand zugehörig, unterscheiden. Strassburg an Otto 1646 Jan. 28 (Febr. 7). Str. StA 1122.

[2] S. über ihn: von Gonzenbach, der General Hans Ludwig von Erbach, wo sich aber hierüber nichts findet.

[3] Vautorte's Schreiben vom 26. Februar, erwähnt: NS III p. 126.

[4] Vautorte an Brienne 1646 März 7, NS III p. 496. V. betont namentlich die Verdienste des Generalauditeurs Dr. Wölcker — der schon unter Bernhard v. Weimar in dieser Stellung war —; er sei der eigentliche Verfasser der Denkschrift.

[5] Siehe über ihn Reuss: Josias Glaser et son projet d'annexer l'Alsace à la France, RA 1869. Über seine Bestimmung gingen die verschiedensten Ansichten um. Die Franzosen am Kongresse glaubten, er wäre zum frz. Residenten in Strassburg ernannt (Stenglin, Sekretär d. Hzgs. von Longueville, an Stotz, Erlachs Sekretär, 1646 März 29, Lettres des Plén. p. 38). Die Kaiserlichen berichten im Juni, er solle an de la Barde's Stelle als franz. Resident in Osnabrück treten, „damit

Denn es kam der Regierung darauf an, sich auch über die Einzelheiten mit den Kaiserlichen zu verständigen, damit nicht durch zweifelhaft bleibende Bestimmungen ihr später Nachtheile erwüchsen und etwa dadurch entstehende Verzögerungen beim Abschlusse den Franzosen zum Vorwurf gemacht werden könnten. Insbesondere wurde den Gesandten ans Herz gelegt, auf die Sicherstellung des Sundgaus bedacht zu sein, da dessen Zugehörigkeit zum Elsass in Paris für bestreitbar angesehen wurde. Alle über diesen Punkt aufzufindenden Akten wurden nach Münster geschickt; durch eine Behauptung alles dessen, was man links des Rheins innerhalb beider Elsass besitze — unter Beibehaltung von Breisach und Verzicht auf Philippsburg — glaubte man, sowohl des Sundgaus wie der anderen etwa streitigen Punkte am besten versichert zu sein, doch wurde den Gesandten die Freiheit zu Konzessionen und Kompensationen im einzelnen gelassen [1].

Diese standen mit Erlach selbst in angelegentlicher Korrespondenz, in der sie wiederholt um Auskunft über elsässische Territorialfragen baten [2]. Hierbei zeigte sich bald, dass es ihnen weniger auf die Rechtsgrundlagen als auf die thatsächlichen Besitzverhältnisse, namentlich des Hauses Österreich, ankam, denn beim Zurückgehen auf die alten Rechte, glaubten sie, würde Frankreich wenig Nutzen von seiner Satisfaktion haben [3].

---

die Protestirenden einen ihnen mehr confidenten und der Sprache und Lands Erfahrenen zu Hand haben mögen" (WA FrA 92, 9 n. 1317 u. 1331). Der Rath von Strassburg, der Glaser zur Genüge kannte, war bez. seiner Mission sehr misstrauisch und wies Otto an, über seine Bestimmung und Thätigkeit genaue Erforschungen anzustellen, 1646 April 20 (30), Str. StA 1122. Vergl. auch Berneggers Berichte aus Paris Str. StA 1900 und die Rathsprotokolle und sonstigen Akten dieser Jahre. Am Kongress ist er nicht lange geblieben. Bereits am 11. Sept. 1646 empfiehlt Longueville ihn bei seiner Rückkehr nach Strassburg auf seinen Wunsch an Erlach (Lettres des Plén. S. 86).

[1] Mémoire du Roi 1646 April 21. Gärtner IX n. 142 S. 178 = NS III p. 157 f.

[2] 1646 Febr. 2 dankt Stenglin Erlach für das Mémoire über Breisach und Rheinfelden. Gonzenbach II S. 502 Anm. 3.

[3] A. a. O. Doch druckt Gonzenbach nur die erste Hälfte des Passus ab; der Brief fährt fort: ou sur des engagements; à ce compte

Erlach suchte mit grossem Nachdrucke die Gesandten zu veranlassen, dass sie statt des Unterelsass auf der Behauptung der Waldstädte beständen. Denn das Unterelsass umfasse nur die Besitzungen des Bisthums und der Stadt Strassburg, des Grafen von Hanau und reichsunmittelbare Herrschaften und Städte; restituire Frankreich dieselben, so sei nicht zu erkennen, welchen Nutzen diese Provinz für Frankreich habe, selbst wenn ihm die Landvogtei Hagenau bliebe; diese bestünde nur aus vierzig Dörfern, die ebenso verwüstet wären, wie die Stadt. Die übrigen zur Landvogtei gehörigen Städte böten mehr Last als Vortheil, denn im Frieden würde man keinen Nutzen davon haben und im Kriege würden sie dem zufallen, der Meister im Felde wäre. Die Vertreter von Strassburg und Colmar würden darüber nähere Auskunft geben können. Erlach betont in einem zweiten Briefe, dass das Haus Österreich die Landvogtei nur pfandweise besitze und dass Hagenau von den Reichsständen zurückkaufbar sei. Alle diese Erwägungen führen ihn dazu, den Erwerb der Waldstädte, namentlich von Laufenburg, Rheinfelden und Säckingen, dringend zu befürworten, aus politischen und strategischen Gründen, denn der Besitz dieser Orte würde Frankreich zur beherrschenden Macht am Oberrhein machen. An Stelle des bisherigen habsburgischen Bündnisses mit den Eidgenossen würde eine französisch-schweizerische Allianz treten, die nicht nur ein Truppendurchzugsrecht gewähren, sondern auch die schweizer Söldner verpflichten würde, gegen das Reich zu kämpfen. Gestützt auf die Waldstädte, würde Frankreich zu einer ganz anderen Offensive in Schwaben befähigt sein, als von Breisach aus, von wo man alsbald auf die künftig zweifelsohne stark befestigten Plätze Offenburg und Freiburg stosse. Sehr wünschenswerth erscheine auch die Erwerbung der vierten Waldstadt, Waldshut; hierauf aber könne man am ehesten verzichten, da der Ort zur Befestigung gänzlich ungeeignet

---

là la France n'aurait pas grand avantage de sa satisfaction, si l'on revenait à rechercher les anciens droits d'un chacun; il est bon toutefois de voir par ledit mémoire, sous quel titre la maison d'Autriche s'est rendue maîtresse des dites deux villes [Breisach und Rheinfelden].

sei und das gegenüberliegende Ufer der Schweiz gehöre, die Österreich keinen Truppendurchzug bewilligen würde. Dagegen legt er jetzt Werth auf die Behauptung von Neuenburg[1] und giebt zugleich ausführlich über die Begrenzung des zu Breisach zu fordernden Territoriums Auskunft. Einen Plan des Elsass, den wir leider nicht kennen, fügt er bei und ein Verzeichniss der Einkünfte und Ausgaben der Ensisheimer Kammer, aus denen erhelle, dass die Einkünfte Österreichs nicht zur Deckung der Schuldenzinsen reichten. Immerhin meint er, wenn Frankreich die Waldstädte, Ober- und Unterelsass erwerbe, so rechtfertige der Gewinn wohl die Gewährung einer Geldentschädigung[2].

Wir dürfen annehmen, dass diese Ausführungen nicht ohne Einfluss auf die französischen Bevollmächtigten geblieben sind, dass sie für dieselben Ursache gewesen sind, so fest auf Neuenburg zu bestehen und so nachhaltig das Bestreben auf die Waldstädte aufzunehmen[3].

Dagegen war Erlach höchst erstaunt, aus einem Berichte der Bevollmächtigten vom 2. Juni zu ersehen, dass ihre Absicht jetzt auf die Erwerbung der gesammten elsässischen Lande ausser den Bisthümern Strassburg und Basel[4] ginge; er betonte, einen wie schlechten Eindruck solche Forderung machen würde, die nicht nur die Reichsstände, sondern auch die Eidgenossen Frankreich entfremden und Österreich und Spanien in die Arme treiben müsste. Freuen würden sich nur die Österreicher, denen nichts an der Erhaltung der Integrität des Reiches liege. „Sie geben gern alles, was über dem Rhein ist, von dem Reich hinweg, wenn sie nur das übrige Deutschland unter sich behalten und ihren Dominat darin stabiliren können", das beweise ihr Beharren auf den Waldstädten, auf der Schleifung des

[1] In diesem Punkte muss er also seine Ansicht geändert haben, s. S. 141.

[2] Erlach an die franz. Bevollm. 1646 Mai 6 (in Münster eingetroffen Mai 16, vgl. Stenglin an Stotz Mai 18) u. Mai 10. Anhang n. 7 u. 8.

[3] Vgl. Stenglin an Stotz 1646 Mai 29 Münster: l'on parlera au premier jour des villes forêtières et de Neubourg, comme aussi de Philipsbourg .... Lettres des Plén p. 58.

[4] Die Stadt Strassburg ist wohl versehentlich ausgelassen.

Hohentwiel und der Besetzung von Lindau. „Fürwahr, diejenigen, welche es mit Frankreich gut meinen, daneben auch die deutsche Freiheit lieben, werden wünschen, dass Frankreich dergleichen Satisfaktion zum Nachtheil seiner Alliirten nicht begehre, sondern vielmehr dieselbe auf den österreichischen und andern Feindeslanden ohne Abbruch des Römischen Reiches suche, dazu werden die Reichsstände selber gerne helfen“ [1].

Auch diese Mahnungen fanden am Kongresse Beherzigung. Schon Ende Juni kann Stotz an Stenglin melden, die Gesandten seien zwar noch nicht von ihrer Forderung der Souveränetät über das ganze Land ausser Strassburg und den beiden Bisthümern abgegangen, aber im Vertrauen deutet er an, dass sie nicht starr darauf bestehen, sondern gegen die Ueberlassung der Waldstädte und Neuenburgs darauf verzichten würden. Doch da Österreich hierin hartnäckig sei, so müsse man mit allem Nachdruck die Stände zu wirksamer Beeinflussung der Kaiserlichen veranlassen. Schon habe man einzelne Staaten darüber sondirt, die alle lieber zwanzig Waldstädte hingeben wollen, als die zehn Reichsstädte und das übrige Land französischer Oberhoheit überantworten; daher hofft er auf einen erfolgreichen Ausgang [2].

Wir wissen aber, dass es den Franzosen von Anfang an überhaupt nicht voller Ernst mit den neuen Prätensionen war. Sie bezeichnen die Lage Anfang Juni selbst so, dass sie auf ihre weiteren Forderungen verzichten und mit dem, was ihnen angeboten ist, zufrieden sein können. Daher hätten sie nur mit aller Vorsicht und unter dem Siegel tiefsten Geheimnisses die Frage nach der Form der Abtretung des Unterelsass angeregt, so dass sie es jeder Zeit widerrufen könnten [3].

[1] Stotz an Stenglin Breisach 1646 Juni 16: der ganze Brief deutsch Gonzenbach II Urk. no. 35, vergl. II S. 511 Anm. 3.

[2] Stenglin an Stotz 1646 Juni 29 Münster. Lettres des Plén. p. 69; s. Anhang n. 9.

[3] Rép. des Plén. au mém. du roi du 31. mai. Gärtner IX n. 180 = NS III 217. Die Gesandten erwähnen wohl deshalb hier nur das Unterelsass, weil hier die habsburgischen Besitzungen und Gerechtsame so gering waren.

Eine Erörterung über die Form der Abtretungen an Frankreich war überhaupt nicht weiter zu umgehen. Es handelte sich darum, ob diese Territorien aus dem Verband des Reiches ausscheiden oder ob sie Reichslehen bleiben, und ob für diesen Fall Frankreich Sitz und Stimme auf den Reichstagen eingeräumt werden sollte. Die Frage war bis dahin nur gestreift worden[1]. Die Kaiserlichen hatten ebenso wie die Franzosen ursprünglich eine Aufrechterhaltung des Lehnsverbandes ins Auge gefasst; in diesem Sinne war auch das Angebot zur Abtretung im April erfolgt. Die Frage, ob für Frankreich damit Sitz und Stimme auf den Reichstagen verbunden sein sollte, war von den Franzosen als selbstverständlich angesehen, aber doch nicht weiter erörtert worden. Gesprächsweise hatte dann Trauttmannsdorff, um Breisach zu retten, von der Abtretung des Elsass zu voller Souveränetät gesprochen; er hat darin eine Vergrösserung der Konzessionen an die Franzosen erblickt. Die Stände hatten sich offiziell damit noch nicht befasst; von Bedeutung aber war auch hier zunächst nur die Wirksamseit des Kurfürsten Maximilian. Die Franzosen berichteten schon am 19. April, dass, sobald sich das Gerücht von den Abtretungen verbreitet hatte, mehrere protestantische Deputirte, namentlich der Vertreter Strassburgs[2], Schwierigkeiten erhoben, da sie fürchteten, dass eine Festsetzung Frankreichs im Reiche — sie gingen also von der Ansicht aus, die Abtretungen würden zu Lehen erfolgen — der katholischen Partei zu Gute kommen würde[3]. Gerade aus diesem Grunde aber war Maximilian von Anfang an dafür und entfaltete eine rührige Thätigkeit in diesem Sinne in Münster und in Wien. Am Kongresse ging er behutsam vor, der Maxime entsprechend, die er seinen Gesandten einschärfte, sich, soweit Bayern nicht speziell betroffen wurde, im allgemeinen zu halten[4]. Er meinte, es stünde darüber,

[1] Siehe darüber die vorhergehenden Abschnitte.

[2] S. darüber den folgenden Abschnitt.

[3] NS III p. 154 = Gärtner IX S. 160 f.

[4] Weisung vom 25. April 1646, wo es weiter heisst: mit den Ständen causa communis machen, stets mit Köln konferiren, „damit das

ob das, was vom Elsass an Frankreich käme, pfand- oder lehenweise überlassen würde, ein Vergleich zu erwarten, da die Kaiserlichen schon ganz Elsass[1] geboten hätten und die Franzosen zur Belehnung bereit wären. Fordern die Franzosen dafür Sitz und Stimme auf dem Reichstage, so ist Maximilian dafür, auch als Gegengewicht gegen die zu erwartende Reichsstandschaft Schwedens. Aber seine Vertreter sollen damit zurückhalten und nur sorgen, dass zum Schluss eine Bestimmung darüber getroffen werde, ebenso wie über den Beitrag Frankreichs zu den Reichsumlagen[2]. Dem Kaiser gegenüber erklärt er aber schon am 21. April, Frankreich wünsche die Abtretung von Ober- und Unterelsass und Sundgau zu Lehen mit Sitz und Stimme; andernfalls sei zu besorgen, dass es die Lande nach Kriegsrecht als Allodialgut behalte; er meint, auch dem Hause Österreich sei die Infeudatio viel nützlicher als die Losreissung der Lande, zumal, wenn die Belehnung agnatisch beschränkt erfolge und so die Aussicht auf künftigen Heimfall bestehen bleibe; freilich werde die Gewährung der Reichsstandschaft an Frankreich, wenn man sie Schweden bewillige, nicht zu umgehen sein[3].

Ob Trauttmannsdorff von Anfang an in diesem Punkte mit einer bestimmten Instruktion versehen war, darüber lässt sich nichts nachweisen, die Wahrscheinlichkeit spricht ebensosehr dagegen, wie das Verhalten kaiserlicherseits in der Angelegenheit. Trauttmannsdorff vermied es zunächst, sich in diesem Punkte zu engagiren. Als dann die Franzosen weiter mit der Forderung der Reichsstandschaft in Verbindung mit Sitz und Stimme auf dem Reichstage herantraten, fragten die Gesandten an, „ob dem König in Frankreich wegen Elsass die Session im Reiche einzuräumen,

Reich zu dem erwünschten Frieden und wir zugleich auch in der pfälzischen Sache . . . . zu unserm intento gelangen mögen“. WA FrA 49 c.

[1] D. h. auch hier nur alle österreichischen Besitzungen und Rechte im Elsass im Gegensatze zu den anfänglich erfolgten Theilangeboten.

[2] A. a. O.

[3] Maximilian an Ferdinand 1646 April 21. Abschrift in WA FrA 92, 8 u. 49 c.

oder obs nicht besser sei, Frankreich diejenigen Stücke, so hinterlassen werden müssten, in allodium als feudum zu geben“ [1] — man sieht, sie neigen zur zweiten Möglichkeit. Wenige Tage darauf spricht sich Trauttmannsdorff in diesem Sinne direkt aus, aber er zweifelt an der Einwilligung der Reichsstände [2].

In gleicher Weise hatte sich Kaiser Ferdinand schon gegen den Kurfürsten Maximilian erklärt, ohne sich weiter darüber auszulassen [3], aber auch ohne Verbindlichkeit für Trauttmannsdorff [4].

Auch die bayrischen Gesandten hatten ihrem Herrn berichtet, dass sich gegen die Bewilligung von Session und Votum für Frankreich viele Schwierigkeiten, namentlich von Seiten der Kaiserlichen, erhöben. Maximilian weist seine Gesandten daraufhin an, genau auf die Haltung des Fürstenraths auch wegen Pommern zu achten, damit das Odium einer starken und alleinigen Opposition nicht auf ihn allein falle, ausser, wenn die Franzosen auf die Forderung der ersten Stelle bei Session und Stimme auf der weltlichen Bank im Fürstenrathe zurückkommen, in diesem Falle sollten sie sorgen, dass der bayrischen, ererbten ersten Stellung nichts vergeben werde [5] — auch hier also fand Maximilians Patriotismus an seinem Egoismus seine Grenze. In diesem Sinne sollten die Gesandten bei den Ständen wirken und er zweifelte nicht daran, dass dieselben keine

---

[1] Gärtner IX n. 30 S. 533 f.

[2] „Sessionen et votum sähe ja Bayern gern, dass man Frankreich gäbe; aber ist besser, man gäbs in proprietatem, doch zweifel ich, ob das Reich darein consentiren wölle“. Geh. Bericht 1646 Mai 8.

[3] Ferd. III. an Kurf. Max. 1646 April 27: .... bez. Session u. Votum: Max wisse, dass Österreich für seine Länder nur eine Stimme habe und dass wegen Elsass den Kathol. keine Stimme abgehe; viele und vornehme Reichslehen hätten weder, noch begehrten sie Session u. Votum: gäbe man sie an Frankreich, so würden nur neue Streitigkeiten entstehen und der Rückhalt für die Kathol. würde nicht gross sein. WA FrA 92, 8 n. 1203 Beilage.

[4] „Habt euch gleichwol für eure Person an dieses nicht zu kehren .....“ Ferd. III. an Trauttm. 1646 April 27.

[5] Weisung vom 23. Mai. S. auch d. folg. Anm.

Schwierigkeiten darin machen würden [1]. Dynastische und antiprotestantische Interessenpolitik sind für Maximilian die bestimmenden Faktoren in dieser Frage, die er freilich, namentlich den Protestanten gegenüber, hinter national klingenden Redensarten zu verhüllen sucht, während er bei den Katholiken im geheimen an das kirchenpolitische Interesse appellirt [2]. Im übrigen hatten sich die Reichskollegien vor der Hand mit der Frage nicht zu beschäftigen, und Maximilians weitere Bemühungen bei Ferdinand und Trauttmannsdorff [3] blieben vergeblich. Ferdinand hatte in dieser Zeit noch gehofft, durch die Abtretung der Souveränetät über das Elsass [d. h. soweit es österreichisch war] Breisach erhalten zu können [4]. Er suchte aufs neue auch seinen Schwager zu überzeugen, dass eine Reichsstandschaft Frankreichs nicht erwünscht wäre, da es seine notorische Maxime sei, sich von den Anschlägen der Protestanten nicht zu trennen, dass eben deshalb eine Loslösung seiner Erwerbungen vom Reiche vorzuziehen wäre. Bestünden die Franzosen doch darauf, so müsste er der gesammten Stände Gutachten darüber abwarten [5].

Deren Neigung ging begreiflicherweise in dieser Frage auf die Erhaltung der Abtretungen beim Reiche, also auf die Abtretung als Lehen, wenn auch aus ganz verschiedenartigen Gründen. Die Versammlung der Katholiken in Münster hatte sich thatsächlich dafür ausgesprochen [6]. Das

---

[1] Weisung vom 27. Mai. Max zweifelt nicht, dass, wenn das Übrige verglichen sei, die Stände wegen Session und Votum keine Schwierigkeit machen „und im Fürstenrath einen solchen Ort assigniren sollen, dadurch weder wir noch andere weltliche Kurfürsten und andere von ihren Häusern entsprossene Fürsten wie auch theils andere nicht praejudizirt werden".

[2] Weisung vom 30. Mai 1646. WA FrA 49 c.

[3] Maxim. an Ferd. III. 1646 Mai 19; Maxim. an Trauttm. 1646 Mai 23.

[4] Ferd. III. an Maxim. 1646 Mai 28 Linz. WA FrA 49 c.

[5] Ferd. III. an Maxim. 1646 Mai 23 Linz. WA FrA 49 c.

[6] Am 10. Juni berichtet der Nuntius an Volmar, se ab epõ Osnaburgensi intellexisse, Catholicos in admissionem ad sessionem et votum consensisse. Cortreius a. a. O.

wurde auch in Osnabrück bekannt, und Trauttmannsdorff fürchtete, dass er daraufhin auch mit dieser Konzession den Protestanten gegenüber nicht, wie er gewünscht hätte, zurückhalten könnte [1].

Ferdinand hatte inzwischen auf die erwähnte Anfrage der Gesandten vom 30. April die ganze Frage seinem Geheimen Rathe unterbreitet, der sich mit der Beantwortung ungewöhnlich beeilte. Er kam auf Grund eines Rückblicks über die Entwickelung der österreichischen Herrschaft im Elsass zu dem Schlusse, dass das Haus Habsburg für diese Besitzungen niemals besonderen Sitz und Stimme auf dem Reichstage gehabt hätte. Dies Argument aber würden die Franzosen nach dem Grundsatze: quilibet status imperii immediatus habet ius sessionis et voti in conciliis imperialibus nicht gelten lassen, zumal sie sich auf das Beispiel Spaniens berufen könnten. Auch würden die Katholiken als Gegengewicht gegen die Stütze, die den Protestanten Schwedens Reichsstandschaft gewähre, Anlehnung an Frankreich wünschen. Charakteristisch ist, dass als hauptsächliche Unannehmlichkeit französischer Reichsstandschaft den Räthen neben etwaigem Streben nach der Kaiserkrone vor allen Dingen die Gefahr ihres Eindringens in die hohen Stifter erscheint. Als das wünschenswertheste wird in den Erwägungen bezeichnet — auch das ist ein bezeichnendes Merkmal der Schwäche —, „noch zur Zeit wegen Session und Stimme fürs Elsass gar nichts zu moviren“, wenn die Franzosen drängen, „es lediglich an die Stände zu weisen“ und vonseiten des Kaisers „sich weder mit ja noch nein vermerken zu lassen, bis die Stände darüber ihr Gutachten abgelegt“; dann bleibe dem Kaiser immer noch die Entscheidung. In Abwesenheit des Kaisers kommt es dann zu einem Conclusum, dass es „am nützlichsten sei, dass beide Elsass sammt dem Sundgau weder juri feudi noch allodii der Krone Frankreich überlassen, sondern vielmehr totaliter vom Reiche eximirt würden“, doch sollte Trauttmannsdorff freie Hand be-

[1] Crane an Volmar 1646 Juni 9, in Trauttm.'s Auftrag. WA FrA 92, 9 1263. Cortreius a. a. O.

halten und wegen Session und Votum den Frieden nicht aufhalten. Kommt es doch hierzu, so muss natürlich „des löblichen Erzhauses Prärogative und Praezedenz in omnibus gewahrt werden“. Dem spanischen Gesandten[1] wurde im Einverständniss mit dem Kaiser davon Mittheilung gemacht, der erklärte sich durchaus, unter Berufung auf Mailand und andere italienische Beispiele, gegen die Gewährung von Sitz und Stimme; freilich wird man sich wohl auch am Kaiserhofe nicht verhehlt haben, dass ein spanischer Protest wirkungslos bleiben würde. Gutachten und Votum fanden die Billigung des Kaisers und wurden mit der spanischen Erklärung an Trauttmannsdorff übersandt[2].

Am 26. Mai legt ihm Ferdinand nochmals ans Herz, sich nach Kräften zu bemühen, dass die Franzosen von dem Begehren der Reichsstandschaft abgehen, er halte eine völlige Einverleibung ins französische Reich für nützlicher[3].

Ganz gewiss entsprach in diesem Falle die Entscheidung der Kaiserlichen mehr den Interessen des Reichs, als die Wünsche der Reichsstände. Es traf sich für die Erledigung der Friedensverhandlungen gut, dass von ihrem Standpunkte aus die Erwägungen der französischen Staatsmänner zu demselben Resultate führten.

Wir haben gesehen, dass auch von französischer Seite in all den bisherigen Verhandlungen von einem Eintritte

---

[1] Am 19. Mai erklärte sich Terra Nova gegen Ueberlassung des Elsass mit Session und Stimme. Der Kaiser antwortet darauf: bez. Session und Votum seien ihm „die Gedanken zu Gemüth gangen“, dass sie dem Erzhause und dem Reich „wenig verträglich, sondern besser sei, wann ja die Dependenz mit Elsass vom Reich sine sessione et voto nit zu erhalten, das Elsass der Krone Frankreich ganz . . zu incorporiren, als vermittelst einziger Feudalität oder auch richtiger iuris allodii ermeldter Kron zu der Praetension sessionis et voti ietzt oder inskünftig mehr Ursach und Anlass zu geben“. Communicata et varia 1646. WA FrA 52 c.

[2] Gutachten und Votum des Geh. Raths vom 17. Mai, Entscheidung Ferdinands vom 17. u. 18. Mai; s. Anhang n. 10.

[3] Augenscheinlich ein „Handbriefl“; in WA FrA 50 c. liegt nur ein sehr schwer lesbares Konzept von der Hand des Grafen Kurtz.

des Königs von Frankreich für die Erwerbungen im Elsass in den Lehnsverband des Reiches, natürlich mit Sitz und Stimme, grundsätzlich ausgegangen worden war; noch im April hatten sich auf das Angebot der Kaiserlichen hin die Bevollmächtigten dazu bereit erklärt. Die französische Regierung bezeichnete am 22. Juni die Bereitwilligkeit der Kaiserlichen, das Elsass und alles Übrige zu voller Souveränetät zu überlassen als über die eigenen Forderungen hinausgehend; für jede der in Betracht kommenden Arten der Abtretung sprächen mancherlei Gründe; es erschien in Paris erwünscht, das Urtheil der Gesandten darüber zu hören[1]. Dieses Auftrags entledigten sich dieselben in einer am 9. Juli dem Hofe übersendeten Schrift[2], die, von der gewohnten Klarheit der Berichte auffällig abstechend, uns zeigt, dass die Bevollmächtigten unter sich über die Frage uneinig waren. In dieser Denkschrift treten die Gründe, die für ein Eintreten Frankreichs in den Lehnsverband sprechen, so überwiegend hervor, dass wir erstaunt sind, als Schlussergebniss der Betrachtung nur ausgesprochen zu finden, der nützlichste und sicherste Weg müsse in Staatsangelegenheiten massgebend sein. Eigentlich erst aus dem begleitenden Briefe der Gesandten ersehen wir[3], dass sie nach vielfachen Berathungen sich für eine Abtretung des Elsass als souveränes Territorium entschieden haben.

Ganz auffallend ist, dass in der Denkschrift auch in diesem Falle eine fernere Zugehörigkeit der abzutretenden Lande zum Reiche vorausgesetzt wird und zwar, weil innerhalb der abgetretenen Länder reichsunmittelbare Städte und Fürsten blieben[4]. Wir erfahren aus Briennes Memoiren, dass die Verfechter der Souveränetät Longueville und Ser-

---

[1] Mémoire du Roi 1646 Juni 22. NS III p. 229.

[2] Ecrit envoyé en cour avec la dépêche du 9. juillet. NS III p. 244 f.

[3] NS III p. 250.

[4] Elles (die abgetretenen Provinzen) seraient toujours estimées faire partie de l'Empire, vu même que dans l'étendue des pays cédés il restera des villes impériales et des princes souverains qui en relevent. A. a. O. p. 245.

vien gewesen sind[1] und dass über diesen Punkt ebenso wie in Münster auch am Hofe die Ansichten auseinander gingen. Wenn wir ihm folgen dürfen, so ist auch hier eine ansehnliche Partei, zu der Brienne selbst gehört hat, dafür gewesen, für das Elsass in den Lehnsverband des Reiches einzutreten, Mazarin aber, so berichtet Brienne, habe die Entscheidung in Serviens Sinne, also für eine Erwerbung zu voller Souveränetät gegeben[2].

Brienne war der Ansicht, dass die Kaiserlichen durch eine Entscheidung für diese Art der Abtretung neue Schwierigkeiten schüfen, da sich das Reich die im Elsass enclavirten Mediatstände vorbehalten wollte, während Frankreich auf die Hoheitsrechte über dieselben nicht verzichten könnte, wenn es die Souveränetät über das Land erhalte, da man ihm diese doch anböte, um es zum Verzicht auf andere Vortheile zu bewegen und da sonst unablässige Grenzstreitigkeiten nicht ausbleiben würden[3].

Um eben diese Frage, den Umfang der Abtretungen im Elsass, drehten sich neben dem Kampf um Philippsburg die weiteren Verhandlungen.

Ferdinand hatte sich nach Empfang der letzten Vorschläge seiner Gesandten und der französischen Gegenäusserungen aufs neue an den Geheimen Rath gewendet[4]. Der sprach sich durchaus gegen einen Verzicht auf Philippsburg aus, und nicht minder erklärte der Kaiser noch Anfang Juli: nur um Breisach oder Philippsburg könne es sich handeln[5]. Nicht so entschieden war der Widerstand, den man in Wien den andern neu erhobenen französischen Forderungen entgegensetzte. Dass der Geheime Rath urtheilte, man sollte sich mit einer Beschränkung der Ab-

[1] Avaux war für die Abtretung zu Lehen; daraus erklärt sich auch die Abfassungsart der Denkschrift, die wir ihm wohl zuschreiben dürfen, zumal er gewöhnlich für die Gesandten die Feder führte.

[2] Mémoires de Brienne éd. Michand et Poujoulat III 3 p. 94, Pétitot II 36 p. 119 ff.

[3] Brienne aux Plén. 1646 Mai 30. NS III p. 194 ff.

[4] Ferd. III. schickt das Gutachten am 15. Juli von Linz nach Münster. WA FrA 92, 9 n. 1314.

[5] Ferd. III. an KGM 1646 Juli 6 Linz, a. a. O. n. 1349.

tretungen auf die bourbonische Linie nicht aufhalten, sondern dafür lieber an anderen Stellen bessere Bedingungen zu erlangen suchen, ist sicher nur zu loben. Bedenklich dagegen war, dass das Gutachten aussprach, dem Wunsche der Franzosen, dass bei dem Verzicht auf das Unterelsass an Stelle der Landvogtei, wie die Kaiserlichen angeboten hatten, diese ganze Provinz gesetzt werde, könne man ohne Bedenken Folge leisten, da die österreichischen Besitzungen im Ober- und Unterelsass bereits zugestanden seien[1]. Gerade im Unterelsass waren ja die territorialen Verhältnisse und Gerechtigkeiten überaus verworren und wir sehen, dass hier ein auffälliger Schritt zu der so bedenklichen definitiven Gestaltung des Friedensinstrumentes anscheinend ohne das Bewusstsein seiner Tragweite von kaiserlicher Seite gemacht worden ist. Freilich waren die Geheimen Räthe nicht gemeint, damit Konzessionen über österreichischen Besitz hinaus zu machen; sie hofften dass diese Forderungen sich würden umgehen lassen, da die Franzosen anfänglich selbst stets nur den österreichischen Territorialbestand im Elsass beansprucht hätten und die Sache auf weitere Verhandlungen gestellt hätten. Sie sehen ganz richtig, „die ganze Traktation mit Frankreich hafte principaliter an diesem Punkte, ob man ihnen auch diejenigen Städte und Lande, welche jenseit [des] Rheins im Elsass und Sundgau gelegen und dem Hause Österreich nicht zugehörig, zediren und abtreten solle oder nicht“. Aber sie kommen schliesslich doch nur zu dem Schluss, der Kaiser möge Alles der Dexterität und Diskretion der Gesandten anheim stellen“. Auch der Kaiser meint, „von dem Punkte der Untergebung so vieler Reichsstände der Kron Frankreich müssen wir wohl nicht leicht weichen, denn es gar ein zu grosses praeiudicium wäre“. Doch schon kommt der Nachsatz: „we-

[1] „Caesareani quoad Inferiorem Alsatiam obtulerunt saltem praefecturam provincialem, die Landvogtei; Galli autem ponunt integram provinciam: wann nun ihnen allbereit vorher dasjenige offerirt worden ist, was Österreich in Ober- und Unterelsass gehabt, so wird man kein Bedenken haben dürfen, es also zu setzen, wie es diesfalls die Franzosen gesetzt haben“.

nigstens, wenn es nicht anders sein kann, muss man der Stände Gutachten darüber vernehmen"[1]. Und am 6. Juli lässt er sich das Anstellen des Rathsganges bei den Reichsständen über diesen Punkt gefallen[2].

Mehr Widerstand leistete Trauttmannsdorff; er bemühte sich, dafür die Unterstützung der Schweden zu erlangen. Allein Oxenstierna, der eben in Münster war, billigte die Forderungen seiner Alliirten, die sich, wie er versicherte, neben Philippsburg auf die Ueberlassung der zehn Landvogteistädte zu vollem Eigenthum beschränkten; ja, er wollte wissen, dass gegen die Abtretung der Waldstädte die Franzosen auch hierauf zu verzichten bereit sein würden[3]. Immerhin hatten die Vertreter Ludwigs XIV. auf diese Weise ihre Ansprüche bereits erheblich ermässigt, abgesehen von den zehn Reichsstädten waren die sämmtlichen reichsunmittelbaren Stände im Elsass aus der Verhandlung wieder ausgeschieden. Und in dieser Beschränkung, d. h. ausser den bereits zugestandenen Abtretungen „auch das vollkommene Dominium über die zehn Landstädte im Elsass und die Festung Philippsburg cum iure praesidii", wozu Frankreich gegen Uebernahme der Hälfte der Schulden, die auf den vorderösterreichischen Landen ruhten, bereit wäre, vier Millionen Livres zu zahlen, liessen die Franzosen am 16. Juli durch die Vermittler den Kaiserlichen gegenüber ihre Stellung präzisiren. Aber noch am gleichen Tage kam Oxenstierna mit einem andern Vorschlage: die Franzosen wollten zufrieden sein, „wenn man ihnen die zehn Reichsstädte anders nicht, dann eo iure, was Österreich dabei als Oberlandvogt gehabt, überlassen wollte", doch wollten sie dann die Waldstädte behalten[4].

Dass die Kaiserlichen auf den zuletzt genannten Modus eingehen und so dem Hause Österreich im Interesse des

---

[1] Ferd. III. an KGM 1646 Juni 15. WA FrA 92, 9 n. 1314.

[2] Ferd. III. an KGM, a. a. O. n. 1349.

[3] Über die Verhandlungen der Kaiserlichen mit den Schweden in dieser Frage in der ersten Hälfte des Juli: KGM an Ferd. III. Juli 10 (Beilage) u. 17; Cortreius S. 328 u. 334.

[4] KGM an Ferd. III. 1646 Juli 17; Cortreius S. 335.

Reiches neue Opfer auferlegen würden, daran war nicht zu denken. Sie begnügten sich, den Vermittlern gegenüber auf ihre früheren Anerbietungen zu verweisen [1].

So schleppten sich die Entschädigungsverhandlungen wochenlang hin, ohne dass ein Fortschritt erzielt worden wäre, bis sie Ende Juli auf einige Zeit ganz zur Ruhe kamen. Die Kaiserlichen trafen keinerlei Anstalten, die Reichsstände mit dieser Frage zu befassen, und die Franzosen hatten auch eben jetzt keine Veranlassung zu schleunigem Abschluss. Einmal gingen sie von der Ansicht aus, dass, wenn sie auch ihre Ansprüche auf Philippsburg und die elsässischen Städte fallen lassen würden, doch an einen Friedensschluss noch nicht zu denken wäre, da sie den Kaiser entschlossen sahen, nicht ohne Spanien abzuschliessen. Mit dieser Krone aber jetzt zum Frieden zu kommen, lag durchaus nicht in Mazarins Absicht, und die Verhandlungen waren davon noch weit entfernt. Ferdinand wünschte freilich nicht ohne den König von Spanien abzuschliessen, aber er wollte, dass trotzdem die Verhandlungen mit den Kronen und Protestanten, soweit irgend möglich, in Richtigkeit gebracht würden [2]. Unter solchen Umständen war es sicher im französischen Interesse, die endgültige Regelung ihrer Entschädigungen offen zu halten, zumal nun zweitens jetzt erst die diesjährige Kampagne im Reiche eigentlich erst begann.

Die Schweden, erst unter Torstenson, dann, als seine Gesundheitsverhältnisse ihn zwangen, das Kommando niederzulegen, unter Karl Gustav Wrangel, hatten, den vereinigten

---

[1] Beil. zu KGM an Ferd. III. Juli 20.

[2] „Es ist aber diese meine Intention zumal nit dahin anzusehen, dass man wegen des spanischen Interesse die Reichs- und Friedenshandlungen mit Frankreich, Schweden und den Protestanten aufhalte, sondern dieselbige, soviel nur menschenmöglich, befördere und verlässlich aggiustire, also wohl den Schluss des Friedens ohne Inclusion der Kron Spanien, aber nit den cursum tractatus zwischen mir und der Kron Frankreich und Schweden aufhalte“; er zweifelt nicht, dass auch Spanien seine Traktate beschleunige, wozu die Kais. sie, wie es „coniunctura und Nothdurft“ erfordert, ermahnen sollen. Weisung an Trauttmannsdorff 1646 Juli 10.

Kaiserlichen und Bayern nicht gewachsen, die kaiserlichen Erblande verlassen und, immer weiter zurückgehend, bis nach Hessen und Westfalen weichen müssen. Ihr Feldzugsplan ging auf eine Vereinigung mit den Franzosen unter Turenne, um dann gemeinsam sich gegen den kriegsmächtigsten und gefährlichsten Gegner, den Herzog von Bayern, zu wenden. Mazarin war ursprünglich bereit gewesen, auf diesen Plan einzugehen. Turenne, der seine Truppen am linken Rheinufer in die Winterquartiere gelegt hatte, wollte im Mai bei Bacharach den Rhein überschreiten und im Hessischen sollte, um die Mitwirkung der Landgräfin zu sichern, die Vereinigung mit den Schweden erfolgen. Da aber waren es politische Rücksichten, in erster Linie die Hoffnung, durch Einstellung der militärischen Offensive den besonderen Schützling Frankreichs, den Kurfürsten von Bayern, zu einern Separatabkommen zu gewinnen, oder wohl auch der Wunsch, die Erfolge der französischen Diplomatie nicht durch militärische Unglücksfälle zu gefährden, politische Rücksichten also, die Mazarin bestimmten, die Vereinigung der französischen Truppen mit den Schweden immer wieder zu verschieben, bis die Stagnation der Verhandlungen am Kongresse, die Gefährdung der schwedischen Streitkräfte und die trotz Maximilians Zusage erfolgte Vereinigung der bayrischen Streitkräfte mit den Kaiserlichen ihm die Nothwendigkeit zeigte, gerade auf Kurfürst Maximilian durch militärische Aktion einen Druck auszuüben. So konnte Turenne endlich am 10. August bei Wesel den Rhein überschreiten [1], sich im Hessischen mit Wrangel vereinigen. In einer glänzenden militärischen Leistung eilten dann beide Feldherren, zwischen den feindlichen Streitkräften hindurchmarschirend, über den Main, um alsbald die unvertheitigt vor ihnen offen liegenden Landschaften Schwabens und Bayerns zu überfluthen.

Schon der Beginn dieser so energischen und erfolgreichen Aktion konnte am Kongresse seine Wirkung nicht

---

[1] Turenne folgte den Weisungen der Regierung, nicht, wie Chénuel II p. 316 will, eigenem Entschlusse. Vergl. auch LdM II passim.

verfehlen. Die Franzosen sprechen sich in ihrem Berichte[1] vom 27. August direkt in diesem Sinne aus; es ist aber zu bemerken, dass sie dabei von einer Aussicht auf die Reichsstände im Elsass nicht reden, sie hoffen nur Philippsburg zu gewinnen. Und auch die Kaiserlichen rechtfertigen den Spaniern gegenüber schon am 21. August die Wiederaufnahme der Satisfaktionsverhandlungen mit dem misslichen Stande der kaiserlichen Armada[2].

Wochenlang hatten die Verhandlungen zwischen den Kaiserlichen und Franzosen geruht, noch am 14. August wurde in diesem Sinne nach Osnabrück berichtet[3]. Trauttmannsdorffs Hoffnung auf einen erfolgreichen Abschluss war so sehr geschwunden, dass er am 3. August den Kaiser bat, ihm die Rückkehr zu erlauben, wenn sich die Kronen und die Protestanten nicht bis zum 15. September zum Frieden bequemten, sondern auf ihren übermässigen Forderungen bestünden; er meinte, seine Anwesenheit könnte nichts nützen am Kongresse und, da seine Kollegen gleichfalls instruirt wären, so könnte seine Abreise nicht als Bruch gelten[4]. Auch von militärischen Anstrengungen versprach er sich keine Besserung der Lage.

„E. k. M. Waffen", schreibt er am 7. August[5], „thun genug, wann sie sich erhalten; andere progressus nutzen wenig, denn doch Alles müsste restituirt werden". Und an demselben Tage, an dem Turenne den Rhein überschritt, schreibt er[6]: „die Kronen beobachten den Lauf der Waffen,

---

[1] NS III p. 283, auch p. 271.

[2] „Dienstag den 21. August haben wir sämmtlich den Spaniern communicirt, was die Mediatores bei uns wegen Reassumption der französ. Tractaten angebracht u. ihr Gutachten begehrt, ob und wie darauf zu antworten, mit Andeutung, weil die Sache mit der kais. Armada ziemlich misslich stünde, dass wir nit wol die Sache dahin kommen lassen könnten, dass uns etwa folgends ein Verweis, als ob wir es verabsäumt, auf den Hals wachsen möchte". Cortreius S. 344.

[3] KGM an KGO WA FrA 92, 10.

[4] Offiz. Bericht.

[5] Geh. Bericht.

[6] A. a. O. Wenig Gewicht legte Trauttmannsdorff jetzt auf innere Bewegungen in Frankreich: „auf die motus internos Galliae ist kein

der ihnen in Niederlanden gar favorabel". Die bevorstehende Entwickelung der militärischen Lage im Reiche scheint also am Kongresse noch unbekannt. Auch bewilligte Ferdinand seinem Prinzipalgesandten auf den 15. September die erbetene Heimkehr noch am 15. August[1].

Aber ehe diese Erlaubniss in Münster eintraf, hatte sich dort plötzlich ein grosser Fortschritt vollzogen[2], die Handlung zwischen Kaiserlichen und Franzosen war aufs neue in Fluss gekommen und vor Ablauf von vier Wochen wurde der Abschluss erzielt. Das Verdienst der Anregung haben, soviel wir sehen, die Vermittler.

Auf ihr Andringen erklärten sich nämlich in einer Konferenz am 19. August die Franzosen sowohl Spanien wie dem Reiche gegenüber zu endgültigen Vorschlägen bereit. Wir wissen, dass die Vertreter Ludwigs XIV. ermächtigt waren, auf Philippsburg zu verzichten[3]. Trotzdem rückten sie auch jetzt diese Forderung in den Vordergrund und hofften auf diese Weise zum Ziele zu kommen; alsdann stellten sie eine Verständigung über die elsässischen Reichsstädte in Aussicht. Sie wollten zufrieden sein, wenn für die Abtretung Philippsburgs die Vermittler ihr Wort gäben, ohne dass die Kaiserlichen sich vor der Regelung der übrigen Angelegenheiten darüber zu erklären brauchten, und sich alsbald nach Osnabrück begeben, um ihre Alliirten zum Abschluss in den Reichsangelegenheiten und den eigenen Satisfaktionsforderungen zu bewegen[4].

Damit war die Möglichkeit gegeben, die französische Satisfaktion in einem Präliminarvertrage zu regeln. In

---

grosses fundamentum zu machen, denn sie rühren nicht ob regimen inpublicum her, sondern wegen abschaffung des generalats, so der duca d'Augujen (Enghien] praetendirt hat". Geh. Bericht 1646 Aug. 21.

[1] Weisung an Trauttm. aus Budweis. WA FrA 50 c.

[2] Am 21. August schreibt Trauttm. (geh. Bericht): „hie haben wir diese woch im friedensnegotio ein starkhen schrit gethan, noch ein oder zwei solche, so ist's geschlossen. Aber das werkh muesz in geheim gehalten werden sub iuramento".

[3] Nons avons ordre et pouvoir de conclure même sans Philipsbourg: Plén. an Brienne 1646 Aug. 20. NS III. p. 277.

[4] A. a. O.

diesem Sinne bemühten sich die Vermittler bereits am folgenden Tage bei den Kaiserlichen: diese waren ihrerseits zu endgültigen Erklärungen und zur gewünschten Geheimhaltung der Verhandlungen bereit. Daraufhin eröffnete Chigi die Forderungen der Franzosen im ganzen Umfange der auf dem Kongresse verhandelten Angelegenheiten, wobei natürlich auch die noch nicht erfüllten Satisfaktionsansprüche [1] nicht vergessen waren: vor allem fordern sie das Besatzungs-, Schutz- und Durchzugsrecht in Philippsburg, ohne dass die Reichsstände darüber befragt werden sollen. Zu Breisach werden die drei Dörfer Hartheim, Achkarren und Niederrimsingen [2] gefordert. Neu ist, dass die Franzosen erklären, auf eine Abfindung ihrer in Deutschland stehenden Truppen voraussichtlich zu verzichten, dass sie aber, um den Schweden nicht zu präjudiziren, sich nicht ohne Rücksprache mit denselben darüber erklären wollen. Die Entschädigung für den Erzherzog Ferdinand Karl wird hier an Stelle der schon gebotenen vier auf drei Millionen beschränkt, unter gleichzeitiger Theilung der Schuldenlast der vorderösterreichischen Lande. Nur die Punkte über die französische Satisfaktion sollten schriftlich gefasst werden, unbeeinflusst durch etwaige Kriegsereignisse des August, und alsbald nach dem Abschlusse wollten die Franzosen Turenne zu einer Waffenruhe veranlassen [3]. Die Kaiserlichen überlegten, wie sie an Ferdinand III. schrieben, „ob bei jetzigem Zustande der Kriegsläufte E. k. M. und dem gemeinen Wesen rathsam und nützlich sein würde, dass wir alsobald uns daraufhin von Punkten zu Punkten erklären und die Handlung zu einem verbindlichen Schluss zu richten, uns unterfangen sollten, oder ob nicht vielleicht besser, damit noch etwas aufzuhalten und den hin und wieder sich ereig-

---

[1] Die schon zugestandene Satisfaktion ist hier nicht berührt.

[2] So ist die moderne Benennung der drei Orte.

[3] Über diese Konferenz haben wir ein ganz genaues Protokoll in Volmars Tagebuch (Cortreius S. 343 f.), das überhaupt für die weiteren Verhandlungen bis zum Praeliminarvertrag vom 13. September eine ganz eingehende Berichterstattung giebt, dazu auch Meiern III B. 24 § 3, kürzer und nicht überall ganz genau.

nenden eventibus zuzuwarten". Die überlegene Macht und Stellung der Feinde im Reiche lege ihnen, so meinten sie, nahe, sobald als möglich zum Frieden zu gelangen, ehe ein Zusammenstoss erfolge; auch würde man sich bei weiterer Zögerung nur dem Unwillen der Stände aussetzen. Die Nachrichten von neuen Unruhen in Frankreich und von militärischen Misserfolgen der Franzosen auf den ausserdeutschen Kriegsschauplätzen konnten sie nicht bestimmen, die Handlung aufzuhalten. Andererseits aber beschlossen sie — und auch die Spanier, denen Mittheilung gemacht war, machten ihren Einfluss in diesem Sinne geltend[1] —, sich nicht zu sehr zu übereilen, sondern die Handlung so einzurichten, „dass nothwendig noch etwas Zeit würde verlaufen müssen, bis man zu einem rechten verfänglichen Traktat würde gelangen mögen", zumal sie auch in den französischen Erklärungen bei einer Reihe von Punkten Einwendungen zu machen hatten, sowohl bezüglich des Einschlusses von Lothringen und Spanien in den Frieden als auch in der hessischen Sache. Dann aber beanstandeten sie, dass die Franzosen etliche Bedingungen, die von kaiserlicher Seite bei der Abtretung „der vorderösterreichischen Lande jenseit des Rheins" hinzugefügt waren, ausgelassen hätten, „welche billig reassumirt werden müssen"; — wir sehen, hier ist der Umfang der Abtretungen ganz deutlich auf die österreichischen Territorien begrenzt. Zudem blieb die Schwierigkeit mit Philippsburg: die Vermittler wollten wissen, dass die französischen Bevollmächtigten ihre Regierung erst zu dieser Forderung veranlasst hätten durch die Angabe, die Reichsstände würden keine Schwierigkeiten machen. Daraus aber, dass Longueville und Genossen sich so gegen eine Berathung dieser Frage in den Reichskollegien sträubten, schlossen die Kaiserlichen, dass jene sich nicht damit durch-

[1] S. hierfür Cortreius S. 344. Die Spanier drohen, wenn man ohne sie schliessen sollte, würden sie zuvorkommen u. mit d. Franzosen quantumvisçunque conditionibus alsbald schliessen und gleichwohl die ganze Kriegslast auf Deutschland kommen lassen — die Kaiserlichen nahmen das glücklicherweise nicht so ernst.

zudringen getrauten und sich mit einer Schleifung der Festungswerke begnügen würden [1].

Trauttmannsdorff wendete sich in dieser Frage um vertrauliche Meinungsäusserung an die Kurfürsten, und diese sprachen sich unter dem Eindrucke der bekannt gewordenen Konvention des Kurfürsten Philipp Christoph mit Frankreich einstimmig dahin aus, der Kaiser möge, wenn anders der Friede nicht zu erlangen sei, in diesem Punkte den Franzosen nachgeben, doch fügten sie unter anderen Wünschen auch den hinzu, es möchte alles, was den beiden auswärtigen Kronen eingeräumt würde, wenn sie dazu zu bewegen wären, von Kaiser und Reich zu Lehen genommen werden [2].

Schon am 22. August hatten sich die Kaiserlichen den Vermittlern gegenüber grundsätzlich bereit erklärt, auf ihren Vorschlag einzugehen, wollten aber zunächst nicht nur über den Modus der Verhandlungen eine feste Abrede treffen, sondern brachten auch eine umfangreiche Liste von Leistungen, zu deren Erfüllung sich die Franzosen verpflichten sollten und unter denen sich auch alle die alten Streitpunkte, die mehr des Kaisers als des Reiches Interesse betrafen, zumal die lothringischen und spanischen Händel befanden, andererseits wurde die Philippsburg betreffende Forderung abgelehnt [3].

Trotzdem erklärte Avaux am 26. August den Vermittlern, wenn ihnen in diesem einen Punkte willfahrt würde, wollten sie auf alle Wünsche der Kaiserlichen eingehen; die Fragen wegen Lothringen und Spanien könnte man in Reservatklauseln an den Schluss bringen und sich in den übrigen Punkten endgültig vergleichen; sie wollten dann

[1] KGM an Ferd. III. 1646 Aug 21 u. 24. WA FrA 92, 10 n. 1400 u. 1401.

[2] Kurfürstliches Votum wegen Philippsburg 1646 Aug. 23. WA FrA 92, 10 n. 1401 Beilage. Auch französische Beeinflussung der Kurfürsten wird das Ihrige gethan haben; s. darüber den Bericht der franz. Bevollm. NS III p. 283 f. Ich unterlasse es auf die weiteren Details des Streites um Philippsburg einzugehen. Knipschaar ist für diese ganze Partie ungenügend.

[3] Hierfür ganz ausführlich: Volmars Tageauch, Cortreius S. 344 f.; vergl. auch Meiern III B. 24 § 4.

an Turenne schreiben, dass er einen Zusammenstoss vermeide, und sich selbst nach Osnabrück begeben, um dort einen Ausgleich herbeiführen zu helfen [1].

Nach einer Berathung mit Penneranda entschlossen sich die Kaiserlichen, darauf einzugehen und an den Schluss die Zusage zu stellen, dass man, wenn die Franzosen sich all der übernommenen Verpflichtungen entledigt hätten, ihnen hinsichtlich Philippsburgs nachgeben würde [2].

Freilich blieb Trauttmannsdorff immer noch etwas misstrauisch, ob es den Franzosen mit dem Frieden ernst wäre [3], aber er liess doch bereits am folgenden Tage den Vermittlern seine Wünsche zustellen, entschloss sich indess auf ihren Rath, ein zusammenhängendes, die ganze Materie umfassendes Schriftstück aufzusetzen [4], denn, so schreibt er am 31. August an Ferdinand, „status rerum erfordert, das Äusserste, was man in puncto satisfactionis thun will, auf einmal vorzubringen; das geschieht nun im Namen der heiligen Dreifaltigkeit heute von uns; haben die Franzosen den Willen zu schliessen, so werden wir's in drei bis vier Tagen sehen, sunt iudicia pro et contra [5]".

Am 31. August händigten dann in der That die Kaiserlichen ihren umfangreichen Aufsatz den Vermittlern ein [6], mit der Bitte, sie möchten ihn den Franzosen vortragen und nur die Punkte, welche diese bedenken wollten, ihnen schriftlich übergeben [7]. Erst nachdem zehn Punkte, zu deren Erfüllung sich die Franzosen verpflichten sollen, und die für ihre Alliirten geltenden Bestimmungen aufgezählt sind, werden die Leistungen des Kaisers und zum Schluss die entsprechenden Gegenleistungen des Allerchristlichsten Königs aufgeführt.

---

[1] Cortreius S. 346; KGM an Ferd. III. 1646 Aug. 28.
[2] Cortreius a. a. O.
[3] Geh. Bericht 1646 Aug. 28.
[4] KGM an Ferd. III. 1646 Aug. 31.
[5] Geh. Bericht.
[6] Declaratio Caesareanorum in puncto satisf. Gallicae. Meiern III B. 24 § 6 S. 712—718.
[7] Cortreius S. 347.

Die Franzosen hatten nicht nur in den letzten beiden Abschnitten eine Reihe von Ausstellungen zu machen, sondern sie forderten — und man muss sagen mit Recht — die Beschränkung der ganzen Präliminarhandlung auf den Satisfaktionspunkt[1]. Diese Antwort brachten die Vermittler am 3. September. Die Kaiserlichen versuchten zwar, die Verpflichtungen, die den Franzosen auferlegt wurden, als geringfügig hinzustellen, aber die Vermittler machten mit Recht die Argumentation der Franzosen geltend, dass sie sich nicht hinsichtlich der Wünsche ihrer Alliirten auf diese Weise die Hände binden könnten und dass die zwar von kaiserlicher Seite ausbedungene Geheimhaltung schon durch die Spanier würde vereitelt werden[2].

Trauttmannsdorff fiel immer noch wieder in sein Misstrauen gegen die Franzosen zurück[3]. Noch am 4. September schrieb er: „in negotio pacificationis arbeiten wir Kaiserlichen und die Mediatores Tag und Nacht, aber das Gegentheil simulirt nur pacem vel desiderium illius.“ Er wollte wissen, dass die Franzosen Befehl bekommen hätten, aufs neue die Verhandlungen in die Länge zu ziehen, „ist sich also wohl keines Friedensschlusses hoc rerum statu zu getrösten“. Und doch sahen die Franzosen bereits ihre Satisfaktion für so gut wie gesichert an, so dass die Welt sehen könnte, dass nicht sie den Frieden hinderten: die Diskrepanz wegen Philippsburg — es handelt sich um die Eidesleistung der Garnison — werde sich in unschädlicher Weise abändern lassen, die Beilegung der übrigen Differenzen hätten die Vermittler übernommen[4].

Diese hatten sich am 3. September von den Kaiser-

---

[1] Ils exigent de nous tant de choses peu raisonnables, que nous n'avons point retenu l'écrit . . . . ., parcequ'il est fort captieusement pour nous brouiller et mettre en mauvais ménage avec nos amis et alliés. Plén. an Brienne 1646 Sept. 3. NS III p. 293.

[2] S. darüber bes. Cortreius S. 347 f.

[3] Geh. Bericht 1646 Sept. 4. Er meint, wenn man den Schweden einen guten Streich versetzen könnte, so würde die Sache wohl anders werden — man sieht, trotz aller gegentheiligen Äusserungen hofft Trauttmannsdorff doch noch auf die Wirkung etwaiger kaiserlicher Waffenerfolge.

[4] Bericht an Brienne 1646 Sept. 3. NS III p. 293.

lichen im Interesse der Verständigung die Zustimmung dazu verschafft, dass sie die beiderseitigen Forderungen hinsichtlich der Satisfaktion zusammenstellten, die Differenzen, die vornehmlich einerseits den Einschluss von Lothringen und Spanien in den Friedensschluss, andererseits die Befriedigung von Schweden und Hessen-Kassel betrafen, sollten besonderen Erklärungen vorbehalten bleiben [1].

Auf Grund dieser Ermächtigung verhandelten Chigi und Contarini in den folgenden Tagen mit den Franzosen; erst am 10. September konnten sie den Kaiserlichen [2] einen Vertragsentwurf überreichen, der in dieser Form Tags zuvor von den Franzosen ihnen zugestellt und in wichtigen Punkten so gefasst war, dass die Vermittler befürchtet hatten, Trauttmannsdorff würde grosse Schwierigkeiten machen oder gar den Kongress verlassen [3].

Aber die Einwendungen, welche die Kaiserlichen am folgenden Tage erhoben, betrafen fast nur unwesentliche

---

[1] Cortreius S. 348.

[2] Cortreius a. a. O.: Lunae 10 huius venerunt .... mediatores et .... exhibuerunt scriptum a se confectum ex iis, quae utrinque in puncto satisfactionis producta fuerunt, ad mentem tamen Gallorum interpolatum [so im Original, nicht interpellatum]. Dieses Schriftstück (WA 92, 10 n. 1422.) ist keineswegs, wie Meiern behauptet, der von ihm B. III S. 721 f. abgedruckte extractus conventionis, sondern ein mit dem schliesslich am 13. Septemb. unterzeichneten Präliminarvertrage (Meiern III S. 723—727) bis auf wenige, auf Verlangen der Kaiserlichen hineingebrachte Änderungen übereinstimmender Entwurf (die Änderungen ergeben sich aus Beil. B zu KGM an Ferd. III. 1646 Sept. 11 und sind materiell, namentlich für unsere Untersuchung, nicht von Belang, vergl. auch Cortreius a. a. O. u. S. 350.). Ob derselbe von den Vermittlern aufgesetzt und von den Franzosen nur in ihrem Sinne geändert ist, oder ob die Fassung von den Franzosen herrührt und von den Vermittlern dann so acceptirt ist, wie man vielleicht aus NS III p. 296 folgern möchte, ist gleichgültig; er beruht im wesentlichen auf den in Betracht kommenden Partieen des kais. Vorschlags vom 31. August. Es genügt zu wissen, dass die Franzosen jedenfalls in entscheidender Weise an der Gestaltung betheiligt waren.

[3] Plén. an Brienne 1646 Sept. 10. NS III p. 296. L'écrit que nous donnâmes hier aux médiateurs fut fort contesté par eux en quelques articles importants, dont nous ne pouvons nous relâcher. Ils témoignèrent avoir appréhension, que le comte de Trauttmannsdorff n'y fît grande difficulté et ne se résolut à quitter l'assemblée....

Einzelheiten[1], die von den Franzosen zum Theil berücksichtigt, zum Theil abgelehnt wurden[2]. Die Kaiserlichen gaben sich schliesslich zufrieden. So konnte am Nachmittag des 13. September der Präliminarvertrag über die Satisfaktion in Gegenwart der Vermittler von den kaiserlichen und den französischen Bevollmächtigten unterzeichnet werden.

Wenn wir nun noch auf die letzte Entwickelung[3] der einzelnen Bestimmungen, soweit sie das Elsass betreffen, eingehen, so ist zunächst zu bemerken, dass die von den Kaiserlichen in dem Aufsatze vom 31. August gewählte Anordnung und Fassung im wesentlichen beibehalten ist; die materiellen und formellen Aenderungen sind auf Rechnung der Franzosen zu setzen.

Die Festsetzungen über die lothringischen Bisthümer, deren Abtretung an sich nicht angefochten war, wurden verschiedenen Modifikationen unterworfen, die hier nicht zu verfolgen sind.

Die Bestimmungen über den Uebergang der elsässischen Besitzungen und Rechte des Hauses Österreich, an sich nicht mehr umstritten, wurden nur geringen Aenderungen vonseiten der Franzosen unterzogen, die zu beanstanden die Kaiserlichen ebensowenig Veranlassung hatten, wie die von den Gegnern veranlassten Zusätze über die bereits bewilligte Schleifung von Benfeld und Rheinau, Zabern mit Hohbarr und Neuenburg. Für die Bezeichnung der abgetretenen elsässischen Lande sind also die Kaiserlichen ver-

---

[1] Wörtlich: Beil. zu KGM an Ferd. III. 1646 Sept. 11; inhaltlich: Cortreius S. 348 f.

[2] Cortreius S. 350.

[3] Für diese Entwickelung sind heranzuziehen:

1. Declaratio Caesareanorum .... 1646 August 31: Meiern III S. 712—718 § 6 u. Antwort der Franzosen: a. a. O. § 8.

2. Entwurf vom 10. Sept. (s. Anm. 2 auf S. 195): WA FrA 92, 10 n. 1422.

3. Conventiones .... 1646 Sept. 13: a. a. O. S. 723—727 (das Datum 7. Sept. ist falsch).

4. Volmars Tagebuch II S. 1037—1049: Cortreius S. 347—350.

5. KGM an Ferd. III. 1646 Sept. 4, 7, 11 u. 14, mit Beilagen.

6. Berichte der franz. Bevollm. 1646 Sept. 3 u. 17. NS III p. 293 u. 299 f.

antwortlich. Am 29. Mai war von ihnen abgetreten worden: der Sundgau, die Landgrafschaft Oberelsass zugleich mit Breisach und die Landvogtei des Unterelsass[1]. Auf die darauf erhobenen, weitergehenden Forderungen der Franzosen hatten die Kaiserlichen ausdrücklich entgegnet, dass die Abtretungen sich nur auf die österreichischen Besitzungen und Rechte bezögen. Von den neuen Prätensionen der Franzosen hinsichtlich der Reichsstände war nichts geblieben, sogar bezüglich der Landvogteistädte hatten sie sich mit den Österreich zustehenden Rechten begnügt; die Einfügung des Unterelsass auf den Wunsch der Franzosen hatte der Geheime Rath in Wien zugestanden, da auf das, was Österreich hier gehörte, schon verzichtet war, und die Habsburger ja thatsächlich neben der Landvogtei hier über territorialen Besitz verfügten. Wenn also jetzt von den Kaiserlichen neben Breisach die Fassung gewählt war: Landgrafschaft Ober- und Unterelsass, Sundgau und die Landvogtei der zehn im Elsass gelegenen Reichsstädte[2], so war damit die Gesammtheit der österreichischen Gerechtigkeiten links des Rheins abgetreten; als Territorialherren hatten sich die Habsburger Landgrafen genannt[3]; die besondere Erwähnung des Sundgaus erklärt sich dadurch, dass dieses Gebiet, ursprünglich eximirt, im engeren Sinne nicht zum Elsass gerechnet wurde und die französische Regierung die ausdrückliche Sicherstellung dieses Territoriums den Gesandten ans Herz gelegt hatte[4]. Also die Gesammtheit der österreichischen Besitzungen und Gerechtsame im Elsass — aber auch nichts darüber hinaus — scheidet aus dem Reichsverbande aus und wird mit allen Hoheitsrechten der Krone Frankreich einverleibt.

---

[1] Meiern III S. 14: Sundgoviam, landgraviatum Alsatiae Superioris una cum Brisaco, sicuti etiam praefecturam provincialem Alsatiae Inferioris ....

[2] Landgraviatum Superioris et Inferioris Alsatiae, Sundgoviam, praefecturamque provincialem decem civitatum imperialium in Alsatia sitarum. Meiern III S. 724.

[3] „Landgrafschaft bezeichnet hier den erbeigenthümlichen Herrschaftsbezirk", Marcks GGA 1885 S. 121.

[4] Siehe S. 172.

Bezüglich der Uebernahme der auf den vorderösterreichischen Landen haftenden Schulden blieb es bei der von den Kaiserlichen vorgeschlagenen Theilung, wonach der Erzherzog Ferdinand Karl ein Drittel, die Krone Frankreich zwei Drittel zu übernehmen hatte. Hier erklärten sich die Franzosen einverstanden mit der nachträglich von den Kaiserlichen gestellten Forderung, die Schulden nach dem Stand von 1632 aufzunehmen.

In Philippsburg wurde dem König von Frankreich unter bestimmten Modalitäten das Protektionsrecht eingeräumt; von kaiserlicher Seite war gefordert worden, dass die französische Besatzung dem Bischof und dem Kapitel schwören sollte, auf die Einsprache der Franzosen aber war darauf verzichtet worden.

In dem nun folgenden Abschnitte über die Verpflichtungen des Königs von Frankreich bestimmte der erste Punkt die Rückgabe der rechtsrheinischen Besitzungen des Hauses Österreich an den Erzherzog Ferdinand Karl, der zweite die Freiheit von Handel und Verkehr zwischen den beiden Rheinufern und auf dem Rheinstrom selbst, der dritte die Restitution der einzelnen Unterthanen. Die hier von den Kaiserlichen gewählte Fassung kehrt fast unverändert und unbeanstandet in der Schlussredaktion wieder.

Im vierten Passus wollten die Kaiserlichen die Reichsunmittelbarkeit der elsässischen Stände sicher stellen. In ihrem Ultimatum vom 29. Mai hatten sie ganz allgemein diese Forderung für die Gesammtheit der Stände erhoben; jetzt fügten sie die Namen einer grossen Zahl dieser Stände, aber durchaus nicht aller bei: das war keine Verbesserung und für die fehlenden natürlich eine Ursache besonderer Beunruhigung, obschon ganz klar sein musste — schon durch die Nichterwähnung der Stadt Strassburg —, dass hier nur, wie die Kaiserlichen es später erläuterten, besonders gefährdete Reichsglieder geschirmt werden sollten und dass die allgemein gefassten Eingangsworte die Reichsunmittelbarkeit aller Stände schützten, zumal der Allerchristlichste König nochmals ausdrücklich auf die bisher dem Hause Österreich zustehenden Rechte beschränkt wurde.

Der einzige Widerspruch, den die Franzosen dagegen erhoben, war der, dass sie „nicht vermeinten, dass der unterelsässische Adel dem Reich unmittelbar unterworfen und vorbehalten bleiben sollte[1].“ Die Kaiserlichen entgegneten, man müsste unterscheiden zwischen der Ritterschaft im Oberelsass und der im Unterelsass: jene wäre von altersher dem Hause Österreich unterworfen, während es über diese, die stets reichsunmittelbar gewesen wäre, keinerlei Rechte hätte[2].

Damit beruhigten sich die Franzosen; sie haben keinen Versuch gemacht, auf ihre zurückgewiesenen Ansprüche an die nichtösterreichischen Reichsstände im Elsass zurückzukommen; sie haben mit einer geringen redaktionellen Aenderung, die sachlich ohne jede Bedeutung[3] war und von den Kaiserlichen stillschweigend adoptirt wurde, den Wortlaut, den die Kaiserlichen am 31. August gewählt hatten, bestehen lassen. Aber sie haben einen Schlusssatz hinzugefügt: dass durch diese Erklärung dem bereits zugestandenen Rechte der Oberhoheit keinerlei Eintrag geschehe. Dieser Satz ist es, der die Grundlage für die französische Annexionspolitik im Elsass in der zweiten Hälfte des 17. Jahrhunderts gebildet hat, der überhaupt erst die Möglichkeit für eine zweideutige Interpretation des Friedensinstruments gegeben hat. Es lässt sich, soweit ich sehen kann, nicht mit Sicherheit feststellen, ob die Vermittler oder die Franzosen die Urheber dieser verhängnissvollen Bestimmung gewesen sind; wenn wir die Entstehungsgeschichte des Textes, wie oben geschildert, betrachten, spricht die Wahrscheinlichkeit im

---

[1] KGM an Ferd. III. 1646 Sept. 4.

[2] Beil. B zu KGM an Ferd. III. 1646 Sept 7.

[3] Kaiserl. Entwurf vom 31. August: teneatur Rex Christianissimus, ... ordines ...... in sua libertate et possessione immedietatis erga Imperium Romanum relinquere ...; dafür setzt der franz. Entwurf und danach der Präliminarvertrag: in ea libertate et possessione immedietatis, qua hactenus gavisi sunt, erga Imperium Romanum relinquere. Eine Abschwächung der künftigen Reichsunmittelbarkeit der Stände liegt in der zweiten Fassung sicher nicht.

höchsten Masse für die zweite Möglichkeit, wobei wir indessen keinerlei Anhaltspunkte dafür haben, dass sich dieselben der Konsequenzen dieses Zusatzes bewusst gewesen wären oder gar in berechnender Absicht die Zweideutigkeit eingefügt haben. Ganz verwunderlich aber ist, dass den Kaiserlichen die durch diesen Zusatz möglich gewordene Gefährdung ihrer Forderung gar nicht in den Sinn gekommen ist. Sie haben den Vorschlag der Mediatoren mit einem einfachen „placet" gut geheissen; der Vorwurf, hier durch Achtlosigkeit wichtige Reichsinteressen aus dem Auge gelassen zu haben, bleibt stets an ihnen hängen. Und ihre Sorglosigkeit und ihr weiteres Verhalten in diesem Punkte ist um so auffallender, als die in diesem einschränkenden Schlusssatze liegende Undeutlichkeit und Gefahr von den betheiligten Reichsständen, sobald ihnen der Wortlaut der Abmachung bekannt wurde, sofort auf das schärfste hervorgehoben wurde.

Dem kaiserlichen Begehren der Restitution aller okkupirten Orte hatten die Franzosen die Forderung der Auslieferung von Ehrenbreitstein an den Kurfürsten von Trier angefügt: daran nahmen Ferdinands Vertreter bei der bekannten, reichsfeindlichen Gesinnung des Kurfürsten von Trier so sehr Anstoss, dass die Vermittler eine Auslassung des ganzen Passus, bis man in Osnabrück würde abgeschlossen haben, vorschlugen[1] und die Zustimmung dazu erlangten.

Dem Wunsche der Franzosen, dass zum Verzicht des Hauses Österreich auch die Zustimmung des Reiches hinzugefügt werde, gaben die Kaiserlichen nach. Dagegen suchten sie zu erreichen, dass die Geldentschädigung für die tirolische Linie von 3 Millionen Livres, die geboten waren, auf 2 Millionen Thaler[2] erhöht würde, gaben sich aber, als die Franzosen trotz der Bemühungen der Vermittler fest blieben,

[1] Cortreius S. 350; bei Meiern III S. 726 ist dieser Absatz irrthümlich stehen geblieben, in einer Str. StA 1132 befindlichen Abschrift ist er richtig durchgestrichen.

[2] Duas thalerorum imperialium milliones seu quattuor et dimidium milliones librarum Turonensium fordern die Kaiserlichen am 31. August.

mit der geringeren Summe zufrieden, wenn sie in guter Münze[1] innerhalb von 3 Jahren erlegt würde. Die kaiserliche, in einen geheimen Artikel gebrachte Festsetzung über die Türkenhülfe fiel in der Schlussredaktion aus, dagegen blieb ein Streitpunkt ungelöst: die Frage über die Stellung der Lehensträger der drei lothringischen Bisthümer; und am Schlusse fehlten die gegenseitigen Verwahrungen nicht, deren Erfüllung für die Gültigkeit der getroffenen Vereinbarung Vorbedingung sein sollte.

Immerhin war es ein hochbedeutsames Ereigniss, als am 13. September dieser Präliminarvertrag, nächst der im Juli getroffenen Vereinbarung über das Normaljahr das erste belangreiche Resultat des Kongresses nach mehr als zweijähriger Dauer, unterzeichnet wurde.

Noch weitere zwei Jahre sollte es dauern, bis er im definitiven Friedensschlusse Gültigkeit erlangte. Wir betrachten zunächst, wie die Paziszenten und ebenso die Reichsstände, betheiligte wie uninteressirte, diese Abmachungen aufgenommen haben, dann, welche Kämpfe sich bis zum Friedensschlusse daran geknüpft haben.

---

[1] Modo earundem iustus valor ad legem monetariam imperialem comparatus exprimatur.

DRITTER ABSCHNITT.

VOM PRÄLIMINARVERTRAG ZUM FRIEDENS-SCHLUSS.

1. ERGEBNISS DES PRÄLIMINARVERTRAGS. DIE ELSÄSSISCHEN STÄNDE UND DIE ENTSCHÄDIGUNGS-FRAGE VOM DEZ. 1645 — BIS SEPT. 1646.

Am 17. September gaben die französischen Bevollmächtigten ihrer Königin Kunde von dem Abschlusse des Präliminarvertrags[1]. Mit berechtigtem Stolze zählen sie die Erwerbungen auf, die er Frankreich bringt und betonen, dass sie über ihre Instruktionen hinaus Philippsburg gewonnen und als Entschädigungssumme anstatt der ihnen erlaubten sechs Millionen Livres nur die Hälfte zugestanden haben. Sie preisen die Herrscherin, dass sie in den schwierigen Zeiten der Regentschaft für einen minderjährigen König nicht nur die ältesten Reichsgrenzen wiedergewonnen, sondern sogar zwei wichtige Plätze jenseit des Rheins hinzugefügt und so die gefährliche Verbindung der österreichischen Machtgebiete zerrissen hat. „Beide Elsass und der Sundgau", so heisst es bei der Aufzählung der Erwerbungen, sind unter den bekannten Bedingungen abgetreten. Es ist kein Grund zu bezweifeln, dass die französischen Gesandten selbst, indem sie diese Bezeichnungen für die Abtretungen im Elsass anwendeten, damit nur die Erwerbung der öster-

[1] NS III p. 299 f.

reichischen Rechte haben bezeichnen wollen. Es findet sich nicht die geringste Erwähnung, dass der neu eingefügte Schlusssatz „ita tamen“ eine Ausdehnung der Errungenschaften herbeigeführt habe oder auch nur die Handhabe biete oder bieten solle, um weitergehende Ansprüche zu erheben. Ja, wir hören wenige Tage vor dem Abschlusse, dass gegen Nachgiebigkeit hinsichtlich des Territoriums von Breisach Frankreich seine Ansprüche auf Souveränetät über die zehn Landvogteistädte fallen lässt[1]. Und als die Bevollmächtigten am 18. September Erlach Mittheilung vom Abschlusse machen, sagen sie, die Bedingungen des Ausgleichs seien dieselben geblieben wie früher[2], nur das Besatzungs- und Schirmrecht in Philippsburg sei hinzugekommen[3]. Die Anschauung der französischen Bevollmächtigten beim Abschlusse des Präliminarvertrags ist also klar, und auch vonseiten der Regierung findet sich keine Äusserung, die eine abweichende Meinung rechtfertigte. Wir begreifen, dass man in Paris mit den erzielten Erfolgen ohnedies überaus zufrieden war und mit Lob für die Bevollmächtigten nicht kargte[4].

Resignirter sah man natürlich auf kaiserlicher Seite den Abschluss an. Trauttmannsdorff zweifelte daran, dass die Franzosen die vereinbarten Bedingungen erfüllen würden[5]. Der Kaiser fand zwar die Möglichkeit künftiger Unklarheiten im Vertrage und hoffte, dass seine Vertreter etwaige Gelegenheiten, dem vorzubeugen, benutzen würden[6], aber auf Einzelheiten ging er nicht ein, und das von ihm ver-

---

[1] La France aura satisfaction touchant le territoire et ban de Brisach, en échange elle quitte ses prétentions de souveraineté sur les dix villes de la Landvogtei. Stenglin an Stotz 1646 Sept. 7. Lettres des Plén. p. 85. Es war der einzige Punkt, der von den über die österr. Rechte hinausgehenden Forderungen noch übrig geblieben war.

[2] Das kann sich nur auf das Ultimatum der Kaiserlichen vom 29. Mai beziehen.

[3] Plén. an Erlach 1646 Sept. 18. Lettres des Plén. p. 86.

[4] Schreiben der Königin-Regentin und des Königs 1646 Sept 29. NS III p. 325 ff.

[5] Geh. Bericht 1646 Sept. 18.

[6] Die Gesandten sagten das zu: KGM an Ferd. III. 1646 Okt. 16.

langte Geheimrathsgutachten berührt zwar eine Reihe von Kleinigkeiten, ohne indess an den Bestimmungen über das Elsass Anstoss zu nehmen, ja es sieht ausdrücklich — im Gegensatze zu der Gefährdung der Lehnsträger der lothringischen Bisthümer — die Reichsfreiheit nicht nur der Bischöfe von Basel und Strassburg, sondern aller Immediatstände in beiden Elsass als gewahrt an [1].

Es kam nun darauf an, wie sich die Reichstände den Abmachungen des Präliminarvertrags gegenüber verhalten würden: davon hing dann der Erfolg etwaiger Bemühungen der auf das einschneidenste betroffenen elsässischen Reichsglieder ab.

Dass sich dieselben bisher fast völlig passiv verhalten und in die Wendung, die die Geschicke ihrer Heimath genommen, so gut wie gar nicht eingegriffen hatten, erklärt sich doch nur zum Theil daraus, dass über ihren Kopf hinweg — auf Veranlassung der Gesammtheit der Stände — Kaiserliche und Franzosen sich in Separattraktaten direkt verständigt hatten. Dabei sind die elsässischen Vertreter — von Otto und Schneider wenigstens lässt sich das in ihrer Korrespondenz ganz klar erkennen — über die Einzelheiten, um die sich der Kampf drehte, oft überraschend gut unterrichtet. Aber man gewinnt den Eindruck, als ob die betheiligten Stände von Anfang an gleichsam wie gelähmt der immer näher rückenden Entscheidung als einem unabwendbaren Ereigniss entgegenschauen.

Und doch musste ihnen die französische Replik vom 7. Januar 1646 den letzten Zweifel darüber nehmen, dass es sich im weiteren Verlaufe der französischen Satisfaktionshandlung in erster Linie um das künftige Schicksal des Elsass handeln würde. Das wurde auch allerseits sofort erkannt. Trotzdem aber kam es auch jetzt nicht zu gemeinsamen Schritten, dazu hatten die Sonderinteressen und der konfessionelle Gegensatz zu sehr das Uebergewicht.

Sobald die Forderungen der Franzosen offiziell kund-

[1] Ferd. III. an KGM 1646 Sept. 28 Pressburg, mit beil Geh.-Raths-Gutachten. WA FrA 92, 10 n. 1486.

gegeben waren, wendete sich die Erzherzogin Claudia — von Allen die zumeist Betroffene — an die Kurfürsten mit der Bitte, solchem Ansinnen Widerstand zu leisten. Was sie darauf erhielt, war doch nicht mehr als wohlklingende Worte [1]. Wenige Wochen später hören wir, dass sie sich darein ergeben hat, wenn um des Friedens willen das Opfer nöthig sei und der Kaiser sie anderweitig entschädige, in die Preisgebung ihrer Besitzungen im Elsass zu willigen [2].

Für die übrigen elsässischen Stände blieb als Trost die Hoffnung, dass die Abtretungen an Frankreich auf die österreichischen Besitzungen und Rechte beschränkt bleiben würden. Freilich konnte auch dieser Besitzwechsel sich nicht ohne nachhaltigen Einfluss auf ihre Zukunft vollziehen; besonders die Dekapolis wurde dadurch betroffen. Denn es war vorauszusehen, wenn Frankreich hier als Erbe der im letzten Jahrhundert von österreichischen Erzherzogen ausgeübten, vielfach umstrittenen Rechte eintrat, ohne dass dabei eine scharfe, detaillirte Umgrenzung der ihm zustehenden Befugnisse vorgenommen wurde, dass es, zumal wenn seine Aufnahme in den Reichsverband nicht erfolgte, alsbald bemüht sein würde, seine Kompetenzen zu überschreiten, zu voller Herrschaft auszugestalten und dass so ein Keim zu endlosen Verwicklungen gelegt wurde. Daher war der Rath von Colmar alsbald darauf bedacht, die Verschiedenheit der landvogteilichen Befugnisse am Kongresse zur Kenntniss zu bringen; er versuchte, eine reinliche Scheidung zu konstruiren zwischen der Stellung der Städte zum Landvogte und derjenigen der Reichsdörfer [3].

---

[1] WA FrA 94 1: an den Kurf. von Trier 1646 Jan. 16 (Antwort fehlt); Antwort des Kurf. v. Mainz vom 23. Jan., von Sachsen vom 21. Febr., von Brandenburg vom 14. März (aus Königsberg, s. auch Meinardus III S. 380 f.). Anzunehmen ist wohl, dass sich Claudia auch an Bayern und Köln gewendet hat; oder sollte sie sich von vornherein von den beiden Wittelsbachern nichts versprochen haben?

[2] In diesem Sinne hat Claudia an Kurf. Maximilian geschrieben, das ergiebt sich aus einer Antwort des Kurf. v. Köln an ihn vom 24. Febr.: Beil. zur Weisung an die bayr. Ges. 1646 März 7. WA FrA 49 c.

[3] Colmar an Schneider 1646 Jan. 14 (24). RA 1887 S. 480.

Ende 1645 hatte auch der Erzherzog Leopold Wilhelm — als Bischof von Strassburg an den Verhandlungen mit Frankreich stark interessirt — einen Vertreter an den Kongress entsendet, seinen „Rath, Passauischen Landrichter und Amtmann zu Schirmeck" Johann von Giffen[1]. Diesem Abgeordneten übertrug kurz darauf auch die Reichsritterschaft des Unterelsass, da sie sich zu einer selbständigen Abordnung wegen ihrer durch die langjährigen Kriegsdrangsale hervorgerufenen Nothlage unvermögend fühlte, die Vertretung ihrer Interessen in Münster[2]; in Osnabrück übernahm auf ihr Ansuchen im Juni 1646 Wolfgang v. Gemmingen, Gesandter der freien Reichsritterschaft in Franken, Schwaben und am Rheinstrom, die Wahrung ihrer Angelegenheiten[3]. Die hauptsächliche Sorge des ritterschaftlichen Ausschusses[4] war, dass, falls im Frieden das Unterelsass an Frankreich zedirt würde, „ausdrücklich der darin begriffenen Stände, insonderheit aber dieser Reichsritterschaft im Unterelsass Immedietät sammt allen den Privilegien in specie reservirt" und dass sie als ein corpus mit allen Vorrechten beim Reiche erhalten bliebe. In diesem Sinne wendete sich der Ausschuss nicht nur an Giffen, sondern auch direkt an die Gesammtheit der Reichsstände[5].

[1] Erh. Leop. Wilh. an d. Statthalter, Vizekanzler und Räthe unseres Hochstifts Strassburg. Linz 1645 Nov. 30. Str. BA Extrad. Bad. 59. Da das Stift Passau nicht allein die Kosten der Mission tragen kann, hat Giffen eine Verschreibung von 2000 Th. auf das strassb. Domkapitel mitbekommen. — Leider habe ich die Korrespondenz zwischen dem Erzherzog und Giffen nicht ermitteln können. In Strassburg und Wien ist sie nicht.

[2] Vollmacht für Giffen: 1646 Jan. 29 (st. vet.). Str. BA, E 1396. Hier befindet sich die Korrespondenz des Ausschusses der elsässischen Ritterschaft mit Giffen u. Gemmingen, soweit sie erhalten. Am 2. (12.) Jan. hatte der Ausschuss der Ritterschaft an Giffen die Bitte um Uebernahme ihrer Vertretung gerichtet, unter dem 26. Jan. sagte dieser zu.

[3] Str. BA, E 1396.

[4] Über den Ausschuss der Ritterschaft, d. h. ihre ständige geschäftsführende Vertretung, s. Overmann in ZfGO n. F. XI bes. S. 596 f. und 601—608. Sitz des Ausschusses war Strassburg.

[5] Es geschah auf Giffens Rath. Das Memorial erging am 21. Febr. (st. vet.); am 15. März berichtet G., dass er es ‚bereits den Kaiserlichen

Weniger gefährdet in ihrer Selbständigkeit und Reichsfreiheit war zunächst wohl die Stadt Strassburg, aber ihre Besorgnisse für eine unsichere Zukunft konnten durch den Fortgang der Verhandlungen am Kongresse doch nur gesteigert werden, zumal die wiederholt auftauchende Hoffnung, dass die französische Begehrlichkeit sich auf Lothringen, die Franchecomté oder Mailand würde ablenken lassen, stets bald sich als eitel erwies. Schon als Otto Trauttmannsdorff zum erstenmal aufsuchte (in Osnabrück, am 23. Dezember 1645), da meinte dieser, auch Strassburg würde keine Seide dabei spinnen, „sondern mit der Zeit einen Metzischen Process darüber zu gewarten und auszustehen haben“[1]. So wenig die Stadt ein Verlangen nach Frankreichs Nachbarschaft hatte: dieselbe zu inhibiren, fühlte sie sich zu schwach und empfand doch, dass Strassburg „ein ewiger Stein des Anstosses verbleiben“ würde, wenn Frankreichs Forderungen durchdrangen[2]. Im Gegensatze zu der allgemeinen Ansicht der Reichsstände war der Rath nicht dafür, dass die an Ludwig XIV. erfolgenden Abtretungen ferner Reichslehen bleiben sollten. An Spaniens Reichsstandschaft, so meinte er, hätte man ein warnendes Beispiel, „denn in favorabilibus wissen sie sich des Reichs wohl zu bedienen, wo man aber kontribuiren soll, da ist Niemand daheim“, daher wäre besser, ein Stück vom Mantel des Römischen Reiches fahren zu lassen[3].

Heuss hatte berichtet, bei der Satisfaktionsforderung der Franzosen wäre ursprünglich Strassburgs besonders gedacht gewesen, dass die Stadt kein Praejudiz erleiden, sondern guter Nachbarschaft versichert sein sollte, aus „andern considerationes“ wäre sie ausgelassen, könnte aber, nach Aussage von Stenglin, Longuevilles Sekretär, auf ihren Wunsch wohl wieder hineingebracht werden[4].

zugestellt habe. Str. BA, E 1396. Das Memorial auch in WA FrA 94, 2 n. 234.

[1] Otto an Strassburg, 1645 Dez. 15 (25).

[2] Strassburg an Otto, 1646 Jan. 2 (12).

[3] Strassburg an Otto, 1646 Jan. 16 (26).

[4] Heuss an Strassburg 1646 Jan. 2 (12). Str. StA 1119.

Schon jetzt legte der Rath Werth darauf, sich durch eine besondere Assekurationserklärung Sicherheit zu verschaffen; Otto jedoch erachtete Bemühungen in dieser Richtung noch für verfrüht. So unterblieben zunächst Schritte in diesem Punkte, da auch der Rath an eine nahe Gefahr um so weniger glaubte, als der Satisfaktionspunkt seiner Ansicht nach nicht an erster Stelle würde erledigt werden[1]. Die hauptsächliche Sorge bereitete ihm das Schicksal des Unterelsass, da Besitz und Rechte des Hauses Österreich ihm hier so beschränkt erschienen[2], dass ein Vortheil für Frankreich darin sich nicht erkennen liesse; daher entstand die Furcht, dass unter der für den Verkehr mit Philippsburg geforderten Korrespondenzlinie viel weitergehende territoriale Ansprüche, die auch die elsässischen Reichsstädte umfassten, sich verbergen möchten[3]. So kam der Rath von Strassburg auf den Gedanken, man müsste den Kronen zureden, sie möchten von ihren Forderungen Abstand nehmen, bei Schweden freilich mit Vorsicht, da man es in puncto gravaminum gebrauche; „und können wir zumal, was Frankreich im Elsass praetendirt, nicht hindern, denn eine so mächtige Krone daraus mit Gewalt zu vertreiben, können wir bei der Lage der Dinge vonseiten des Reichs keine Mittel finden“[4]. Wenn Alles vergeblich bleibe, dann müsse man dahin trachten, dass ein ausdrücklicher Passus ins Friedensinstrument eingefügt werde, der Strassburg zusichere, dass es in seiner Reichsfreiheit ge-

---

[1] Strassburg an Otto, 1646 Jan. 16 (26).

[2] Der Rath schreibt fälschlich: „denn ausserhalb der Landvogtei und darein gehörigen Dorfschaften wissen wir diesseits des Rheins nichts, so dem Hause Österreich zustehet“; s. dagegen Abschnitt I 3.

[3] „Aber wie wir von einem vornehmen Ort verständigt sind, soll es damit [dass Frankreich nur d. österr. Besitz fordere] eine andere und zwar diese leidige Beschaffenheit haben, dass sie unter ihrer Korrespondenzlinie bis nach Frankreich nicht nur die österr. Lande, sondern den ganzen districtum von Philippsburg bis in Frankreich und also zugleich die Bisthümer Strassburg und Basel mit allen den darin gelegenen und okkupirten Reichsstädten verstehen.“ Strassburg an Otto 1646 Jan. 28 (Febr. 7), vergl. Prot. d. XIII f. 296.

[4] Strassburg an Otto 1646 Jan. 23 (Febr. 3).

schützt werde, in geistlichen und weltlichen Sachen in dem Zustande wie vor dem Kriege verbleibe und darin von Frankreich nicht angefochten werden könne[1]. Freilich werde man „in diesem Stücke nicht mehr erlangen, als die konföderirten Kronen gutwillig gönnen“[2]. Und auch der Werth solcher Assekuration erscheint fragwürdig, „denn die so dem Feuer am nächsten gesessen, können den Rest bekommen, ehe sie einmal um Hülfe und Assistenz rufen“. Der Rath tröstet sich, man müsse es Gott und der Zeit befehlen[3].

Als im März die Frage über die französische Entschädigung wieder an die Stände kam, stimmte Otto dafür, die Sache „denjenigen zu überlassen, in deren Mächten stehet, von- und zuzugeben“[4]. Denn das sah er wohl ein und meinte, auch die Franzosen urtheilten so, dass wenn der Kaiser und das Haus Österreich auf ihre Forderungen eingingen, eine einzelne Stadt nichts dagegen machen könnte. Von Trauttmannsdorff erhielten zwar die Vertreter der Städte, und von Oxenstierna speziell Otto, die Zusage, man werde sich ihrer Beschützung annehmen[5]. Aber zu einem offenen Auftreten gegen Frankreich wagte sich Strassburg nicht aufzuschwingen, wie das ja seiner ganzen Politik seit dem Prager Frieden entsprach. Natürlich wirkte es unter der Hand den französischen Wünschen nach Kräften entgegen.

Es ist erklärlich, dass diese Thätigkeit den Franzosen nicht verborgen blieb, die nicht ermangelten, Otto sowohl wie Heuss in sehr energischem Tone darüber zur Rede zu stellen und ihre Erklärung, dass sie fest auf Elsass und

---

[1] Strassburg an Otto, 1646 Jan. 28 (Febr. 7).

[2] Strassburg an Otto, 1646 Febr. 27 (März 9).

[3] Strassburg an Otto, 1646 Jan. 16 (26).

[4] Otto an Strassburg, 1646 März 12 (22): „mein Votum ist im Städterath besser vor die Kron Frankreich gefallen, als das hiesige fürstl. Conclusum miteinander, denn anstatt sie bei vorigen Vorschlägen lediglich bestanden, hab ichs denjenigen überlassen, in deren Mächten stehet von- und zuzugeben“; s. S. 115 f. Der Rath erklärt sich, März 16 (26), mit Ottos Votum zufrieden.

[5] A. a. O.

Breisgau bestehen würden, dadurch annehmbarer zu machen suchten, dass sie auf diese Weise die Freiheit der Reichsstände schirmen wollten. Freilich die Erfahrungen, die die Stadt bisher mit den im Lande befindlichen Behörden und Truppen gemacht hatte, konnten ihr den französischen Schutz nicht eben verlockender machen: jahraus, jahrein hatte es Beschwerden und Konflikte gegeben, und die in Paris erhobenen Reklamationen hatten stets trotz aller königlichen Zusicherungen nur geringe und vorübergehende Abhülfe gebracht. Schon diese unwürdige Behandlung liess dem Rathe eine ausdrückliche Assekuration auch für die Zukunft erwünscht erscheinen, aber er wagte nicht, diese Begründung zur Zeit bei den französischen Bevollmächtigten anzubringen. Otto und Heuss hatten den Vorwurf feindseliger Agitation durchaus abgewiesen und ihre Haltung mit ihrer Pflicht, Strassburgs Freiheit zu schützen, begründet[1].

Eben jetzt war Caspar Bernegger[2] wieder mit vielerlei Beschwerden über Verletzung der zugesicherten Neutralität nach Paris geschickt. Ihm war aufgetragen, sich über die dort für das Elsass bestehenden Pläne zu unterrichten und sich, wenn die Gelegenheit es ergäbe, darüber auszusprechen, dass Strassburg die Ersetzung Österreichs im Elsass durch Frankreich dieser Krone gern gönne — eine Behauptung, die auf Wahrheit nicht gerade Anspruch machen konnte —, da sie stets zugesagt habe, die Freiheit der Stände zu schützen. Gegnerischen Verdächtigungen sollte Bernegger mit Entschiedenheit entgegentreten, „da es doch an dem, dass wir unsere Faiblesse durch vergebliche Opposition in dem, was zu hindern nicht in unsern Mächten ist, offen aufs Theatrum zu führen“ und so für die Zukunft zu gefährden, nicht gedenken[3]. Soweit es sich

---

[1] Heuss an Strassburg 1646 März 20 (30); Otto an Strassburg April 16 (26); Strassburg an Otto März 23 (April 2). Str. StA 1119 u. 1122.

[2] S. über Caspar Bernegger: Bünger, Matthias Bernegger S. 376 f. und meine Bemerkungen: ZfGO n. F. IX S. 519—523.

[3] Die Dreizehner an Bernegger 1646 April 17 (27). Str. StA 1900, wo sich die Korrespondenz über Berneggers Mission befindet.

um die Erwerbung österreichischer Territorien handele, sollte er nach günstiger Erledigung der Klagepunkte hinzufügen, werde sich die Stadt nicht widersetzen, sondern rechne auf gute Nachbarschaft ohne Beeinträchtigung ihrer Herrschaft; nur aus Vorsicht begehre sie eine Spezialassekuration im Friedensinstrument[1]. Bernegger seinerseits berichtete aus Paris, die Stadt werde, falls das Elsass in französischen Händen bleibe, unaufhörlichen Quälereien ausgesetzt sein, wenn sie nicht zwei bis drei mächtige Protektoren am Hofe mit Geld erkaufte: dazu wären mindestens zwei bis dreitausend Thaler nöthig[2].

Mittlerweile hatten, wie erzählt, die Stände die Satisfaktionsverhandlungen mit den Kronen in die Hände der Kaiserlichen gelegt und in der ersten Hälfte des April war das Schicksal des Elsass in der Hauptsache entschieden: das Haus Österreich hatte auf seine Besitzungen und Rechte Verzicht geleistet. Colmars Vertreter, der lange Zeit nicht vom Ernst der Lage durchdrungen erscheint[3], war daher von der so schnell eingetretenen Wendung einigermassen überrascht. Die Stadt aber rechnete sehr bald mit der Thatsache, dass an der Preisgabe der österreichischen Rechte nicht mehr zu zweifeln war und dass es nun galt, die reichs-

[1] Instruktion für Caspar Bernegger 1646 Febr. 9 (19), Str. StA 1900; vergl. den an Otto über die Instr. gegeb. Bericht: B. sei instruirt, „dass er die franz. Satisfaktion auf dem Elsass weder ausdrücklich approbiren oder zur Kooperation grosse Hoffnung machen, hingegen aber auch als wolle man es hindern, keine Ombrage geben, sondern allein die Assekuration in eventum, zu Stiftung gutem nachbarlichen Wohlvernehmens und Vorkommung bei den Franzosen nicht ungewöhnlicher Missverständt, sollizitirn und treiben wird“: Strassb. an Otto 1646 März 23 (April 2), Str. StA 1122.

[2] Bernegger an s. Schwager, den Sekretarius Junth 1646 April 18 (28) Paris, a. a. O., berichtet, Silhon, „Mazarins rechte Hand“, habe sich erboten, Strassburgs Interessen wahrzunehmen; er räth, diesem ein Praesent in Gestalt einer beträchtlichen Summe baaren Geldes zu verehren. — Solche Geschenke von Geld oder Werthsachen an französische Staatsmänner, höhere und geringere, kommen seit Jahren von Strassburgs Seite häufig vor (Akten des Stadtarchivs).

[3] S. seinen Brief vom 29. Jan. (8. Febr.) 1646 an Mogg: RA 1887 S. 484.

rechtliche Stellung der Dekapolis zu retten. Goll hatte gewiss Recht, wenn er bei den nun einmal bestehenden, verwickelten Rechtsverhältnissen eine Verschonung der Städte für ausgeschlossen hielt, und Schneiders Wunsch, jede Erwähnung derselben im Friedensinstrument zu vermeiden, war von vornherein aussichtslos. Colmar übersandte ihm eine Denkschrift über die rechtliche Stellung des Städtebundes, wie sie sich in den Augen des Raths darstellte, um sich auf Grund dieser Deduktion der Unterstützung des Städtekollegs zu versichern. Auch schriftlich und am Kongresse mündlich wurden Schweden nud Hessen-Kassel um Hülfe in der Noth angegangen, und sie liessen es an guten Worten nicht fehlen. Vor allen Dingen aber suchte Schneider die französischen Bevollmächtigten selbst auf. Dieselben bemühten sich, ihn darüber zu beruhigen, dass Frankreich etwa über die von Österreich besessenen Rechte an den Städten hinausgreifen würde.

Jedenfalls versäumte Colmar schon jetzt nicht, für seine Spezialanliegen, besonders die Erhaltung seines Herrschaftsgebietes, sich der Gunst der Franzosen zu versichern. Im übrigen bewegte man sich, so lange die Verhandlungen über die französischen Forderungen nicht abgeschlossen und der Wortlaut der Konzessionen nicht bekannt war, auf überaus unsicherem Boden, und Furcht und Hoffnung wechselten beim Rathe ebenso sehr, wie bei seinem Vertreter. Auch an den Rath von Strassburg hatte Colmar eine Deputation entsendet[1], mit der Bitte um Rathschläge, wie es sich gegen die Bedrohung der Dekapolis verhalten sollte; auch hier bestand die Antwort in billigen Redewendungen: die Sache wäre nicht abgeschlossen, der Kaiser könnte nicht über die Städte verfügen, Colmar könnte sich an seine Kompaktaten halten und man hätte noch Hoffnung, dass sich die Franzosen bescheiden würden[2].

Strassburg selbst fürchtete, dass im Unterelsass auch das Bisthum Strassburg, da es in der Hand eines öster-

[1] Für Colmars Politik: Mossmann, Matériaux RA 1888.

[2] Str. StA XIIIer Prot. 1646 Juni 4 (14), fol. 246 f.

reichischen Prinzen war, von den Franzosen beansprucht würde. Der Rath hielt für ausgeschlossen, dass sich Frankreich hier mit der Landvogtei begnügen würde. Aber selbst in diesem Falle trat die Nothwendigkeit, alsbald, und zwar vor dem Abschlusse der Traktate, für eine ausdrückliche Assekuration der Stadt zu sorgen, hervor, denn wenn Ludwig XIV. auch auf die Territorien und ihre Einkünfte verzichtete, so würde er doch durch die Forderung des Besatzungsrechts in Zabern und Benfeld thatsächlich das Land beherrschen. Ueber den Inhalt der erwünschten Assekuration war sich der Rath klar: es handelte sich darum, „dass gemeine Stadt in politicis et ecclesiasticis in dem Stand, wie sie anno 1618 gewesen, gelassen und vor Frankreich geschützet werden solle“; er fürchtete nur, dass dieselbe vonseiten des Bisthums durch Vermittelung der Kaiserlichen hintertrieben werden möchte [1], denn der alte Streit mit dem Stift, vornehmlich um die Kirchen, der das Hauptbedenken für die Stadt gegen die Annahme des Prager Friedens gebildet hatte, war noch immer nicht entschieden. Die Hoffnung, eine spezielle Assekuration im Friedensinstrumente selbst zu erreichen, gab der Rath bald auf und beschloss, sich mit einem strassburgisch-französischen Nebenrezess, der in Paris zu ratifiziren wäre, zu begnügen. Der Advokat Dr. Imlin namentlich, der zu den einflussreichsten Personen im Rathe der Stadt gehörte, hatte in diesem Sinne gewirkt, da ein Nebenrezess geheim bleibe und doch die gleiche Wirkung erzielen werde; von ihm wurde der Entwurf verfasst, der dann zur Begutachtung an Otto und, von diesem verbessert, an Heuss geschickt wurde [2]. Heuss mahnte dringend, die Franzosen sogleich darum anzusprechen, da sie selbst stets gesagt hätten, man sollte sich deswegen nur freimüthig an sie wenden [3]. Otto aber rieth, zunächst

---

[1] Imlin referirt bei den „Verordneten Herren“ 1646 Mai 7 (17), Prot. d. V. H. fol. 64 f.

[2] Strassburg an Otto 1646 Mai 8 (18); vergl. XIIIer Prot. 1646 fol. 239 f., VH Prot. fol. 64 f.

[3] Schreiben von Heuss, bei den Dreizehnern am 26. Mai (5. Juni) 1646 verlesen, fol. 244.

damit noch an sich zu halten, denn wenn die Gegner zu früh davon erführen, würde nur Streit entstehen; überhaupt sollte man es erst dann mit einem Nebenrezess versuchen, wenn alle Hoffnung auf Erwähnung im Hauptinstrumente geschwunden wäre, „zumal weil aus bisheriger Erfahrung leider nur zuviel bekannt, was auf dergleichen bei Hof nicht nur ratifizirte, sondern gar ertheilte assecurationes zu bauen und zu trauen wäre" [1].

Eben jetzt kam Bernegger mit den schönsten mündlichen und schriftlichen Zusicherungen aus Paris zurück, von deren problematischem Werthe, sobald das Heer wieder ins Land käme, der Rath selbst überzeugt war. Das Assekurationsbegehren war am Hofe zwar für billig erachtet, aber an die Bevollmächtigten am Kongresse gewiesen worden [2]. Auf deren Aufforderung hin hat dann Heuss ihnen am 13. und 14. Juni den ihm ja bereits übersendeten Assekurationsentwurf übergeben [3]. Die Gewährleistung des kirchlichen Zustandes von 1618, folglich die Annullirung der Reichshofrathserkentnisse, die 1630 und 1631 in der Kirchensache ergangen sind, steht an der Spitze der Wünsche; es soll ferner weder für die aus den schwedischen Schenkungen gezogenen Nutzungen noch für die nothwendigen Befestigungen zum Opfer gefallenen kirchlichen Gebäude [4] Entschädigung geleistet werden müssen; im übrigen verlangt die Stadt Sicherheit für ihre Pfandschaften und Verträge mit Reichsständen, dazu eine generelle Gewährleistung des Zustandes von 1618 in politicis et ecclesiasticis, auch gegen Anfechtungen von französischer Seite, und eine besondere Sicherung ihrer Besitzungen und Rechte, die jetzt oder künftig innerhalb des französischen Gebiets liegen; schliess-

---

[1] Otto an Strassburg 1646 Mai 18 (28), lect. b. d. XIIIern Mai 26 (Juni 5).

[2] Strassburg an Otto 1646 Mai 25 (Juni 4).

[3] Particularia reipublicae Argentinensis desideria pacis instrumento inserenda: Str. StA 1162, mit Marginalnotiz von Heuss: „dem Herzog von Longueville praesentirt den 3. iunii, à mess. les comtes d'Avaux et de Servien den 4. iunii [st. vet.].

[4] Gemeint sind besonders die bei Befestigungsbauten 1633 ff. wiedergelegten Gebäude des Deutschen und Johanniterordens.

lich Freiheit für Handel und Verkehr und Verschonung mit neuen Zöllen und Zollerhöhungen.

Wenn Heuss zunächst von einer guten Aufnahme der Schrift berichtete[1], ja von der Bereitwilligkeit der Franzosen, Strassburgs Desiderien dem Friedensinstrumente einzuverleiben, so waren das die gewohnten Phrasen. Denn kurz darauf hören wir, dass ein anderer Bericht von Heuss dem Rathe nicht wenig „Nachdenken verursacht", da sich die Franzosen der Kirchensache und abgebrochenen Häuser so gar nicht annehmen wollen[2]. So blieb die Sorge und Unsicherheit nach wie vor bestehen.

Und um so mehr musste das auch bei den andern elsässischen Ständen der Fall sein, als die definitive Gestaltung der Abtretungen immer noch unentschieden blieb. Bald wurden beruhigende, bald alarmirende Gerüchte in die Heimath gemeldet[3].

Die Regierung in Innsbruck hatte schon im April die Aussichtslosigkeit weiteren positiven Widerstandes eingesehen und dringend gewünscht, dass die österreichischen Kommissare sich um genügende Entschädigung bemühten[4]. Der nunmehr mündig gewordene Erzherzog Ferdinand Karl verargte dem Kaiser die Opferung so vieler schönen Lande, die ihm aufgezwungen wurde, um so viel mehr, weil dies Vorhaben von kaiserlicher Seite dem Kurfürsten von Bayern frühzeitig mitgetheilt, ihm selbst aber ganz verhalten worden sei[5]. Goll hatte auch Mitte April noch die Hoffnung, dass es gelingen könnte, die Landvogtei, deren Bedeutung man nicht unterschätzen dürfte, zu retten, um „dadurch einen

---

[1] 1646 Juni 5 (15). Str. StA 1118.

[2] Imlin an Heuss 1646 Juni 26 (Juli 7); der Bericht von Heuss fehlt leider. Der Rath suchte sich damit zu trösten, dass die Bevollmächtigten wohl die Zusagen der franz. Regierung nicht gekannt hätten.

[3] S. bes. d. Korrespondenz von Colmar (RA 1888) und Strassburg mit ihren Deputirten.

[4] Gutachten der v. ö. Räthe 1646 April 14. Innsbr. Arch., Leopoldina C. 116.

[5] Ferd. Karl an Goll 1646 April 23. WA FrA 95 1 n. 220.

Fuss im untern Elsass gleichwie im obern Elsass durch die Waldstädte zu behalten"[1].

Lebhafte Besorgniss entstand natürlich überall, als Anfang Juni in ihrer Entgegnung auf das kaiserliche Ultimatum vom 29. Mai die Franzosen das Verbleiben der nichtösterreichischen Theile des Elsass beim Reiche in Frage stellten. Das Direktorium der Ritterschaft schrieb mit Bestürzung darüber an Giffen, er möchte es ja an Bemühungen zur Erhaltung ihrer Privilegien nicht fehlen lassen. Der Einzige, der unerschrocken, freilich für einen verlorenen Posten kämpfend, gegen die Franzosen offen auftrat, war Goll[2]. Die anderen Stände dachten, wie Strassburg es aussprach, nicht daran, sich mit einer so mächtigen Krone ins Feld zu legen[3]. Die starken Fundamente, die man zu haben behauptete, denen die Franzosen nicht würden widerstehen können, erwiesen sich doch als ebenso nutzlos, wie die leicht ertheilte Zusage anderer Städte, wie Nürnberg und Ulm, oder der schwedischen Gesandten[4], sich für die gefährdeten Reichsglieder zu verwenden. Eine zeitlang war die neuaufgetauchte Hoffnung, dass das Unterelsass oder doch die Zehnstädte ganz aus der Satisfaktionsfrage ausscheiden könnten, nicht so völlig unberechtigt, da, wie wir gesehen haben[5], die Franzosen statt dessen auf das Begehren nach den Waldstädten zurückgekommen waren, und zwar nicht ganz ohne ernstliche Absicht. Aber allen Betheiligten war bald klar, dass das Haus Habsburg hier den äussersten Widerstand entgegensetzen würde, wo ihm ein viel empfindlicheres Opfer zugemuthet wurde. Damit blieb nur die Frage, ob es gelang, die französischen Ansprüche auch bezüglich der Dekapolis in den Grenzen der österreichischen Rechte zu halten.

Das aber war eine Frage, bei der die betheiligten oder

[1] Goll an Erzh. Ferd. Karl 1646 April 17. WA FrA 95, 1 n. 217.
[2] S. Abschnitt II 3.
[3] An Otto 1646 Juni 8 (18).
[4] Auszug aus e. Bericht von Heuss: Prot. d. XIII 1646 Juli 3, fol 252.
[5] S. Abschnitt II, 3.

doch am nächsten betroffenen Stände des Elsass am wenigsten mitzusprechen hatten. Wohin sie sich bei den mächtigeren Genossen und den Vertretern der Kronen wendeten, fanden sie nichts als gute Worte und wohlfeile Vertröstungen. Und als nun Ende August die entscheidenden Verhandlungen zwischen den Kaiserlichen und Franzosen begannen, da wurden sie so geheim geführt, dass kein zuverlässiges Detail zu den elsässischen Vertretern drang, so dass diese erst durch den fertigen Präliminarvertrag erfuhren, welches Schicksal ihrer Heimath beschieden war.

Dass sich hier, soweit wir überhaupt davon erfahren, keine Freude geltend macht, war klar. In Colmar entstand alsbald grosse Erregung. Freilich die brüske Abweisung, die die Stadt bald darauf in Paris bei ihren Bemühungen wegen St. Kreuz erfuhr, musste die Besorgniss über die Folgen der an Frankreich abgetretenen Rechte nur vergrössern. Was konnte es aber der Stadt nützen, dass sie ihrem Gesandten aufs neue grosse Auseinandersetzungen über das Verhältniss der Städte zur Landvogtei, wie sie dasselbe auffasste, überschickte? Und dass Strassburg die Wahrnehmung der Interessen der Dekapolis zusagte, hatte bei der schwächlichen Haltung dieser Stadt nicht viel zu besagen.

Für sich dachte dieselbe in erster Linie wieder an die eigene Sicherstellung. Durch ein direktes Auftreten gegen den Präliminarvertrag fürchtete Otto nur das Misstrauen der neuen Nachbarn herauszufordern. Die Stadt hoffte, die von den Franzosen zugesagte Aufnahme einer Assekuration in das Friedensinstrument würde jetzt, wo sie nothwendig, da Strassburg nicht speziell erwähnt war, leicht erfolgen. Otto aber entgegnete, da im Instrumente die Sicherheitsgewährleistung für alle benachbarten Stände generell eingefügt wäre, würde mehr als die namentliche Einfügung Strassburgs schwer zu erreichen sein [1].

---

[1] Otto an Strassburg 1646 Okt. 15 (25); Strassburg an Otto Okt. 30 (Nov. 9); Otto an Strassburg Nov. 10 (20); XIII[er] Prot. 1646 fol. 285, 290 f.

Jedenfalls gebührt dem Rathe von Strassburg das Verdienst, sofort die entscheidende Stelle des Vertrages getroffen zu haben. Er erkannte einmal, dass jetzt nur noch die Haltung der gesammten Reichsstände, ehe es zur Ratifikation käme, die Zehnstädte davor retten konnte, dass sie „unter dem Prätext zedirender Protektion und Landvogtei nicht gar vom Reich und in die französische Subjektion gebracht" würden. Zwar sei ihnen Reichsunmittelbarkeit und Sitz und Stimme auf den Reichstagen vorbehalten, „aber doch salvo iure superioritatis supremique dominii, so Frankreich überlassen, welches mit und neben der Immedietät und Reichsverwandtniss nicht bestehen kann" [1]. Otto wurde instruirt, dafür zu sorgen, dass, falls nicht mehr, als im Präliminarvertrage enthalten wäre, ins Friedensinstrument käme, Strassburg durch ausdrückliche Namhaftmachung seines Besitzes versichert würde und dass die überaus nachtheilige Klausel ita tamen entweder ganz ausgelassen, „oder doch das erwähnte ius supremi dominii ad ea quae ad domum Austriacam spectavere, restringirt würde".

Es ist im vorhergehenden Abschnitte gezeigt worden, dass an der Hand der Entstehungsgeschichte des Präliminarvertrags und nach der Absicht der beiden Kontrahenten zweifellos ist, dass Souveränetätsrechte an Frankreich nur für den Umfang der österreichischen Besitzungen im Elsass mit Hinzufügung des Territoriums von Breisach abgetreten und dass hinsichtlich der zehn Städte nur die von Österreich als letztem Inhaber der Landvogtei im Namen des Reichs ausgeübten landvogteilichen Befugnisse an Frankreich übertragen worden sind. Es ist aber äusserst beachtenswerth, dass nun auf Grund des Wortlauts der Präliminarbestimmungen, ohne genaue Kenntniss ihrer Entstehung, von einer Seite, die in Folge der mit der französischen Politik zur Genüge gemachten Erfahrungen zu misstrauischer Interpretation wohl geneigt war, sofort zwei Besorgnisse hervorgehoben worden sind, die alle beide die

[1] Strassburg an Otto 1646 Okt. 5 (15).

Entwickelung der nächsten Jahrzehnte als vollkommen gerechtfertigt erwiesen hat. Es spricht für die klare, politische Einsicht des strassburger Raths, dass er die Unzuträglichkeit, ja Unmöglichkeit der Zwitterstellung erkannt hat, in welche die Bestimmungen des Vertrages die Landvogteistädte gebracht haben, Bestimmungen, die vielleicht ausführbar und von Bestand sein konnten, wenn Frankreich — wie das zunächst beabsichtigt gewesen war — für seine Erwerbungen als Reichsstand in den Verband des Reiches eintrat, die aber unverändert geblieben waren, als Frankreichs Reichsstandschaft stillschweigend fallen gelassen war, und die nun zweifellos zu den bedenklichsten Verwickelungen führen mussten. Auch in dem zweiten Punkte zeigte sich der Rath einsichtsvoller als die kaiserlichen Staatsmänner. Er erkannte, dass der — von den Franzosen eingefügte — Schlusssatz ita tamen, der doch gegenüber den im § Teneatur getroffenen Sicherstellung der nichtösterreichischen Stände des Elsass nur die an Frankreich gemachten Konzessionen wahren, nicht ausdehnen sollte, in der Hand energischer und rücksichtsloser Staatsmänner eine Stütze weitergehender Ansprüche werden konnte.

So wahren die Gefahren, die Inhalt und Wortlaut des Präliminarvertrages bargen, klar bezeichnet. Es gilt nun, das Verhalten der Reichsstände diesen Bestimmungen gegenüber zu verfolgen.

2. DER PRÄLIMINARVERTRAG UND DIE REICHSSTÄNDE.

Wenige Tage nach dem Abschlusse des Präliminarvertrags schrieb Trauttmannsdorff dem Kaiser: „Männiglich hat Hoffnung des Friedens und die coniuncturae siderum terrestrium sollen dergleichen andeuten, sonderlich der Mars Belgicus-Hollandicus retrogradus, der viel andere Planeten und Sterne nach sich zieht, aber ich getraue mir noch nichts Verlässliches davon mitzutheilen, hoffe aber mit dem gemeinen Haufen“ [1].

---

[1] Geh. Bericht 1646 Sept. 21.

Diese Hoffnungen wurden freilich noch auf eine lange Probe gestellt. Je weiter man in der Folge in den Verhandlungen vordrang, desto mehr offenbarte sich die Fülle der noch zu erledigenden Streitfragen, der noch zu befriedigenden Ansprüche. Aber es kam jetzt doch ein frischerer Zug in den Gang der Kongressangelegenheiten, nicht zum wenigsten durch die veränderte Haltung der Franzosen. Ihrer den Kaiserlichen gegebenen Zusage gemäss waren sie nun, vornehmlich in Osnabrück, wo jetzt der Schwerpunkt des Kongresses lag, im Sinne der Verständigung thätig; namentlich Avaux hat sich in dieser Hinsicht verdient gemacht. Für Frankreich war ein baldiger Friedensschluss mit dem Reiche höchst wünchenswerth. Zwar seine Satisfaktionsansprüche konnten, nachdem sie die Zustimmung des Kaisers gefunden hatten, von den Reichsständen schwerlich wieder mit Erfolg in Frage gestellt werden; aber eine Verzögerung des endgültigen Abschlusses mit dem Reiche lag um so weniger im Interesse der französischen Regierung, als dieselbe in Hinblick auf die drohende Gefahr eines Separatfriedens zwischen den Generalstaaten und Spanien[1] dringend wünschen musste, dass die bisher gegen das Reich verwendeten Truppen nunmehr zum Kampfe gegen König Philipp frei würden. Denn mit Spanien wollte Mazarin zunächst keinen Frieden, höchstens einen Waffenstillstand auf eine längere Reihe von Jahren schliessen: die Waffenerfolge der Franzosen auf den ausserdeutschen Kriegsschauplätzen waren, auch nachdem im Oktobter 1646 das wichtige Dünkirchen gefallen war, keineswegs so entscheidend, dass sie hoffen konnten, Spanien würde sich ihren weitgehenden territorialen Forderungen fügen. Kaiser Ferdinand freilich beharrte noch auf dem Standpunkte, nur gleichzeitig mit seinem spanischen Vetter den Frieden unterzeichnen zu wollen. Indess sprach Trauttmannsdorff bereits im November 1646 die Ansicht aus, dass es, wenn Frankreich

[1] Ende 1646 hatten sich beide Mächte bereits in einem Präliminarvertrage verständigt, vgl. Wenzelburger II S. 978. Noch vor Jahresschluss wurde Servien in den Haag entsendet, um einen definitiven Abschluss mit Spanien hintanzuhalten.

mit Spanien nicht abschliessen wollte, fast unmöglich sein würde, die Reichsstände zur Fortsetzung des Kampfes zu überreden und den Friedensschluss des Reiches mit Frankreich aufzuhalten [1].

Von grosser Wichtigkeit für diese Krone war, dass trotz aller gegentheiligen Bemühungen des Kaisers, der Kurfürst von Bayern sich unter dem Eindrucke des verheerenden Herbstfeldzuges von 1646, in dem sich die Armeen der beiden Kronen über sein wehrloses Land ergossen hatten, und bei der Erschöpfung seiner Mittel entschloss, den Weg der Separatverhandlung, mit dem er in Wien so oft gedroht hatte, nun thatsächlich zu betreten: am 14. März 1647 kam zwischen Frankreich, Schweden und Hessen-Kassel einerseits, den Kurfürsten von Bayern und Köln andererseits der Neutralitätsvertrag von Ulm zu Stande. Turennes Streitkräfte wurden nun für den Kampf in den Niederlanden verfügbar [2].

Für den Fortgang der Verhandlungen am Kongresse soweit sie das Reich betrafen, blieben die spanischen Traktate noch auf längere Zeit ohne erheblichen Einfluss. In Osnabrück kamen nach und nach die meisten der noch schwebenden grossen Streitfragen zur Erörterung und grösstentheils zur Erledigung [3]. Hier wurde die schwedische und brandenburgische, dann auch die hessische Entschädigung und die pfälzische Frage erledigt; der Grundsatz der Religionsfreiheit für die grossen christlichen Konfessionen wurde festgelegt und für die kirchlichen Streitigkeiten der für den 1. Jan. 1624 nachweisbare Besitzstand als massgebend angesehen; heiss umstritten wurde die Regelung der Amnestie, schliesslich die Fülle der Gravamina der einzelnen Reichsstände; ungelöst bis zuletzt blieb vornehmlich die wichtige Streitfrage über die Abfindung der Soldateska [4].

---

[1] Geh. Bericht 1646 Nov. 23.

[2] Vergl. Chéruel II S. 327—331.

[3] Die beste Übersicht über die einzelnen Bestimmungen des Friedens giebt Pütter, Geist des Westfälischen Friedens, 1795. Vergl. auch den dankenswerthen Abriss von Heigel, das Westfälische Friedenswerk (Zeitschrift f. Allg. Gesch. u. s. w. V 1888 S. 411—443).

[4] S. Lorentzen Kap. 5.

Die französische Satisfaktionsfrage blieb bis in den Sommer 1647 sowohl aufseiten der Kaiserlichen und Franzosen wie auch bei den offiziellen Berathungen der Reichskollegien ruhen. Die Franzosen hatten schon am 31. Oktober 1646 die Fertigstellung der über die vereinbarten Abtretungen auszustellenden Zessionsinstrumente angeregt, die Kaiserlichen aber waren, da ihnen das damals nutzlos erschien, nicht darauf eingegangen, doch hatten sie sich nach Wien gewendet, damit von hier aus die nothwendige Verzichtleistung des Erzherzogs Ferdinand Karl von Tirol veranlasst würde[1]. Am 6. Dezember lieferten sie dann den Vermittlern die Entwürfe des Friedensinstruments und der verschiedenen Verzichtserklärungen für den Kaiser, das Reich und den Erzherzog aus[2].

Inzwischen begannen nun die elsässischen Stände sich zu rühren, denen der Präliminarvertrag das Schicksal offenbart hatte, das ihrer im Friedensschlusse wartete. Volmar erklärte zwar, so wusste Otto nach Hause zu berichten, die Kaiserlichen hätten durch Namhaftmachung einzelner Stände den nichtgenannten durchaus nicht präjudiziren, sondern nur für diejenigen, die der Gefahr am nächsten wären, sorgen wollen, „damit sie nicht in das Garn neben den überlassenen Stücken gezogen" würden; „den andern aber, welche unter währender österreichischer Regierung freie Stände des Reichs gewesen, sei durch eine clausula generalis genugsam providirt", wie sie zuerst eingefügt gewesen, zuletzt aber, „um gewisser Stücke willen", bis sich die Franzosen mit den Schweden verglichen hätten ausgelassen sei[3].

Indess mit solchen Tröstungen wurde die Lage der elsässischen Stände nicht gebessert. Dass ihnen von kaiserlicher Seite Hülfe zur Abänderung der vereinbarten Bestimmungen werden würde, war schwerlich anzunehmen. So mussten sie in erster Linie ihre Hoffnungen auf Schritte

---

[1] KGM an Ferd. III. 1646 Nov. 2; Cortreius S. 362 f.

[2] KGM an Ferd. III. 1646 Dez. 7 (mit Beilagen), vgl. Cortreius S. 376 f.

[3] Otto an Strassburg 1646 Nov. 30 (Dez. 10).

bei den Reichsständen setzen. Daran liesen sie es denn auch nicht fehlen, aber, anstatt sich zu gemeinsamen Massnahmen zu verbinden, gingen sie auch jetzt wieder jeder für sich vor.

Am meisten gefährdet mochten sich mit Recht die kleinsten Reichsglieder jenseit des Rheins fühlen, die freie reichsunmittelbare Ritterschaft im Unterelsass. Noch ehe ihnen der Abschluss des Präliminarvertrags bekannt geworden war, hatten die Mitglieder ihres Ausschusses auf die Kunde, dass eine solche Vereinbarung bevorstände und dass ihr „Rittercorpus“ dabei gefährdet wäre, sowohl an Giffen als an Gemmingen eine Denkschrift für die Gesandten des Kaisers und die Reichsstände übersendet, in der sie um die Erhaltung ihrer Privilegien und ihrer Reichsstandschaft baten[1].

Mittlerweile hatte Gemmingen am 17. September einen Bericht über den Präliminarvertrag abgeschickt: es wäre, schrieb er, der „unterelsässischen Ritterschaft und in individuo derer von Fleckenstein nicht allein Spezialmeldung geschehen, sondern dieselbe auch congruo loco et ordine gesetzt worden“; er legte eine Abschrift der §§ Teneatur und Pariter omnes bei, meinte aber, die Gefahr wäre, wenn auch diese Formeln ins Friedensinstrument eingerückt würden, nicht vorüber, sondern nur ad tempus schlafen gelegt[2]. Am 30. September aber war er plötzlich überzeugt, dass die Ritterschaft ausser Gefahr wäre und hielt für überflüssig, das zu spät eingetroffene Memorial nun noch zu übergeben[3]. Giffen äusserte sich in demselben Sinne, verwendete sich aber bei den Kaiserlichen dafür, dass, wenn es zum Schlusse käme, auch die Grafen von Leiningen-Dagsburg, Leiningen-Rixingen und Westerburg ausdrücklich namhaft gemacht werden möchten[4].

---

[1] Memoriale vom 12. (22.) Sept. 1646 mit Begleitschreiben für Giffen und Gemmingen Str. BA, E 1396.

[2] Str. BA, E 1396.

[3] A. a. O.

[4] Joh. v. Giffen an den Ausschuss der unterelsäss. Ritterschaft 1646 Okt. 2; a. a. O.

Ausserdem wendete er sich an die Franzosen, nicht nur im Interesse der Ritterschaft und der Aebtissin von Andlau, sondern auch für seinen hauptsächlichen Mandatar, den Bischof von Strassburg: sie alle wollten in ihrer Reichsunmittelbarkeit erhalten bleiben. Die Franzosen hätten dafür gehalten, so schreibt er darauf, es sollte bei Erzherzog Leopold Wilhelm und der Ritterschaft „kein Bedenken gewesen sein, unter ihres Königs Protektion eben der Freiheiten, die sie unter dem Kaiser haben, zu geniessen; weil es aber anders gefallen, lassen sie es auch dabei verbleiben“ [1]. Wir haben hier also das klare Zugeständniss der französischen Bevollmächtigten, dass den genannten Ständen, folglich doch auch allen übrigen, nicht österreichischen Reichsgliedern im Elsass nicht nur die Hoheitsrechte, die sie innerhalb des Reichsverbandes genossen, sondern eben die Zugehörigkeit zu demselben gewahrt und geblieben sind.

Im Namen des Erzherzogs Leopold Wilhelm, als Bischofs von Strassburg und Hochmeisters des Deutschen Ordens, und zugleich im Namen des Grosspriors des Johaniterordens für Deutschland hatte Giffen auch dem Nuntius Chigi, als Vermittler, ein eingehendes Memorial mit einer Fülle bagatellenhafter, lokaler Ansprüche überreicht, in dem u. a. die Unverbindlichkeit des Normaljahrs für das Bisthum Strassburg verlangt wurde und zugleich hinsichtlich der französischen Satisfaktion die namentliche Einfügung der Leininger Dynasten gefordert, dagegen das Durchzugs- und Besatzungsrecht in Zabern, das Frankreich zugestanden worden war, sowie die Entfestigung dieser bischöflichen Residenz lebhaft bekämpft wurde [2].

[1] A. a. O. 1646 Okt. 23.

[2] Puncta quaedam quae in tractatu pacis cum Regis Christianissimi D^{nis} Plen^{iis} mente teneri et praeiudicia, quae ex aliquot propositis articulis ser^{mo} et rev^{mo} D^{no} Leopoldo Guilielmo archiduci Austriae uti magno magistro Ordinis Teutonici et episcopo Argentinensi eiusdemque ill^{mo} et rev^{mo} capitulo oriri possent, enixe rogat infrascriptus. In der Unterschrift ist G. auch als Vertretor des Johanniter-Grosspriors bezeichnet. Abschrift in Str. BA Extrad. Bad. 2, 13; auf S. 4 steht von Giffens Hand: Memoriale dedi ill^{mo} D. Nuncio 24. oct. 1646. Im übrigen wurde bes. gefordert: allg. Restitution, Herausgabe der Kriegsmaterialien und

Von weiteren Massnahmen elsässischer Stände am Kongresse erfahren wir aus den ersten Monaten nach dem Abschlusse des Präliminarvertrags nichts [1]. Auch die Stadt Strassburg unterliess zunächst weitere Schritte, ihr Interesse war in erster Linie durch die Verhandlungen über den Religionspunkt und die Restitution geistlicher Güter gefesselt. Die tirolische Linie des Hauses Habsburg konnte sich nicht wohl mit Aussicht auf Erfolg gegen die Zugeständnisse des habsburgischen Kaisers auflehnen; doch scheint es, dass man in Innsbruck noch nicht alle Hoffnung aufgegeben hatte, durch direkte Verhandlungen mit Frankreich sich irgend welche Vortheile zu verschaffen. Wir sehen hier nicht klar; nur wissen wir durch Trauttmannsdorffs Berichte an den Kaiser, dass es sich um Neutralitätsbestrebungen im Frühjahr 1647 handelt. Es scheint, dass der Erzherzog bereit war, dafür auf einen Theil der ihm zugebilligten Geldentschädigung zu verzichten; das sei aber, so berichtet Trauttmannsdorff, vereitelt worden, und da ihm und Volmar vom Erzherzog der Auftrag geworden war, so wollte er schon sehen, dass des Kaisers Dienst nicht verletzt würde [2].

verschleppter Archivalien und Wiederherstellung der (Anfang der 30er Jahre zerstörten) Ordenshäuser in Strassburg: dieser Streitpunkt hatte schon in den Verhandlungen der Stadt über die Annahme des Prager Friedens eine Rolle gespielt.

[1] In Str. StA 1162 befindet sich abschriftlich ein Schriftstück, ohne Datum, Adresse oder sonstige nähere Angaben, das eine Bitte der Herren von Rappoltstein enthält: da der landgraviatus Alsatiae als Satisfaktion an Frankreich kommen solle, wünschen sie Erhaltung ihrer Immedietät und Freiheit in ecclesiasticis et politicis und ausdrückliche Trennung im Friedensinstrumente „von denjenigen Orten, so dem Haus Österreich eigenthümlich zustehen“; sie seien sammt ihren Herrschaften in der Reichsmatrikel „notorie mitbegriffen, v. Kurmainz auch beständig als ein Stand des Reichs beschrieben worden und dem Haus Österreich ausserhalb der Lehenpflichten, welche sie auch anderen Lehenherren leisten, mit einigem homagio nicht verwandt noch zugethan“. Vgl.: „Die alten Territorien“ S. 62—69.

[2] Geh. Bericht 1647 März 4: „Der 1032 [Erzherzog] ausz Tirol hat auch wollen mit 1035 [Frankreich] 1225 machen, $\frac{m}{1200}$ taller oder 3 milliones frankh hinden lassen, aber es ist verhindert worden“. Dass 1225 = Neutralität zu setzen ist, ist wohl sicher, bes. durch den geh.

Weiter erfahren wir nichts darüber[1]. Im übrigen konnte es Goll, sobald sich bei den Berathungen die Gelegenheit bot, nicht unterlassen, den Satisfaktionspunkt in die Debatte zu ziehen und seinem Grolle gegen Bayern Luft zu machen[2].

Am schwierigsten wurde, wenn die Bestimmungen des Präliminarvertrags aufrecht erhalten wurden, wie wir gesehen haben, zweifellos die künftige Stellung der elsässischen Dekapolis, in rechtlicher und politischer Hinsicht. An der nothwendigen Einsicht fehlte es hier in dieser gefährlichen Lage nicht, und Colmar als thatsächlich führender Ort bemühte sich nun, seine Genossen im Städtebunde zu gemeinsamen Schritten zu vereinigen.

Johann Balthasar Schneider, Colmars Abgeordneter, hatte mit Erlaubniss der Stadt Ende Oktober den Kongress verlassen; Marx Otto übernahm die Vertretung der Dekapolis. Schneider hatte vor seiner Abreise noch in Osnabrück einen „kurzen Bericht von der Landvogtei Hagenau" übergeben, der in ganz allgemeinen Zügen, von Unrichtigkeiten nicht frei und besonders auch das Interesse der Evangelischen anrufend, die Stände zu Schritten gegen die im Präliminarvertrage stipulirten Abmachungen aufforderte; wenn freilich Österreich nur die Allodialrechte und Zinsen, die es bei den Städten hergebracht hätte, abträte, hiess es in dem Aufsatze, so würde sich dagegen nichts machen lassen[3]. Auch Otto wurde dann wiederholt vom colmarer Rathe angegangen: da ihm bekannt sei, „wie es der Landvogtei halb beschaffen und dass es sich allein auf ein ius advocatiae erstrecke und einige Superiorität dabei niemals angemasst, auch eben dessentwegen unterschiedliche Reverse gegeben worden, die wir originaliter bei Handen haben", so möge Otto dienlicher Orten deswegen mit nothwendigem Be-

Bericht vom 4. April: „Der Erzherzog ausz Tirol sucht wider hir neutralitatem, hat aber das negotium mir und dem Volmar anbefoloh, wollen sehen, dass E. k. M. dienst nicht laedirt werde".

[1] Auch in Innsbruck konnte ich nichts darüber ermitteln.

[2] So noch in der Berathung der Katholiken am 25. Mai 1647. WA FrA 94, 3.

[3] Kurzer Bericht von der Landvogtei Hagenau. Meiern III B. 23 § 9 n. I S. 660 f.

richte einkommen und aller zu befürchtenden weiteren Extension der Abtretung bei Zeiten vorbauen[1]. Ausserdem aber machte sich der Rath von Colmar in den nächsten Monaten daran, die im Präliminarvertrage über die Dekapolis getroffenen Bestimmungen durch eine auf die im städtischen Archive vorhandenen Materialien aufgebaute, ausführliche Darlegung über die Entstehung und Entwickelung der Verbindung der zehn Reichsstädte mit der Landvogtei und ihr gegenwärtiges Rechtsverhältniss publizistisch zu bekämpfen. Das Resultat dieser Nachforschungen wurde zunächst dem strassburger Advokaten Dr. Daniel Imlin vorgelegt — dessen Urtheil uns aber unbekannt ist —, dann wurde im März 1647 die Zustimmung der übrigen Bundestheilnehmer eingeholt. Alle erklärten sich einverstanden, nur Schlettstadt machte, wie es scheint, aus Besorgniss, sich dadurch von den französischen Behörden — auch hier lag ja eine französische Besatzung — Unannehmlichkeiten zuzuziehen, Einwendungen, die dann bewirkten, dass alle für Frankreich etwa anstössigen Ausführungen ausgemerzt wurden und die ganze Schrift, freilich in Text und Beilagen nicht ohne Kürzungen und Aenderungen, auch ins Lateinische übertragen wurde. Darauf gab auch Schlettstadt seine Zustimmung.

Otto hatte, da sich am Kongresse in der That bei dem vollständigen Ruhen der französischen Handlung eine passende Gelegenheit dazu nicht ergeben hatte, in den letzten Monaten keinerlei Schritte im Interesse der Dekapolis gethan und lehnte auch jetzt, als zur Zeit unthunlich, die Ueberreichung der von Colmar ausgearbeiteten und in beiden Sprachen im Drucke vervielfältigten Schutzschrift ab. So musste Colmar sich entschliessen, Schneider aufs neue an den Kongress abzuordnen, April 1647[2].

Gleichzeitig hatten sich die zehn Städte in einem ausführlichen Schreiben an Ferdinand III. gewendet. Auf die

---

[1] Colmar an Otto 1646 Dez. 12 (22). Str. StA 1132.

[2] Schneider erhielt jetzt wohl auch von den anfänglich durch Otto vertretenen Bundesstädten Vollmacht; wir kennen nur die von Hagenau (d. d. 1647 April 10, Orig. in WA FrA, Mainzer Abth. 18).

Entstehung ihrer Beziehungen zur Landvogtei, wie sie sich in ihren Augen darstellten, zurückgehend und auf die ängstlich beobachtete Pflege der alten Gerechtsame zurückgreifend, wollen sie einmal ihre durch den landvogteilichen Schirm unbeeinträchtigte Reichsunmittelbarkeit erweisen, dann aber betonen sie vor allen Dingen, dass ihnen ausdrücklich die Unzulässigkeit ihrer Veräusserung oder Verpfändung von altersher zugesagt sei; sie besorgen, dass durch die bisher getroffenen Abmachungen eine Ausdehnung der landvogteilichen Rechte zu befürchten sei, ja, dass dieselben zu ihrer völligen Unterwerfung führen könnten; kraft ihrer Privilegien dürfe nimmermehr ihre Veräusserung wie die der österreichischen Territorien erfolgen, zumal eben jetzt seit dem Ableben des Erzherzogs Leopold das Amt des Landvogts unbesetzt sei; die zum Amte gehörigen Reichsdörfer können, so schliessen sie, an Frankreich fallen, wenn nur der Städte Reichsunmittelbarkeit gewahrt bleibt, ihre Steuern und Abgaben auch künftig ans Reich gehen und sie „durch Extension dieses Landvogteirechts nicht beschwert werden“ [1].

Den gleichen Gedankengang, nur noch umständlicher und schwerfälliger, führt die vorher erwähnte Schutzschrift aus, die nun Schneider mit nach Münster brachte [2].

Natürlich sollte Schneider durch persönliche Bemühungen die Ausführungen der Deduktion unterstützen. Er hielt es für nöthig, damit nicht die Franzosen eher als nothwendig davon Kunde bekämen, mit möglichster Vorsicht zu Werke zu gehen und zog es deshalb vor, anstatt, wie ihm von Colmar aus nahe gelegt wurde, sich an die Schweden zu wenden, zunächst des Rückhalts vonseiten einflussreicher Reichsstände sich zu versichern; eine Audienz bei Longueville bestärkte ihn nur in diesem Entschlusse. Bei

---

[1] Die zehn elsässischen Städte an Ferdinand III. 1647 April 20 (30), s. Anhang n. 11.

[2] Summarische, jedoch gründliche Deduktion u. s. w.: Meiern V S. 414—425, mit Beilagen bis S. 437; die lateinische Bearbeitung: Brevis et succincta adumbratio u. s. w., ebenda S. 406—414.

Goll, dem entschiedensten Gegner der französischen Ansprüche, fand er am meisten Verständniss; aber auch bei den Vertretern von Kursachsen und Brandenburg erreichte er die Zusage, sich der Dekapolis, wenn ihre Frage an die Stände käme, anzunehmen. Dann erst eröffnete er sich Avaux; indess musste ihn diese Unterredung belehren, dass die Franzosen nicht daran dachten, auf die ihnen bewilligten Errungenschaften im Elsass zu verzichten. Auf Schneiders Bemühungen, die Rechte des Hauses Österreich an der Dekapolis nach Möglichkeit als geringfügig darzustellen, entgegnete der Franzose, dann hätte eben Österreich fremde Rechte abgetreten, aber es schiene, dass dessen Ansprüche, wenn auch unter Beeinträchtigung der Freiheiten der Dekapolis, von den Reichsstädten sowohl wie von den andern elsässischen Ständen bisher anerkannt worden wären. Was konnten solcher Interpretation der französischen Grossmacht gegenüber alle erneuten Ausführungen Colmars über die Beschaffenheit der Landvogtei, die von den Kronen verkannt würde, nützen[1]!

Goll hatte einen Gedanken angeregt, den Schneider begierig aufgriff. Der tirolische Abgeordnete meinte, den Gefahren für die Selbständigkeit der Städte liesse sich vielleicht dadurch entgegentreten, dass manche Funktionen des Landvogts, wie Aemterbesetzung und die Theilnahme an der jährlichen Erneuerung der Magistrate, aufgehoben würden, vor allem aber schlug er vor, die jährliche Steuer der Städte zu kapitalisiren und diese Summe von der von den Franzosen zu zahlenden Entschädigungssumme in Abzug zu bringen. Schneider trug sich schon mit der Hoffnung, es werde auf diese Weise gelingen, die Dekapolis überhaupt zu sprengen[2]. Dazu schlug er, von Lampadius und Langenbeck darauf hingewiesen, vor, man möchte durch Geldspenden versuchen, die kaiserlichen Gesandten und Reigersberger, den mainzer Kanzler, zu gewinnen, namentlich aber Volmar, dem nach dem Friedensschlusse die Regelung der

[1] Für den ganzen Absatz: Mossmann, RA 1889 S. 469—474.
[2] Mossmann a. a. O.

Schuldverhältnisse der österreichischen Vorlande obliegen würde: eine Aufgabe, bei der Colmar in hohem Grade interessirt war, schon im Hinblick auf die seit Jahren unterbliebenen Steuerzahlungen an den kaiserlichen Fiskus. Auch Goll hatte diesen Plan gebilligt. Wir sehen, dass der Rath von Colmar alsbald mit anderen Gliedern der Dekapolis darüber, zumal wegen Aufbringung der nöthigen Geldmittel in Verhandlung tritt; mit 12 bis 13 Römermonaten hoffte man zum Ziel zu kommen; bereits fand eine Konferenz verschiedener Städte über diesen Punkt in Strassburg statt[1].

Mittlerweile waren am Kongresse die Verhandlungen der Kaiserlichen mit den Franzosen wieder in Fluss gekommen. Auf der Letzteren Wunsch hatten die Kaiserlichen Mitte Juni ihren Entwurf für den Frieden zwischen dem Reiche und Frankreich den Vermittlern eingehändigt[2]. Die Franzosen aber brauchten einen vollen Monat, bis sie sich auf wiederholtes Drängen entschlossen — sie hatten mit den Schweden auf deren Wunsch vereinbart, erst die völlige Richtigstellung der hessen-kasselschen Ansprüche abzuwarten[3] —, wenigstens den ihre Satisfaktion betreffenden Abschnitt auszuliefern; das geschah am 11. Juli[4], am

---

[1] Mossmann RA 1890 S. 341 ff.

[2] Proiectum instrumenti pacis Caesarei cum Gallis, Meiern V. B. 36 § 1 S. 130—140. Aus Rücksicht auf den Nuntius fand die Ausfertigung in zwei Formen statt: in dem von ihm zu unterzeichnenden Exemplare wurden die für die Kurie anstössigen Bestimmungen über die Abstellung der Religionsbeschwerden weggelassen. Meiern V S. 130. In WA FrA 94, 3 n. 425 befindet sich eine Fassung des franz. Friedensinstruments, „wie selbiges von den Kais. noch vor dem 22. Juli 1647 entworfen worden". Der Autor meint, Mitte April vielleicht, jedenfalls weit vor dem 3./13. Juni (Meiern V 36 § 1), das ergebe sich aus Abweichungen vom schwedischen Instrumente (Meiern IV, 561). In den Abschnitten über das Elsass finden sich nur zwei unerhebliche Abweichungen (im § Imperator pro se: salvo iure ep. arg.; im § Teneatur: eorundem capitula), die auf bischöflisch-strassburgischen Ursprung hinweisen.

[3] Mém. des Plén. 1647 Juli 7 u. 15. NS IV p. 127. 130.

[4] KGM an Ferd. III. 1647 Juli 12. WA FrA 92, 12 n. 1736.

20. folgte das ganze Instrument[1]. Zwei Veränderungen fielen den Kaiserlichen bei der von den Franzosen gewählten Fassung der Satisfaktionsforderung auf: einmal, dass sie vom Hause Österreich den Verzicht auf die Fortführung des Titels „Landgraf im Elsass" forderten, und zweitens, dass der Kaiser auch in seiner Eigenschaft als Erzherzog von Österreich nicht den König von Spanien im Kampfe gegen Frankreich sollte unterstützen dürfen[2]. Unvorbereitet konnten diese Abänderungen des Präliminarvertrages die Kaiserlichen nicht treffen; von der ersten Forderung hatte schon am 26. Juni Salvius Volmar in Kenntniss gesetzt, der sich darauf berief, dass der Beherrscher Englands sich König von Frankreich nenne[3], und dass die Isolirung Spaniens von den Franzosen als Friedensbedingung gefordert würde, hatten schon vorher die Vermittler sowohl wie die Schweden zu berichten gewusst[4].

Die bereits am 15. Juli den Vermittlern eingehändigte Entgegnung der Kaiserlichen auf den französischen Satisfaktionsentwurf weist aber noch weit umfangreichere Ausstellungen auf. Wo überhaupt nur möglich, hatten die Franzosen neue Bestimmungen angebracht, die den Kaiserlichen ausdrückliche Verpflichtungen auferlegen sollten, Reichsstände, Reichsbeamte und die Unterthanen ihrer Eide und ihrer Zugehörigkeit zum Reiche ledig zu sprechen und zur Unterwerfung unter die Krone Frankreich zu zwingen; auch die Einwilligung des Königs von Spanien in die Abtretungen sollte der Kaiser herbeizuschaffen auf sich nehmen, „um dessen Ansprüche als Mitglied des habsburgischen Hauses auszuschliessen". Alle diese Bestimmungen lehnten die Kaiserlichen theils als neue Einschiebsel ab, theils wiesen sie dieselben in die erst auszustellenden Zessionsinstrumente; die Assekurationen, zu denen sie das schwedische Friedensinstrument verpflichtete, waren sie bereit auch ins französische zu übernehmen. Weit wichtiger aber waren die

[1] KGM an Ferd. III., a. a. O. n. 1741, auch FrA 54 a.
[2] Bericht vom 12. Juli, s. Anm. 3.
[3] WA FrA 92, 12 n. 1726 a (Protokoll).
[4] KGM an Ferd. III. 1647 Juni 14, a. a. O. n. 1719.

materiellen Differenzen. Rundweg abgeschlagen wurden die Forderungen, den Herzog von Lothringen vom Frieden auszuschliessen und den König von Spanien auch als österreichischer Erzherzog nicht im Kampfe gegen Frankreich zu unterstützen; ebenso aber auch abgewiesen wurde das Verlangen der Franzosen, die Abtretung der drei lothringischen Bisthümer auf die von diesen zu Lehen gehenden Reichsgebiete auszudehnen. Der Rest der kaiserlichen Entgegnungen betraf das Elsass am meisten: das Verlangen, auf Titel und Abzeichen beider Elsass, des Sundgau und der Grafschaft Pfirt zu verzichten, wurde mit der Begründung abgelehnt, dass auch die rechtsrheinischen, bei Österreich bleibenden Territorien der Vorlande zum elsässischen Amtsbereiche gehörten[1]. Die besonderen Bestimmungen zum Schutze des an Frankreich fallenden Besatzungsrechts in Philippsburg erschienen den Kaiserlichen überflüssig; andererseits aber wünschten sie Festlegung der Münze, in der die Geldentschädigung zu zahlen wäre; schliesslich nahmen sie sich scheinbar sogar der elsässischen Reichsstände an, indem sie rügten, dass unter den zu restituirenden Ständen die Grafen von Leiningen-Rixingen und Leiningen-Westerburg ausgelassen wären[2]; ihnen müssten, so heisst es, noch die Grafen von Leiningen-Dagsburg hinzugefügt werden; auch wäre die Klausel, die die Reichszugehörigkeit der übrigen Reichsunmittelbaren in diesem Landstriche sicher stellte, ausgelassen[3]. Die Bestimmungen über die Landvogtei wurden aber jetzt ebenso wenig berührt, wie die gefährliche Möglichkeit unklarer Interpretation, die der Passus ita tamen geschaffen hatte.

---

[1] Das hatte auch Volmar schon am 3. Juli Oxenstierna entgegnet, als der ihm von diesem Verlangen der Franzosen Nachricht gab: Volmar spricht vom „Regiment der Landgrafschaft Elsass", Cortreius S. 433.

[2] Hier werden wohl persönlicher oder Familieneinfluss sich geltend gemacht haben; es sind die von Giffen beantragten Einschiebungen, s. o. S.

[3] Notationes circa articulum satisfactionis Gallicae (5) 15. Julii mediatoribus exhibitae: WA FrA 54 a (Beilage zum Bericht vom 30. Juli = FrA 92, 12 n. 1753 = Str. StA 1138) s. Anhang n. 12.

Aus alledem ergiebt sich, dass die Franzosen, als sie sich bemühten, den Evangelischen — freilich vergeblich — die Billigkeit ihrer Ansprüche klar zu machen, mit Recht drei Punkte als Differenzen bezeichneten: den landgräflichen Titel, die Assistenz Spaniens und das Schicksal der von den lothringischen Stiftern dependirenden Reichslehen[1].

Dass eben jetzt, am 16. Juli, Trauttmannsdorff den lange beabsichtigten Schritt that und den Kongress verliess[2], konnte die Hoffnung auf schnelle Verständigung in diesen Punkten wie in den anderen unerledigten Streitfragen des grossen Friedenswerkes nicht gerade fördern, da nun die thatsächliche Leitung der kaiserlichen Diplomatie am Kongresse auf den wenig konzilianten Volmar, der der spanischen Partei näher stand, überging.

Die Franzosen erblickten von vornherein in dem Punkte über die Assistenz Spaniens die grösste Schwierigkeit; im übrigen wollten sie in den durch sie angebrachten Änderungen nur Erläuterungen zu Gunsten Frankreichs sehen, nachdem die Kaiserlichen mit Änderungen vorangegangen wären. In ihrem Berichte an den Hof behaupten sie auch, die Vermittler wären dessen zufrieden gewesen[3]. Vergeblich bemühten diese sich um eine Verständigung, indem sie vorschlugen, dass sich der Kaiser des Titels als Landgraf im Elsass und Graf von Pfirt im Verkehre mit dem französischen Herrscher nicht bedienen sollte, dass die Frage der Assistenz Spaniens in die Form gegenseitiger Verpflichtung gekleidet und der Streit um die lothringischen Bisthumslehen an die Stände gebracht würde. Diese Vorschläge wiesen die Franzosen ebenso ab, wie die Zumuthung bei dem Wortlaute des Präliminarvertrages stehen zu bleiben; namentlich, und das erklärte auch Oxenstierna

[1] Meiern IV B. 30 § 12 S. 683 f.

[2] Rohdewald betont S. 57, dass Trauttm. „aus eigener Intiative, nicht abberufen vom Kaiser“ den Kongress verliess. Richtig ist doch, dass Trauttmannsdorff vom Kaiser längst zur Abreise ermächtigt und dass der Termin seinem Gutdünken überlassen war. R.'s Citat aus Koch ist falsch; Koch spricht II S. 342 und 369 darüber.

[3] Mém. des Plén. 1647 Juli 15. NS IV p. 130.

den Kaiserlichen, beriefen sie sich darauf, dass bezüglich der in die lothringischen Bisthümer fallenden Reichsleben die Kaiserlichen bereits bei den früheren Verhandlungen die von ihnen vollzogene Streichung ihrer Ausnahmestellung stillschweigend gutgeheissen hätten[1]. Wenn die Franzosen den Kaiserlichen mittheilen liessen, ohne den Verzicht des Kaisers auf seine elsässischen Titel würden sie die zugesagte Geldentschädigung zurückbehalten, so rechneten sie von vornherein auf deren Nachgiebigkeit; sie wollten wissen, Volmar hätte erklärt, zu diesem Verzichte sei noch Zeit genug, wenn die innsbrucker Linie wirklich mit dem entschädigt sei, was man ihr zugesagt[2]. Aber auch persönliche Konferenzen, so mit Servien am 15. August, führten zunächst nicht zu einer Verständigung.

Endlich entschlossen sich die Kaiserlichen die Frage über das Schicksal der Reichslehen der lothringischen Stifter und über die Einschliessung des Herzogs von Lothringen in den Reichsfrieden an die Reichsstände zu bringen[3]. Diese Gelegenheit wurde dann von den Ständen benutzt, auch die elsässische Frage im Interesse der Dekapolis der Berathung zu unterwerfen.

Naturgemäss war bei den elsässischen Ständen mit der Wiederaufnahme der französischen Traktate die Sorge um ihr Schicksal im Friedensschlusse aufs neue lebendig geworden. Sobald Otto davon erfuhr, dass Avaux „in Begreifung eines instrumenti pacis nomine der Kron Frankreich stehe“, beeilte er sich, ihn am Sonnabend den 12. Juni an seine Zusage, es sollte Strassburg namentlich unter der Zahl der elsässischen, auch künftig reichsunmittelbaren Stände aufgeführt werden, dringend zu erinnern. Der Franzose aber suchte, unter schön klingenden, wohlbekannten Phrasen von Frankreichs Interesse an der Fortdauer der Reichsunmittelbarkeit Strassburgs und an gutem Einverständniss

[1] Mém. des Plén. 1647 Aug. 5. NS IV p. 143 f.; KGM an Ferd. III. 1647 Aug. 2. WA FrA 54 a.

[2] Mém. des Plén. 1647 Aug. 26. NS IV p. 151.

[3] Bericht der österreich. Ges. v. 6. Aug. 1647. WA Hauptarchiv Z. III 3.

mit der Stadt, sich doch jeder Verbindlichmachung damit zu entziehen, dass er behauptete, benachbarten Fürsten und Privatpersonen in keiner Weise zu praejudiziren gewillt noch bevollmächtigt zu sein[1]. Der Rath von Strassburg aber wies am 29. Juli, noch ohne Kenntniss des französischen Projektes, Otto an, aufs neue die Franzosen um Erfüllung ihrer Zusage anzugehen; freilich eine Verweisung an den Hof, so hiess es, würde man als Ablehnung auffassen und sich mit den allgemeinen Bestimmungen zum Schutze der benachbarten Stände begnügen[2]; Otto selbst sah immer noch in den Bestimmungen des bisherigen Entwurfes eine genügende Sicherheit auch für seine Stadt, wofern nur dieselben gehalten würden; er hielt daher ein neues Gesuch bei den Franzosen, das nur Anstoss erregen könnte, für unnöthig, da sie genügend an ihre Versprechungen erinnert worden waren[3]. Beide, der Rath und sein Vertreter, klammerten sich an die Hoffnungen, dass in künftigen Zeiten die Bestimmungen des Friedens ehrlich würden beobachtet werden. Aber das war doch eine unsichere Rechnung gerade der französischen Politik gegenüber. Zudem war nicht unbekannt, dass die Franzosen schon jetzt weitergehendere Auslegung der Abtretung versuchten. Otto selbst deutet das an[4]; und den Rath machte der Wortlaut des französischen Entwurfs so besorgt, dass er wiederum den gemessenen Befehl (am 12. August) an Otto gab, sich um die namentliche Einfügung der Stadt in den § Teneatur zu bemühen; besonders die neuen Ansprüche der Franzosen an die Lehensträger der lothringischen Bisthümer waren für diesen Entschluss massgebend; man fürchtete, eine ähnliche Dehnung könnte der Begriff „Landgrafschaft Elsass"

[1] Otto an den Rath 1647 Juni 15 (25). Str. StA 1126.

[2] Str. StA 1126.

[3] Otto an den Rath 1647 Juli 29 (August 8): „Es bleibt einmal dabei, wann man unverbrüchlich zu halten gedenkt, was insgemein versehen und beliebet wird, dass die angrenzenden Stände ihrer Sekurität und Sicherheit halben ein mehreres nicht zu desideriren haben. Sollten sich aber die resolutiones ändern, wie leider dass es bereits geschehen sei, offenbar", so würden alle Sekuritäten nichts nützen.

[4] S. die vorige Anm.

erfahren [1]. Wir wissen, wie komplizirt hier vielfach die Verhältnisse lagen; viele Besitztitel standen auf unsicherer Rechtsgrundlage; schon erinnerte sich der Rath mit Angst, dass die französischen Minister sich sehr zweifelhaft über die Zugehörigkeit Marlenheims zu Strassburg ausgesprochen hatten [2], und in nicht minderer Sorge standen sie um das Amt Herrenstein, über das sie schon nach wenigen Tagen einige, freilich recht mangelhafte historische Notizen nach Osnabrück sandten [3]. Otto soll sich mit Hauau-Lichtenberg, Leiningen [4] und andern Ständen aufs äusserste bemühen, dass die Abtretungen an Frankreich auf die österreichischen Besitzungen beschränkt bleiben. Des Abgesandten Erwiderung sucht die Besorgnisse des Raths zu heben, indem er auf die Entstehung der betreffenden Präliminarbestimmungen eingeht; die Kaiserlichen, von denen das damalige Konzept herrührte, hatten den nicht genannten elsässischen Ständen — ausser Strassburg waren z. B. der Pfalzgraf, der Herzog von Württemberg, die Grafen von Nassau, die Wild- und Rheingrafen und die Herren von Rappoltstein in derselben Lage — keineswegs praejudiciren wollen, sondern nur die besonders Gefährdeten namhaft gemacht; er hielt die Stadt aueh jetzt durch die allgemeinen Restitutionsbestimmungen für genügend gesichert; wenn schon den zehn Landvogteistädten die Immedietät gewahrt sei, gelte das um so mehr von den Städten, die nie in französische Gewalt gekommen seien. Frankreich dürfe sich „kraft ausgedrückter Worte“ nur die österreichischen Besitzungen im Elsass anmassen und zudem haben die Kaiserlichen in ihrer jüngsten Ent-

---

[1] Schon am 15. Oktober 1646 hatte der Rath seinem Gesandten die Besorgniss ausgesprochen, dass in Folge der Bestimmungen des Präliminarvertrags über die zehn Städte, „wann es nicht wohl verwahrt würdt, die Superiorität zum wenigsten auf dem Land dergestalt extendirt werden [dürfte], dass es auch unserthalben ohne grosse Ungelegenheit nicht ablaufen würde“.

[2] Der Rath an Otto 1647 Aug. 2 (12).

[3] Der Rath an Otto 1647 Aug. 6 (16), mit Beilage: „Kurzer Bericht, welchermaszen das Haus und Amt Herrenstein an die Stadt Strassburg kommen“.

[4] Über deren Vertretung am Kongresse ist mir nichts bekannt.

gegnung die Auslassung der genannten Klausel zum Schutze der Reichsunmittelbaren geahndet[1]; er will sich aber trotz Volmars Abwesenheit bei den Kaiserlichen bemühen, deren Bestreben, den Ständen ihre Immedietät zu erhalten, Otto über jeden Zweifel erhaben ist. Hier hat er nun sicherlich die Vertreter des Kaisers zu günstig beurtheilt. Die habsburgischen Interessen am linken Rheinufer waren hinweggefallen, und eine energische Bekämpfung der französischen Aspirationen auf diesem Gebiete konnte nur die Gefährdung noch fernerer österreichischer Besitzungen herbeiführen. Nicht ohne Einfluss mag dabei auch gewesen sein, dass auch der Protestantismus in der Dekapolis eine erhebliche Rolle spielte. Schneider hatte die Empfindung, dass die katholischen Stände eine Abschwächung der französischen Erwerbungen aus konfessionellen Momenten gar nicht wünschten. Er drängte Mainz, so lange es noch Zeit wäre, die Frage der Dekapolis an die Reichskollegien zu bringen, während man in Colmar fürchtete, sein Eifer möchte die Stadt bei Frankreich diskreditiren, denn, so berichtete der Rath, schon hatte der Intendant Baussan den kleineren Städten sein Missfallen darüber ausgesprochen, dass sie in Verkennung ihrer Pflichten gegen den König überhaupt zum Kongresse deputirt hatten[2].

Schneider hatte sich bereits, sobald der neue Satisfaktionsentwurf den Franzosen bekannt geworden war, in einer Denkschrift an die Reichstände gewendet[3]. Dieser

---

[1] „Zudem auch dieses kommen ist, dass die Herren Kaiserlichen den 5. (15.) Juli nächsthin, laut der Beilag, in specie geahndet haben, dass die clausula generalis: cum aliis qui in isto tractu possessionem vel quasi immedietatis erga Romanum Imperium habent, in dem instrumento Gallico übergangen und ausgelassen worden sei". Otto an den Rath 1647 Aug. 12 (22).

[2] Mossmann, RA 1890 S. 343 ff.

[3] Der zehn im Elsass gelegenen Reichsstädte Memoriale u. s. w. Meiern IV S. 711—715, am 14. (24.) Juli 1647 von Mainz in Münster zur Diktatur gebracht, vergl. RA 1890 S. 340 f. Die Städte haben, wie es scheint, Schneiders Schritt durch eine „fernere Erinnerung" unterstützt: Meiern IV 716 ff. (Osnabr. 28. Juli, dict. 29. Juli (st. vet.) 1647). Der hier stehende Schluss gilt nur für die evangelischen Städte, von:

Entwurf, so heisst es hier, hat den Städten gezeigt, dass ihre Hoffnung, auf Grund der früher von ihnen erhobenen Vorstellungen der französischen Satisfaktion entzogen zu werden, vergeblich gewesen ist. Die Übertragung an Frankreich aber widerspreche der Natur ihrer Beziehungen zur Landvogtei. Hinsichtlich der Eidesleistung, der Ausübung der landvogteilichen Rechte durch einen Souverän anstatt eines kaiserlichen Kommissars, der Steuerablieferung würden durch die Bestimmungen des Entwurfs unerträgliche und unmögliche Verhältnisse geschaffen. Österreich habe man, besonders im Kriege, Vieles nachgesehen, aber auch oft sich widersetzt. Mit Frankreich würde sich ewiger Streit ergeben, da diese Krone „Alles ad unguem hervorsuche, dadurch das Reich mit steten Klagen der Städte beschwert“ würde. Denn nicht beisammen könne bestehen, dass die Städte Frankreich und dem Reiche mit Eid sollten verpflichtet sein. Nicht um Kleinigkeiten handle es sich, sondern um den unausbleiblichen Verlust der Städte für das Reich, einen Verlust, der, wie aus der Matrikel zu ersehen, so viel ausmachen würde, wie „ein Kur- oder vornehmes Fürstenthum“. Diesem Übel aber sei leicht vorzubeugen durch Trennung der Städte von der Landvogtei: Frankreich würden, da der Erzherzog Ferdinand Karl nie präsentirt sei, keine österreichischen Rechte entzogen, die Reichssteuer die ihm entgehe, könne am Kaufschilling einbehalten und dem Erzherzoge gegeben werden.

So ergeht die Bitte an die Reichsstände, die Sache der Dekapolis in einem Gutachten aller Kollegien dem Kaiser und seinen Vertretern ans Herz zu legen. Mit Leib und Blut, Ehre, Hab und Gut wollen sie und ihre Nachkommen sich dankbar erweisen.

---

und kann man (S. 718) ab, in WA, FrA Mainz 18 befindet sich das gleiche Aktenstück mit dem von den kathol. Städten eingegebenen Schlusse („und kann man auch zum Beschluss ex parte civitatum catholicarum ohnerinnert nicht lassen“) mit Klagen über die Beeinträchtigung der katholischen Religion, vornehmlich in Colmar und Schlettstadt, während des Kriegs.

Am 17. August kam mit den Fragen, welche die kaiserlichen Gesandten vorlegten, auch, wesentlich veranlasst durch das von Schneider eingereichte Memorial[1], die Erörterung über das Schicksal der elsässischen Landvogteistädte an die Reichsstände, nachdem sich die Kaiserlichen damit einverstanden erklärt hatten, in diesem Punkte Gutachten und Meinung der Stände zu vernehmen. Alle Kollegien haben sich, freilich in verschiedenem Grade, der bedrohten Genossen angenommen und deren Anliegen den Kaiserlichen empfohlen. Die Kurfürsten griffen den Vorschlag der Städte auf, falls man auf Schwierigkeiten der Gegner stosse, wenigstens die Reichssteuer zu kapitalisiren und von der von Frankreich zu zahlenden Entschädigungssumme abzuziehen; mit der Reichssteuer könnte dann der Kaiser dem Erzherzog von Tirol den Ausfall an der Kaufsumme ersetzen[2].

Viel wärmer trat natürlich der in Osnabrück tagende evangelische Städterath ein; er wollte, da die allgemeinen Ausdrücke dunkel waren, dass, um künftigen Streit zu vermeiden, die Qualität der Landvogtei recht erläutert und sie auf die Reichsdörfer als österreichische Pfandschaften beschränkt, die Städte aber — zumal Weissenburg und Landau als „in das zedirte Elsass notorie nit gehörig“ — ausgenommen und völlig ausgelassen würden. Ausführlich geht dann das Conclusum auf die Rechtsverhältnisse der Landvogtei und die Unzuträglichkeiten der bisher getroffenen Bestimmungen ein; die Städte versprechen sich von einer Darstellung dieser Verhältnisse bei den Kaiserlichen und Franzosen Erfolg; indem sie hinzufügten, dass Frankreich, wenn es von den zehn Städten einige Nutzbarkeit zu ziehen gedächte, denselben nicht die Immedietät würde vorbehalten

---

[1] KGM an Ferd. 1647 Okt. 1 (WA 92, 12 n. 1829, auch WA 58 a): der Punkt betr. die zehn elsäss. Reichsstädte sei „von uns nit ad consultandum proponirt, sondern von den interessirten Ständen selbst, und sonderlich von der Stadt Colmar beiden Reichsräthen beschwersweise angebracht worden“.

[2] Conclusum des Kurfürstenraths. WA Mainzer FrA 10.

haben, so trafen sie damit den Kern der in den Abmachungen liegenden Unzuträglichkeit und politischen Widersinnigkeit[1].

Auch der Fürstenrath in Osnabrück sprach sich dahin aus, dass die Dekapolis aus der Satisfaktion ausscheiden müsste, denn ohne Abhängigkeit vom Reiche könnte doch Frankreich die Vogtei nicht im Namen des Reichs über die immediat bleibenden Städte übernehmen. Zugleich erreichte der Bischof von Basel, dass man sich seiner annahm, indem den Kaiserlichen der Wunsch ausgedrückt wurde, dass ihm für die Grafschaft Pfirt das dominum directum vorbehalten würde[2].

Im münsterschen Fürstenrathe konnte sich der Vertreter Österreichs nicht enthalten, darauf hinzuweisen, dass der Kaiser von mehreren Kurfürsten und Fürsten — das ging natürlich in erster Linie auf Bayern — zur Veräusserung des Elsass genöthigt worden wäre und zwar in solcher Eile, dass man sich über die daraus entstehenden Diffikultäten nicht verwundern dürfte; im übrigen wollten die Kaiserlichen Abänderungen nicht entgegen sein, wenn sie nur nicht dem Hause Österreich nachtheilig würden oder eine Verständigung erschwerten. Vergeblich sucht man nach irgend welcher Antheilnahme für die bedrohten Städte, im Elsass hatte Habsburg kein Interesse mehr und jede Beschränkung der französischen Aspirationen hier musste zunächst die Waldstädte aufs neue gefährden. Ueberhaupt war hier bei den katholischen Fürsten in Münster, wo die geistlichen Herren das grosse Wort führten, begreiflicherweise die Sympathie für die Reichsstädte des Elsass nicht

---

[1] Conclusum des Städteraths in Osnabrück. Otto war mit der Haltung des Kollegs durchaus nicht zufrieden, da man wohl einig gewesen, sich der Städte auf alle thunliche Wege anzunehmen. circa modum et moventia aber, als Otto der Sache näher getreten und die rationes dem voto einrücken wollte, schlechten und geringen Eifer gezeigt habe: manche fürchteten durch schroffes Auftreten in diesem Punkte die Kaiserlichen zu verletzen. S. Otto's Bericht vom 9./19. Aug. — Ein städtisches Conclusum aus Münster ist nicht bekannt.

[2] Conclusum des Fürstenraths in Osnabrück: Meiern IV S. 710 f., ebenda S. 704—710 die Einzelvota.

sonderlich gross; eine Reihe von Ständen wollte die Erörterung vertagen, bis die ganze Frage der Abtretung des Elsass bei Berathung des französischen Friedensinstruments an die Reihe käme, so namentlich Spanien als Inhaber der burgundischen Stimme, dem sich Besançon und etwa ein Dutzend Pfaffenstimmen anschlossen [1]. Die Mehrheit aber wollte doch den Kaiserlichen rathen, nach Massgabe der im Memorial der Städte angeführten Mittel dieselben vor Ungelegenheiten zu bewahren [2]. Nur vereinzelte Stimmen, wie die des Bischofs von Verdun und des Abts von Kempten, waren energischer zugunsten der Städte eingetreten.

Nun zeigte sich aufs neue die Umständlichkeit und Schwerfälligkeit der reichsständischen Berathungen. Zunächst verglichen sich die Fürstenräthe beider Kongressorte über ein gemeinsames Conclusum, das sich entschieden günstiger, als es besonders vorher in Münster geschehen war, für die Interessen der Städte aussprach, indem es davon ausging, dass dieselben „ein ganz separirtes Werk von der Pfandschaft der Landvogtei seien“, und die Erwartung äusserte, dass Frankreich, da es ihre Immedietät nicht antasten wolle, auch die Vogtei über dieselben im Namen des Reichs nicht werde an sich ziehen wollen; zugleich sollte dem Stift Basel sein zuständiges dominium für die Grafschaft Pfirt und dem Stift Strassburg der Titel „Landgraf im Unterelsass“ vorbehalten bleiben [3].

Auf Grund der von den drei Kollegien festgestellten Conclusa setzte nun Mainz das gemeinsame Reichsbedenken auf, das am 8. September in den Reichsräthen zur Berathung kam, aber noch eine Reihe von Beanstandungen hervorrief [4],

---

[1] Bamberg, Speyer, Hildesheim, Paderborn, Münster, Lüttich, Fulda, Weissenburg, Prüm, Berchtesgaden, Stablo.

[2] Conclusum des Fürstenraths in Münster: WA FrA 98 b, auch 94, 3 n. 437.

[3] „Allg. Osnabrück- und Münstersches Conclusum u. s. w.“ 1647 Aug. 26, dictat. Münster Aug. 27: WA, Mainzer FrA 10, auch 94, 3 n. 440.

[4] Evangelischerseits wollte man Reigersberger, den mainzer Kanzler, für einen spanischen Pensionarius halten, der soviel fremde Punkte hineingebracht hätte, damit inzwischen Spanien zum Schluss käme (Meiern IV S. 733).

die indess in dem die elsässischen Städte betreffenden Punkte doch nicht erheblich waren [1].

Am 25. September fand das nach diesen Bemerkungen abgeänderte Reichsbedenken endlich die Zustimmung der gesammten Stände und konnte dann am 28. September den Kaiserlichen eingeliefert werden; ein und einen halben Monat hatte man glücklich dazu gebraucht!

Die elsässischen Reichsstädte konnten mit dieser Erklärung der gesammten Kollegien wohl zufrieden sein. Sie machte sich die von den Städten aufgestellte Scheidung von Dekapolis und Landvogtei zu eigen, hob die bedenklichen Konsequenzen der getroffenen Abmachungen hervor und indem sie die Beschwerdeschrift der Städte den Kaiserlichen überwies, betonte sie, dass an denselben das Haus Österreich weder erbliche noch Eigenthumsrechte besässe: daher könnten diese Städte nicht in die französische Satisfaktion gezogen werden: die kaiserlichen Gesandten werden ersucht, dahin zu wirken, dass dieselben bei ihrer Reichsunmittelbarkeit, ihren Rechten und Privilegien erhalten, keineswegs aber vom Reiche abgesondert werden. Zugleich waren dem Stift Basel seine Lehnshoheit über die Grafschaft Pfirt, dem Stift Strassburg seine Rechte an der Landgrafschaft im Elsass und — das hatten die Stände hinzugefügt — „auch anderen Ständen und Gliedern des Reichs“ im Elsass „ihre diesorts habenden Rechte und Gerechtigkeiten gewahrt“[2].

---

[1] Berathung des Fürstenraths in Osnabr. Meiern IV S. 734—742. Berathung des Fürstenraths in Münster: Bericht der österr. Ges. v. 27. Sept. WA Hauptarchiv FrA Z. III; Conclusum des Städteraths: es beschränkt sich für Punkt 3 auf 2 Aenderungen: erstlich soll der Passus über die Reichssteuer als bedenklich ausgelassen und zweitens bei Nennung des Stifts Strassburg auch die Immedietät aller übrigen elsässischen Reichsstände in genere festgestellt werden (Str. StA 1144 Protok. d. Städteraths Sess. 100). Der Extract der in den votis abgelegten Erinnerungen: Meiern IV S. 742 f.

[2] Das definitive Reichsbedenken ist der von Meiern IV S. 730 f.: „Betreffend drittens“ bis Schluss abgedruckte mainzer Entwurf mit folgenden Aenderungen: S. 730 Z. 14 v. u: *die* statt *der;* Z. 8. v. u: gleich andern *Reichsstädten;* S. 731 fällt der Schluss des ersten Absatzes von: *und*

Den Franzosen war die wenig günstige Stimmung der Mehrheit der Reichsstände natürlich nicht verborgen geblieben. Sie hatten Anfang Juli einer Deputation erklärt, sie blieben, trotzdem mehr Plätze in ihre Gewalt gekommen, doch bei ihren früheren Forderungen, nur sei an einzelnen Punkten Erläuterung und Versicherung nöthig[1]. Indess bald darauf wusste Giffen zu berichten, in Münster sei insgemein das Geschrei gegangen, Frankreich praetendire auch das Bisthum Strassburg; Avaux aber wollte, darüber zur Rede gestellt, „es nicht praecisement begehrt", sondern nur „per Discurs davon geredet" haben[2]. Wie unsicher indess den Ständen die Lage erscheinen musste, zeigt ein anderes Schreiben von Giffen vom 9. August: er hat die Franzosen um ihre „Gemüthsmeinung wegen des Elsass" ausgefragt; da haben diese erklärt, dass sie keinem Stande dort Eintrag thun, sondern nur den österreischischen Besitz haben wollen; er aber fügt hinzu: „beruhet auf dem Erfolg"[3]. Durch eine Eingabe an die Stände suchte er die Einfügung einer Klausel herbeizuführen, die das Stift Strassburg im Falle von Streitigkeiten, die durch Abtretung der Landgrafschaft Unterelsass entstehen könnten, in seinen Rechten sichern sollte[4].

Eben jetzt erwuchs Landau und Weissenburg noch eine andere Gefahr: der Kurfürst von Trier erhob am 31. August als Bischof von Speyer einen formellen Protest gegen ihre Reichsunmittelbarkeit: Weissenburg sollte der gleichnamigen Propstei unterworfen, Landau vom Reiche dem Stifte Speyer verpfändet sein; der Bischof behielt sich dabei alle Rechte

---

dieses um so viel mehr an weg; im letzten Absatz Z. 4. hinter Strassburg: *und dessen Domkapitel;* Z. 7. v. u hinter Elsass: *wie auch anderer Stände und Glieder des Reichs ihre diesorts habende u. s. w.;* Z. 5. v. u. *Stift* statt *Bisthum;* Z. 2. v. u: nicht zu *praejudiziren, viel weniger dass man zu Verfang und Nachtheil i. fl. gn. ichtwas vornehmen* sondern. WA FrA 54 a, auch 94, 3 n. 469.

[1] Otto an Strassburg 1647 Juli 2 (12) Münster.

[2] Giffen an den Ausschuss der unterelsäss. Ritterschaft 1647 Juli 17. Str. BA E 1396.

[3] A. a. O.

[4] Meiern IV S. 719—723.

vor, aber, wie bei Philipp Christoph von Söttern erklärlich fügte er hinzu: salva per omnia Regis Christianissimi protectione [1]. Zwar liess sich diese Rechtsanschauung nicht ernstlich begründen; bezeichnend aber für die Unklarheit der öffentlich rechtlichen Zustände im Elsass ist, dass eben jetzt Gemmingen, weil die Franzosen, wie er schreibt „die Subjection aller Vasallen indirecte begehren", um Auskunft bittet, wie viel Mitglieder der Ritterschaft dem Landgrafen daselbst mit dem vasallagio obligirt gewesen [2].

Bei so verbreiteter Unsicherheit begreifen wir, dass der Rath von Strassburg trotz aller Ausführungen seines Abgeordneten immer wieder betonte, dass er die Assekuration der Stadt durch ausdrückliche Erwähnung im Friedensinstrument „noch auf diese Stunde [23. August] für so important" erachte, dass er darauf bestehen müsste; man müsste sich eventuell, wenn die Franzosen Schwierigkeiten machten, an die Stände oder Kaiserlichen wenden [3]. Auffälligerweise erhielt eben jetzt Otto die Erlaubniss, da man seine Sendung jeder Zeit wieder aufnehmen könnte, den Kongress zu verlassen [4]. Aber inzwischen dünkte ihm selbst seine Abreise, namentlich mit Rücksicht auf Schweden, unthunlich [5]; er hatte bereits am 25. August dem kaiserlichen Gesandten Crane ein neues Memorial überreicht, das sowohl im § Imperator eine Beschränkung der aus den Schluss-

[1] WA FrA 94, 3 n 443: Abschrift des notariell (vor Petrus Kaill, von päpstl. u. kais. Gewalt offener Notarius, des kfl. trierischen geistl. Gerichts geschworener Schreiber) vollzogenen Protestes; der Kurfürst erklärt, sich der übrigen Landvogteistädte nicht annehmen zu können (ausser der dem Stifte Speyer gehörigen Vogtei zu S. Walburg, „in die Schaffnerei Hagenau gehörig"), „weil selbe Landvogtei von den kaiserl. plen^tis der Kron Frankreich einmal überlassen worden".

[2] 1647 Juli 20 (30). Str. BA E 1396. Am 11. Aug. 1647 (wohl st. vet.) schreibt J. v. Wangen aus Stotzheim an den Syndikus der unterelsäss. Ritterschaft Dr. Mieg in Strassburg: seines Wissens seien nur wenige aus dem Rittercorpus Vasallen des Hauses Österreich und da es einige seien, so seien diese Lehensstücke zweifellos in österr. Landen gelegen.

[3] Strassburg an Otto 1647 Aug. 13 (23).

[4] Strassburg an Otto 1647 Aug. 16 (26).

[5] Otto an Strassburg 1647 Aug. 30 (Sept. 9).

worten möglichen weitergehenden Ansprüche an alte Schenkungen u. s. w. wünschte, als auch die Einfügung Strassburgs in den § Teneatur, und zwar vor der Reichsritterschaft, dringend empfahl[1].

Die französischen Bevollmächtigten bildeten sich irrthümlich ein, dass der Appell der Dekapolis an die Stände, der die österreichischen Rechte an derselben als so gering und unwesentlich hinstellte, von den Kaiserlichen selbst veranlasst worden wäre[2]. Auch Oxenstierna wusste Otto gegenüber von Serviens Beschwerde über die Kaiserlichen zu berichten, weil sie, die Franzosen, geglaubt, es würde unwiderruflich bei dem bleiben, was abgehandelt. „Nun sei aber“, so überliefert Otto nach der Erzählung des Schweden Serviens Äusserungen, „ihre Intention gewesen, dass die zehn Reichsstädte hinfüro unter der Kron Frankreich dergestalt sein sollten, wie sie unter dem Römischen Reiche bisher gewesen, vorab weil sie auf französischem Grund und Boden liegen und es sonst ein seltsames Ansehen gewinnen würde, wann das Elsass der Krone Frankreich, die darinnen liegenden zehn Reichsstädte aber des Römischen Reichs sein sollten[3].

Noch im April hatte Stenglin die Ansicht ausgesprochen, dass Frankreich sich gegen baares Geld, woran am Kongresse grosser Mangel herrschte, die Waldstädte

---

[1] Memorial wegen etlicher in dem französischen proiecto instrumenti pacis enthaltener Puncten 1647 Aug. 25 per syndicum Argentoratensem: s. Anhang n. 13. Hierin nimmt sich Otto auch der Wünsche der Wild- und Rheingrafen und des Hauses Hohenlohe an.

[2] Am 5. August klagen sie Brienne die geringe Friedensliebe der Kaiserlichen, die sich in ihren Bemerkungen zum franz. Entwurf ausspreche: ils ont encore fait davantage pour nous brouiller parmi les Etats de l'Empire, ayant excité les dix villes impériales de la Basse Alsace à présenter un écrit auxdits sieurs Etats, par lequel ils s'efforcent de montrer, que les droits que la maison d'Autriche exerçoit, n'étaient pas héréditaires, mais seulement par commission de l'Empereur et de l'Empire, afin de réduire à rien ou à fort peu de chose ce qui est transporté à Leurs Majestés sur la Basse Alsace et les dix villes. NS IV p. 141; bezeichnend ist auch hier wieder die Ungenauigkeit in den elsässischen Territorialverhältnissen!

[3] Bericht von Otto 1647 Aug. 30 (Sept. 9).

und die Souveränetät über die zehn elsässischen Reichsstädte erkaufen könnte[1]. Man darf wohl daraus schliessen, dass auch die Bevollmächtigten also damals jedenfalls die Bestimmungen des Präliminarvertrags ihrem ursprünglichen Sinne gemäss interpretirten. Aber das bald hervortretende Bestreben der Franzosen, die Lehen der lothringischen Bisthümer auf Grund des Vertrages zu reklamiren und manche, nicht ganz deutliche Äusserungen, besonders wohl von Servien, erweckten unter den Ständen, zumal den elsässischen, lebhafte Besorgnisse vor einer weitergehenden Interpretation der sie betreffenden Artikel. Ein Mitglied der unterelsässischen Reichsritterschaft sprach schon damals seine Bedenken, namentlich gegen den Zusatz ita tamen, aus, „denn wenn man auf deutsch und redlich gehen will, ist dieser wiederholte Vorbehalt ganz überflüssig". Er rieth, dass Giffen scharf aufpassen sollte, „denn ich weiss von guten Orten, dass die Freiheit und Immedietät unseres unterelsässischen Ritterstands den Leuten hart in Augen [ist], und könnte man uns durch eine verdunkelte und disputirliche Klausel mit ins Garn bringen, würde bei Hofe angebracht werden, ob hätte man grosse Fische gefangen"[2]. Schon im Juni hatte der ritterschaftliche Ausschuss an Giffen und Gemmingen geschrieben, im Lande gehe das Gerücht, dass Frankreich seine Praetensionen auf das ganze Unterelsass erstrecke[3].

Dass sich in dieser Zeit bei den französischen Bevollmächtigten, jedenfalls bei Servien, Gedanken geregt haben, die Abmachungen des Präliminarvertrags bezüglich des Elsass auf Grund des Wortlauts über den ursprünglichen Sinn hinaus, wenigstens hinsichtlich der an der Dekapolis erworbenen Rechte, zu interpretiren, ist nicht wohl von der Hand zu weisen. Wer will sagen, ob vielleicht erst die lebhaften Klagen der betheiligten Stände den Gedanken an die Möglichkeit derartiger Ausnutzung wachgerufen haben[3]?

---

[1] Stenglin an Stotz 1647 April 12. Lettres des Plén. S. 131.

[2] J. v. Wangen an den Syndikus Dr. Mieg 1647 Aug. 11 (21). Str. BA, E 1396.

[3] 1647 Juni 17 (27), im August berichten die hanauischen Räthe und Befehlshaber aus Buchsweiler in demselben Sinne an den ritterschaftl. Ausschuss, a. a. O.

Servien hatte gedroht, so berichtete Oxenstierna weiter an Otto, Frankreich werde die zugesagte Entschädigungssumme zurückbehalten[1] und ausserdem den Breisgau und die vier Waldstädte fordern. Otto bemühte sich, diese Anschauung in ausführlicher Darlegung[2] zurückzuweisen. Aber thatsächlich hatte doch Servien Recht, wenn er auf die politischen Unmöglichkeiten, die der Standpunkt der elsässischen Städte herbeiführte, hinwies. Oxenstierna schlug als bestes Auskunftsmittel vor, dass man Frankreich, wie es Avaux stets gewünscht hätte[3], die zedirten Lande zu Lehen gäbe, Longueville und Servien begännen bereits ihre Gedanken darauf zu richten.

Auch am Hofe in Paris scheint in dieser Zeit die Neigung, in den Lehnsverband des Reichs einzutreten, vorgeherrscht zu haben. Noch im Juli rechtfertigen die Gesandten, dass sie den dafür ertheilten Weisungen nicht nachgekommen waren, damit, dass ihnen dieselben zu spät, als der Entwurf schon an die Kaiserlichen abgegeben war, zugegangen wären. Sie wollen den üblen Eindruck, den eine Änderung ihrer Forderungen auf die Versammlung machen musste, gefürchtet und besorgt haben, dass die Kaiserlichen, wenn sie darauf eingingen, die gleiche Bedingung für die drei lothringischen Bisthümer stellen würden; liesse sich diese Gefahr umgehen, wollten sie im geeigneten Momente das Nöthige veranlassen[4]. Aber sie hatten schon früher ihre Bedenken geltend gemacht, weniger wegen

---

[1] Goll berichtet am 12. Juli 1647 an Erzh. Ferd. Karl, die Franzosen wollten das erste „Wurfgeld" von 400000 Th. für Breisach nicht an ihn auszahlen, sondern im Namen des Kaisers den kurpfälzischen Erben erlegen. WA FrA 94, 3 n. 422.

[2] Otto sagt selbst, er sei so weitläufig gewesen, weil Oxenstierna gegen einen fürstlichen Gesandten habe verlauten lassen, an der Frage der Dekapolis könne das ganze Werk scheitern. Die ganze Unterredung im Berichte Ottos, 1647 August 30 (Sept. 9).

[3] Avaux hielt noch immer die Abtretung der elsäss. Gebiete zu freiem Eigenthum für falsch, da sie das Misstrauen der Nachbarn wecke, aber: obtruserunt hoc nobis d^{ni} Caes^{i} etiam invitis. Brief Schneiders vom 15. (25.) Juni 1647 RA 1889 S. 473.

[4] Mém. des Plén. 1647 Juli 22. NS IV p. 138.

des Widerstands der Kaiserlichen, als wegen der Opposition, die neuerdings die Schweden machen sollten, und wegen der sich mit dieser Krone und auch den Ständen ergebenden Rangstreitigkeiten[1].

Auf die thatkräftige Unterstützung der schwedischen Kongressmitglieder hatte immer noch Schneider sowohl, wie der Rath von Colmar seine Hoffnung gesetzt. Aber beide wurden allmählich inne, dass sie sich hier getäuscht hatten. Nun wandte sich die Stadt mit Hilfsgesuchen direkt an die Königin, den Reichskanzler, an Horn und den Grafen de la Gardie; auch an den Landgrafen von Hessen ging ein Schreiben[2].

Von entscheidender Bedeutung blieb doch in der ganzen Frage die Haltung der Kaiserlichen, und diese waren auch hier in erster Linie Österreicher. Zwar entgegneten sie den Franzosen, als diese sich über die Einmischung der Stände in die Abmachungen des Präliminarvertrags beschwerten, dass die ganze Verhandlung von Anfang an auf deren Ratifikation gestellt sei[3]. Für sie selbst aber stand andauernd die Differenz über Lothringen, Spanien und den landgräflichen Titel im Vordergrunde des Interesses, nicht das Schicksal der kleinen Territorialgewalten zwischen Rhein und Vogesen, wo das Haus Habsburg keinen Einfluss mehr haben würde.

Schon Otto hatte Schneider gegenüber sein Misstrauen gegen Volmar ausgesprochen, den müsste man gewinnen; aber er meint, man werde von diesem nie die Zustimmung erreichen, dass die kapitalisirte Reichssteuer der Städte von der Entschädigungssumme für seinen tirolischen Gebieter abgezogen werde[4].

Von Volmars Hand ist auch der Bericht, mit dem die Kaiserlichen das Reichsbedenken vom 25. September

---

[1] Mém. des Plén. 1647 Juni 10. NS IV p. 117. Auch wird Servien nicht ermangelt haben, seine Kollegen in dieser Richtung zu beeinflussen.

[2] RA 1890 S. 515—20, 1891 S. 233 ff.

[3] Cortreius S. 449.

[4] RA 1890 S. 518 f.

ihrem Monarchen übersenden. Er widerspricht durchaus der von den Städten gegebenen Deutung der Landvogtei. Kein anderer als ein Erzherzog könne ohne Schmälerung seines Pfandrechts — das eben bestritten die Städte — zum Landvogt präsentirt werden, ihm seien die gebührenden Rechte[1] zu gestatten; im übrigen sei die Reichsunmittelbarkeit der Städte gewahrt worden, und wenn Frankreich sich mit den Abmachungen begnüge, sehe man die Möglichkeit von Abänderungen nicht, die nur neue Ansprüche an Österreich herbeiführen würden; das würde um so unbilliger sein, als ein Theil der Städte, wie Colmar, Münster, Weissenburg und Landau erst den Schweden, dann den Franzosen Thür und Thor geöffnet, sich freiwillig in ihre Protektion begeben und in Colmar sogar treuloser Weise die kaiserliche Besatzung niedergemacht hätten[2].

Ferdinand wies seine Vertreter doch an, wegen der Landvogteistädte sowohl, wie wegen des Bisthums Strassburg dem Gutachten der Stände nachzukommen; er wusste nichts dawider zu erinnern, ausser dem, was gegen die österreichischen Rechte an der Dekapolis darin ausgeführt wäre: diese Rechte sollen sie wohl in Acht nehmen und sich kein äquivalens dafür aufdringen lassen; im übrigen war er mit den Bemerkungen, die seine Vertreter — vor drei Monaten! — über das französische Instrument gemacht hatten, einverstanden[3].

Am wenigsten[4] über die ganze französische Satisfaktionsfrage konnte sich der tirolische Vertreter unter den österreichischen Bevollmächtigten beruhigen. Schon am 30. Juni hatte er in pleno Catholicorum einen Protest dagegen

---

[1] Als solche werden aufgezählt: Besuch der Rathswahl, Reichssteuer, Ungelt in Colmar, Blutbann in Hagenau und Rosheim

[2] KGM an Ferd. III. 1647 Okt. 1; WA (Hauptarchiv) FrA Z III 3.

[3] Meiern IV S. 817 f.: 1647 Okt. 14 Prag.

[4] Am 10. Okt. war Giffen in einem neuen Memorial zur Wahrung der Interessen des Erzh. Leop. Wilhelm als Hoch- und Deutschmeisters und Bischofs von Strassburg mit verschiedenen Spezialwünschen aufgetreten. Auch er fordert die Auslassung des Satzes ita tamen. WA FrA 54 d.

erhoben[1], seinem Herrn alle Rechte vorbehalten und sein Votum suspendirt. Am 30. September kam die Frage aufs neue in einer Versammlung der katholischen Stände zur Erörterung; Goll war sehr ungehalten, dass Mainz in concludendo gesprochen hatte, „als finde sich insgemein, dass es ausser den drei Reichsbedenken bei dem proiecto verbleiben könnte"; er behauptete auch, andere Gesandten hätten „im Aufstehen darüber gemurmelt und sich auf ihre conditionirte vota einer gegen den andern bezogen und dann auch auf künftige weitere Deliberation in den Reichsräthen"[2]. Immer noch hoffte er, Änderungen hinsichtlich des Elsass herbeiführen zu können; sicherlich sprach er im Reichsinteresse, wenn er seine Stimme gegen die Rücksichtnahme auf Lothringen erhob. „Man sagt zwar", so schreibt er, „weil man Breisach nicht mehr gewinnen kann oder kümmerlich, so muss man's den Franzosen lassen; wie will man denn Nancy, la Motte und zwölf andere Festungen wiedergewinnen? Man will sie also gewinnen, dass man sonsten keinen Frieden schliessen kann; was ist denn leichter zu thun, als dieses auch über Breisach zu sagen?". Schliesslich hoffte er, durch seine Opposition wenigstens noch eine Million mehr als Entschädigung herausschlagen zu können[3].

[1] In WA FrA 94, 3 n. 471 findet sich die Beglaubigung vom Kanzler von Kurmainz, Reigersberger.

[2] Goll an Erzh. Ferd. Karl 1647 Okt. 4. WA FrA 94, 3 n. 476. Diese Berathung der katholischen Stände lässt sich nicht ganz klar stellen. Meiern IV S. 769 giebt an als Gutachten der Kathol. v. Okt. 1647: „der 10 elsässischen Städte halber aber meinte man, dass endlich darin um so viel mehr nachzugeben sei, weil doch die Krone Frankreich das utile dominium derselben nicht aus Händen lassen würde, im übrigen aber bemeldten Städten nicht viel daran gelegen wäre, ob sie der Kron Frankreich oder dem Reich die gewöhnliche Steuer erlegten". Nach WA FrA 94, 3 n. 478 bezieht sich das Bedenken der kathol. Stände vom 7. Okt. hinsichtlich der französischen Satisfaktion auf das Reichsbedenken bez. d. 3 lothring. Stifter und der 10 Städte und auf das Memorial des Stifts Strassburg. Dazu stimmt auch der Bericht der österr. Gesandten Goll und Wolkenstein vom 1. Oktober über die Berathung mit dem beiliegenden Protokolle. WA (Hauptarchiv) Z III.

[3] PS zum Briefe Golls an Erzh. Ferd. Karl 1647 Okt. 4. WA FrA 94, 3 n. 476.

Maximilian von Bayern beschwerte sich[1] bei Ferdinand, dass „durch Goll die Abmachungen über die französische Entschädigung immer wieder in Frage gestellt würden; in Verfolgung seiner früheren Politik fügte er hinzu, er wüsste über die Ausdehnung der französischen Ansprüche nichts, als was im Friedensentwurf stände; Ferdinand möchte aber sorgen, dass nicht durch neue Diffikultäten der Friede, zu dem Frankreich ohne dies keine rechte Lust hätte, gehindert würde[2].

Allein nicht nur die Ansprüche der Franzosen, sondern nicht minder die Forderungen der Dekapolis und des Stift Strassburgs — wegen der Landgrafschaft Unterelsass — erregten Golls Zorn; er wollte auch dagegen den Befehlen seiner Regierung gemäss mit einer Protestschrift vorgehen. Volmar gelang es, ihn davon als einer unpraktischen Massregel abzubringen[3].

Der allgemeine Fortschritt der Kongressverhandlungen, die Aussichtslosigkeit der Bemühungen, den endgültigen Friedensschluss zwischen den Generalstaaten und Spanien länger hintanzuhalten, dann das Wiedereintreten des Kurfürsten von Bayern in den Kampf, dessen erneuter Bruch mit Schweden, im September 1647, vertragsmässig auch von französischer Seite mit der Kündigung des Waffenstillstandes beantwortet werden musste, vielleicht auch schon die heimischen Bewegungen, die sich hie und da ankündigten, kurzum die allgemeine Situation liess nun den französischen Bevollmächtigten eine schleunige, endgültige Regelung ihres Satisfaktionspunktes überaus wünschenswerth erscheinen. Wie sehr diese Erwägungen massgebend waren, ergiebt sich

---

[1] Am 19. August berichten die franz. Bevollm., dass sie einen Abgesandten zum Kurfürsten schicken, um ihm zu zeigen, welche Schwierigkeiten der franz. Satisfaktion in den Weg gelegt würden, und ihn zu doppelten Anstrengungen beim Kaiser zu veranlassen. NS IV p. 149.

[2] 1647 Okt. 16. WA FrA 92, 12 n. 1866 auch 94, 3 n. 480.

[3] Goll an Erzh. Ferd. Karl 1647 Okt. 25 und 31. WA FrA 94, 3 n. 483 u. 489.

daraus, dass sich Longueville und seine Kollegen entschlossen, von dem im Laufe des letzten Jahres erhobenen neuen Ansprüchen abzusehen und auf die Abmachungen vom September 1646 zurückzugehen; es handelte sich also hauptsächlich um die definitive Redaktion dieser Bestimmungen, wie sie dann dem ganzen Friedensinstrumente eingefügt werden sollten; nur etwa nothwendige Erläuterungen sollten zu dem Präliminarvertrage hinzugesetzt werden und die Bestimmung, dass beide Theile an die nun abzuschliessende Übereinkunft gebunden bleiben sollten.

Die Kaiserlichen erklärten sich, als ihnen am 2. November 1647 die ersten Eröffnungen, am 4. die näheren Mittheilungen von den Vermittlern gemacht wurden, grundsätzlich einverstanden; sie betonten, nur das sei ihre Absicht, zu verhindern, dass die Franzosen andere consequentias erzwingen möchten[1]. Es gelang den Franzosen, auch Volmar, der eben jetzt zur ernstlichen Erledigung der noch übrigen Reichsangelegenheiten zu den Evangelischen nach Osnabrück wollte, auf diese Weise zunächst in Münster festzuhalten.

Sie hatten sich nicht verhehlt, dass ihre Forderungen hinsichtlich Lothringens und der Nichtassistirung Spaniens ihre Gegner in Vortheil setzen mussten; so waren sie klug genug, diese beiden Streitpunkte fürs erste auszuscheiden. Für die Kaiserlichen ihrerseits bildete die Titelfrage nach wie vor ein erhebliches Hinderniss, und die Verpflichtung, sich an die Vereinbarungen bis zum Frieden zu binden, wollte ihnen auch nicht einleuchten. Die Vermittler empfahlen diese Klausel unter dem Gesichtspunkte, dass man so einmal vor weiteren Forderungen der Franzosen sicher wäre und dass dieselben um so eifriger auf die Schweden und Protestanten zum Abschlusse wirken würden. Die Kaiserlichen erwiderten, dass im Gegentheil Frankreich nur um so energischer Schweden im Kriege unterstützen würde, da es selbst bei unglücklichen Kämpfen nicht Gefahr laufen könnte, seinen Gewinn zu gefährden; sie wünschten daher die Wiederherstellung der früheren Bestimmung, dass

[1] Cortreius S. 453.

ein erfolgloser Ausgang des Kongresses alle Zugeständnisse hinfällig machen sollte[1].

Als nun aber am 7. November die Vermittler mit dem von den Franzosen aufgesetzten Entwurfe[2] erschienen, fanden sich doch im einzelnen noch eine ganze Reihe von Punkten, an denen die Kaiserlichen Ausstellungen machten. Zunächst kamen sie in den Eingangsbestimmungen auf die Forderung der Unverbindlichkeit der Abmachungen, falls der Friede nicht zu Stande käme, zurück. Dann hatten die Franzosen im § Tertio Imperator an zwei Stellen beim Sundgau die Grafschaft Pfirt ausdrücklich unter die Abmachungen eingeführt — natürlich im absichtlichen Gegensatze zu den zu Gunsten des Bischofs von Basel erfolgten Schritten der Stände: die Kaiserlichen verlangten, da der Passus im früheren Entwurfe fehlte und die Grafschaft eben bereits im Sundgau begriffen wäre, die Auslassung oder die Hinzufügung eines Satzes, der die Lehnsoberherrlichkeit des Bischofs von Basel sicher stellte, denn nicht der eigenthümliche Besitz, sondern nur das utile dominium habe hier von Österreich abgetreten werden können. Ebenso forderten die Kaiserlichen die Auslassung der Bestimmung, die dem Kaiser und seinem Hause die Führuug des Landgrafentitels vom Elsass untersagen sollte[3], worüber um

---

[1] Für diesen ganzen Passus: die Mémoires der Franzosen an ihren Hof vom 4. u. 11. Nov., NS IV p. 179 f. u. 182 f.; Cortreius S. 453 f.; dazu KGM an Ferd. III. 1647 Nov. 4, WA FrA 54 a.

[2] Dieser Entwurf ist mir nicht bekannt geworden; die Abweichungen desselben von dem an 11. November unterzeichneten Instrumente ergeben sich aus WA FrA 94, 3 n. 497: „Volmarische grossentheils nicht erhaltene Verbesserungen der französischen Satisfaktion"; dazu KGM an Ferd. 1647 Nov. 8. WA FrA 54 a.

[3] Nach dem angezogenen Briefe der kais. Ges. stand im Texte der Franzosen: Titulis et insignibus utriusque Alsatiae, Suntgoviae, Ferretis quarumque ditionum mentio superius facta est, rex solus uti possit; dazu erfolgte die mündliche Erläuterung der Vermittler: wollte der Kaiser für sich und sein Haus hierüber eine genügende Erklärung geben, so könnte die Klausel fallen. Die kaiserlichen Gesandten waren selbst nicht für Hartnäckigkeit in diesem Punkte: „Stünde zu bedenken", schrieben sie nach Haus, „ob nit diese renuntiatio dahin zu restringiren, wann die verglichene Geldrecompensa bezahlt, alsdann von E. k. M.

Entscheidung nach Wien geschrieben wäre. Die Gesandten besorgten selbst, dass die Stände um dieses Streitpunktes willen den Frieden nicht würden aufhalten wollen[1].

Der § Teneatur, fand auch jetzt wieder in der ungeänderten, bedenklichen Form des Präliminarvertrags mit dem einschränkenden, bedenklichen ita tamen am Schluss das ausdrückliche Placet der Kaiserlichen.

Schliesslich fordern dieselben im § Item Rex Rhrist., der die Geldentschädigung regelt, den Zusatz, dass zwei und einhalb Livres einem Reichsthaler sollten gleichgesetzt werden[2]. Dem Kaiser gegenüber fassen sie ihr Urtheil trotz der Ausstellungen in die Worte zusammen, dass sie „erachten, es werde dieser articulus satisfactionis seine Richtigkeit erlangen mögen".

Die[3] Bestimmungen über Pfirt liessen die Franzosen dann fallen, und über die beiden andern wesentlichen Differenzen, die Titelfrage und die Fixirung des Geldwerths der Entschädigung, kam man dadurch hinweg, dass beide aus dem Entwurfe ausgelassen wurden und dass jede Partei ihre Forderung — die Franzosen wegen des Titels, die Kaiserlichen wegen des Geldes — den Vermittlern schriftlich als unerlässliche Friedensbedingung zustellten[4].

---

und dero hochlöbl. Haus solche Titulatur nit mehr sollte gebraucht werden".

[1] Die Auslassung der in den § Omnes vasalli von den Franzosen eingeschobenen Worte: sicut etiam illi qui immediate Imperio subiecti erant vel alios Imperii ordines ut superiores recognoscunt" wurde vergeblich von den Kaiserlichen gefordert.

[2] Item rex christ: placet, modo post verba: bona et proba: admittantur ista verba: ut binae librae cum dimidia exaequent thalerum imperialem iusti valoris. KGM an Ferd. III. behaupteten, die Franzosen lehnten die Determinirung ab, „weil es etlich tausend Thaler mehr als der franz. gemeinen Münzrechnung nach belaufen thut"; die Franz. geben als Grund an, dass man Werth und Reduktion der Münzen nicht genau kenne (WA FrA 54 a).

[3] Am 9. November brachten die Kaiserlichen den Vermittlern ihre Antwort.

[4] Die Franzosen berichten darüber am 18. Nov. NS IV p. 186 f.; die Erklärung der Kaiserlichen, ebenfalls italienisch, findet sich WA FrA 94, 3.

Darauf fand dann am 11. November die Unterzeichnung des Satisfaktionsinstruments statt, das nun, von redaktionellen Änderungen abgesehen, trotz aller Bemühungen der interessirten Stände und der gesammten Reichskollegien, die Bestimmungen des Präliminarvertrags über das Schicksal des Elsass wiederholte[1]; die Streitfragen wegen Lothringen und Spanien waren ausgeschlossen geblieben. Gleichzeitig wurde das Formular der Verzichtsurkunden für den Kaiser und ein zweites für den Kaiser als Erzherzog von Österreich und den Erzherzog Ferdinand Karl bei den Vermittlern deponirt[2].

Der Kaiser hatte die Gesandten auf ihre Fragen zunächst am 20. November nur auf ihre Instruktionen verwiesen[3]. Mit dem Vertrage vom 11. November war er dann aber durchaus nicht einverstanden und warf in ungewöhnlich heftigen Worten seinen Vertretern vor, dass sie ohne die Bedingung gleichzeitigen Friedens mit Spanien und Sicherstellung von Lothringen den Abschluss vollzogen hatten, zumal die Klausel eventueller Ungültigkeit (quod si praeter spem etc.) fehlte; er ertheilte ihnen den gemessenen Befehl, bei den Vermittlern die Erklärung abzugeben, dass alle Abmachungen mit Frankreich, wegen des Elsass, der Satisfaktion und in anderen Dingen für unverbindlich gälten, wenn nicht Frankreich zugleich auch mit Spanien Frieden schlösse[4].

Am 11. Dezember entledigten sich die Gesandten dieses Auftrags bei Chigi, der der kaiserlichen Auffassung von der Gültigkeit der Abmachungen in diesem Punkte durchaus zustimmte[5]. Zugleich aber rechtfertigten sie sich bei Ferdinand: die ganze Handlung wäre zu vermeiden gewesen, wenn nicht die Katholischen Volmar so lange von der Reise nach Osnabrück abgehalten hätten. An der Wahrheit der

[1] Das Instrument: Meiern V S. 161—166.

[2] Jenes: Meiern V S. 166 f.; dieses WA FrA 94, 3 n. 496 = WA: FrA 54 a, Beilage zum Brief vom 12. November.

[3] WA FrA 92, 13 n. 1892.

[4] Ferd. III. an KGM 1647 Nov. 27. WA FrA 92, 13 n. 1894.

[5] KGM an Ferd. III. 1647 Dez. 13. WA FrA 54 a; beiliegend die Deklaration.

Beschuldigung, die Volmar — er selbst schreibt den Brief — gegen seine Glaubensgenossen ausspricht, ist nicht wohl zu zweifeln. Zudem wären sie, die Kaiserlichen — fährt er fort — von den Vermittlern gedrängt, von den Bayern bedroht worden[1]: so hätten sie sich zum Abschlusse entschlossen; und keine andere Ansicht hätte geherrscht, als dass die ausgelassenen Bestimmungen in der früher vereinbarten Fassung bestehen blieben; im vollständigen Friedensinstrumente würde durch besondere Artikel für Spanien und Lothringen genügend gesorgt werden.

Ferdinand zweifelte zwar nicht an der guten Absicht seiner Vertreter, fürchtete aber, dass die Franzosen, „ihrem Brauch und bekannter Vortheilhaftigkeit nach", behaupten würden, die im Gegensatz zum Präliminarvertrage vom September 1646 erfolgten Auslassungen wären nicht ohne bestimmte Absicht geschehen; auch besorgte er, die Gegner könnten die Bedingung wegen der Geldzahlung erfüllen, die Forderung bezüglich des Titels fallen lassen und damit würde für ihn das ganze Werk unannehmbar werden[2].

Lange Monate sind freilich noch vergangen, dann aber hat sich gezeigt, dass hier der Kaiser oder wohl vielmehr seine Räthe am Hof klarer gesehen haben, als die Gesandten in Münster: Ferdinands Befürchtungen haben sich in der Weise erfüllt, dass er Spanien und Lothringen preisgeben und in die im November 1647 vereinbarten Bedingungen willigen musste.

Ferdinand war nicht allein mit dem Abschlusse unzufrieden. Von Innsbruck hatte Goll die Weisung erhalten,

---

[1] Dass die Haltung der Bayern wesentlich beigetragen hat, die Kaiserlichen zu so schnellem Abschlusse zu veranlassen, ergiebt sich auch aus der Gesammtrelation der vier kaiserlichen Gesandten vom 5. Dez. aus Osnabrück (WA FrA 92, 13 n. 1893) und Golls Schreiben an Erzh. Ferd. Carl v. 14. Nov. (WA FrA 94, 3 n. 500). Auch Schneider berichtet von dem bayrischen Drucke: RA 1891 S. 236.

[2] Ferd. III. an KGM 1647 Dez. 18 Prag. WA FrA 92, 13 n. 1916. Er befiehlt nochmals, sie sollen den Vermittlern erklären, ohne Frieden für Spanien und Satisfaktion für den Herzog von Lothringen würde der Kaiser nicht in die stipulirten Bedingungen willigen.

nun doch trotz Volmars Widerspruch einen Protest gegen die Angriffe auf die Rechte der tiroler Linie im Elsass einzureichen; am 22. November — Volmar war am 14. nach Osnabrück gereist — hatte Goll ihn dem Reichsdirektorium übergeben[1]. Mit Bedauern wird der Entschluss der kaiserlichen Gesandten zur Preisgabe des Elsass hingenommen, der hauptsächliche Inhalt der Protestation richtet sich gegen die Ausführungen der Dekapolis über die rechtliche Natur der Landvogtei[2] und gegen die Ansprüche des Stifts Strassburg auf den landgräflichen Titel im Unterelsass.

Mehr betroffen von dem Abschlusse am 11. November zeigten sich die elsässischen Städte. Otto schob die Schuld, dass Volmar immer noch nicht nach Osnabrück kam, in erster Linie ganz richtig auf die Katholiken, aber er fügte hinzu, die Franzosen würden dabei „ihrer Schanze wohl auch wahrnehmen“. Noch hielt er das Gerücht, dass die Abmachungen vom vorigen September „auf allen Fall der Waffen unterschrieben“ seien, nicht für glaublich, da damit der gesammten Stände Gutachten und einzelner Partikularbegehren beiseite gesetzt und neue Streitigkeiten veranlasst würden[3]. Am 14. November zweifelte er an der Thatsache des Abschlusses nicht, von dessen Inhalt er freilich noch keine zuverlässige Kunde hatte, aber sehr resignirt meinte er, am besten sei, zu tragen, was man nicht ändern könnte; bis jetzt liesse sich ja Frankreich vernehmen, dass es nur österreichischen Besitz fordere; wann es sich aber ent-

---

[1] WA FrA 94, 3 n. 502.

[2] Hier wird behauptet: gewisse iura, als Schutz und Schirm, Einforderung der Reichssteuer, Besetzung der Schultheissen und anderer Ämter, hätten zunächst dem Kaiser gebührt, seien dann von diesem den Städten pfandweise überlassen, darauf habe der Pfalzgraf diese Pfandschaften abgelöst und vom Haus Pfalz seien diese Rechte wieder als Pfandschaft auf die in Gott ruhende Kais. Maj. als Erzh. v. Österreich gekommen u. s. w. Über die äussere Geschichte der Landvogtei s. den inzwischen erschienenen Aufsatz von Becker, die Verleihung und Verpfändung der Reichslandvogtei Elsass von 1408—1634. ZfGO n. F. XII S. 108—153. Zu S. 153 ist zu bemerken, dass Erzherzog Leopold am 17. Sept. 1632 gestorben ist.

[3] 1647 Nov. 1 (11).

schliessen sollte, das Faustrecht zu gebrauchen, so würde dagegen „kein Papier, keine Ausnahme noch andere ohnmächtige Kautel etwas helfen, sondern Pulver und Blei, zuvorderst aber Gottes Allmacht". Otto benutzte Volmars Anwesenheit in Osnabrück zu einer eingehenden Unterredung, die ihn auf das tiefste entmuthigen musste. Allen Verweisungen Ottos auf frühere Zusagen, Strassburg durch spezielle Anführung sicher zu stellen, entgegnete der Kaiserliche: es wäre nicht möglich gewesen von den Franzosen über den Präliminarvertrag hinaus etwas zu erlangen. Darum habe man für das erträglichste gehalten, es dabei zu lassen, zumal die Franzosen eine schriftliche Versicherung vom Kurfürsten von Bayern hätten, sie ohne jede Verringerung dabei zu mainteniren. Als Otto betonte, bereits sei die Drohung gefallen, man werde Strassburg schon lehren, französisch zu sprechen, entgegnete Volmar, alle Abtretungen seien spezifizirt und die namentliche Aufzählung einzelner Stände nur zum Schutze gegen französische Ansprüche geschehen; gegen Strassburg seien keine erhoben worden, und sollte das geschehen, wüsste er nur den Trost, dass sich dann das ganze Römische Reich der Stadt würde anzunehmen haben. Was das bedeutete, hat sich ja ein Menschenalter später gezeigt. Schliesslich verwies der Kaiserliche auf weitere Traktate in Münster, wenn man in Osnabrück würde fertig sein. Otto selbst zog aus alledem den Schluss, es würde Strassburg neben anderen Städten in Friedenszeiten materia litis sein, wenn aber der Krieg fortdauere das lytrum et supplementum der französischen Entschädigung, damit das Haus Österreich nicht allein seine übrigen Patrimoniallande salviren, sondern auch bei erster Gelegenheit wieder zu den verlorenen gelangen möge. Weder von den Kronen noch von den Kurfürsten sah Otto mehr als Abspeisung mit guten Worten[1].

Auf die Kunde von dem Abschlusse zwischen Kaiserlichen und Franzosen war Schneider voller Bestürzung nach Osnabrück geeilt, hatte mit Otto, mit einer Reihe kurfürst-

---

[1] Otto an Strassburg 1647 Nov. 22 (Dez. 2).

licher und fürstlicher Vertreter Hülfe suchend konferirt und allerlei schöne Zusagen erhalten[1]. Er weiss zu berichten, Volmar werde von den Protestanten zugunsten der zehn Städte bestürmt, er selbst geht Oxenstierna an[2]: es blieb doch in alledem bei Worten, zu erfolgreichem Handeln fehlte die Macht und der gute Wille. Auch in Strassburg erhielt eine Deputation des colmarer Raths von dem Kollegium der Dreizehner nur die Zusage, man wolle an Otto und an die Schweden im Interesse der Dekapolis schreiben[3].

Otto selbst erkannte den Kern der Ursache, weshalb die zehn elsässischen Reichsstädte ein Theil der französischen Satisfaktion blieben — wenn eine Änderung damals überhaupt noch möglich gewesen wäre: sie hätte dem Hause Habsburg zur Schadloshaltung Ludwigs XIV. neue Opfer auferlegt[4]. Waren die Kaiserlichen wirklich die Hüter des Reichsinteresses, so durften sie an den bedenklichen Reden der Franzosen, an den Mahnrufen der Stände nicht gleichgültig vorübergehen. Aber eine neue Auseinandersetzung mit den Franzosen lag nicht im habsburgischem Interesse.

DER FRIEDENSSCHLUSS.

Allmählich neigte sich der Kongress nun merklich dem Ende zu. Die französische Satisfaktion aber blieb seit der Novemberkonvention monatelang von den Verhandlungen ausgeschlossen. Doch hörten die Bemühungen elsässischer Stände, noch in letzter Stunde eine Berücksichtigung ihrer Wünsche zu erlangen, nicht auf. Schon im Juli 1647 hatte Goll der Dekapolis gerathen[5]), sich am Kongresse Patrone zu verschaffen; nützlicher, so meinte er, könnten sie augenblicklich ihr Geld nicht anwenden. Die Städte haben in den nächsten Monaten schriftlich und im Oktober auf einer

---

[1] RA 1891 S. 238, 240 f.

[2] RA 1891 S. 239 ff.

[3] Str. StA XIII[er] Prot. 1647 S. 104 f.

[4] Otto an Strassburg 1647 Dez. 3 (13). Vgl. auch den Bericht vom 25. Nov. (5. Dez.).

[5] Goll an Schlettstadt, 1647 Juli 27. Hag. StA AA 251.

Konferenz in Strassburg darüber verhandelt; sie sahen den Nutzen des Vorschlags wohl ein und waren geneigt, ihm zu folgen, besonders den allzeit bestechlichen Reigersberger als Leiter der Reichskanzlei glaubte man gewinnen zu müssen. Dazu aber gehörte Geld, und das fiel den erschöpften Städten neben den Kosten für ihre Vertreter am Kongresse am schwersten. Die kleineren Orte konnten gar nichts geben, auch Weissenburg glaubte, wenn's Geld koste, die Sache verloren geben zu müssen. So mussten, nach Colmars Berechnung, um 600 Thaler für Reigersberger aufzubringen, die andern Städte vier bis fünf Römermonate auf sich nehmen; um dazu 200 Thaler beizutragen, musste Hagenau einen Theil seines Kirchensilbers versetzen[1]. Man kann sich nicht wundern, wenn eine Diplomatie, die mit so offenkundig armseligen Machtmitteln rechnen musste, da, wo die Interessen mächtigerer Gewalten im Kampfe lagen, keine bedeutsamen Erfolge errang.

Die grosse, unentschiedene Frage blieb, welcher Sinn den für die Interessenten formell und materiell anstössigen Bestimmungen bei der Ausführung des Friedens gegeben würde. In dieser Hinsicht brachen neben schweren Besorgnissen optimistische Anschauungen immer wieder durch. Schneider z. B. theilte die Ansicht nicht, dass man bei künftigen Missverständnissen keinen anderen Richter als die Waffen haben werde, „dessen ich mich“, so schreibt er, „noch so bald nicht befahre, sondern vieler beweglichen Umstände nach, mich einiger guten Nachbarschaft versehe, das Übrige Gott und der Zeit anzubefehlen für das beste achte“. Freilich, fürsichtige Wachsamkeit und vertrauliche Zusammensetzung“ hielt auch er fortan für nöthig[2].

In Colmar, fern vom Kongresse, machten sich begreiflicherweise Misstrauen und Beunruhigung weit stärker geltend. Eine genauere Scheidung der österreichischen Territorien und der Reichsrechte blieb stets der Wunsch

[1] Korrespondenz im Hag. StA a. a. O. Landau suchte sich Geldopfern dadurch zu entziehen, dass es erklärte, die Wahrung seiner Partikularinteressen sei dem strassb. Gesandten anvertraut.

[2] Schneider an Hagenau 1647 Nov. 15 (25). Hag. StA AA 251.

des Raths, dazu Sicherstellung des für bedroht gehaltenen protestantischen Kultus. Durch briefliche Klagen suchte er sich Unterstützung vonseiten mächtigerer Fürsten zu verschaffen, so vom eben neugewählten Erzbischofe von Mainz, Johann Philipp von Schönborn, dessen würzburgischen Vertreter, Vorburg, Schneider persönlich anging. Kein katholischer Stand, so liess sich Vorburg vernehmen, werde die Interessen der Dekapolis verrathen. Freilich half solch schöner Trost den bedrängten Städten wenig. Immer wieder legt Colmar seinem Gesandten ans Herz, Sorge zu tragen, dass bei der Abtretung der Landvogtei das Protektionsrecht über die Städte ausgenommen werde[1]. Ende April überreichte Schneider an Servien eine Denkschrift, die noch einmal die Unzuträglichkeiten schilderte, welche die Satisfaktionsbestimmungen für die Dekapolis herbeiführten, und in dem Wunsche gipfelte, dass dieselbe aus der französischen Entschädigung ausgeschieden würde[2].

Für Strassburg konzentrirte sich in dieser letzten Phase der Verhandlungen das Interesse hauptsächlich darauf, die ausdrückliche Namhaftmachung der Stadt neben den bereits aufgeführten Ständen im § Teneatur zu erreichen. Zu diesem Zwecke hatte Otto sofort nach dem Abschlusse der Novemberkonvention ein Memorial aufgesetzt, das er den Schweden und den „Prinzipalsten der evangelischen Partei" zu besserer Information und Assistenz zu übergeben gedachte[3] und das noch vor Jahresschluss die Billigung des Rathes fand. An Oxenstierna hat Otto es jedenfalls vor Mitte Januar 1648 übergeben und von ihm hinsichtlich der Assekuration seiner Stadt gute Vertröstung erfahren[4]. Mehr

[1] Für Colmars Bemühungen: Colm. StA: Protoc. missiv. 1647 Nov. 30 (Dez. 10), Dez. 8 (18), Dez. 24 (1648 Jan. 3), 1648 Jan. 5 (15); Schneider an Colmar 1648 Jan. 3(13).

[2] Die Denkschrift: Meiern V S. 170 ff.; dazu Schneiders Briefe vom 3. (13.) März und 20. (30.) April 1648, Colm. StA.

[3] Otto an Strassburg 1647 Nov. 29 (Dez. 9); gelesen b. d. Dreizehnern: 10. (20.) Dez. Am 17. (27.) Dez. spricht der Rath seine Zufriedenheit mit dem Entwurf dem Gesandten aus.

[4] Das ergiebt sicht aus dem Protok. der VH 1648 Jan. 14 (24).

wissen wir darüber nicht[1]. Wir erfahren nur, dass das Mainzer Direktorium am 22. April 1648 eine Eingabe des strassburgischen Gesandten zur Diktatur gebracht hat, die nach ausführlicher Begründung in dem Gesuche an die Stände gipfelt, entweder den § Teneatur dem Reichsbedenken gemäss in der ursprünglichen, allgemein gehaltenen Fassung wiederherzustellen oder die unvollkommene Spezifikation der elsässischen Stände zu ergänzen und dabei auch die Stadt Strassburg einzufügen. Otto giebt dabei zugleich eine zufriedenstellende Fassung des § Teneatur, natürlich mit Auslassung des Schlusssatzes ita tamen, an[2]. Von weitergehenden Schritten wird der Rath von Strassburg abgesehen haben, sicherlich mit Recht, zumal Otto bereits jede Hoffnung auf thatkräftiges Einschreiten der evangelischen Kurfürsten als eitel bezeichnet und in richtiger Erkenntniss darauf hingewiesen hatte, dass an eine Minderung der Satisfaktion darum nicht zu denken wäre, weil dann das Haus Österreich zur Schadloshaltung Frankreichs neue Opfer würde bringen müssen[3].

Zweifellos unterlag die ganze französische Satisfaktion noch der Ratifikation durch die Stände. Nur unter dieser Bedingung hatten diese einst die Kaiserlichen mit Separatverhandlungen beauftragt, nur unter dieser Voraussetzung waren von Anfang an die Angebote der Kaiserlichen erfolgt. Je länger aber diese Aufgabe hinaus geschoben wurde, um so weniger konnte, wenn alles nachher zum Schlusse drängte, ein Einspruch der Stände gegen den französisch-kaiserlichen Präliminarvertrag Aussicht auf Erfolg haben. Trotzdem vergingen die ersten Monate des Jahres 1648, ohne dass vonseiten der Stände in dieser Richtung Schritte geschahen.

Mittlerweile waren alle wesentlichen Differenzen, so-

[1] Otto's Berichte sind leider nur bis zum Schluss des Jahres 1647 erhalten. Die Protokolle der Dreizehner und der „Verordneten Herren" bieten nur einen geringen Ersatz, zumal auch sie für das Jahr 1648 erhebliche Lücken aufweisen.

[2] Die Eingabe steht Meiern V S. 168 ff.

[3] Otto an Strassburg 1647 Nov. 22 u. 25 (Dez. 2 u. 5).

weit sie Reichsinteressen betrafen und nicht dem nächsten Reichstage überwiesen waren, zur Erledigung gekommen, auch für die grosse Streitfrage über die Befriedigung der Soldateska stand eine Verständigung in naher Aussicht. Nur der spanisch-französische Friede lag im weiten Felde: an eine Befriedung dieser Mächte auf dem Kongresse war nicht mehr zu denken; bereits hatte der spanische Prinzipalgesandte Münster verlassen. Wohl aber war am 30. Januar 1648 trotz aller gegentheiligen Bemühungen der Franzosen — Serviens Entsendung in den Haag 1647 hatte keinen nachhaltigen Erfolg gehabt — der Friede zwischen Spanien und den Vereinigten Niederlanden nach achtzigjährigem Kampfe unterzeichnet worden. Auf dieser Seite war Frankreich isolirt. Zugleich begannen schwere, innere Bewegungen, die Anfänge der Fronde, hier sich geltend zu machen: die Nothwendigkeit eines baldigen Friedensschlusses mit dem Reiche trat immer dringender zu Tage. In diesem Sinne sich zu bemühen, wurden die französischen Bevollmächtigten angewiesen. Übrigens hatte der Prinzipalgesandte, der Herzog von Longueville, bereits am 3. Februar 1648 den Kongress verlassen; am 18. April folgte ihm Avaux, in Ungnade abberufen, zweifellos ein Opfer der Intriguen des persönlich mit ihm verfeindeten Servien. Für den Abschluss des Friedenswerkes war Servien, der nun neben dem Residenten in Osnabrück, de la Court, einziger Vertreter Frankreichs blieb, insofern geeigneter als Avaux, als dieser in Folge seiner klerikalen Neigungen mit der strengkatholischen Partei der Stände sich wohl zu eng liirt hatte. Servien dagegen war weit entfernt davon, die politischen Interessen seines Landes konfessionellen Tendenzen unterzuordnen, dafür aber fehlte ihm die persönliche Verbindlichkeit und Beliebtheit seines bisherigen Kollegen, sein schroffes Auftreten erleichterte nicht eben die Beilegung von Differenzen, die sich naturgemäss zum Schlusse von so langwierigen und verwickelten Verhandlungen erhoben[1].

---

[1] Das übersieht Odhner S. 269.

Der Schwerpunkt des Kongresses lag immer noch in Osnabrück. Hierher hatten sich alle Kurfürsten und ebenso die Mehrzahl der katholischen Fürsten begeben, auch Volmar leitete hier die kaiserliche Politik. In Münster waren neben dem Grafen Nassau und den Spaniern fast nur eine Reihe geistlicher Reichsfürsten geblieben. Sicherlich konnte es nur zur Beförderung des Friedens dienen, wenn sich, mindestens seit dem Mai 1648, bei den Ständen in Osnabrück unter der Führung von Mainz und Bayern das Bestreben geltend machte, hier auch den Abschluss der Verhandlung mit Frankreich herbeizuführen. Dem Plane aber widersetzten sich von Anfang an die Kaiserlichen aufs heftigste: dieser Widerstand war nur im Interesse Spaniens begründet. Um so begreiflicher war, dass Servien, der dem Wunsche der Stände anfänglich formelle Bedenken entgegen gestellt hatte, vielleicht auch nur sich hatte drängen lassen wollen, seine Bereitwilligkeit aussprach, ganz nach Osnabrück überzusiedeln und hier die letzten Differenzen in der französischen Handlung zu erledigen. Eine Trennung des Kaisers von Spanien lag, da eine Verständigung mit dieser Krone vor der Hand aussichtslos blieb, ebenso im französischen Interesse, wie in dem des Reichs. Schon Trauttmannsdorff hatte oft genug betont, dass es unmöglich sein würde, um Spaniens willen die Reichsstände vom Friedensschluss mit den Kronen zurückzuhalten. Aber noch hielt der Kaiser, in dessen Umgebung es allzeit eine starke spanische Partei gab, an der Forderung fest, kein Abschluss ohne Spanien, trotzdem es an energischen Gegenbemühungen in Wien, besonders von Mainz und Bayern nicht fehlte. Ferdinand III. wies seine Vertreter an, mit Servien nur in Münster zu verhandeln. Gelang es, in Folge dessen auch die Reichsstände hierher, wo neben den spanischen Einflüssen die intransigenten Katholiken unter der Führung des ehemaligen Vertreters von Kurköln, Bischof Franz Wilhelm von Osnabrück[1], sich geltend gemacht hätten, zu ziehen,

[1] Nach Wild S. 142 wurde ihm im Herbst 1647 auf Maximilians Betreiben das kurkölnische Votum entzogen.

so hätte das eine schwere Gefährdung des Friedens herbeigeführt.

Glücklicherweise kam es nicht dazu. Serviens Wunsch freilich, dass die Stände den noch zu erledigenden Rest des schwedischen Instruments zurückstellten und zunächst die französische Handlung endgültig erledigten, wurde nicht erfüllt. Andererseits suchten die Kaiserlichen in Osnabrück vergeblich mit wenig wählerischen Mitteln, eine Beschlussfassung der Stände über diese Frage zu hintertreiben. Als diese ihnen die formelle Aufforderung, mit Servien in Osnabrück weiter zu verhandeln, überbrachten, erklärten sie sich auf Grund ihrer Instruktionen dazu ausser Stande. Sie erreichten nur, dass die Stände zunächst mit der Erledigung des schwedischen Instruments fortfuhren.

Als aber diese Materie am 6. August zu Ende gebracht war, da war die Streitfrage über die Verhandlung mit Frankreich nicht weiter hinauszuschieben. Auch die militärische Lage wies den Kaiser dringend auf schleunigen Abschluss hin. Am 17. Mai hatte Turenne in Verbindung mit einem Theile der Schweden die vereinigten Kaiserlichen und Bayern geschlagen und dann Maximilians wehrloses Land überfluthet. Mit anderen schwedischen Streitkräften hatte Königsmarck sich auf Böhmen geworfen, am 26. Juli war die Kleinseite von Prag in seine Hand gefallen. Bereits rückten der Pfalzgraf Karl Gustav und aus Schlesien der General Wittenburg mit weiteren Truppen heran.

In richtiger Erkenntniss der Lage erneuerte Kurfürst Maximilian, der wiederum sein Land hatte verlassen müssen, seine Mahnungen und Drohungen nach Wien. Aufs angelegentlichste sekundirte ihm der neue Erzkanzler, Johann Philipp von Mainz[1].

Gleichzeitig machte sich die energische auf den Frieden, gerichtete Thätigkeit dieser Fürsten am Kongresse geltend, wo ihre Vertreter in Verbindung mit den Gesandten vornehmlich von Altenburg und Braunschweig ohne Rücksicht

---

[1] Über seine Bemühungen und Verdienste in der letzten Phase der Friedensverhandlungen s. bes. Wild S. 138—162.

auf die Kaiserlichen und ihre habsburgische Interessenpolitik vorgingen[1].

Dass eben jetzt, am 10. August früh, Volmar Osnabrück verliess, war ein letzter Versuch der Kaiserlichen, die Einigung zwischen den Ständen und Servien zu vereiteln. Er schlug fehl: denn am gleichen Tage beschlossen die drei Kollegien in Osnabrück, ihre Genossen in Münster und die dort beglaubigten Kaiserlichen zur Uebersiedelung aufzufordern, Servien um die Auslieferung eines vollständigen Friedensinstruments anzugehen und unverzüglich, ohne auf Antwort aus Münster zu warten, mit ihm in Verhandlung besonders über die noch unverglichenen Punkte[2] einzutreten[3]. Die ablehnende Haltung der Kaiserlichen, die Protestschreiben der in Münster verharrenden Stände[4] blieben ohne Wirkung. Auch die fortgesetzten Bemühungen der Kaiserlichen in Osnabrück, einzelne Stände zur Abreise nach Münster zu veranlassen, hatten so gut wie keinen Erfolg.

Bereits am 11. August fand die erste Konferenz zwischen Servien und den zu diesem Zweck deputirten Ständen: Kurmainz, Sachsen-Altenburg und Strassburg statt. Die hier von Servien zur Erörterung gestellten Differenzen waren doch grösstentheils geringfügiger Art und liessen, wie z. B. die Frage, ob dem Kaiser im Friedensinstrumente und künftig der Titel „Landgraf im Elsass" zu geben sei,

---

[1] Als treibende Elemente bezeichnen die Kaiserlichen besonders Meel (Mainz), Krebs (Bayern), Vorburg (Würzburg), Thumbshirn (Altenburg), Lampadius (Braunschweig) und Otto (Strassburg); siehe auch Meiern VI S. 291.

[2] Hinsichtlich der Reichssachen sollte es bei den Abmachungen des schwedischen Instruments bleiben.

[3] Meiern VI S. 176 f. Die Städte hatten beschlossen, die franz. Satisfaktion könne in Osn. praeparatorie in Deliberation genommen, der endliche Schluss aber um der Kaiserlichen willen nach Münster verlegt werden. Str. StA 1144. — KGO berichten am 10. Aug. an Ferd. III., wie der Beschluss der Stände nicht ohne Opposition zu Stande gekommen sei. WA FrA 55 b, vgl. Adami c. 30 § 5.

[4] Adami S. 589 f. zählt die Stände auf, die in Münster die Protestation unterschrieben.

unschwer eine Lösung erzielen[1]. Als Hauptpunkte des Anstosses bezeichnet Servien selbst, neben der Ausschliessung Lothringens und des burgundischen Kreises aus dem Frieden, die Forderung der Garantie, dass vom Kaiser auch als Erzherzog von Österreich Spanien im Kampfe gegen Frankreich künftig keine Hülfe geleistet werden dürfe. Diesen schwierigen Punkt rückte Servien nach eigenem Geständniss um so mehr in den Vordergrund, da ihm nicht verborgen geblieben war, dass vonseiten der Stände Erläuterungen und Aenderungen der französischen Satisfaktion verlangt werden würden[2].

Bereits im Juni hatten die hieran zunächst interessirten Stände sich zusammengethan[3] und ihre Abänderungswünsche zur Novemberkonvention in Gestalt von Marginalnoten zur Aushändigung an die Franzosen zusammengestellt. Durchgängig handelte es sich um redaktionelle Ergänzungen, welche deutlicher alle Konzessionen auf die österreichischen Gerechtsame beschränken und die Kultusfreiheit sicherstellen sollten. Der § Teneatur wurde im Interesse klarer Verfügung über die künftige Reichsunmittelbarkeit aller nichtösterreichischen, reichsunmittelbaren Stände im Elsass umgemodelt und ergänzt, und zur Schlichtung künftiger Streitigkeiten die Einsetzung eines Austrägalgerichts vorgeschlagen[4]. Dass diese nur zu berechtigten Wünsche von Anfang an sehr wenig Aussicht auf Erfüllung hatten, darüber wird man sich in den betheiligten Kreisen nicht lange im unklaren geblieben sein[5].

Als dann am 13. August die Berathung der Differenzen mit Servien bei den Reichskollegien begann, da wurden im Fürstenrathe sowohl wie bei den Städten[6] noch einmal

[1] Meiern VI S. 296 f.

[2] Bougeant VI S. 113 f.; Bougeant—Rambach IV S. 84 f.

[3] Nach Schneiders Bericht (1648 Aug. 3 (13)) sind diese notae von den Ges. von Württemberg, Nassau (-Saarbrücken), Strassburg und Colmar verfasst.

[4] Str. StA 1138.

[5] S. z. B. Str. StA Prot. d. VH 1648 Aug. 3.

[6] Berathung und Conclusum der Kurfürsten ist mir nicht bekannt.

ausdrücklich alle an Frankreich im Elsass bewilligten Zessionen auf die österreichischen Gerechtsame beschränkt und die Aufnahme der erwähnten Marginalnoten[1] in das Instrument beantragt; wenn sich diese Forderung nicht durchsetzen liesse, so wollten die Fürsten unter Salvius' Vermittelung durch eine generelle Klausel den bedrohten Ständen helfen[2].

Das nach mehrfacher Re- und Korrelation zu Stande gebrachte[3] Reichsconclusum versuchte nicht nur die Titelfrage zu erledigen und die Reichsrechte in den Diözesen der lothringischen Bisthümer zu wahren, sondern sprach noch einmal ausdrücklich aus, „dass das Elsass und Sundgau auf ein mehrers nicht, als was das Haus Österreich darin wirklich in Besitz gehabt und für diesmal der Krone Frankreich zedirt, verstanden, und kein Fürst oder Stand des Reichs und andere immediati oder dero Herrschaften und Güter in gemeldetem Elsass gewesen oder gelegen darunter gezogen" werden[4]; die Grafschaft Pfirt soll als Lehen vom Stifte Basel speziell von der Satisfaktion ausgenommen werden[5].

Schon vorher aber hatten sowohl Salvius als die Bayern berichtet, dass Servien sich ausser Stande erklärt hatte, an der Satisfaktion irgend welche Aenderungen vorzunehmen. Trotzdem ging Salvius auf den Wunsch der Stände, vermittelnd einzugreifen, ein und veranlasste in seinem Beisein am 16. August eine geheime Konferenz zwischen Servien einerseits, dem Brandenburger Frommhold und den Vertretern von Weimar, Würzburg und Altenburg

---

[1] Dieselben waren am 11. August den Schweden mitgetheilt, am 12. an Kurmainz zur Diktatur eingeliefert, „was in continenti geschehen" (Schneiders Bericht 1648 Aug. 3 (13)).

[2] Conclusum des Fürstenraths inhaltlich bei Meiern VI S. 299 f.; des Städteraths Str. StA 1144.

[3] Man wollte eine absichtliche Verzögerung zugunsten der Spanier von Reigersbergers Seite dabei sehen.

[4] Auch in dem Passus, der die Restitution der mömpelgard. Linie des Hauses Württemberg aussprach, wurde die ausdrückliche Erwähnung der elsässischen Besitzungen (Horburg und Reichenweier) gewünscht.

[5] Reichsconclusum vom 17. August: Meiern VI S. 318—321.

andererseits[1]. Hier blieb der Franzose nicht nur in der Titelfrage auf seinem Standpunkte, sondern auch hinsichtlich der Satisfaktion[2], obwohl die Vertreter der Reichsstände erklärten, dass sie keine Änderung, sondern nur Erläuterungen anbringen wollten[3].

Auch als am 18. August Servien von dem Tags zuvor beschlossenen Reichsconclusum Mittheilung gemacht wurde, erzielte man keinen Erfolg mit den vorgebrachten Wünschen. Doch erklärte Servien, der höchst unzufrieden war, dass die Stände den für ihn wichtigsten Punkt der „spanischen Assistenz“ immer wieder an die letzte Stelle schoben, sich jetzt im Namen seines Königs bereit, wenn die Kaiserlichen zustimmten, die abgetretenen elsässischen Lande, gegen Gewährung der Reichsstandschaft und aller von Österreich besessenen Privilegien und Praerogative, vom Reiche zu Lehen zu nehmen. Von diesem Entschluss machte er gleichzeitig an Mainz schriftliche Mittheilung[4].

Schon im Mai hatten die Kaiserlichen ihrem Gebieter berichtet, dass die Franzosen zu diesem Schritte entschlossen wären[5]. Wir erfahren nichts davon, dass derselbe nun etwa auf Grund veränderter Befehle vonseiten der französischen Regierung erfolgte. Dass die Erklärung Serviens überhaupt ohne ernsthafte Absicht war und nur zu dem Zwecke geschah, um die aufgeregten Stände für den Augenblick zu beruhigen und zum Abschlusse zu bringen, daran ist kaum zu zweifeln. Er konnte das um so ruhiger, als eine Zustimmung der Kaiserlichen — und daran hatte er ja seine Zusage gebunden — von vornherein aussichtslos war.

[1] Meiern VI S. 304—308.

[2] Auch die besondere Erwähnung der elsässischen Besitzungen von Württemberg (S. 268 a. 4) lehnte Servien ab.

[3] Meiern VI S. 322 ff.

[4] Pfanner V c. 99. Der Wortlaut der Erklärung: Meiern VI S. 324.

[5] KGO an Ferd. III. 1648 Mai 7. WA FrA 55 a. Sehr besorgt äussert sich am 7. Mai dem Erzh. Ferd. Karl gegenüber Goll über diesen Plan. Er behauptet, schon vor Jahresfrist habe Kurtrier den Vorschlag gethan, so dass man nicht wohl daran zweifeln könne. WA FrA 94, 3 n. 589.

Die Stände aber waren jetzt, wo ihre eigenen Angelegenheiten geordnet waren, nicht so schnell zufriedengestellt. Noch einmal wendeten sie sich um Vermittlung an Salvius. Die schwedische Regierung hat ihrerseits ihren Gesandten angewiesen, energisch zugunsten der das Elsass betreffenden reichsständischen Forderungen aufzutreten. Leider sind diese Weisungen zu spät gekommen[1]. Wer will sagen, ob dadurch eine Änderung in Serviens Verhalten herbeigeführt worden wäre[2]!

So blieb die erneute Unterredung, die am 19. August zwischen Servien und Salvius stattfand, resultatlos. Jener erklärte, so berichtete der Schwede, entweder stehe das, was die an der französischen Satisfaktion interessirten Stände besorgten, expresse in der Konvention oder nicht: „si prius, bleibe es dabei, cum etiam iure res aliena vendi possit[3], und sollte man sich deshalb an die Kaiserlichen halten; si posterius, hätte man sich auch deswegen nichts zu besorgen[4].“

Solch gewundene Redensarten konnten die Reichsstände, zumal die betheiligten, in ihrem tiefen Misstrauen gegen die französische Politik nur bestärken. Aber bei Serviens Hartnäckigkeit war keine Aussicht, in der Satisfaktionsfrage, die neben der einstweilen zurückgestellten spanischen Assistenzfrage dem Abschlusse entgegenstand, vorwärts zu kommen. Von den Kaiserlichen war in der Satisfaktionsangelegenheit auch nichts zu erwarten. Otto sprach im Städterath offen aus, dass das Haus Österreich „in perpetua simultate mit Frankreich zu bleiben und Okkasion, das Bewilligte über Nacht wiederum abzunehmen erwarte[5].“

---

[1] Odhner S. 273 f. Salvius war in diesen Wochen allein am Kongresse, da Oxenstierna in Wismar seine Hochzeit feierte.

[2] Es lässt sich aus Odhners Mittheilungen nicht ersehen, wie weit und mit welchem Nachdruck vorzugehen, Schweden entschlossen war.

[3] Otto: cum rei alienae donatio sit licita.

[4] So berichtet Schneider am 10. (20.) August; ganz ähnlich lauten die Wendungen in Ottos Bericht vom gleichen Tage an Weissenburg (Hag. StA AA 251) und der Bericht bei Meiern VI S. 325.

[5] Str. StA 1144 S. 654.

Salvius rieth nun den Ständen, es bei dem vorliegenden Wortlaute des Textes bewenden zu lassen und beim Unterschreiben eine Erklärung abzugeben, dass sich die Abtretungen im Elsass auf die österreichischen Gerechtsame beschränkten.

Bei der am 20. Aug. stattfindenden Berathung der Reichskollegien waren Kurfürsten und Fürsten bereit, Frankreich unter den von Servien geforderten Bedingungen als Reichsstand aufzunehmen und eine allgemein gefasste Erklärung über die Bedeutung der Abtretungen aufzusetzen, die aber erst bei der Unterzeichnung des Instruments Servien eingehändigt werden sollte; beide Kollegien wollten zugunsten der Sonderstellung von Pfirt noch einen Versuch machen[1].

Die Städte aber forderten, dass solche Erklärung sofort aufzusetzen und Servien zu übermitteln sei, mit der Anzeige, dass man ohne deren Aufnahme nicht weiter verhandeln könne, sondern behufs Verständigung mit den Kaiserlichen die Traktate nach Münster verlegen müsse[2]. Dass die Städte auch gegen die Aufnahme Frankreichs in den Reichsverband sich ausgesprochen haben[3], darüber ergiebt das Protokoll des Städteraths nichts.

Jedenfalls aber suchten die Kaiserlichen, die mit wachsender Besorgniss den Verkehr der Stände mit Servien verfolgten, diese Stimmung der Städte nach Kräften zu schüren[4].

Möglicherweise haben, wie uns berichtet wird, am 21. August, die höheren Stände versucht, privatim eine Verständigung mit den Städten herbeizuführen[5]. Wir hören, dass dieselben noch neue Bedenken geltend gemacht haben, dass nämlich im Zessionsformular die Abtretungen nicht

---

[1] Meiern VI S. 325.

[2] Str. StA 1144 S. 657 f.

[3] Meiern VI S. 326; Pfanner V c. 101. Auch die Auszüge aus Ottos Berichten (Str. StA Prot. der XIIIer u. VH) lassen nichts davon erkennen. Auch die Bayern berichten, dass Serviens Anerbieten in den drei Reichsräthen einstimmig angenommen sei (20. Aug.).

[4] Meiern VI S. 326: bes. die Ges. von Strassburg und Colmar. Bericht der Kais. v. 24. August, WA FrA 55 b.

[5] Meiern VI S. 334; eine offizielle Berathung des Städtekollegs an diesem Tage ist nach dem Protokoll (Str. StA 1144) ausgeschlossen.

genügend spezifizirt seien und dass das supremum dominium ausdrücklich auf die österreichischen Lande beschränkt werden müsste. „Künftiger Zeit dürften am französischen Hofe consiliarii aufstehen, welche die verba nehmen prout iacent“.

Als nun an diesem Tage Servien den ständischen Deputirten nochmals jede Abänderung oder Erläuterung der Satisfaktion abschlug und nur die namentliche Einfügung der Stadt Strassburg zuliess[1], da beschlossen die Reichsstände die sofortige Aufstellung einer Deklaration, die bei Salvius und den Vermittlern zu hinterlegen und Servien zuzustellen sei[2]. Die Städte forderten zugleich, dass, wenn bis zum Friedensschluss die Satisfaktion nicht der ständischen Deklaration gemäss eingerichtet würde, den Interessenten vom ganzen Reiche Garantie versprochen würde[3].

Die von Thumbshirn und Lampadius[4] ausgearbeitete Deklaration besagt, dass die Stände den Wortlaut der am 11. November 1647 über die französische Satisfaktion getroffenen Abmachungen akzeptiren, wenn Frankreich gegen Gewährung der Reichsstandschaft Elsass, Sundgau und die Landvogtei Hagenau unter der Oberhoheit (Souveränetät) des Reichs in der vom Hause Habsburg besessenen Form mit dem Titel Landgrafschaft zu Lehen nimmt und den Bischof von Basel als Lehnsherrn von Pfirt zufrieden stellt. Wegen der in den Satisfaktionsartikeln enthaltenen Unklarheiten werden die Abtretungen in den lothringischen Bisthümern auf deren Territorialgebiet beschränkt, wird die Fortdauer der Reichsunmittelbarkeit aller elsässischen Stände und die Abtretung nur der österreichischen Gerechtsame ausdrücklich betont[5].

---

[1] Erwähnt im Conclusum des Städteraths (Str. StA 1144) 12. (22.) August, auch im Dreizehnerprotokoll von Strassburg 24. VIII. (3. IX) auf Grund von Ottos Bericht vom 14. (24.) VIII. Auch KGO an Ferd. III. 1648 Aug. 24, WA FrA 55 b. — Servien wollte sogar die Auszahlung der Gelder von einer ausdrücklichen Einwilligung des Bischofs von Basel bez. Pfirt abhängig machen.

[2] Meiern VI S. 334 ff.

[3] Str. StA 1144 Sess. 153 S. 660 f.

[4] Vertreter von Altenburg und Braunschweig.

[5] Meiern VI S. 336 f. = Adami S. 598 ff.

Salvius hatte die Stände darauf vorbereitet, dass Servien die Deklaration nicht annehmen werde. Der wies sie in der That, als am 25. August die Deputirten der Stände zu ihm kamen, zurück. Trotzdem entschlossen sich die Deputirten, das Friedensinstrument zur Erledigung der letzten Differenzen mit Servien weiter durchzugehen [1]. Die Stände aber beschlossen am folgenden Tage, die Deklaration direkt dem Könige von Frankreich zu übersenden, zumal durch dessen Aufnahme in den Lehnsverband den elsässischen Reichsgliedern genügende Sicherheit geschaffen sei [2].

Mit wachsendem Argwohn beobachteten die Kaiserlichen in Osnabrück alle diese Vorgänge; mit viel Eifer und wenig Erfolg setzten sie ihre Bemühungen, einzelne Stände zur Uebersiedelung nach Münster zu veranlassen, fort [3]. Sie höhnten, dass die Interessenten sich durch die Deklaration „so viel desto lieber abspeisen lassen, weil dem Strassburgischen ein Brocken oder vielmehr ein Schatten von einem Brocken ins Maul geworfen worden, gestalt der Servien dazu verwilligt haben sollte, dass selbige Stadt bezüglich der Satisfaktion in specie möge eximirt werden“ [4]. Die Verstimmung der Kaiserlichen wuchs um so mehr, als nun, nachdem die elsässische Frage auf eine freilich höchst mangelhafte Weise erledigt war, die weitere Vergleichung zwischen Servien und den Ständen den glattesten Verlauf nahm, so dass am 15. September das ganze Instrument provisorisch von beiden Seiten unterzeichnet werden konte. Hocherfreut konnte am 17. September Otto seinem Rathe melden, dass er bei der Kollationirung selbst angehört hatte, „dass Civitas Argentinensis inter exceptos a cessione Alsatiae in Gallos facienda nominatenus excipirt sei“ [5].

Nun blieb nur noch der Abschluss vonseiten der Kaiserlichen übrig. Und das erreichten diese doch durch ihre

---

1 Meiern VI S. 338 f.

2 Meiern a. a. O.

3 KGO an Ferd. III. 1648 Aug. 24.

4 KGO an Ferd. III. 1648 Aug. 27.

5 Str. StA Prot. d. VH 1648 fol. 60 f. Der im Juli auf Ottos Anfrage ertheilte Befehl, ohne diese Bewilligung das Friedensinstrument nicht zu unterzeichnen, war nun hinfällig.

Haltung, dass sich jetzt die gesammten in Osnabrück weilenden Stände und die Vertreter der Kronen zur Erledigung dieses letzten Aktes nach Münster begaben. „Alles ist in motu und in Herüberreise nach Münster begriffen", schreiben Crane und Lamberg am 17. September, „wir stehen auch in procinctu, uns dahin zu begeben" [1].

Als dann in Münster am 21. September eine Deputation der Stände[2] den Kaiserlichen das in Osnabrück fertiggestellte Friedensinstrument überreichte, da verfehlten diese Abgeordneten nicht, zu betonen, dass man die französiche Satisfaktion unverändert so, wie sie von den Kaiserlichen bewilligt worden war, übernommen und nur in einer gesonderten Erklärung erstens gefordert hätte, dass die im Elsass bewilligten Abtretungen Reichslehen blieben und zweitens die Reichsunmittelbarkeit der im Elsass und in den drei lothringischen Bisthümern gelegenen Stände und die Fortdauer der Jurisdiktion der Reichsgerichte über dieselben noch ausdrücklich gewahrt hätte[3].

Davon konnte natürlich nicht die Rede sein, dass die in Osnabrück glücklich erzielte Verständigung mit Servien durch die in Münster gebliebenen Reichsstände wieder in Frage gestellt werden durfte. Doch erreichten die Kaiserlichen, dass ihre Monita den drei Kollegien der Stände unterbreitet wurden. Vom Fürstenrathe — dem ja die Mehrzahl der gegen die Osnabrücker Verhandlungen Protestirenden angehörte — hören wir, dass hier „erinnert worden, dass der Stände Interesse in der französischen Satisfaktion, wie solcher punctus absonderlich von [den] Osnabrückischen Ständen vergriffen worden, sammt dem der Krone Frankreich von diesen Ständen offerirten Lehnrecht des Elsass cum sessione et voto von den Herren Kaiserlichen in gebührender Obacht möchte gehalten werden".

---

[1] WA FrA 55 b.

[2] Die Deputirten aufgezählt: WA 94, 4 n. 743, auch Volmar III S. 1722.

[3] Volmar III S. 1719 ff., KGM an Ferd. III. 1648 Sept. 22; auch Meiern VI S. 545 ff.

Ohne sich auf die Belehnungsfrage einzulassen, hat Volmar darauf erklärt: „die Erinnerung etlicher Stände in puncto satisfactionis sei S. k. M. Intention gemäss, weil sie darüber ohne das eben eine solche Deklaration gethan: wofern die Stände sich zum besten darüber eine Erläuterung herausbringen, gönnen sie ihnen solches, weil es eben ihre Meinung sei"[1]. Von eigenen Schritten der Kaiserlichen in dieser Richtung war keine Rede.

Jetzt erwies sich, mit wie grossem Rechte — vom habsburgischen Standpunkte aus, nicht im Interesse des Reichs — der Kaiser vorm Jahre seine Vertreter getadelt hatte, dass sie ihren Instruktionen entgegen die Gültigkeit der Novemberkonvention nicht in der Abmachung selbst an den gleichzeitigen Friedensschluss mit Spanien gebunden hatten. Wenn jetzt die Kaiserlichen in dem ihnen übergebenen Instrumente eine Reihe von Einzelheiten monirten, so blieb ihnen doch das Schicksal Spaniens, das sogar in seinen ferneren Kämpfen nicht zu unterstützen, der Kaiser sich verpflichten sollte, die Hauptsache. Die Hoffnung aber durch Verschleppung der letzten Verhandlungen dem stammverwandten Hause — Lothringen hatte man preisgegeben — den Frieden zu verschaffen, erwies sich bei der Haltung der verbündeten Kronen und dem unablässigen Drängen der Stände sehr bald als eitel. Die Kaiserlichen hatten sich zunächst hinter das Ausbleiben der von Ferdinand III. erwarteten Resolution verschanzt. Als dieselbe dann endlich am 30. September eingetroffen war, ergab sich, dass der zur Dechiffrirung nöthige Schlüssel fehlte. Immer ungeduldiger wurden die Stände: sie wollten darin nur eine neue Ausrede der Kaiserlichen sehen[2]. Glücklicherweise gelang am 3. Oktober Volmar die Entzifferung.

[1] Bericht des österr. Direktoriums im Fürstenrath 1648 Sept. 25. WA FrA 94, 4 n. 745. Auffallend ist die falsche Behauptung, dass die Belehnung in Osnabrück von den Ständen angeboten sei. Die kais. Erklärung kann nur auf die Präliminarverhandlungen bezogen werden.

[2] Schon Koch II S. 481 f. wendet sich mit Recht gegen diese auch von Bougeant (vergl. auch Meiern VI S. 562) und Pfanner V c. 129 ausgesprochene Beschuldigung, die auch Odhner S. 281 f. nicht

Es waren zwei kaiserliche Schreiben vom 16. September[1]. Das erste besagte, dass die Gesandten sich zwanzig Tage Zeit ausbedingen sollten, um zur Entscheidung über die französischen Forderungen einen Kourier nach Wien zu entsenden; inzwischen sollte Waffenruhe eintreten und den Ständen ans Herz gelegt werden, nach Kräften für den spanischen Frieden zu wirken. Nur wenn der Aufschub nicht zu erreichen und ein Bruch zu befürchten war, durfte das zweite Schreiben eröffnet werden. Das erwies sich bei der Lage der Dinge natürlich als nothwendig. Wie hätten die Stände und Kronen sich noch drei Wochen hinhalten lassen! Und da dies zweite Schreiben, wenn es eben sein müsste, auch ohne Spanien abzuschliessen gestattete und nur in Bezug auf die fernere Unterstützung dieser Krone eine möglichst erträgliche Bedingung zu erwirken befahl, so konnte Volmar am 6. Oktober, dem äussersten, ihm bewilligten Termine[2], den Ständen die Nachricht geben, dass der Kaiser die in Osnabrück zwischen ihnen und Servien getroffenen Abmachungen billigte und ihnen befohlen hätte, zum Schluss zu schreiten.

Nun gelang es, die noch übrigen unwesentlichen Differenzen auszugleichen. Das Elsass wurde dabei durch die Frage über die Fortführung des landgräflischen Titels durch die Habsburger berührt. Man verständigte sich durch Salvius und der Stände Vermittelung dahin, dass im Eingange des Friedensinstruments der Titel dem Kaiser bleiben sollte, dass aber seine Vertreter mündlich den Vermittlern die Erklärung abgeben mussten, dass der fernere

---

ablehnt. Nach Volmars Tagebuch und den Berichten der Kaiserlichen vom 2. und 3. Oktober, sowie von Wolkenstein am 2. Oktober ist an der Wahrheit ihrer Behauptung nicht zu zweifeln. Die von Odhner a. a. O. vermissten Berichte der Kaiserlichen vom Oktober finden sich, wie die des ganzen Jahres 1648, jetzt wenigstens, in WA FrA 58 a.

[1] Die Orginale WA FrA 92, 16 n. 2209 u. 2210, Konzepte in 58 b, inhaltlich auch bei Volmar a. a. O.

[2] Dass die Kaiserlichen die ihnen gewährte Frist bis zuletzt ausnutzten — erst am 5. Okt. wurde den Ständen von der Auffindung des Chiffernschlüssels Mitteilung gemacht — kann man ihnen nicht wohl verargen.

Gebrauch des Titels unterbleiben würde[1], wofür dann Servien sich in gleicher Weise verpflichten musste, dass bei Auszahlung der Entschädigungssumme — die Zahltermine waren auf die Jahre 1649. 50. 51 verschoben — 2½ Livres einem Reichsthaler gleichgesetzt werden sollten.

Mehr Schwierigkeiten machte die endgültige Erledigung der Frage, in welcher Form die Erwerbungen im Elsass an Frankreich übergehen sollten. Ohne irgendwie von den Ständen dazu veranlasst zu sein, hatte Servien in Osnabrück die Bereitwilligkeit zur Belehnung ausgesprochen. Dass die Stände in ihrer Mehrheit auf sein Anerbieten eingingen und bereit waren, den König von Frankreich als Reichsglied aufzunehmen, war begreiflich. Jetzt aber suchte der Franzose die Sache so darzustellen, als ob die Stände den Wunsch ausgesprochen hätten und er nur seine Zustimmung von einem Einverständniss der Kaiserlichen abhängig gemacht hätte[2]. Und wenn Servien in einer Konferenz mit den Kaiserlichen am 10. Oktober zu den in Osnabrück dafür gestellten Bedingungen noch die hinzufügte, dass auch Österreich bisher diese Gebiete als Lehen müsse besessen haben[3], so ist ganz klar — da er zweifellos wusste, dass das nicht der Fall war —, dass er sich dieser scheinbaren Konzession von Anfang an nur bedient hat, um die Stände zu weiterer Behandlung und Erledigung des französischen Friedensinstruments zu veranlassen. Er konnte das gefahrlos thun, da eine Zustimmung der Kaiserlichen kaum zu erwarten war und selbst wenn diese gegeben wurde, es ihm an irgend einer neuen Ausrede sicher nicht gefehlt hätte.

[1] Servien hatte zuerst auf Aufnahme einer clausula renunciatoria ins Instrument selbst bestanden.

[2] So berichtet Volmar am 18. Sept. den Gesandten von Weimar und Altenburg. KGM schreiben am 22. Sept. an Ferd. III., Servien habe am 17. den Med. erklärt, er könne auf den Wunsch der Stände nicht eingehen, da derselbe den früheren Abmachungen widerstreite, sondern habe es an seinen König verwiesen. Vgl. auch Volmar III S. 1718. Nach Paris schrieb Servien schon am 17. August, dass die Stände die Belehnung verlangten (Vast S. 39 a. 2). Serviens Doppelzüngigkeit tritt bei dieser Gelegenheit sehr deutlich zu Tage.

[3] Volmar III S. 1736.

Die Kaiserlichen haben sich, sobald die Frage an sie kam, ablehnend verhalten. Am 4. September hatte Ferdinand seine Gesandten angewiesen, alles zu thun, um die Belehnung zu vereiteln und nur, wenn sich das nicht erreichen liesse, dieselbe an die Einschliessung Spaniens und des burgundischen Kreises in den Frieden und an die gleichzeitige Belehnung Frankreichs auch für die lothringischen Stifter, also an unerfüllbare Bedingungen zu knüpfen [1]. Wenn trotzdem die Kaiserlichen in der erwähnten Konferenz mit Servien nach Berathung mit den deputirten Ständen deren Vorschlag anbrachten, eine Klausel einzufügen, in der die Entscheidung über die Belehnung dem nächsten Reichstage zugewiesen werden sollte [2], so waren sie auch der Ablehnung von französischer Seite von vornherein sicher. Servien entgegnete, sein König würde sich deswegen vielleicht über kurz oder lang in eine neue Konvention mit dem Reiche einlassen, keineswegs aber könne er sich durch den gegenwärtigen Vertrag dazu verpflichten [3]. Da so Kaiserliche und Franzosen sich in ihren Wünschen fanden, blieb von den Bemühungen der Stände nichts übrig als jene Erklärung vom 22. August, deren Annahme Servien verweigert hatte und die bereits mit einem von Otto verfassten [4] Begleitbriefe, der nach Darlegung der Streitfrage an die bekannte Grossmuth der französischen Herrscher appellirte, nach Paris gesendet worden war.

Darüber werden sich die Stände von vornherein klar gewesen sein, dass solche Schriftstücke in Paris keinen sonderlichen Eindruck hervorbringen würden. Die französische Regierung hat sich begnügt, durch ein königlisches

---

[1] Ferdinand III. an KGM 1648 Sept. 4. WA FrA 92, 16 n. 2197 = 58 b.

[2] Die Stände „vermeinten, dass ad § Ad maiorem supradictarum diese clausala addirt werden solle: quia tamen in reassumptione huius tractatus propositum fuit, quod Rex Christianissimus landgraviatum Alsatiae certis conditionibus in feudum ab Imperio recognoscere deberet, res haec in proximis comitiis generalibus Imperii determinabitur“. Volmar III S. 1737, auch KGM an Ferd. III. 1648 Okt. 13.

[3] Volmar a. a. O.

[4] Str. StA XIIIer Prot. 1648 Sept. 26 (Okt. 6).

Schreiben den Empfang der von dem Baden-Durlach'schen Residenten überreichten Dokumente anzuzeigen[1].

Am Kongresse hatte Servien eine neue Schwierigkeit dadurch geschaffen, dass er bereits beim Friedensschluss die Originale der Verzichtsurkunden über die abgetretenen Lande von Kaiser und Reich, von Österreich und Spanien verlangte. Er begnügte sich dann doch mit interimistischen Entwürfen, die gleichlautenden Originale sollten bei der Ratifikation ausgeliefert werden.

Nun aber war nicht anzunehmen, dass Spanien, so lange es mit Frankreich im Kriege blieb, sich zu einem Verzichte auf die an Ludwig XIV. abzutretenden habsburgischen Lande verstehen würde. Daraus hätte eine neue Verzögerung des Friedens entstehen können, wenn nicht die führenden Stände sich mit Servien darüber verständigt hätten, dass, falls bis zur Ratifikation die Zessionserklärung von spanischer Seite nicht erfolgte, dieselbe durch eine besondere Garantieerklärung der Reichsstände ersetzt und Frankreich ermächtigt würde, die vier Waldstädte und die für den Erzherzog Ferdinand Karl bestimmte Geldentschädigung zurückzuhalten. Trotz lebhafter Opposition der Kaiserlichen haben jene Deputirten in geheimen Separatverhandlungen mit Servien die Form dieser Zusagen vereinbart. Dann erst wurde am 21. Oktober die Gesammtheit der Reichsstände, die ihre grundsätzliche Zustimmung zu einem solchen Schritte schon vorher ausgesprochen hatte, damit befasst, und obschon die Kaiserlichen noch in letzter Stunde eine dem Hause Habsburg so nachtheilige Beschlussfassung zu verhindern suchten, so blieb doch die von Goll geführte Opposition im Fürstenrathe vergeblich. Kurmainz verkündete als Reichsconclusum, dass die Gesammtheit der Stände Frankreich Spanien gegenüber den ruhigen Besitz seiner Erwerbungen vom Reiche garantirte und es ermächtigte, bis dieselben von Spanien anerkannt wurden, die vier Waldstädte besetzt zu halten und die Auszahlung der Entschädigungssumme zu suspendiren.

---

[1] Bougeant VI p. 151; Bougeant—Rambach IV S. 114 f.

Bis zum letzten Augenblick sind, namentlich von Servien, immer neue Streitpunkte hervorgesucht. Es bedurfte der ganzen Energie jener kleinen Zahl von Ständen, die zuletzt die Leitung in die Hand genommen hatten, alle Anstände aus dem Wege zu räumen, so dass am 24. Oktober in Münster der feierliche Friedensschluss durch Unterzeichnung des französichen und schwedischen Friedensinstruments erfolgen konnte.

Der Streit um die künftige staatsrechtliche Stellung der Abtretungen im Elsass ist in diesen letzten Tagen des Kongresses nicht wieder aufgenommen. Das wäre bei der Übereinstimmung der Kaiserlichen und Franzosen in diesem Punkte auch aussichtslos gewesen, obwohl am 23. Oktober noch eine Weisung des Kaisers eintraf, wenn die Stände auf ihrer Forderung beharrten und Servien derselben nachgäbe, sich nicht zu separiren [1]. Am gleichen Tage berichten die Kaiserlichen: „der Lehenschaft übers Elsass ist's nun allerdings still und schlechterdingen beim verglichenen Aufsatz des instrumenti gelassen worden" [2].

Ganz abgethan war die Frage damit nicht, noch in den Tagen des Regensburger Reichstags von 1653 taucht sie, auch von französischer Seite, wieder auf. Indem aber das Friedensinstrument nichts darüber vermerkte, wurden zunächst alle Abtretungen an Frankreich völlig vom Reiche gelöst; eine etwaige Änderung dieser Verhältnisse hing in erster Linie vom Belieben der französischen Regierung ab.

Einstweilen jedoch plagte man sich mit diesen Sorgen nicht. Im Reiche drängte alles auf Ratifikation und Exekution des Friedens. Nach mancherlei Schwierigkeiten, namentlich auch von Serviens Seite, der sich nochmals vergeblich um Zurücknahme der Deklaration bei den Ständen bemühte [3], hat am 18. Februar 1649 die Auslieferung der Ratifikations- und Zessionsururkunden [4] stattgefunden: damit

[1] Ferd. III. an alle vier Gesandten 1648 Okt. 12.

[2] Kais. Ges. an Ferd. III. 1648 Okt. 23; dazu Volmar III 1754: der Lehenschaft halben im Elsass sei Alles gefallen.

[3] Meiern VI B. 48 § 35.

[4] Schon am 9. Okt. 1648 hatte Volmar dem Erzherzog erklärt, er müsse den Konsens in die franz. Satisf. ertheilen oder „sich fernerer

waren auch die über das Elsass getroffenen Bestimmungen rechtskräftig geworden. In den Zessionsinstrumenten[1] ist der Inhalt der Abtretungen noch einmal richtig zum Ausdruck gebracht: in der von Kaiser und Reich gegebenen Urkunde erfolgt der Verzicht — soweit er das Elsass betrifft — nur für die Landgrafschaft Ober- und Unterelsass d. h. den habsburgischen Eigenbesitz; die Landvogtei, deren Amtsausstattung doch auch an Frankreich übergehen sollte, wird gar nicht erwähnt. Wohl aber verzichten zugunsten des Königs von Frankreich ausser auf die in der ersten Urkunde genannten Territorien auch auf die Landvogtei in einer eigenen Verzichtsurkunde Ferdinand und seine tiroler Vettern für das Haus Österreich. Hier aber ist von einem Ausscheiden aus dem Reichsverbande nirgends die Rede. Man muss staunen, dass sich Servien mit der Fassung dieser Aktenstücke, nach seinem vorangegangenen Verhalten den ständischen Wünschen gegenüber, zufrieden gegeben hat.

Hostilität von den Franzosen befahren"; denn, so schreibt er am 30. Okt., auch wenn die Spanier den Krieg fortführten, sei keine Hoffnung, dass diese die v. ö. Lande rekuperirn würden, „in Betrachtung, [dass] gleich anfangs dieser Traktate am span. Hofe der Beschluss gefasst worden, dass man selbige der Krone Frankreich überlassen müsse". WA Hauptarchiv FrA Collect. 2 n. 1 a.

[1] Vast, S. 59—64.

SCHLUSS.

Bei dem Ausgange, den die Verhandlung über die französische Satisfaktion am Kongresse genommen hatte, ist es klar, dass die das Elsass betreffenden Bestimmungen — ohne dass dies beim Präliminarvertrage die Absicht der kontrahirenden Theile gewesen ist — den Keim zu neuen Streitigkeiten in sich trugen. Noch einmal auf dem Friedensexekutionstage in Nürnberg haben die Städte der Dekapolis eine Erklärung herbeigeführt, welche die Abtretungen im Elsass ausdrücklich auf die österreischischen Gerechtsame beschränken sollten. In der That ist die Ausführung der Friedensbestimmungen im Elsass im wesentlichen in dem unverfälschten Sinne erfolgt, den ihnen die elsässischen und alle Reichsstände gegeben haben.

Am Ende des Jahrhunderts freilich war das ganze Land der französischen Krone einverleibt. Aber diesem Resultate lag durchaus nicht eine von Anfang an bewusst ins Auge gefasste, auf eine ursprüngliche Interpretation des Westfälischen Friedens gestellte Politik zu Grunde. Erst nach und nach hat sich mit dem Fortschreiten der französichen Hegemonie auch die Idee und Ausführung der Annexionspolitik im Elsass entwickelt, die dann in dem Vertrage von 1648 ihre Rechtfertigung zu finden vorgab[1].

[1] Vgl. Pufendorf, de rebus gestis Frid. Wilh. B. XVIII § 13: Post quoque executio pacis ad mentem ordinum peracta, et quorum libertas tunc tentata fuit, ea illibata isti per triginta amplius annos Gallo haut contradicente gavisi sunt. Et cum super iureiurando a decem civitatibus Alsatiae Gallo nomine praefecturae provincialis Hagenoensis praestando controversia incidisset, ea cum consensu Galli ad arbitros reiecta fuit. Für Puf.'s Beurtheilung der Frage s. auch den folg. § 14.

Die Darlegung dieser Entwickelung im einzelnen muss einer ausführlichen Darstellung der elsässischen Frage in der zweiten Hälfte des 17. Jahrhunderts vorbehalten bleiben. Hier genüge es, auf die hauptsächlichen Momente hinzuweisen. Die Thatsache, dass bis zu den Reunionen hin die nichthabsburgischen Stände des Elsass unbestritten ihre staatsrechtliche Zugehörigkeit zum Reiche bewahrt haben, steht ausser Zweifel. Ebenso zweiffellos ist, dass nicht nur beim Friedensschluss, sondern noch lange nachher die französische Regierung die Abmachungen in demselben Sinne verstanden hat, wie es von deutscher Seite der Fall war. Nur diese Bedeutung kann es haben, wenn Brienne erzählt, dass Mazarin befohlen habe, nicht das Elsass, sondern die Landgrafschaft solle der König als Rekompens erhalten[1]. Mazarin[2] selbst erklärt noch 1652, dass man, im Falle des Unvermögens, die festgesetzten Geldsummen zu zahlen, verpflichtet sei, Breisach und „das Elsass" dem Erzherzog von Tirol zurückzugeben. Nur bei solcher Auffassung lässt sich überhaupt begreifen, dass die französische Regierung das am Kongresse unentschieden gebliebene Verlangen der Stände aufnahm und den zum Reichstage 1653 entsandten Vautorte, einen genauen Kenner der elsässischen Verhältnisse, anwies, zu erklären, dass der König bereit sei, dem Wunsche der Stände, dass er „die Landgrafschaft besitzen möge als Reichslehen, so wie sie die Erzherzöge von Innsbruck inne gehabt", Folge zu leisten[3]. Doch ist es dazu nicht gekommen. Die ehemals österreichischen Besitzungen sind vom Reiche losgelöst geblieben.

Der Streit um die Bedeutung der in Münster getroffenen Vereinbarungen — der auf dem diplomatischen Felde geführt wird — beschränkt sich, neben kleinen Rechtsstreitigkeiten, durchaus auf den Umfang der Frankreich als Inhaber der Landvogtei in den zehn Reichsstädten zustehenden Rechte. Hier sind die Bedrängnisse, in die die Bewegungen der Fronde in Verbindung mit dem spanischen Kriege die

[1] Brienne, mémoires (Pétitot 36) S. 121.

[2] Mazarin an Le Tellier 1652 Sept. 24. LdM V S. 279.

[3] Legrelle S. 193.

französische Regierung gebracht haben, wohl auf deren anfängliche Zurückhaltung den Städten gegenüber nicht ohne Einfluss gewesen. Aber auch als Frankreich wieder freiere Hand hatte[1], da handelt es sich um Form und Inhalt der eidlichen Verpflichtung, um Beherrschung der Verwaltung und Machtmittel der Städte; ihre Zugehörigkeit zum Reiche wird abgesehen von dem Gebiete der Rechtspflege nicht eigentlich in Frage gestellt. Nur steigern sich, namentlich nach dem Tode des Kardinals Mazarin, die Forderungen des französischen Oberlandvogts. Wohl mag die Idee, die Dekapolis französischer Souveränetät zu unterwerfen, ja der weitergehende Gedanke, der später in den Reunionen verwirklicht worden ist, bereits damals ausgesprochen sein[2]: wäre Ludwig XIV. von diesem Rechte auch nur den Städten gegenüber überzeugt gewesen, er würde nimmermehr einem aus deutschen Reichsfürsten gebildeten Schiedsgerichte die zwischen ihm und den Städten schwebenden Streitfragen unterbreitet haben. Dieser Verzicht auf ein angebliches Recht lässt sich auch durch den Wunsch, bei der beabsichtigten Aktion gegen Spanien das Reich fern zu halten, nicht erklären[3]. Gravel, der Vertrauensmann des Königs in den elsässischen Angelegenheiten, hat sich schon 1661 über Grundlage und Umfang von Frankreichs Rechten in musterhaft klarer und zutreffender Weise in einem oft zitirten Gutachten[4] ausgesprochen. Schon damals hatte er, sorgfältig darauf bedacht, den französischen Einfluss im Reiche nicht um der

[1] Noch 1661 unterscheidet Pierre du Val, géographe ordinaire du Roi, in seiner „Beschreibung des Elsass“ ausdrücklich zwischen dem Elsass im geogr. Sinne, der „seigneurie qui porte le nom de landgraviat“ und drittens der „glorieuse conquête du roi, confirmée par la paix de Münster, (neuerdings abgedruckt RA 1895, dieser Satz auf S. 40), und diese Unterscheidung kehrt unverändert wieder in der erweiterten Darstellung 1679: les acquisitions de la France par la paix S. 19.

[2] Pfister, RA 1895 S. 200: nach ihm ist Colbert de Croissy, der eben schon damals diese Gedanken entwickelte, und nicht Louvois der eigentliche Urheber der Reunionspolitik.

[3] Das hat neuerdings versucht: B. Auerbach, la question d'Alsace et la diète de Ratisbonne, RE 3 S. 309—336, 1889.

[4] Pfeffinger, Vitriarius illustr. II S. 1080 ff.

kleinen Dekapolis willen aufs Spiel zu setzen, dringend von Gewaltmassregeln abgerathen. Sein Einfluss zweifellos hat dann zur Einsetzung des Schiedsgerichts geführt, das sich, da besonders auf französischer Seite der gute Wille zur Verständigung fehlte, ohne Resultat jahrelang hinzog. Der Ausbruch des Reichskriegs machte weitere Verhandlungen überflüssig, zumal Ludwig XIV., für den die militärische Beherrschung der Städte strategisch von hohem Werthe war, jetzt mit schnellen Schlägen die bedeutendsten Punkte niederwarf und ihrer Befestigungen beraubte.

Der Friede von Nymwegen hat für das Elsass den im Westfälischen Frieden getroffenen Bestimmungen aufs neue Geltung gegeben: indem so Kaiser und Reich trotz all der vorangegangenen Streitigkeiten auf eine klare Auseinandersetzung hierüber verzichteten, haben sie thatsächlich die zehn elsässischen Reichsstädte der französischen Willkür preisgegeben.

Und jetzt fühlte sich Ludwig XIV., der eben auf der Höhe der Macht stand, stark genug, diese neu bekräftigten Bestimmungen von 1648 nach seinem Belieben auszulegen. Schon in den 60er Jahren hatten einzelne französisch gesinnte Dynasten im Elsass in freiwilligen Verträgen Frankreichs Oberhoheit anerkannt, so der Bischof von Strassburg, Franz Egon von Fürstenberg, und der Graf von Rappoltstein, Jetzt aber hatte Ludwig XIV. vom Reiche schwerlich ernstlichen Widerstand zu fürchten. Im folgenden Jahre bereits verkündete das Breisacher Tribunal die Einverleibung des ganzen Elsass in den französischen Staatsverband, wurden die berüchtigten Reunionskammern eingesetzt. Die Ueberwältigung Strassburgs 1681 vollendete die französische Herrschaft im Elsass, der erst der zwanzigjährige Stillstand von 1684, dann der Friede von Ryswick die Anerkennung des Reiches brachten. Seitdem hat das Elsass bis auf unsere Tage zum französischen Reiche gehört, in dem es freilich bis 1789 durchaus ein Sonderleben führte. Erst die Stürme der Revolution haben die von der deutschen Vergangenheit zeugenden Sonderrechte beseitigt, da erst ist das Elsass völlig mit dem französischen Staatsleben verschmolzen.

Es ist leicht begreiflich, dass die historische Forschung in Frankreich versucht hat, die Politik, die sich auf den Westfälischen Frieden zu gründen behauptete, aus diesem Instrumente zu rechtfertigen.

Das hat zuerst der Jesuit Laguille in der Histoire d'Alsace [1] gethan. Er geht aber dabei von der falschen Voraussetzung aus, dass Frankreich nur um den Preis der Abtretung von ganz Elsass bereit gewesen sei, Frieden zu schliessen, und die ziemlich ausführliche Darstellung ist hinsichtlich des schwankenden Umfanges der Forderungen so ungenau, dass sie einer fortlaufenden Korrektur und Widerlegung bedarf.

Ungleich praeziser ist die Erörterung, die sein Ordensbruder Bougeant [2] der Bedeutung der vom Elsass handelnden Friedensbestimmungen widmet. Nach seiner Ansicht ist damals das ganze Elsass zu voller Souveränetät abgetreten worden. Dazu ist der von den Ständen genügend autorisirte Kaiser nach lehnrechtlichen Begriffen unter dem Zwange der politischen Lage durchaus berechtigt gewesen. Die Abtretungen selbst [3] sind nach Bougeant so klar gefasst, dass über ihren Sinn kein Zweifel sein kann, und sie entsprechen durchaus den Absichten der kontrahirenden Theile. Die Deutschen selbst, so fährt er fort, haben das gemeiniglich zugestanden, denn der bis zum Ryswicker Frieden von ihnen dagegen geltend gemachte § Teneatur, dessen Entstehung Bougeant völlig verkennt, enthält nur scheinbar einen Widerspruch: keineswegs haben die Kaiserlichen durch diesen Vorbehalt die vorhergegangenen Zugeständnisse annulliren wollen — was die Franzosen nie würden zugegeben haben —, sondern sie haben die interessirten Stände und deren Parteigänger dadurch beschwichtigen und

---

[1] Laguille, Historie de la province d'Alsace 1727 2^{e}. partie p. 163—194.

[2] Bougeant B. 9 c. 56—64 (VI S. 118—134).

[3] S. c. 59 die wunderlichen Ausführungen über die Abtretung der „Landgrafschaft".

ihnen den Schein einer Satisfaktion geben wollen; die Franzosen ihrerseits haben um so leichter ihre Zustimmung gegeben, als, nach Bougeant, die Klausel ihre Ungültigkeit in sich trug, da der Paragraph durch den im Schlusssatz ita tamen gegebenen Widerspruch sich in sich selbst aufhob und so die früheren Konzessionen nur verstärkend bestätigte. Ja, der Schein von Hoffnung, der den Ständen blieb, war den Franzosen gar nicht unlieb, da sie hofften, dieselben auf diese Weise allmählich und leichter an die französische Herrschaft zu gewöhnen. Indess Bougeants ganzes spitzfindiges Raisonnement hält seiner eigenen Darstellung gegenüber nicht Stand.

Auch Pfeffel [1] sucht in seiner Abhandlung über die Grenzen Frankreichs zu erweisen, dass das Elsass in seiner ganzen Ausdehnung abgetreten sei. Er geht davon aus, dass Frankreich von Anfang an diese Forderung erhoben habe. Freilich haben, das giebt er zu, die Kaiserlichen in ihrem Ultimatum vom 29. Mai 1646 nur den österreichischen Besitz — der als Landgrafschaft Ober-Elsass und Landvogtei Unterelsass bezeichnet wurde — geboten, aber auf die weitergehenden Forderungen der Franzosen haben sie am 31. August auch die Landgrafschaft Unterelsass geboten; diese Konzession konnte sich, da Pfeffel die Entstehung dieser Fassung nicht kennt und fälschlich annimmt, dass die Österreicher ohne eigenen Besitz im Unterelsass waren, nach ihm nur auf den ganzen Umfang des Landes beziehen. Während aber die Kaiserlichen bis dahin nur die Landeshoheit boten, haben sie am 10. September auf die Forderung der Franzosen die volle Souveränetät über beide Elsass geboten, und dazu haben die Franzosen noch die Bestimmung gefügt, dass der zugunsten der Reichsunmittelbarkeit der Stände getroffene Vorbehalt dieser Souveränetät nicht widersprechen dürfte. Die Erkenntniss, dass das ganze Elsass abgetreten ist, bringt die Stände in Bewegung, aber trotz ihrer Bemühungen werden die kaiserlich-französichen Abmachungen

---

[1] Chr. H. Pfeffel, commentarii de limite Galliae, Argentorati s. a [1785], S. 99—119.

im November 1647 aufs neue bestätigt und das Zessionsinstrument des Kaisers gedenkt des Hauses Österreich nicht, wobei eben Pfeffel nicht weiss, dass dafür eine besondere Verzichtsurkunde ausgestellt wurde. Die vor dem Abschlusse von den durch Volmar aufgereizten Ständen eingebrachte Deklaration blieb ohne Wirkung: trotzdem haben sie den Frieden unterzeichnet. Pfeffel scheint anzunehmen, dass das Ober-Elsass ganz in der Hand der Österreicher gewesen sei, denn nur vom Unterelsass betont er, dass hier, wo — wieder fälschlich — Österreich ausser der Landvogtei besitzlos, die Landgrafschaft, die er der Provinz gleichsetzt, ausdrücklich von der Landvogtei geschieden sei. Der von den Deutschen stets angezogene § Teneatur schränkt auch nach Pfeffel diese Konzessionen durchaus nicht ein, er bestimmt nur die Bedingungen, an die für Frankreich den elsässischen Reichsständen gegenüber die Ausübung seiner Souveränetät geknüpft ist. Darin liegt nach Pfeffel der Kern der Streitfrage: die Landeshoheit bleibt auch ferner den Reichsständen, die bisher vom Reiche ausgeübte Oberhoheit geht an den König von Frankreich über: dadurch erklären sich auch die über Zabern u. s. w. getroffenen Sonderbestimmungen, weil diese einen Eingriff in die dem Bisthum Strassburg wie den andern Ständen vorbehaltene Landeshoheit darstellen.

Schon Rambach, der Uebersetzer[1] Bougeants, hat diesem gegenüber darauf hingewiesen, dass es ganz unzulässig ist, die Thatsache, dass in späterer Zeit Frankreich so weitgehende Ansprüche erhoben und auf den Westfälischen Frieden gegründet hat, für die Auslegung des Friedens zu verwerthen, und nachdrücklich hat er hervorgehoben, dass die noch lange Jahre nach 1648 von Frankreich eingeschlagene Politik dem durchaus widerspricht.

Dem gegenüber ist M. J. Schmidt[2] überzeugt, dass die Franzosen ihre weitgehenden Absichten auf dem Kongresse nach Kräften verborgen haben, dass aber der an-

---

[1] Bougeant—Rambach IV S. 102.

[2] M. J. Schmidt, neuere Geschichte der Deutschen B. 12 S. 88 f.

scheinende Widerspruch sich dadurch hebe, dass die Landgrafschaft — worunter er doch wohl nur ein Amt verstanden hat — nur ein Theil des Elsass sei und dass — damit hatte er Recht — der Ausdruck supremum dominium nur im Gegensatz zu der ursprünglich beabsichtigten Belehnung gewählt war.

Ganz richtig hat dann der alte Pütter[1] bemerkt: „der wahre Sinn und der ganze Zusammenhang dieser Stellen des Münsterischen Friedens ging unstreitig dahin, dass die Krone Frankreich alle die Besitzungen und Rechte bekam, welche das Haus Oesterreich bisher in Elsass gehabt hatte, und zwar solche . . . . von demselben ganz getrennt und unabhängig, dass aber auf alles Uebrige, was das Haus Oesterreich in Elsass nicht gehabt, auch keine französischen Ansprüche oder Anmassungen stattfinden sollten."

„Dass der wahre Sinn dieser Verordnungen dahin nach dem Wunsche der deutschen Stände gehen sollen, dass der Krone Frankreich nichts weiter im Elsass abgetreten werde, als was das Haus Oesterreich besessen", will Senckenberg[2] mit Pütter gern glauben, aber er meint, die Stände seien durch den Wortlaut der am 11. November 1647 geschlossenen Konvention überlistet worden. Er urtheilt, es sei auf Grund des § Teneatur den Franzosen leicht geworden, zu sagen, dass sie „jetzt alle Rechte des Kaisers und Reichs über ganz Elsass hätten", aber er selbst hatte bereits (S. 166) richtig den geographischen und politischen Begriff des Elsass geschieden, giebt auch zu, dass nicht mehr hat abgetreten werden sollen, als Oesterreich gehabt hat und kommt der Wahrheit am nächsten, wo er erklärt, dass die Kaiserlichen, für die er nur etwaige Befehle als Entschuldigung gelten lässt, einen grossen Fehler zum Nachtheil des Reiches begingen, da sie sich bei dem ihnen bekannten Begehren der Franzosen so leicht misszuverstehende Worte gefallen liessen.

Kurz vorher war die Frage nach der Entstehung von Frankreichs Rechten im Elsass aufs neue, nicht ohne poli-

[1] Pütter, Geist des westfälischen Friedens S. 243 f.

[2] Senckenberg, Darstellung des westfälischen Friedens S. 173 ff.

tische Bedeutung, geweckt worden, als die Beschlüsse der Nationalversammlung die bisherige Sonderstellung dieser Provinz vernichteten, und mit Lebhaftigkeit ist dabei von elsässischer Seite daran erinnert und ist der Beweis geführt worden, dass im Westfälischen Frieden nur Österreichs Besitz und Rechte an Frankreich abgetreten sind, dass für die übrigen Landestheile die Landeshoheit den Ständen, die oberste Gewalt aber dem Reiche geblieben sei, dass die Geschichte der folgenden Jahrzehnte das klar beweise und dass erst die Reunionen die Unterwerfung der elsässischen Stände unter französische Oberhoheit herbeigeführt haben.[1]

Dass dies der klare Inhalt des Friedensinstruments sei, ist in der Folge nicht nur von deutscher Seite, so von Rühs[2] und Sugenheim[3], sondern auch von dem Franzosen Sismondi[4] ausgesprochen worden, während Flassan[5] seinen Anschauungen keinen deutlichen Ausdruck giebt.

Demgegenüber ist Strobel der Meinung, dass „in den verschiedenen Bestimmungen manches lag, das geeignet war, auf eine widersprechende Weise gedeutet zu werden"; ohne dass er auf die Entstehung und Bedeutung der „entweder zufällig oder absichtlich in einer etwas unklaren Sprache aufgestellten Sätze" eingeht[6].

Diese Unklarheit, so behauptet Hallez-Claparède[7], lag im Interesse der Kaiserlichen und Franzosen; beide Theile wollten — es handelt sich hier aber nur um die Schlussverhandlungen — Beschaffenheit und Grenzen der landvogteilichen Rechte nicht näher bestimmen; die freilich nur

[1] S. bes. die Schriften von Stupfel: Considérations sur les droits particuliers . . . de la province d'Alsace 1789, Questions d'Etat décisives 1790, Archives d'Alsace 1790.

[2] Rühs, hist. Entwickelung des Einflusses Frankreichs u. s. w. 1815 S. 99.

[3] Sugenheim, Frankreichs Einfluss auf . . . . Deutschland 1845 I S. 165 f.

[4] Sismondi. histoire des Français XXIV S. 185.

[5] Flassan, histoire de la diplomatie française III S. 161 f., 172 f.

[6] Strobel, Geschichte des Elsasses IV S. 477.

[7] Hallèz — Claparède, réunion de l'Alsace à la France 1844 S. 233—249.

schwache Bekämpfung[1] ihrer Ansprüche durch die Stände musste die Franzosen in der Ansicht bestärken, dass die Souveränetät über das ganze Land ihnen abgetreten sei. Dem Artikel 87 spricht er zunächst Unklarheit nicht ab, aber, fährt er fort, diese Klausel sollte nur die aufgeregten Gemüther (im Elsass), die eine Trennung vom Reiche fürchteten, beschwichtigen und die endgültige Vereinigung des Landes mit Frankreich ohne Gewalt vorbereiten; der Schlusssatz (ita tamen) stellt die vorher erfolgten Abtretungen in ihrem vollen Umfange wieder her.

Auch Spach[2] ist der Ansicht, dass im Frieden die Provinz Elsass, worunter er das ganze Land versteht, an Frankreich abgetreten sei, nur Strassburg nimmt er ohne jeden ersichtlichen Grund aus, und diese auf die Dauer unmögliche Anomalie sei nur unter stillem Vorbehalte[3] erfolgt. Dass die verschiedenen Artikel in so unbestimmter Form abgefasst seien, dass sie mit Nothwendigkeit eine Quelle baldiger neuer Konflikte werden mussten, giebt er zu; im übrigen leitet er aus der Ansicht, dass Frankreich den elsässischen Ständen gegenüber in Österreichs Stellung eintrat, eine „durch das historische und Gewohnheitsrecht beschränkte Souveränetät“ (Oberlehnsherrlichkeit)[4] her.

Zu welchen Widersprüchen die Anschauung, dass das ganze Land ausser Strassburg 1648 an Frankreich abgetreten sei, führt, zeigt Baquol-Ristelhuber[5], der daneben ruhig die Beziehungen sogar der Dekapolis zum Reiche nach dem Frieden erwähnt und als Grund angiebt, dass die Städte zu viel Prärogative hatten, um nicht ihrem alten Herrn treu zu bleiben.

Ganz anders urtheilt Ranke. Er kann sich nicht genug wundern, „wie dunkel und zweifelhaft“ diejenigen Artikel

---

[1] H—C meint, die meisten Stände seien Frankreich verpflichtet gewesen.

[2] Spach, histoire de la Basse Alsace 1858. S. 237.

[3] Anomalie qui .... a dû être admise avec une réserve mentale seulement par les négociateurs français et par le gouvernement de Mazarin.

[4] Une suzeraineté limitée par les droits historiques et les coutumes.

[5] Baquol—Ristelhuber S. 11. 168. 476. 596.

gefasst sind, welche die Abtretungen des Reichs an die französische Krone regeln (III S. 331); indess bei der Darstellung der Friedensverhandlungen selbst (III S. 28—32) lässt er eigentlich keinen Zweifel, dass nur das österreichische Elsass gefordert und bewilligt ist, von weitergehenden Forderungen erzählt er nichts. Ranke irrt in der Annahme, dass der § Teneatur ein späterer Zusatz sei und dass die hierin liegende Beschränkung durch den Schlusssatz ita tamen wieder zweifelhaft gemacht sei. Er sieht — und das ist nicht richtig — die Ursache der Unbestimmtheiten darin, dass sich die „Altvordern" darüber mit den Franzosen nicht zu einigen vermochten; jenen, so meint er, würde man Unrecht thun, wenn man sie der Nachlässigkeit in der Fassung dieser Verträge beschuldigen wollte — während thatsächlich die Kaiserlichen von diesem Vorwurfe nicht freizusprechen sind[1].

Ein gesteigertes Interesse erweckte die alte Streitfrage in unseren Tagen durch die Wiedergewinnung des Elsass für das Deutsche Reich, ohne dass die Erörterungen zu einem feststehenden Resultate gelangt sind.

Adolf Schmidts[2] Ausführungen, hervorgerufen wohl durch die nationalen Bestrebungen der fünfziger Jahre, tragen einen durchaus publizistischen Charakter: er spricht dem Vertrage jede Unklarheit ab; nur die landgräflichen und landvogteilichen Rechte seien abgetreten, aber er unterlässt es, diese Rechte — und da liegt die Schwierigkeit dieser Erklärung — zu definiren; auch erwähnt er nicht den Schlusssatz ita tamen, während er mit Recht auf die thatsächlichen Zustände und das Verhalten der französischen Regierung nach 1648 hinweist.

Ein Pamphlet schlimmster Sorte und ein Hohn auf jede historische Methode ist die unter dem Eindrucke der Niederlage von 1870 entstandene Streitschrift von A. Michiels[3], der Heinrich von Sybel durch seine Bekämpfung unverdiente

[1] Ranke Französische Geschichte III[3] (S. W. X) 1877 S. 331 ff. (über den polit. Anspruch der Reunionen).

[2] Adolf Schmidt, Elsass und Lothringen 2. u. 3. Aufl. 1870 S. 22 f.

[3] A. Michiels, les droits de la France sur l'Alsace et la Lorraine 1871.

Ehre angethan hat. Ganz klar und über jeden Zweifel erhaben ist Michiels die Abtretung des ganzen Landes mit allen Hoheitsrechten, er kann sich nicht genug thun in seitenlanger Aufzählung der Bestimmungen, die, grossentheils gar nicht aufs Elsass bezüglich, nach seiner Ansicht die Abtretung mit allen Garantieen der Jurisprudenz, der Politik und der Moral umgeben (S. 46). Erst im folgenden Abschnitte erscheint dann der § Teneatur, den der Autor zwar nicht zu unterdrücken wagt, den er aber verstümmelt und auf die Dekapolis beschränkt, als deren vornehmste ihm Strassburg gilt. Im übrigen sieht er in diesem Passus nur eine jener „kindischen und subtilen Distinktionen, in denen die Deutschen Meister sind": dem Kaiser blieb danach durch Mazarins Gnade das inhaltlose Vergnügen, die Eidesleistung der zehn Städte zu empfangen, die in allen Punkten dem König von Frankreich zu gehorchen hatten (S. 48 f.).

Schon Lorenz hat mit Recht darauf aufmerksam gemacht[1], dass auch Sybels Entgegnung eine Streitschrift ist. Sybel[2] geht ganz richtig davon aus, dass die Franzosen ursprünglich nur den österreichischen Besitz im Elsass gefordert haben und dass diese Forderung im Präliminarvertrage zugestanden ist. Nicht „der Schatten eines Zweifels", nicht „die geringste Spur einer Zweideutigkeit" liegt vor, so schliesst er, „sehe man nun auf die ausgesprochene Absicht der kontrahirenden Parteien oder auf das deutlich bezeichnete Objekt des Vertrags". Denn nicht wegen der Undeutlichkeit des Sinns der Urkunde erhebt sich das Misstrauen der Stände, sondern weil man den Franzosen das Schlimmste zutraut. Hierin wird man Sybel nicht ganz folgen können, noch weniger aber in seiner Interpretation des Objekts. Denn er sieht in der Landgrafschaft[3] ein Amt, von dem er selbst zugestehen muss, dass es längst ein fast bedeutungsloser Ehrentitel sei. Das, behauptet er, hätten die

---

[1] Lorenz und Scherer, Geschichte des Elsasses[3] 1886 S. 555.

[2] Sybel, Deutschlands Rechte auf Elsass und Lothringen 1871, in: Kleine Schriften III, 1880 bes. S. 482—497.

[3] Die einzelnen Ausführungen über die Rechtsverhältnisse im Elsass sind von Irrthümern nicht frei.

Franzosen wissen müssen; so sei es auch von den deutschen Unterhändlern verstanden worden. Nur der Sundgau — darauf beschränkte er die österreichischen Besitzungen — und die Dörfer der Landvogtei werden abgetreten, das übrige Land bleibt deutsch.

Es ist begreiflich, dass sowohl in Frankreich wie in Deutschland die Forschung Sybels Argumentationen nicht gefolgt ist. Eine Reihe französischer Historiker hat, wenn sie nicht wie H. Martin [1] oder Dareste die Frage umgehen, daran festgehalten, dass 1648 rechtlich das ganze Land an Frankreich gekommen ist, obschon Unklarheiten und eine gewisse Verbindung der Provinz mit dem Reiche auch nach dem Frieden zugegeben werden (Gaillardin) [2] oder wenigstens Strassburg ausgenommen wird (Gaillardin, Lavallée) [3] und zugunsten der Reichsstände nur die Rechte gelten gelassen werden, die sich mit der Souveränetät des französischen Königs vertragen (Charvériat) [4]. Sehr auffallend ist, dass ein Forscher wie Chéruel, dem doch die Details der Verhandlungen bekannt sein müssen, in seiner so breit angelegten Schilderung dieser Epoche die Frage mit erstaunlicher Kürze behandelt, die Schwierigkeiten kaum berührt, Frankreich die volle Souveränetät über ganz Elsass zuschreibt und im § Teneatur nur eine inhaltlose Konzession sieht, die durch den Schlusssatz ita tamen annullirt wird [5]. Von französischer Seite ist soviel ich sehe, Himly [6] der

[1] Martin, hist. de France XII⁴ S. 268. Nur in einer Anm. giebt er an, dass § 87 einen Widerspruch gegen die vorangegangenen Konzessionen bilde, der zur Beruhigung der Stände eingefügt sei, die auf den titre de membre de l'Empire nicht verzichten wollten, der aber nach der Absicht der Kontrahenten nur einen nominellen Werth hatte. Doch giebt er zu, dass Strassburg freie Reichsstadt blieb.

[2] Gaillardin, histoire du règne de Louis XIV B. I 1871 S. 430 ff.

[3] Lavallée, les frontières de la France, 3ᵉ éd. S. 38 ff.

[4] Charvériat, hist. de la guerre de trente ans II S. 607 ff.

[5] Chéruel III S. 105 f., 108 f. Auch lassen sich ihm Ungenauigkeiten im Einzelnen nachweisen, so dass 1635 noch der grösste Theil des Elsass den Habsburgern gehört habe (I S. XXVII).

[6] Himly, hist. de la formation de l'Europe centrale 1876 I. S. 268 ff.

Einzige, der offen ausspricht, dass die formelle Abtretung nur das österreichische Elsass umfasst habe; die Ausdrücke des Vertrages scheinen ihm so elastisch, dass Ludwig XIV. daraufhin später das ganze Land seiner Autorität unterwerfen konnte. Er fügt hinzu, dass die elsässischen Fürsten und Städte eigentlich an dem Tage Frankreich ausgeliefert seien, an dem der Kaiser das österreichische Elsass dem König abgetreten hatte, der schon im Beginne seines persönlichen Regiments sich das Ziel setzte, die Unterwerfung des Elsass zu vollenden.

Auf deutscher Seite ist die Mehrzahl der neueren Forscher, soweit sie sich mit der Streitfrage überhaupt auseinandergesetzt haben[1], geneigt gewesen, nach Rankes Vorgang, den Vertragsbestimmungen volle Klarheit abzusprechen. Allein während Ranke nur davon spricht, dass sich die Unterhändler nicht zu einigen vermocht hatten, erklärte schon Häusser[2], dass die Art der Abtretung offenbar absichtlich widerspruchsvoll gehalten war. Und Lorenz[3] sagt,

[1] Es ist auffallend, wie oft neuerdings eine klare Stellungnahme in Arbeiten, wo dieselbe unbedingt zu erwarten ist, fehlt: Koch (II S. 492) weiss von den Streitigkeiten, die sich doch schon am Kongresse erhoben, nichts und lässt fälschlich sogar die zehn elsäss. Reichsstädte abgetreten sein; Gonzenbach, der (Erlach II S. 498—516) der Verhandlungen ausführlich gedenkt, schweigt sich ganz aus. Auch Heigel (Z. f. allg. Gesch. V S. 423) geht leicht über die Streitfrage hinweg. Charakteristisch ist, wie sich Lindner und Lamprecht damit abfinden: Lindner erklärt (Gesch. d. deutsch. Volkes II S. 65) „Kaiser und Reich verzichteten auf die Rechte, welche sie an Breisach, an den Landgrafschaften und der Vogtei über die zehn kleinen Reichsstädte im Elsass besassen. Das geschah in einer sehr unklaren Weise. Diese Gebiete sollten von Deutschland getrennt, aber dennoch vor dem völligen Aufgehen in den französischen Staat geschützt werden, ein natürlich vergeblicher Versuch.“ Bei Lamprecht (Deutsche Gesch. 5 S. 761) heisst es: „die Franzosen erhielten ... das Elsass, wenn auch unter dem unklaren und, wie sich in der Folgezeit ergeben sollte, wirkungslosen Versprechen, die unmittelbaren Reichsgebiete des Landes unbeschadet des französischen Oberhoheitsrechts im Besitze ihrer Reichsfreiheit aufrecht zu erhalten“. Die Frage lässt sich schwerlich mehr verwirren als es durch solche unklaren und unrichtigen Ausführungen geschieht.

[2] Häusser, Gesch. d. Zeitalters der Reformation[2] 1879 S. 620 f.

[3] Lorenz und Scherer, Gesch. d. Elsasses 1886[3] S. 362—366.

es wurden „zwei Punkte wie absichtlich dunkel gelassen: die Frage, welche Stellung Frankreich als Oberherr dieser Reichsgebiete (beider Elsass und des Sundgau) im Reiche selbst einnehmen solle und wie sich die Reichsstände wieder ihrerseits zum Reiche verhalten werden." Aber er will in der Formulirung der Traktate nicht, wie Manche, einen unverzeihlichen Fehler der Diplomatie sehen, sondern urtheilt, „dass in den Verhältnissen selbst ein unversöhnlicher Gegensatz bestand zwischen einem Staate, der eine starke monarchische Spitze besass und einem Lande, welches aus dem Staatsrecht vergangener Jahrhunderte noch mit keinem Schritte herausgekommen war". Klar sei nur dies, meint Lorenz irrthümlich, dass beide Paziszenten einen verschiedenen Verstand dem Wortlaute der Urkunden beigemessen haben.

Häusser sowohl wie Lorenz leiten aus den Friedensbestimmungen Rechte Frankreichs an den nichtösterreichischen Reichsgliedern des Elsass, nicht nur an den Landvogteistädten her. Dabei ignoriren sie die Entstehung der schliesslichen Formulirung dieser Artikel, vor allem die Bedeutung der Bezeichnung „Landgrafschaft".

Auch die Auffassung Sybels, hierin nur einen eigentlich inhaltlosen Amtstitel zu sehen, war in sich unmöglich, denn nie hätten sich die Franzosen mit so geringen Konzessionen begnügt; sie widerstreitet aber auch durchaus dem, was sich schon aus dem seit lange bekannten, gedruckten Materiale über die bezüglichen Verhandlungen am Kongresse entnehmen liess. Daran scheitert auch die Auslegung von Froitzheim [1], der, wie Sybel, von zwei falschen Grundlagen ausgeht: dass er nämlich erstens dem Hause Österreich ausserhalb des Sundgaus keinen Territorialbesitz zuschreibt und zweitens in der Landgrafschaft ein reines Amt ohne territoriales Zubehör sieht. Lasse sich nachweisen, „dass unter Landgraviat und Landvogtei Territorien zu verstehen seien", so wäre nach Froitzheim der Streit zugunsten der Franzosen entschieden, da sich der § 87, verglichen mit

---

[1] Froitzheim, der Westfäl. Friede und Deutschlands Abtretungen an Frankreich. Progr. v. Bischweiler 1876.

§ 74, durch inneren Widerspruch aufheben würde: freilich sei eben der Beweis nicht erbracht, weil nicht zu erbringen. Wohl aber lässt er nicht nur durch die Landvogtei, sondern auch durch den Landgraviat Schutzherrlichkeit über deutsche Territorien an Frankreich übergehen, aber nicht die kontrahirenden Parteien macht er dafür verantwortlich, die Schuld liege in den Verhältnissen selbst.

Den wesentlichsten Fortschritt in der Entwirrung der Streitfrage bietet die eindringende Untersuchung von Kirchner[1]. Er betont (S. 7) mit aller Schärfe, dass aus der alten Landgrafschaft im Elsass längst ein Territorialbesitz neben andern geworden war. Damit ist der Kern aller Schwierigkeiten gelöst. Dagegen irrt Kirchner, wenn er die Österreicher den landgräflichen Titel im Unterelsass führen lässt. Mit vollem Recht sieht er im § Teneatur eine Schutzwehr für alle, auch die nicht genannten Reichsstände, denn sonst fände auch die selbst von den Franzosen meist anerkannte Fortdauer von Strassburgs Reichsunmittelbarkeit und Reichsstandschaft keine Erklärung, und weist den Schlusssatz ita tamen nur auf das zu voller Souveränetät abgetretene Landvogteirecht. So kommt Kirchner zu dem richtigen Resultate, dass durch den Frieden nur die österreichischen Besitzungen im Elsass, dazu Breisach mit Gebiet, und die Landvogtei — ihre territoriale Ausstattung und die landvogteilichen Befugnisse in den 10 Städten — an Frankreich übergegangen sind[2].

Den schroffsten Gegensatz dazu stellt Legrelle[3] dar. Er geht von der Ansicht aus, dass die französische Regierung von vornherein das ganze Land gefordert hat, dass bereits im April 1646 diese ganze Forderung bewilligt ist. Nur scheinbar enthält der § 87 einen Widerspruch gegen die in den früheren Paragraphen gemachten Konzessionen: die

---

[1] Kirchner, Elsass im Jahre 1648, Progr. Duisburg u. SA 1878. Im Einzelnen hält er sich von Unrichtigkeiten nicht frei.

[2] Zu demselben Resultate kommt v. Müllenheim—Rechberg, die Annexion des Elsass durch Frankreich 1896[2] und R. Schröder, deutsche Rechtsgeschichte 1894[2] S. 738.

[3] Legrelle, Louis XIV et Strasbourg 1884[4] S. 146—179

deutsche Auffassung würde dem Geiste des ganzen Vertrages widerstreiten; was Frankreich hier auferlegt wird, ist nur die Schonung provinzialer und munizipaler Freiheiten, die mit dem pompösen Namen der Immedietät umkleidet sind, zumal die zehn Reichsstädte nicht eigentlich immediat sind[1], denn der Landvogt ist die Personifikation ihrer Mediatisirung; auch Strassburg bleibt nur nominell eine freie Stadt; zudem stellt der Schlusssatz ita tamen alle vorhergegangenen Konzessionen in voller Klarheit wieder her.

Begreiflicherweise sind diese in ihren Einzelheiten noch weit anfechtbareren Ausführungen nicht ohne Widerspruch geblieben. Erich Marcks hat sich in Kürze und mit Schärfe dagegen ausgesprochen[2] und zugleich an der Hand eines Ueberblicks über die Verhandlungen sein eigenes Urtheil, wesentlich mit Kirchner übereinstimmend, dahin abgegeben, dass Landgrafschaft in beiden Landestheilen nur den erbeigenthümlichen Besitz der Habsburger bezeichnet und dass eben dieser Besitz mit der Landvogtei an Frankreich abgetreten ist.

Allein die von Kirchner und Marcks vertretene Ansicht hat bei keinem der nachfolgenden Forscher volle Anerkennung gefunden.

Von französischer Seite hat Sorel[3] freilich nicht den schroffen Standpunkt fast aller seiner Vorgänger eingenommen, aber er behauptet, dass nur für die österreichischen Besitzungen im Elsass die Bestimmungen des Friedens klar und deutlich seien, während für die übrigen Reichsgebiete im Elsass die volle Souveränetät zweifelhaft geworden sei[4].

---

[1] Legrelles wunderlicher Versuch (S. 163), die Worte erga Imperium Romanum durch Änderung der Interpunktion dem Relativsatze qua — gavisae sunt zuzuweisen und so den Sinn zu ändern, scheitert schon daran, dass diese Worte im Entwurfe der Kaiserl. vom 31. August hinter gavisae sunt standen (S. 199 a. 3), in den späteren Redaktionen aber an die richtige, sinnentsprechende Stelle gesetzt sind, mit nachfolgendem Komma, so auch in dem von mir eingesehenen Originale des Friedensinstruments in Wien.

[2] GGA 1885 I S. 114—142.

[3] Sorel, l'Europe et la révolution française I S. 285, vgl. S. 77.

[4] Grober, die polit. Beziehungen des . . . Ortes Mühlhausen i. E. 1880 S. 31 meint, es sei trotz der Bemühungen des Reichs zugunsten

Deutscherseits[1] hat Erdmannsdörffer[2] in voller Schärfe die von Häusser ausgesprochene Ansicht ausführlich begründet. Er meint: „eine vorurtheilsfreie Betrachtung jener Artikel muss zu dem Bekenntniss gelangen, dass das System bewusster und berechneter Unklarheiten, welches an so vielen Stellen des Westfälischen Friedens zu Tage tritt, in diesen Bestimmungen über die französische Entschädigung im Elsass das Höchste leistet .... Wenn man die Frage stellt, welches die Absicht der Paciscenten bei der Formulirung jener widerspruchsvollen Artikel gewesen ist, so giebt die Geschichte ihrer Entstehung, ins Einzelne verfolgt, die unabweisliche Antwort: es war nicht die Absicht, klare, zweifelsfreie, unantastbare Rechtsverhältnisse hier zu schaffen, sondern unbeglichene und für den Augenblick unbegleichbare Streitfragen, unter Vorbehalt entgegengesetzter Ansprüche, in der Schwebe zu halten .... Die Friedensartikel über die elsässische Frage sind nur zu verstehen als ein Kompromiss der französischen und der österreichisch-deutschen Politik, auf Grund dieses von beiden Seiten stillschweigend gemachten Vorbehalts". Diesen Ausführungen kann ich nicht beipflichten. Mag Österreich „zweifellos die Absicht" gehabt haben, „bei der ersten günstigen Gelegenheit hier das Verlorene wieder zu gewinnen", es hatte ganz klärlich und unbestritten keinerlei Ansprüche mehr links des Rheins, und dass zu diesem Zwecke die Kaiserlichen die Bestimmungen über die Reichsstände absichtlich im Unklaren gelassen hätten, dafür findet sich ebensowenig ein Anhalt, wie — wenigstens bei Abschluss des Präliminarvertrages — für eine analoge Absicht auf französischer Seite. Dass die Bestimmungen, auf die Dauer wenigstens, unhaltbar waren, darin wird man Erdmannsdörffer unbedingt zustimmen, besonders, wie er das auch ausführt

der Dekapolis nicht zu einer klaren und unzweifelhaften Auseinandersetzung im Frieden gekommen; kein Artikel lasse sich so verschiedenartig deuten und wenden als der § 87.

[1] Die Ausführungen von Rocholl (Zur Geschichte der Annexion des Elsass durch die Krone Frankreichs 1888 S. 26 f.) versuchen keine Erklärung der Frage und sind nicht richtig.

[2] Erdmannsdörffer, Deutsche Gesch. 1648—1740 I 1892 S. 39—47.

hinsichtlich der Dekapolis. Aber er bemerkt nicht, dass eben die Bestimmungen inhaltlich und wesentlich auch formell gefasst wurden in der Voraussetzung, dass Frankreich Reichsglied würde. Die Entstehungsgeschichte der Artikel widerlegt auch die von Erdmannsdörffer berührten Zweifel über die Bedeutung der Landgrafschaft beider Elsass[1].

Auch Schulte[2] ist der Ansicht, dass „volle Klarheit von beiden Seiten gar nicht gewünscht worden" war; auch er sieht die „Absicht, hier unausgeglichene Forderungen, welche man mit Gewalt jetzt nicht durchsetzen konnte, wenigstens in den unklaren Ausdrücken der Paragraphen sich zu retten, um die eigene Interpretation später einmal mit Waffengewalt durchzusetzen". Freilich sieht er darin Missdeutungen vonseiten einer gewissenlosen Politik und giebt zu, dass der § 87 die Abtretungen ausdrücklich auf die ehemals habsburgischen Rechte beschränkte, aber er irrt mit der Meinung, dass die Kaiserlichen die Bedeutung der Landgrafschaften nicht gekannt zu haben scheinen.

Ähnlich wie Erdmannsdörffer und Schulte urtheilt auch Pribram[3]: er meint, dass beide Theile eine deutliche Vereinbarung nicht wünschten, dass der Kaiser an einen dauernden Verlust der an Frankreich überlassenen Länder nicht glauben wollte, während der König von Frankreich das Land . . . . als Ausgangspunkt weiterer Eroberungen im Reiche zu betrachten entschlossen war.

Am weitesten geht Zwiedineck-Südenhorst[4]. Er er-

---

[1] Die von Erdmannsdörffer S. 39 a. 3 mit Recht für nothwendig erachtete Interpunktion (zw. § 73 u. 74 ein Komma, nicht ein Punkt), findet sich fast durchgängig in den mir vielfach durch die Hand gegangenen Abschriften des Präliminarvertrags, der Novemberkonvention von 1647, auch Adami S. 362, Meiern III S. 724. Ich bin erst nach Einsicht des Originals darauf aufmerksam geworden; die neueste Textausgabe des Friedens von Vast (les grands traités du règne de Louis XIV), nach dem pariser Original, hat zwischen den (entsprechenden) Nummern 75 u. 76 einen Punkt.

[2] A. Schulte, Markgraf Ludwig Wilhelm von Baden 1892 I S. 457 f.

[3] Pribram, Franz Paul Freiherr von Lisola 1894 S. 66.

[4] Zwiedineck-Südenhorst, Deutsche Geschichte im Zeitraum der Gründung des preussischen Königtums I S. 446 ff.

klärt, dass der Sinn des Friedens, der später in den Reunionen zum Ausdruck gebracht werden sollte, von den französischen Bevollmächtigten in Münster als der allein richtige erklärt worden sei. Zunächst sei Frankreich nur nicht in der Lage gewesen, sein Recht in dem Umfange geltend zu machen, in welchem es dasselbe immer aufgefasst hatte.

Selbst auf französischer Seite ist man neuerdings nicht so weit gegangen. Auerbach[1] sieht durch den § 87 eine Antinomie in den Vertrag hineingebracht, er fasst in seiner Erörterung der elsässischen Frage am Reichstag das Elsass als geographischen Begriff für die auf Grund des § 73 an Frankreich abgetretenen Lande und Städte — also nicht das ganze Elsass. Und der verstorbene colmarer Stadtarchivar Mossmann spricht von dem wenigstens scheinbaren Widerspruch des Textes und von der Ungenauigkeit der getroffenen Bestimmungen[2], aber er hat an anderer Stelle selbst ausgesprochen[3], dass die von Frankreich im Frieden erworbenen Rechte waren: die Besitzungen des Hauses Österreich (Breisach, Sundgau, Grafschaft Pfirt) zu voller Souveränetät, dazu das Protektionsrecht über die zehn Reichsstädte; und er giebt zu, dass Frankreich, wenn es sich an den Wortlaut des Vertrages gehalten hätte, nicht mehr und nicht weniger im Elsass gewesen wäre als einer der kleinen Reichsstände.

Es ist erfreulich, dass auch ein so genauer Kenner der elsässischen Geschichte des 17. Jahrhunderts, dem Niemand Voreingenommenheit für Deutschland nachsagen kann, wie Pfister[4], unter ausdrücklicher Zurückweisung Legrelle's ausgesprochen hat, dass die französische Herrschaft im El-

---

[1] Auerbach, la question d'Alsace et la diète de Ratisbonne in Annales de l'Est III 1889 S. 309.

[2] Mossmann, la France en Alsace après la paix de Westphalie, RH 51 S. 26 ff.

[3] In einer Rezension von Rocholl, abgedruckt: RA 1895 S. 62 ff.

[4] Pfister, l'Alsace sous la domination française 1893 S. 6 ff. Ueber die Tendenz dieser akad. Antrittsvorlesung s. Wiegand in ZfGO n. F. IX S. 345 f.

sass nach dem Frieden sich auf die Theile des Landes erstreckten, welche direktes Eigenthum des Hauses Österreich gewesen waren oder dem Kaiser gehörten[1], wozu noch die von den österreichischen Erzherzögen innegehabten Gerechtsame kamen. Freilich will er dem Inhaber der Landgrafschaft des Oberelsass — und das war ja nun auch Frankreich — eine Art Souveränetät und höchster Gerichtsbarkeit für die Laienherrschaften im Süden des Landgrabens zusprechen, während der entsprechende Titel im Unterelsass jede Bedeutung verloren habe: das ist gänzlich verfehlt. Pfister selbst erklärt dann, dass das übrige, d. h. das nichthabsburgische Elsass — und er giebt zu, dass es der grösste Theil des Landes war —, Strassburg, der Dekapolis, geistlichen und weltlichen Herrschaften gehörte, und dass alle diese nach wie vor im Besitze ihrer Reichsunmittelbarkeit und ihrer Zugehörigkeit zum Deutschen Reiche blieben[2].

Die[3] Arbeit, von Rohdewald[4], die speziell der Untersuchung über die Abtretung des Elsass gewidmet ist, stellt dagegen einen grossen Rückschritt dar. Die auf ungenügender Verwerthung des gedruckten Materials unter Ignorirung der meisten vorhergehenden neueren Forschungen aufgebaute Darstellung fordert bereits zu vielfachem Widerspruch auf und bietet keine Grundlage für die am Schlusse gegebene Interpretation der Abtretungen, dass unter der Landgrafschaft das Gebiet des obern und untern Elsass verstanden war. Aus dieser falschen Auffassung ergeben sich für ihn unlösbare Widersprüche hinsichtlich der Stellung der

[1] Damit ist die territoriale Ausstattung der Landvogtei gemeint.

[2] Die neuesten Ausführungen von französischer Seite von Vast (in der Einl. zur Ausgabe des Friedens: les grands traités du règne de Louis XIV, S. 3 ff u. S. 44 a. 1) sind ganz unzulänglich und falsch.

[3] Huber, Geschichte Österreichs V S. 598 sagt: „Österreich trat alle seine Rechte und Besitzungen im Elsass ab, also die Landgrafschaft mit dem Sundgau und die Landvogtei über die dortigen zehn Reichsstädte ....“, ohne diese Begriffe zu erläutern oder der Schwierigkeiten zu gedenken. Winters kurze Angaben (Gesch. d. 30jähr. Krieges S. 593) sind unklar und in sich widerspruchsvoll.

[4] W. Rohdewald, die Abtretung des Elsass an Frankreich (Hallische Abhandlgn. z. neueren Gesch. XXXI) 1893; vergl. meine Rezension in ZfGO n. F. IX S. 183 f.

elsässischen Reichsstände, zumal er selbst am Schlusse zugestehen muss, dass „der französische Hof den Artikel 87 (Teneatur) zugunsten der Reichsstände eine Zeit lang als zu Recht bestehend anerkannt“ hat (S. 75), obschon er diese Thatsache als durch Opportunität begründet in ihrer Bedeutung zu entkräften sucht (S. 76). Es kann keine Rede davon sein, dass die Bestimmungen des Westfälischen Friedens, wie er meint, das Elsass gänzlich vom Deutschen Reiche losgelöst haben; und ebenso wenig kann man der von Reuss[1] gegebenen, beifälligen Interpretation jener Arbeit zustimmen.

Fritz[2] hat wieder ganz richtig die Friedensbestimmungen so interpretirt, dass nur die österreichischen Besitzungen im Elsass und die Landvogtei an Ludwig XIV. abgetreten wurden. Er irrt, wenn er meint, dass Ferdinand III. nicht befugt war, die dem Reiche zustehenden landvogteilichen Besitzungen und Rechte preiszugeben; der Kaiser war von den Ständen ohne Beschränkung, nur unter Vorbehalt ihrer Ratifikation zur Verhandlung ermächtigt worden. Die Hauptschuld an anderer Interpretation, an einer unberechtigten Verwerthung der Stipulationen sieht er in dem „unglücklichen, an falscher Stelle und in völlig falschem Sinne gebrauchten Ausdruck „Landgrafschaft im Ober- und Unterelsass“ deren Inhalt er selbst richtig bezeichnet: „die landgräflich-österreichischen Besitzungen im Oberelsass und Unterelsass“.

Die von Fritz, wie von Schulte, betonte Schwierigkeit wird, so hoffe ich, durch die Ausführungen dieser Arbeit gehoben sein. Ich fasse ihre Resultate in aller Kürze zusammen.

Der über die Abtretung der lothringischen Bisthümer entstandene Streit fällt nicht in den Rahmen dieser Betrachtung. Die Abtretung von Breisach, Pinerolo und Moyenvic, das Besatzungsrecht in Philippsburg, die Schleifung der Festungswerke von Zabern, Benfeld und Neuenburg, das Durchzugsrecht in Zabern, die Bestimmungen

[1] RH 62 S. 146.

[2] (Fritz), die alten Territorien S. 146.

über die Theilung der auf den vorderösterreichischen Landen ruhenden Schulden, die Entschädigung für den Erzherzog von Tirol, das Verbot von Befestigungsanlagen am Rhein, die übrigen, besonders für die Restitution der Privatpersonen getroffenen Bestimmungen unterliegen keinem Zweifel.

Der Streit konzentrirt sich auf die Frage nach der künftigen staatsrechtlichen Stellung der elsässischen Lande.

Den Ausgangspunkt dieser Betrachtungen muss die französische Replik vom 7. Januar 1646 bilden. Die vorhergehenden Erörterungen haben für die Entscheidung der Streitfrage nur den Werth, dass sie den Beweis liefern, dass keineswegs, wie mehrfach neuerdings behauptet worden ist, die Franzosen von Anfang an auf die Erwerbung des ganzen Elsass ausgegangen sind; nur vorübergehend sind Versuche in dieser Richtung gemacht, aber bald wieder fallen gelassen worden [1].

Am 7. Januar 1646 haben die Franzosen zum erstenmal offiziell ihre Forderungen formulirt; dass sie im Elsass nur die österreichischen Besitzungen gefordert haben, steht ausser Zweifel (S. 106). Ebenso zweifellos ist, dass die kaiserliche Instruktion vom 2. März (S. 125) nur das österreichische Elsass im Auge hat. Trauttmannsdorff hat zunächst nur einen Theil der von den Habsburgern zuletzt innegehabten Landvogtei geboten (S. 128). Die Franzosen fordern darauf das ganze Elsass, d. h. die gesammten vorderösterreichischen Besitzungen (S. 129 ff.), denn ausserdem fordert Longueville das Stift Strassburg.

Entscheidend ist das darauf am 14. April von den Kaiserlichen erfolgte Angebot (S. 136): Ober-, Unterelsass und Sundgau werden unter dem Titel „Landgrafschaft Elsass“ — das eben war die Bezeichnung des habsburgischen Territoriums gewesen, ohne dass dabei an den längst ver-

[1] Schon hierbei zeigt sich, dass der Ausdruck „das Elsass“ im Laufe der Verhandlungen in jedem Falle auf seine Bedeutung zu prüfen ist. Auch der oft zitirte Brief von Mazarin an Turenne 1647 Dez. 30 (LdM II n. 241): quant à l'Alsace ... je m'asseure, que vous la considererez comme un pays qui n'appartient [pas] moins au Roy que la Champagne, beweist für die Interpretation des Friedens nichts.

gangenen landgräflichen Amtsbezirk gedacht war — mit den Rechten, unter denen diese Landgrafschaft in österreichischem Besitze gewesen war, an Frankreich abgetreten[1]; ausdrücklich wird die Restitution sämmtlicher reichsunmittelbarer Stände im Elsass gefordert.

Die französischen Bevollmächtigten haben sich damit zufrieden gegeben, sie haben nur noch das Durchzugsrecht in dem nichthabsburgischen Zabern und für die abgetretene österreichische Landgrafschaft Sitz und Stimme auf dem Reichstage gefordert (S. 138 f.). Frankreich trat damit gleichberechtigt neben die übrigen elsässischen Reichsstände. Diese in beiden Landestheilen in ihrer Reichsunmittelbarkeit zu belassen, dazu war auch die französische Regierung bereit, wenn ihr über dieselben die Protektion zugestanden würde, die bis dahin Österreich besessen haben sollte (S. 140). Von einer Protektion konnte aber nur den zehn Reichsständen gegenüber auf Grund des Besitzes der Landvogtei die Rede sein. Offiziell ist die Forderung von den französischen Bevollmächtigten schwerlich angebracht; dagegen wird mündlich darüber verhandelt sein.

Dadurch würde sich dann sehr gut erklären, dass Volmar in seinem Vertragsentwurfe (S. 142 f.) die österreichischen Gerechtsame im Elsass schied: der Schwerpunkt des habsburgischen Territorialbesitzes lag im Oberelsass, daher spricht er von der Landgrafschaft Oberelsass; der Sitz der Landvogtei, die allein das Protektionsrecht, und nur für die Dekapolis, begründete, war das unterelsässische

---

[1] Man wird hier daran erinnern dürfen, dass Frankreich in dem geheimen Vertrage mit Bernh. von Weimar vom 27. Oktober 1635 fast genau dieselben Ausdrücke für dasselbe Objekt angewendet hat. Es heisst dort (Röse, Herzog Bernhard d. Gr. von Sachsen-Weimar II S. 475): es wird Bernhard überlassen: le landgraviat d'Alsace y compris le baillage d'Haguenau .... pour en jouir sous le titre de landgrave d'Alsace avec tous les droits qui ont appartenu ci-devant à la maison d'Autriche. An irgend welche Rechte an die nichtösterr. Stände im Elsass ist hier nicht zu denken, und Bernhard hat nach der Eroberung seine Regierung nur im Umfange der österreichischen Herrschaft ausgeübt. Auch von Landgrafschaft im alten Amtssinne ist hier schlechterdings nicht die Rede.

Hagenau — sie heisst auch Landvogtei Hagenau —, daher wird in dem Entwurfe abgetreten die Landvogtei (des) Unterelsass. In diesen beiden Bezeichnungen sollte zweifellos die Gesammtheit der habsburgischen Rechte im Elsass, die nun an Frankreich übergingen, bezeichnet sein[1].

In dieser Form sind dann die Abtretungen in dem Ultimatum der Kaiserlichen vom 29. Mai gefasst (S. 159): dass hier der Sundgau überflüssiger und auf den ersten Anblick verwirrender Weise[2] hinzugefügt ist, findet seine Erklärung darin, dass die französischen Gesandten angewiesen waren (S. 172), auf die Sicherstellung dieses den Habsburgern gehörigen, oft neben dem Oberelsass im engeren Sinne gesondert genannten Landestheiles (S. 74) besonders bedacht zu sein. Ausdrücklich ist von den Kaiserlichen die Reichsunmittelbarkeit und — das war für die Dekapolis — der bisherige Gerichtsstand für die elsässischen Reichsstände gewahrt.

Jetzt erst, in der Erwiderung auf das Ultimatum der Kaiserlichen erstrecken die Franzosen ihre Forderung auf alle reichsunmittelbaren Stände im Elsass ausser den Bisthümern und Städten Strassburg und Basel[3] (S. 162). Diesen Anspruch haben die Kaiserlichen von vornherein abgewiesen; sie haben erklärt (S. 163), dass sie bisher der Ansicht gewesen, es werde nur der österreichische Besitz im Elsass von den Franzosen gefordert. Es ist wichtig, zu betonen, dass von denselben dagegen kein Widerspruch erhoben ist. Der Entscheidung der Reichsstände die neue Forderung zu unterbreiten — was aber nie geschehen ist —, waren die Kaiserlichen bereit; selbst aber die Zustimmung zu geben und

[1] Ich verbessere damit die S. 143 Z. 3 ff. ausgesprochene Behauptung.

[2] Diese Nebeneinanderstellung hat die Erkentniss der Bedeutung der „Landgrafschaft“ im Vertrage natürlich sehr erschwert, da ja in dem habsburgischen „Landgrafschaft Elsass“ genannten Territorium der Sundgau inbegriffen war.

[3] Über den Besitz des Bisthums Basel s. Kirchner S. 13, die alten Territorien S. 46. Die Stadt Basel gehörte weder zum Elsass noch hatte sie Besitz dort.

in diesem Sinne auf die Stände einzuwirken, haben sie abgelehnt; das österreichische Direktorium sollte angewiesen werden, so befahl Trauttmannsdorff, dieser Prätension ausdrücklich zu widersprechen (S. 165 ff.).

Dass die bisherigen Forderungen nur auf das österreichische Elsass gegangen waren, bezeugen auch die Äusserungen des Kurfürsten von Bayern (S. 169 f.) und von Erlach, der dringend von der neuen Prätension abrieth (S. 174 f.). Nach seinen Briefen konnten die Franzosen nicht im Unklaren sein — wenn sie es überhaupt noch waren —, dass ihnen im Unterelsass nur ein sehr geringer Machtzuwachs zu Theil wurde (S. 173 f.)[1].

Wir wissen, dass die Franzosen von Anfang an nicht auf die Bewilligung der neuen Forderungen gerechnet haben, dass ihnen davon am wichtigsten und aussichtsvollsten die Erwerbung von Philippsburg erschien (S. 167). So hören wir bereits Ende Juni, dass die Bevollmächtigten gegen die Abtretung der Waldstädte und Neuenburgs auf die Forderung der Souveränetät über das ganze Land verzichten würden (S. 175). Mitte Juli haben sie thatsächlich diesen Anspruch zum grössten Theile fallen lassen: jetzt fordern sie die Souveränetät nur noch über die zehn Landvogteistädte, und gegen die Abtretung der Waldstädte wollen sie auch darauf verzichten und mit den Rechten zufrieden sein, die hier die Österreicher als Oberlandvögte gehabt hatten (S. 185)[2].

Bei der Wiederaufnahme der Verhandlungen ist aber von Souveränetätsforderungen über die österreichischen Gebiete hinaus überhaupt gar keine Rede mehr. Einzig an die Abtretung von Philippsburg knüpfen die Franzosen den Abschluss (S. 192). In dem neuen Entwurfe der Kaiserlichen vom 31. August sind die Abtretungen im Elsass bezeichnet (S. 197) als: Landgrafschaft Ober- und Unterelsass, Sundgau und Landvogtei der zehn Reichsstädte im Elsass. Der Einfügung des Unterelsass, wo Österreich freilich nur

[1] Erlach stellt ihn noch geringer dar, als er war.

[2] Auch die Kaiserlichen hatten die Abtretung der Landvogtei sehr wohl von der Souveränetät über die Städte unterschieden, s. S. 153.

wenige Territorien zu Eigen besass, in gleichem Sinne wie das Oberelsass, wo Österreich auch nur der grösste Gebieter neben anderen war, hatte der Geheime Rath in Wien zugestimmt (S. 184), ohne dass dadurch eine materielle Änderung eingetreten war. Was am 14. April unter dem Titel „Landgrafschaft Elsass“ abgetreten war, hatte jetzt die Bezeichnung „Landgrafschaft Ober- und Unterelsass“ bekommen, der Sundgau blieb aus den bereits angegebenen Gründen überflüssiger Weise daneben stehen und die bereits zuvor abgetretene Landvogtei war jetzt richtig als die „der zehn Reichsstädte im Elsass“ bezeichnet: sie gab den Franzosen die Reste des Reichsbesitzes und das Protektionsrecht, nicht die Souveränetät über diese Städte. Ich denke, die an sich auffallende Bezeichnung der elsässischen Abtretungen, ist auf diese Weise zur Genüge erklärt.

Die Reichsunmittelbarkeit aller übrigen Reichsglieder im Elsass haben die Kaiserlichen aufs neue gewahrt. Dabei haben sie die am 29. Mai gewählte allgemeine Fassung durch Aufzählung der Mehrzahl der Betheiligten ergänzt. Sie haben, nach dem Abschlusse des Präliminarvertrags auf die Unvollständigkeit der Liste aufmerksam gemacht, alsbald und stets später erklärt, dass sie damit nur die besonders Gefährdeten haben schirmen und keineswegs die nicht namhaft Gemachten ausnehmen wollen: schon Strassburgs Auslassung beweist das zur Genüge. Die französichen Bevollmächtigten haben das genau ebenso aufgefasst: denn sie haben nur bezüglich der Fortdauer der Reichsunmittelbarkeit der elsässischen Ritterschaft Widerspruch erhoben, auf die Erklärung der Kaiserlichen aber, dass im Gegensatze zum landsässigen Adel des Oberelsass nur die Ritterschaft im Unterelsass gemeint sei, diesen Widerspruch fallen lassen.

Alle diese Abtretungen, die, wie mir scheint, im Lichte ihrer Entstehung betrachtet jeder Unklarheit entbehren, sollten ursprünglich nicht aus dem Reichsverbande ausscheiden: trat hier Frankreich als Glied des Reiches an Österreichs Stelle, so war der Eintritt dieser fremden Macht ins Reich, besonders in dieser territorial so zersplitterten

Gegend, sicher nicht ohne Bedenken für die benachbarten Stände; die Abtretung wurde aber zur politischen Ungeheuerlichkeit, als Kaiserliche und Franzosen übereinstimmend, nachdem die Abtretung der österreichischen Territorien und Gerechtsame bereits feststand, sich einigten, dass dieselben aus dem Reichsverband ausscheiden und zu voller Souveränetät an Frankreich übergehen sollten. Diese Souveränetät, nicht sowohl über die österreichischen Eigengebiete als über die Landvogtei, d. h. das Reichsgut und die souveräne, vom Reiche unabhängige Ausübung des Landvogteirechts — das war das Ungeheuerlichste — zu wahren, fügten die Franzosen den vielberufenen Schlusssatz ita tamen hinzu (S. 199 f.), der, von den Kaiserlichen gut geheissen, auf diese Weise keinen Widerspruch gegen die übrigen Abmachungen enthält und die Reichsunmittelbarkeit aller elsässischen Reichsglieder völlig unberührt lässt, insbesondere keine Souveränetät über die Dekapolis an Frankreich giebt.

So ist der Präliminarvertrag nicht nur von den kaiserlichen und französischen Bevollmächtigten, sondern auch von den Regierungen in Wien und Paris verstanden worden. Betrachtet man aber nur den Wortlaut der so viel umstrittenen Artikel, ohne ihre Entstehungsgeschichte zu kennen, so ist nicht zu bestreiten, dass derselbe der für so wichtige Verfügungen wünschenswerthen Klarheit entbehrt. Und diese Entstehung war den Ständen, vor allen Dingen den elsässischen, höchstens zum Theil bekannt. Daher richtet sich ihr Bemühen einerseits auf eine deutlichere Fassung der Bestimmungen und zweitens auf eine materielle Änderung derselben: nämlich auf die Beseitigung der unmöglichen, konfliktsschwangeren Stellung, die den zehn Reichsstädten zugewiesen war, und auf die Erhaltung der geopferten Lande beim Reiche dadurch, dass Frankreich in seinen Lehnsverband eintreten sollte. Diese von den Kaiserlichen höchst mangelhaft unterstützten Bestrebungen sind vergeblich geblieben. Serviens zuletzt erfolgte Zusage, sein König wolle das Elsass zu Lehen nehmen, war Spiegelfechterei und hatte keine Wirkung: mit der Ratifikation des Friedens waren die französischen Erwerbungen thatsächlich und rechtlich aus dem Reiche ausgeschieden.

Dass die Franzosen, besonders Servien, sich nicht nur einer materiellen, sondern auch einer formalen Änderung der ihnen im Elsass gemachten Zugeständnisse widersetzt haben, ist nur zu begreiflich. Die Beunruhigung und die Bestrebungen der Stände zeigten ihnen, dass vielleicht gerade in der festgesetzten Form sich die Waffen für anscheinend legale Ausführung etwaiger weitergehender Wünsche finden liessen[1]. Schon hat Servien solchen Ansichten, freilich unverbindlicherweise in Gesprächen, Ausdruck gegeben (S. 245), aber die Novemberkonvention 1647 erneuerte nur die Zugeständnisse des Präliminarvertrags. Die Erklärung der Stände vom 22. August 1648 (S. 264) hat noch einmal ganz richtig den Inhalt der Abtretungen im Elsass festgestellt: Servien hat sie nicht angenommen, die Regierung keine Antwort darauf ertheilt, ja, Servien hat sich noch nach dem Friedensschluss um Zurücknahme der Deklaration bei den Ständen bemüht: dass man so von französischer Seite verfuhr, scheint mir klar zu beweisen, dass man sich wohl darüber klar war, dass die von den Ständen gegebene Erklärung den Inhalt der Errungenschaften im Elsass richtig wiedergab, dass man sich aber nicht durch Anerkennung dieser Interpretation die Hände binden wollte[2]. Denn dass diese Bestimmungen — ganz abgesehen von der naturgemässen Tendenz der Österreicher, das verloren Gegangene wieder zu erobern — keine auf die Dauer haltbaren Zustände schaffen konnten, ist klar. So ist Volmars oft zitirtes Wort[3] zu verstehen, dass der Stärkere sie zu seinem Vortheile auslegen werde.

Die Bestimmungen des Westfälischen Friedens über

[1] In diesen Gedankengang gehört wohl Serviens Äusserung bei Gravel (Vitr. ill. II S. 1082), dass man allzeit genug Recht auf die Städte habe, um es mit dem Degen geltend zu machen.

[2] Dass aber die Zessionsinstrumente durch ihre verschiedene Fassung genau dieselbe Anschauung aussprachen, das scheint Servien übersehen zu haben (S. 281).

[3] M. J. Schmidt, neueste Gesch. d. Deutschen XII S. 87.

das Elsass sind, ihrer Entstehung gemäss betrachtet, rechtlich vollkommen klar, eindeutig, unanfechtbar. Ihre Fassung konnte, ihr Inhalt musste über kurz oder lang zu neuen Konflikten zwischen Frankreich und den elsässischen Ständen, und dadurch dem Reiche führen. Darin findet die französische Politik im Elsass in der zweiten Hälfte des siebenzehnten Jahrhunderts ihre Erklärung, aber sie darf sich nicht auf die Friedensbestimmungen von 1648 als auf ihre Rechtsgrundlage berufen.

ANHANG.

1.

Trauttmannsdorff an Kaiser Ferdinand III. 1645 Jan. 6.

Allergenedigister kayser könig vnndt herr.

Auf E. k. M. allergd[sten] befeloh v. 1. ianuarij neohsthin, daß ich dero mein gehor[sts] gutachten schrifftlich vndt verschlosen einreichen solte:

1. wie bey beharender der gegentheil des fridens verwaigerung man etwan durch andere mitl zu einem billichen friden dannoch gelangen möchte;

2. wan sich die reichs-stendte in machung eines vnbillichen fridens von E. k. M. separirn solten, waß dan zuthuen vnndt was vor media defensionis, biß zu einem billichen friden zugelangen, noch zu ergreifen sein möchten:

hab ich nachfolgendes in allervntert[ster] ainfalt aufsezen sollen.

Den gegentheil zum friden zubewegen ist bey Frankhreich khein bessers mitl zuergreiffen, alß in den, so E. k. M. alberait incaminirt, durch Ihro Heyligkheit fortzufaren, dan ob schon khein gewisse hoffnung khan gemacht werden, daß Frankhreich die ermanung Ihrer Heyl[t] werde annemen, so werden doch Ihre Heyl[t] alß vicarius Christi die gewißheit erlangen, daß die ruina der christenheit von selbiger cron ministris procurirt wierdt, Ihro Heyl[t] ihres pastoralis officii ermanet vnndt durch sie ganz Italiae die augen geöffnet, wohin dise französische dissegni zu vnterdrukhung aller, theils durch gedachter cron, theils durch der vncatholischen, theils der vnglaubigen waffen gereichen; diesen vorzubauen ein allgemaine zusamensezung Italiae erhandelt werden khan, darbey dan Ihro Heyl. ihre arma spiritualia (cum grano salis) auch zu gebrauchen.

Aber weder auf die abmanung Ihrer Heyl[t], noch die zusamensezung Italiae, noch auf einwendung armorum spiritualium ist sich nichts zu verlassen: sondern es müssen die waffen E. k. M. seits aufs allermöglichste vermert, die mitel, solches khünen zuthuen, herbey geschafft vnndt die waffen, wan sie zu weg gebracht, auch gebraucht werden.

Teils werbungen seindt angestelt, es müssen aber derer mehr vorgenommen werden; biß man wissen khan, waß vor alte capitanj vnter der gallasischen armata zue fueß zu werbung newer compagnien khunen gebraucht werden, sol der g. v. Hazfeldt seine werbung strax fortstellen; ingleichen dem g. Gleen in die 50000 fl. zu remittirn, daß er ein 4000 mann zu fueß werbe, dardurch der ganze wesstphalische creiß in E. k. M. devotion erhalten, die hessischen truppen von Dorstepson divertirt werden. Werbungen.

Die reiterey, so vorhanden, ist zu remontiren vnndt nicht vil andere darczu zu werben, dan man ja sicht, daß solche etliche ihro heer schlechte dienst gelaist, entgegen sehr vil costet haben; ist also besser, daß gelt auf werbung fueßvolkh anzuwenden, alß auf die reiterey zu profundiren; die leichte reiterey aber khündt biß 2 oder 3000 pferdt in allen versterkht werden, also auch die dragoner vermert.

Es ist aber alle anstalt vmbsonsten, wan nervus belli, das gelt, so gar abgehet; derowegen die mitel, so E. k. M. den 4. ianuarij 1645 allergnst resoluirt, strax so wol zu Rom alß Venedig fortzutreiben. Wan Venedig sich vmb S. Veit an Pflaum [= *Fiume*] zu khauffen nicht wil annemen, wol so ist es ein zeichen, daß sie E. k. M. vndt dero erzhauses saluation nicht, sondern dessen noch mehrer erniderung verlangen oder E. k. M. gleichsamb nöten wollen, der rep. alleß ienseits des gebürgs sambt denen mörsteten in diesen angustiis vmb ein schlechtes zu verkhauffen, dessen nun E. k. M. in khurzen werden die gewißheit haben. Gelt-mitel.

Solte nun aber auß allen denen schon resolvirten geltmiteln nichts khünen erhoben werden, so werden E. k. M. wol macht haben, alleß silber vnndt golt in ihren landen dergestalt an sich zu handeln, daß E. k. M. das silber vndt golt mit sambt dem macherlon schätzen, noch 7 oder gar 8 procento iärliches interesse darzuschlagen, die hergeber auf das sicherste mautgefel ainst cum cessione possessionis, dardurch sie ihres capitals vnndt interesse wider khünen bezalt werden, anweisen, vnndt waß mehrer mitel khunen erdacht werden, ist numehr zeit solche vor die handt zunemen.

Wan nur volkh aufgebracht, gelt erhandelt, so werden die waffen auch müßen nach der khriegsregul gebraucht werden.

Wann aber auch alles, so vorgemelt, von E. k. M. allergdst approbirt würdte, so müest man gleich iezo auch auf vergleichung etlicher feindt, damit denen vbrigen desto besser khan widerstandt gethan werden, bedacht sein. Nun ists mit Frankreich (so zwar catholisch vndt dahero der anfang sonst zu machen wär) vmbsonsten; dieser cron praetension ist, E. k. M. die römische kayserliche cron zu schmelern, dero erzhauß aber gar zuentziehen; Schweden bleibt derzeit noch bey Frankhreich, also auch dort vergebens, particularvergleich zusuchen, obs wol nicht gar auß aller acht zulassen. Also zwingt E. k. M. die eysseriste Münderung der so villen feindten.

nott mit dem Türggen, mit welchen auch noch khein völiger bruch beschehen, den friden zu continuiren, obs auch schon mit schwörren conditionibus beschechen sol; dan dardurch seindt E. k. M. nicht alein vom Türggen selbsten, sondern auch von seinem sclaven, dem Sibenbürger, frey, khünen sich neben den schon heraußgeführten teutschen volkhs noch des übrigen vndt der leichten reiterey gegen die Schwedischen nuczlich gebrauchen; E. k. M. i. o. alß auch dise osterreichische länder, auß denen allein noch waß zuerheben, werden durch abwendung dieser gefar wider animirt.

Türgische friden.

Die formula des türgischen schluß sol stylo solito seyn, quod velit esse amicus amicis, inimicus inimicis, das wierdt aufs wenigst ad terrorem aliorum hostium sein; so gibt auch der casus necessariae defensionis ein mehrers zu, dessen E. k. M. sich noch nicht zuverczeichen, auch so gleich nicht zugebrauchen haben.

Wan dises vorgehendes ins werkh gebracht, alsdan werden sich die mitel des fridens mit Frankreich blükhen lassen; der muß nur durch Ihr Heyl. omni zelo befürdert werden: dort haben E. k. M. dieses wochentlich sollicitirn zulassen, dardurch auch die andere resolution, so nechst hieoben angedeutet, wan man endlich darzu genötiget würdte, zu iustificiren.

Vndt dieses sovil den ersten punct E. k. M. allergndsten befelchs betrifft.

Wider einen vnbillichen friden.

Auf den fal die stendt des reichs E. k. M. einen vnbillichen fridten auftringen oder sich von derselben gar separirn wolten, ist am ersten khein bessers remedium, alß waß in primo puncto der verfaßung allergehorsst gemeldet worden, dan die stendt derentwegen, daß sie bey E. k. M. die media suae defensionis nicht sechen, auf die accommodation oder gar deditionem genaigt sein; wurden sie aber erfaren, daß E. k. M. waffen im standt seyen, sie zu schützen, das verlorne zu recuperiren, der feindt weniger gemacht, so werden sie liber bey E. k. M. mit ihrer schuldigkhait verbleiben, alß mit hindansezung ihrer pflicht anderem dominat sich vntergeben.

Wider die separation

Solte aber dannoch bey denen stendten taedium belli der billigkhait vorschlagen wollen, ist kheineswegs rathsam, daß E. k. M. von ihren glüdern sich aperte superirn laßen, sondern alß das haubt die glider veri demonstratione also moderirn, daß zu zeiten der zigl angezogen, zu zeiten nachgelaßen, kheineswegs aber gar auß der handt gezogen werdte, vndt seindt endlich in hoc casu auch iniquae conditiones eher coniunctim einzugehen, alß auf die separation (so vnzeliche damna mit sich bringen würdte) zufallen.

ChurBayrn betr.

Vor allen dingen ist ChurBayrn auf E. k. M. seiten zuerhalten, auch vil sonst vnbilliches von dorthero zuertragen; dan wan selbige arma mit E. k. M. vereinigt bleiben, ist wider die feindt noch das aequilibrium zufinden; bey verlürung aber derselben wurdt die sachen sehr geferlich stehen.

Wan dises also in acht genomen wierdt, muß das vbrige dem Allmechtigen befolchen werden; der wierdt E. k. M. mit dero erzhauß hoffentlich nicht wollen lassen vntergehen, noch mehrer alß sie ertragen khunen, aufladen; desselben gewaltigen schutz E. k. M. vndt dero erzhauß deroselben zu beharlichen kayserlichen gnaden mich allergehorsst befelche.

Linz, den 6. ianuarij a° 1645.

E. k. etc. Mt.

allergehorsster treister diener

Trautmanstorff.

WA FrA 48 c, eigenhändig.

2.

Ferdinand III. an Trauttmannsdorff 1646 März 2.

Linzii, 2. martii 1646.

Lieber grau von Trautmanstof,

auf deß Männl anbringen habe Ich mich nach vernemung meiner meisten geheimen räth dahin gnedigist resolvirt vnd ihme Männl zu bescheiden anbefohlen, das Ich neben dem puncto gravaminum auch dem punctum satisfactionis wolle tractirn vnd ichtwas vom Elsas in tractat khommen lassen. Wie vngern Ich zu dieser resolution khomme, khönet Ihr euch leichtlich einbilden, aber die rationes, so mir repraesentirt worden, mit welchen auch . . . .[1] bruder concurrirt, haben verursacht, das Ich mich endtlich darzue resolviret habe, vnd euch hiemit andeuten wollt, daß Ihr den schwedischen plenipotentiarijs oder dem Salvio, wie Ihr es zumb besten befinden we[r]det, anzeigen sollet, daß, nachdem es mit ihm in der den 12. februari gehabten conferenz so weit khum (bei welchem Ich es dan vollig verbleiben liesse) vnd Ich mir wol einbilden khünde, das sie verlangen würden, das Frankhrei[ch] auch was haben sollte, allso hette Ich euch anbefohlen, denselben vber das, was ihnen allbereit offerirt, so nicht gering zu achten, noch daß ganze VnterElsas, was v. österreichisch ist, anzutragen, wellches ein so ansehenliches sein, mit wellichem Ich nicht zweiflete, Schweden selbst rahten werde, das Frankhreich damit content sein vndt fridt schliessen solle. Derohalben sie dieselben persuasione darzu halten oder in eventum contrarietatis etiam operibus et vi darzue bringen wollten, auf das dadurch der einmal so lang erwünschte fridt erfolge vnd verners bluet verg[iessen verhindern] möge. Dises ab[e]r alleß solle bei ihm in secreto verbleiben, biß ihr es den Franzosen angezeiget hettet. Auf welliches Ihr nuhn vnd ehist auch obgedachtes, oder durch euch selbst oder durch wen ihr

[1] Unleserlich.

es wollet, den franzosischen gesandten offerirn sollet, nicht zweifelndt, sie darmit zufriden sein vnd dem friden, den von ihnen so hoch .... verlangen nach, schliessen werden. Mit was vor conditio, das dises geschehn sollte, habt Ihr aus mitkhomder, in ziffer gesch[rie]bn lateinischer schrift, so der schreiber, doch sub sigillo, wol discifrirn khan, zu ersehn, vnd stelle auch es Eurer discretion anheim, wie weit sie zu bringen sein magh. Die condition aber, ob Hispani includantur paci, mus in allweg erhalten werden, vnd die pfälzische sach werdet Ihr aldort ipso loco zum besten zu sehn haben, wie weit sie zu bringen. Alleß werdet Ihr auch mit dem Penneranda comunicirn, non allignerando se tamen ipsius voto, wie dann ein ebenmessiges allhier mit dem Terra Nova geschehen. Im vbrigen habt ihr aus obgedachten extractu zusehn, wie weit mann nach vnns gangen, dabei ich es auch ultimo, si aliter fieri non possit, verbleiben lasse.

WA FrA 50 *e, eigenhändiger Entwurf.*

3.

Caesaris instructio secreta in Trautmansdorfium de Alsatia Gallis concedenda [1646 März 2].

Gradus observandi in tractatu cum Gallis ratione Alsatiae, item conditiones sine quibus non.

1. Primus gradus esto una Alsatia; et offeratur vel Superior vel Inferior, prout videbitur una vel altera minus augustae domui praeiudicari.

2. Sin una Alsatia pax obtineri non possit, cedat tandem utraque Gallis una cum Suntgovia; excipiantur semper Brisgovia, Brisiacum, Civitates Sylvestres et omnia, quae ex hac parte Rheni sunt.

3. Cum Brisaci demolitio oblata iam sit, si aliter fieri nequeat, stetur et huic oblationi.

4. Aenopontanae lineae prout et Hispanicae, si non placeat assentiri, maneant iura qualiacunque habeant.

5. Detur Gallis una, vel Inferior vel Superior, vel utraque Alsatia titulo hypothecae. Et exprimatur summa aliqua tolerabilis, qua soluta Austriaca domus possit uti iure reluitionis.

6. Si non acquiescant Galli titulo hypothecae, detur ipsis quidquid dabitur titulo feudi.

7. Sessio et votum denegentur.

8. Conditio sine qua non esto inclusio regis Hispaniarum in hanc pacem; de modo et forma inclusionis communicetur cum ministris Hispanicis suo tempore.

9. Teneantur Galli Suecos constringere, ut moderata satisfactione pro corona Sueciae contenti et Suae M^{ti} contra acatholicos in p^{o} grav.

et amnestiae, maxime autem in iis quae concernunt regna et provincias haereditarias, assistant. Et sit haec ipsa conditio sine qua non.

NB! propria manu Caesaris haec adiuncta: dieses köndt Ihr so weit Euch bedienen, nachdem Ihr weit oder nicht weit mit denen luther. ständen und Schweden komben.

10. Assistant item Galli, ut pro ea parte Alsatiae, qua Austriaci pupilli amore pacis cedunt, ipsis ab Imperatore aliqua proportionata summa pecuniae vel quacunque alia ratione satisfiat.

11. Assistant Galli, ut Palatina domus contenta sit restitutione Palatinatus Inferioris ex utraque parte Rheni et ut Palatinatus Superior remaneat serenissimo electori Bavariae et Sua M^{tas} domusque Austriaca liberetur onere evictionis ratione Austriae Superioris; sit hoc ipsum conditio sine qua non.

Randnotiz: hoc fiat communicato consilio cum Hispanis.

12. Quicquid de Alsatia iure feudi ceditur Gallis, redeat suo ordine ad domum Austriacam post decessum lineae masculinae Ludovici XIII^{i}, regis Galliarum proxime defuncti.

13. Si nec hoc obtineri possit, succedat Austriaca domus lineae Borbonianae masculinae extinctae.

14. Simultanee investiatur linea Oenipontana et qui eidem succedent, quotiens casus eveniet.

15. Omnia Gallis offerenda ea conditione offerantur, ut non solum nullo modo pro tractatis si pax non subsequatur, sed etiam pro oblatis utrimque habeantur.

16. Quia ea, quae cum Gallis ex parte Sacrae $Caes^{ae}$ M^{tis} tractabuntur, electori Bavariae per ipsosmet Gallos patebunt, consultum est, ut quae Gallis ratione Alsatiae proponentur, quam primum etiam legatis electoralibus communicentur eum in finem, ut et illi ad ea, quae tam ratione Palatiniani negotii quam aliis etiam reciproce a Gallis petendis conditionibus interveniunt, eo magis obligentur. Quarum prima est, ut assistant et illi Sacrae $Caes^{ae}$ M^{ti} pro inclusione regis Hispaniarum in hanc pacem.

2^{a}: ut assistant Suae M^{ti} in p^{o} grav. et amnestiae.

3^{a}: ut assistant in recompensa obtinenda ab Imperio pro linea Oenipontana.

4^{a}: ut renuntient omnibus iuribus et praetensionibus, quas habent ratione Austriae Superioris.

5^{a}: si obtineri nequeat accommodatio negotii Palatiniani cum retentione totius Palatinatus Superioris. ut contentus sit elector vel duabus partibus vel etiam una Palatinatus Superioris. Et reliqua cedant Palatino, Sua M^{tas} vero ad nullam teneatur refusionem eorum, que amore pacis et stabiliendae dignitatis electoralis ex Palatinatu Superiori Palatino cedunt.

6^{a}: ut stante hoc tractatu nihil ad partem cum Gallis tractent, quod redundet in praeiudicium huius tractatus.

7a: iuvent Imperatorem, ut nequid oneris ex satisfactione Suecica in Suam Mtem einsque regna et provincias haereditarias redundet.

8a: curent electorem Brandenburgicum disponendum, etiam alios principes, ut ne satisfactioni Suecicae tolerabili renitantur aut ob praetensam aequivalentiam pax protrahatur.

WA Fr 92, 12 hinter n. 1846, Abschrift. Die angegebene Ueberschrift steht auf der letzten Seite von Volmars Hand.

4.

Ferdinand III. an Trauttmannsdorff. Linz 1646 März 12.

Wegen Elsaß vnd Breisach werdet Ihr Mein intention aus Mein schreiben v. 2. ds. schon empfangen haben. Ich revocir aber Mein euch gegebene jnstruction so wol in diesen als andern passibus ganz nicht, will auch nicht daß Ihr brechen oder die tractaten außstossen sollt. Vnd weiln der erzherzog[1] de novo die vnmögliche continuation der waffen representirt, auch den fridt noch vor den veldzug zu schlissen rathet, auch Spanien das vertraun zu euch hett vnd euch sambt dem Penneranda die conditiones deß fridens seinerseits vertraut, als wollet Ihr mit ihm comunicato consilio procedirn vnd noch vor dem feldzug fridt schlissen.

Et postea:
wann die feindliche armaden ausser vnse[re] länder wie anizo bleiben, wäre ein armistitium nicht auszuschlagen; allein weiln anizo etliche impresen vorsein, müsste deshalben des herrn bruders[1] meinung erholet werden. — — — — — — — — — — — — — — —

WA FrA 50 a, unvollständiger, eigenhändiger Entwurf.

5.

Longuevilles Vorschläge 1646 April 4, mit Randbemerkungen von Trauttmannsdorff.

Trauttmannsdorffs „einfeltige gedankhen“ *darüber*:	Conversatio cum duce Longavillae haec fuit: post longos discursus dux sequentia proposuit:
Hoc quasi non potest esse.	1⁰: Gallia petit ambas Alsatias cum Suntgovia et Brisgovia, 2⁰: item episcopatum Argentinensem;
	offert Caesareae Maiestati:

[1] Erzherzog Leopold Wilhelm, des Kaisers Bruder.

Ad 1: quidquid est ultra Rhenum domui (vel duci) Oenipontanae posset hisce conditionibus concedi et tandem etiam observari quae V^{ra} M^{tas} in sua instructione de 16. 8bris 1645 mihi iniunxit.	1^{0}: satisfacere electori Bavariae de tredecim millionibus et, donec id fiat effective, electori dabitur pro hypotheca Suntgovia et Brisgovia.
Ad 2: hoc non erit sine contradictione adhaerentium Palatini et cum periculo alterius belli, attamen melius est habere pignus in manibus et desuper transigere quam nihil habere.	2^{0}: Palatinatus Superior tradatur principibus Oenipontanis in perpetuum.
Ad 3: hoc est acceptum diu.	3^{0}: de ducatu Wirtembergensi retineat domus Austriaca, quae olim duci Wirtembergiae oppignoravit aut in feudum dedit.
ad 4: est tentatio: relinquendum hoc negotium libertati electorum, attamen non spernuntur officia Gallorum suo tempore.	4^{0}: filium primogenitum Caesareae Maiestatis regem Romanorum facere iuvabunt.
ad 5: acceptanda auxilia et deveniendum ad specialia in pecunia, non in milite.	5^{0}: auxilia contra Turcam.
ad 6: fiat.	6^{0}: minorum principum differentias coronae ex aequo et iusto complanabunt et principes illarum arbitrio debent esse contenti.

WA FrA 50 a, Beil. zu Trauttm.'s geh. Bericht 1646 april 6, von des Sekretärs Schröder Hand, die Bemerkungen Trauttm.'s eigenhändig.

6.

Caesareanorum declaratio ulterior in p^{0} satisfactionis ad recensionem Gallorum, per d^{num} comitem Trauttmannsdorff tradita d^{no} Nuncio 5. iunii 1646.

Quod ad tres conditiones praeliminares, quas Regis Christianissimi plenipotentiarii responso suo praeposuerunt, attinet, dicunt Caesareani:

ad primam: nec sibi aliam esse mentem, adeo ut, quaecunque ultro citroque oblata, dicta aut facta sunt, non secuta pace pro non oblatis, non dictis, non factis haberi debeant.

ad secundam: cum re ipsa de utrorumque satisfactione tractetur, si conditionibus tolerabilibus et rationi consententaneis cum ipsis transigi poterit, admittunt conditionem Caesareani.

A: hanc periodum volunt Galli omittendam, quia non deceat eos se ulterius declarare.

Quia tamen eorundem principalis finis et intentio est ut Rex Christanissimus tam pingui satisfactionis oblatione obligatus sit efficere, ut praedicti ipsius confoederati et adhaerentes conditionibus aequis et tolerabilibus contenti maneant et ab enormitate suorum postulatorum recedant, declarare se plenipotentiarii Gallici debent, casu quo istud effici nequeat, an nihilominus Rex Christianissimus armis infestis Imperium turbare aut in confoederatione adversariorum perseverare, an vero potius se cum Imperatore statibusque eidem obedientibus contra illos coniungere velit.

Tertia conditio utrique parti communis esto.

NB.: hanc similiter et maneant in pectore.

Ad primum et secundum: Caesareani hactenus persuasum habuere, nomine Regis nihil aliud de Alsatia utraque et Suntgovia peti quam quod in ditione domus Austriacae fuisset; quo sensu dicunt, omne ius quod eidem competebat in Regem transferendum, confectis ea de re instrumentis cessionariis sufficientibus. *Et ut plene satisfiat Regis desiderio, consentiunt, ut fiat haec translatio et cessio in perpetuum incorporando ipsi coronae Galliarum, attamen ne cessio haec a Suecis in consequentiam trahi possit, interea dum de pace concludenda adhuc agitur, constituatur cessionem hanc fieri dumtaxat, quamdiu linea Borbonia duraverit, conficiantur autem nihilominus instrumenta cessionis pace conclusa de incorporando coronae Galliae in perpetuum.*

Quod vero ad status Imperio immediate subiectos attinet, quales praeter duos episcopos, Argentoratensem et Basileensem adhuc plures sunt, nimirum abbatiae Murbacensis, Luderensis, Andlauiensis, iure principum Imperii condecoratae, aliquot monasteria inferioris ordinis, decem illae civitates praefecturam Imperii provincialem recognoscentes, palatinus de Luzelstain, aliquot comites, barones et totiüs Inferioris Alsatiae nobilitas: cum in potestate Imperatoris* non sint, eosdem alienae supponere ditioni, nec etiam tanquam princeps Austriacus eorum praeiudicare velit libertati seu immedietati, postulatio haec necessario ad consilium ordinum Imperii referenda erit. *Et facient Caesareani, si placuerit plenipotentiariis Gallicis.*

* C: Galli volunt addi: solius; ergo videntur iam habere assensum aliquorum statuum.

D: pro his verbis volunt, ut ponantur haec: quantum ad Imperatorem attinet, consentiunt Caesareani, dabuntque operam, ut res ad effectus deducatur: sed in pectore.

Determinando territorio Brisacensi sciendum est, a sublimi territorii iure, quod ad principem spectabat, omninò distinctum fuisse et esse, ideoque nihil implicare poterit, etiamsi tres pagi seu villae parvulae, scilicet Harten, Hochstet (quae erronee vocatur in responso Gallico Niderkimling, pagus enim Kindling aliquanto longius distat et ad priorem Johannitarum pertinet), Achtkarrn, hodie quidem omnes solo aequatae, ad eam civitatem pertineant quoad iurisdictionem civilem et criminalem, quod tamen nihilominus huc se extendat ius sublime territorii Austriaci, maxime cum pagus Harten duas integras horas a Brisaco distet atque nonnullae nobilium villae in Brisgovia habitantium intersitae sint.

E: si ita res se habeat, non discrepabunt Galli.

Ut tamen omnis controversiarum materia tollatur, territorium Brisacense cis Rhenum his finibus circumscribi permittunt Caesareani: fiat initium a capite canalis ad Molendinum ex Rheno ducti, qui supra Brisacum integrae horae spatio initium capit; inde ducatur linea recta ad rudera pagi Hochstet, hinc ulterius ad pagum Achtkarrn, et porro linea transversa usque in Rhenum infra Brisacum iuxta bannum oppidi Burchaim. Erigantur per deputatos utrimque commissarios iuxta designationem horum terminorum locis opportunis lapides limitanei.

F: hic addunt Galli duos §§ os eorum praesupponendos esse concessos. Sunt autem illi duo §§ i de vitando omni impedimento inter Basileam et Philipsburgum.

Restitutionem oppidi Neuburg acceptant Caesareani et consentiunt fortificationes noviter extructas destruendas fore, retentis solummodo moeniis et fossis antiquis, cum per se et sua natura locus ille extruendis fortificationibus plane inutilis sit.

G: maneant solummodo muri urbis.

Ad tertium:

Non opus est disputare, an iustum sit, si omne aes alienum, quo camera Ensisheimiana gravata erat, Rex Xmus in se suscipiat, praeterea etiam archiduci Ferdo Carolo recompensationem in aliqua considerabili pecuniae numeratae summa praestare, *cum negari non possit, ipsi provinciam hanc absque ulla sua culpa aut demerito sola bellica violentia ereptam esse eumque nihil aliud petere, quam ut patrimonium sibi suum restituatur, quo casu facilem ille modum absolvendi debita inveniet.*

H: verba aspera deleantur.

Quia tamen consentit, ut pacis publicae restaurandae causa provincia haec coronae Galliarum cedere debeat idque sub ista conditione, ut pro aliquali satisfactione praedicto archiduci quinque milliones thalerorum Imperialium expendantur, respectu debitorum unam millionem remittunt Caesareani aequumque putant, ut de exsolvendis reliquis quattuor conveniatur. Nec enim debita hypothecaria ultra millies quingenties florenorum Rhenensium, sexaginta cruciferis pro uno computatis, excurrent, reliqua debita chirographaria seu currentia maximam partem cumulatione pensionum annuarum salariorum etc. constant, quorum ob calamitates bellicas ratio vel nulla vel exigua haberi potest.

Quod ad specificationem debitorum attinet, cum amisso Brisaco cancellaria omnis in manibus victoris relinqui debuerit, facile erit Gallis inde petere.

Ne tamen difficultas ulla restet circa proportionem utriusque partis debitorum, determinetur, ut ea hypothecaria debita, pro quibus certa et specialis hypotheca principaliter in bonis cis Rhenum sitis constituta est, domui quoque Austriacae dissolvenda incumbant: pro quibus vero hypotheca specialis trans Rhenum *sive etiam pro quibus hypotheca tantum generalis constituta est, etiamsi accessorie quoque bona cis Rhenum sita sub tali generalitate intelligerentur aut expresse specificata essent, huiusmodi generis debita omnia et singula sive per consilium camerale Austriacum antehac officio receptoris generalis, magistri rei mone-*

I: haec verba quamquam signata possunt remanere.

K: solvet Gallia medietatem aeris alieni et millionem auri oblatum.

tariae, datariis, balivatuum administratoribus eorum solutio iniuncta fuisset, rex Galliarum in se suscipere domumque Austriacam prorsus indemnem praestare debet. Et haec quidem quoad debita fiscalia seu cameralia.

Quod vero debita ordinum attinet, aequum est fieri eam distributionem iuxta numerum et quantitatem eorum, qui utrique parti cedunt, sicut in conditionibus dictum: sed haec res aliter expediri non potest, quam ut conclusa pace permittatur ordinibus inter se convenire et de separandis debitorum obligationibus transigere, cui quidem conventui interesse debebunt commissarii tam ex parte domus Austriacae quam ex parte Regis Xmi.

Ad quintum:

Cum in hoc articulo Caesareani loquantur tantum de statibus immediate Imperio Romano subiectis et in quos domus Austriaca nullam habuit iurisdictonem, non deberet esse difficile plenipotentiariis Gallicis, ut se declararent. Sed quia hoc dependet ex resolutione eorum, qui ad 1um et 2um postulata fuere, ideo supersedendum erit interea ulteriori declarationi.

Ad sextum:

Ratum esto, quod hic utrinque rationi consentaneum iudicatur.

Ad septimum:

L: consentiant Caesareani dentque operam ut in lit. D.

Electori Trevirensi non licet absque Imperatoris et Imperii tum etiam sui capituli consensu castrum Philipsburg alienae subicere ditioni, ideo et hoc statibus Imperii proponendum erit.

Ad octavum:

M: deleantur maneantque in pectore.

Contenti sunt Caesareani declaratione quam Galli ad hunc articulum in scriptis *et magis etiam oretenus ad dominum Nuncium fecerunt, quod scilicet non solum non velint impedire, sed etiam adiuvare domum Austriacam in retinenda istarum ditionum Wurttenbergicarum possessione. Cui quidem hoc amplius addatur, ut elector Bavariae non teneatur restituere duci Wurttenbergico baronatum Haidenhaim, nisi ipsi satisfaciat prius pro debito quingentorum millium florenorum.*

Ad nonum et decimum:

Cum plenipotentiarii Gallici oretenus sese erga dominum Nuncium declaraverint, quod omnino consentiant in demolitionem Hohendwiel et retentionem oppidi Lindau, Caesareani acceptant hanc declarationem gratamque habent et pro maiori assecuratione conveniendum esse dicunt, ut non teneatur Imperator restituere castra Hohenaurach, Asperg et Schorndorf, nisi demolitio dicti castri Hohendwiel effectum data sit.

N: item.

Circa declarationem Gallicam ad conditiones Caesareanorum:

Ad primum: acceptatur.

Ad secundum: similiter, reservato tantum civitati Neoburgensi antiquo telonii iure, quod per modum impignerationis a domo Austriaca ante CC annos obtinuere.

O: non liquet, sed si ita res est, convenient.

Ad 3. 4. 5. 6 et 7m.: de amnistia, causa Palatinatus, gravaminibus, satisfactione Suecorum, electorisque Brandenburgici:

cum Regis Xmi plenipotentiarii sese oretenus erga dominum Nuncium ad singulos hosce articulos affirmative et cathegorice declaraverint, Caesareani talem declarationem non obstantibus illis quae scripto hic nonnihil aliter explicantur, acceptant.

P: deleantur maneantque in pectore.

Ad octavum:

Quod ad praetensiones landgraviae Cassellanae attinet, Caesareani omnino insistunt positae a se conditioni, nec etiam quidquam in praeiudicium ecclesiasticorum quorumcunque ipsi permittere possunt aut volunt. *Circa controversiam Marpurgensem vero aequum putant, landgravium Darmbstadiensem ante omnia in integrum restitui, vel ad minus Marpurgum in manus alicuius tertii non interessati deponi, deinde iuxta pacta familiae compositionem amicabilem inter partes tentari; itemque ob hanc causam bellum non ulterius continuari.*

Q: persistunt Galli in eo quod scripserunt.

Ad nonum:

Similiter insistunt Caesareani conditioni de restituendo duce Lotharingiae a se oppositae. Si enim pax generalis iniri cum utriusque partis foederatis et adhaerentibus debet, utique et hic ad tractandum admittendus est,

R: item

maxime cum in eo statu non sit, ut arma tam leviter deponere Regisque X^{mi} arbitrio se submittere debeat.

Ad decimum:

S: item.

Gratam habent Caesareani declarationem Gallorum de pace cum Hispanis componenda et confidunt, utrinque aequitati, quae inter christianos principes maxime observari debet, locum datum iri, cum per se clarum sit, pacem cum Imperio stare non posse, nisi et haec inter utrosque reges stabiliatur. Accedit, quod Regis Catholici tanquam principis Austriaci assensus ad Alsatiae et Palatinatus ultra Rhenum cessionem omnino necessarius est neque ab ipso haberi poterit nisi pace etiam secum inita et conclusa.

Ad undecimum:

T: semel et ad triennium tempore suspicionis annuae $\frac{m}{15}$ d^{os}, tempore belli $\frac{m}{10}$ milites.

Pro subsidio contra Turcam durantibus eiusdem minis et motibus contra Christianitatem petunt Caesareani, ut Rex X^{mus} per annum Caesari expendat trecentena talerorum imperialium milia: si vero ad bellum apertum res devenerit, singulis mensibus quamdiu duraverit centena millia.

Ad duodecimum:

V: deleantur verba signata, adnotentur sintque apud mediatores articuli, in quibus conveniatur. Taberna et Benfelden supponitur ut petierunt Galli. Pignus D. Bavari deleatur. Si Caesar assentiat Philipsburgo et immunitalibus Alsatiae (:secretissime:), dabit Gallia millionem . . . . .[1] plus, poteritque diu esse ob perpetuitatem cessionis.

Caesareani repetunt declarationem supra ad 3^m reservatum factam. Denique ne diutius negotium hoc in incerto vagetur, petunt Caesareani, ut super his singulis ineatur conventio in scriptis obligatorie, *sub fide silentii invicem danda, donec res cum Suecis et Protestantibus in eum deducta statum fuerit, ut publicari etiam haec vel omnia vel aliqua possint.*

Actum Monasterii die 5. iunii 1646.

WA FrA 52 a, Abschrift.

---

[1] Unleserliche Zahl.

7.

Erlach an die französischen Bevollmächtigten in Münster, Breisach 1646 Mai 6.

Je crois vous devoir dire que la Basse-Alsace ne consistant qu'aux pays dépendants de l'archevêché et ville de Strasbourg, comté de Hanau et autres seigneuries particulières et villes impériales, je ne vois aucun avantage que S. M^té^ puisse tirer de cette province au cas que tous les susdits soient restitués dans leurs biens, comme ils l'ont été durant ces quartiers; et quand même le baillage de Haguenau demeurerait au Roi, il ne consiste qu'en 40 villages qui sont entièrement ruinés, aussi bien que la ville, car quant aux autres villes qui sont sous la protection du bailli de Haguenau, elles sont plus à charge que profitables, parcequ'en temps de paix l'on n'en retirera aucune utilité et en temps de guerre elles seront à celui qui sera maître de la campagne, aussi que les députés de Colmar et de Strasbourg vous pourront informer plus particulièrement. Et partant selon mes sentiments et peu de connaissance que j'ai du pays, il serait bien plus avantageux au Roi de garder les villes forêtières, savoir les villes et seigneuries de Lauffenbourg et Rheinfelden avec la ville de Seckingue, qui sont toutes trois situées sur le Rhin et seront utiles à S. M^{té}, et spécialement en ce qu'elles la rendront maîtresse de tout le Haut-Rhin jusqu'en Suisse; et fortifiant bien ces places, Elle n'aura aucun ennemi à craindre de ces côtés-là. En second lieu, l'alliance que la maison d'Autriche a avec les Suisses sera rompue et transportée sur la France, dont elle ne tirera pas peu d'utilité, tant à cause du passage par la Suisse que des troupes que S. M^{té} voudra lever dans ledit pays, qui ne pourront plus refuser de servir du côté d'Allemagne, ce qui n'est pas un petit avantage; à quoi je joins que toutes les fois que la France rentrera en guerre avec la maison d'Autriche, elle trouvera plus de facilité d'entrer en Souabe, que si elle ne garde que Brisach qui n'est qu'un seul passage borné de montagnes assez difficiles et des villes d'Offenbourg et de Fribourg, que les ennemis ne manqueront pas de fortifier de tout leur pouvoir. Quant à ce qui regarde Neubourg, elle tient le passage du Rhin de Brisach à Bâle et doit être conservée pour ce sujet, et me semble qu'il serait très-bon qu'elle demeurât au Roi; elle est située dans le marquisat sans qu'aucun village en dépende et est seule entre Brisach et Bâle qui ait appartenu à la maison d'Autriche.

La banlieue de la ville de Brisach, dont vous me demandez éclaircissement, ne s'étend du côté du Brisgau que de la portée du canon en la plupart des lieux, de sorte que les lignes de la circonvallation que feu M. le duc de Weymar avait faites, étaient en partie du territoire de cette place; du côté de l'Alsace, si tôt qu'on a passé le pont, on entre dans le comté de Horbourg, qui appartient aux princes de Montbéliard; la ville de Brisach possède en outre trois villages dans le Brisgau, savoir Hartig, Achard et Underrenchingue,[1] qui sont à 1 $^{1}/_{2}$ heures d'ici, et un autre en Alsace, qui est éloigné d'une heure et se nomme Bressen.

Pour ce qui concerne les grandes sommes que la maison d'Autriche demande au Roi en échange de l'Alsace, vous verrez par l'état ci-joint de la recette et dépense de la chambre des comptes de la cour souveraine d'Ensisheim, que les revenues que la maison d'Autriche en tirait, n'étaient pas capables de payer les intérêts des capitaux qu'elle doit et auxquels tout ce pays est hypothéqué, de sorte que vous pouvez par là juger le désavantage, que S. M[té] aura dans ce traité. — — — —

Stadtbibliothek Bern: Manuscr. hist. Helv. XII, 71, Abschrift der lettres de messieurs les plénipotentiaires à Munster et Osnabrück 1645—49 aus der Erlachschen Sammlung. Ein grosser Theil des Briefes abgedruckt bei Gonzenbach, Erlach II. S. 508 a. 1.

8.

Erlach an Longueville, Breisach 1646 Mai 10.

Er schickt zur Sicherheit eine Kopie des Briefes vom 6 Mai und fügt hinzu:

La maison d'Autriche ne possède le baillage de Haguenau que par hypothèque et partant cette place peut être rachetée par les Etats de l'Empire, ce qui me fait encore retomber dans mes premiers sentiments, que les villes forêtières avec tout ce qui est entre le Rhin et la Suisse seraient bien plus avantageux pour la France. Quant à la ville et baillage de Waldshut, qui est une des susdites villes, il serait très-important qu'elle demeurât au Roi, encore qu'elle soit située du côté du Schwarzwald, mais S. M[té] se peut plus aisément passer de ce lieu que des autres, d'autant qu'il n'est aucunement propre à être fortifié et même que ce n'est pas un passage sur le Rhin, n'y ayant aucun pont et les terres qui sont vis-à-vis de l'autre côté de la rivière étant terres Suisses, qui ne permettent pas à la maison d'Autriche d'y passer des troupes; cependant si cette place était conservée au Roi, je crois que ce serait un très-grand avantage et un moyen de lier la Suisse plus étroitement avec la France. J'envoie à V. Altesse un plan de ces pays-là et n'eusse pas tant attendu à le faire, si je n'eusse crû, que M. de Vautorte, à qui j'en ai donné un, lui aurait déjà communiqué avec toutes les informations de cette province; que si V. A. peut conserver lesdites villes forêtières à la France avec la Haute-et Basse-Alsace, alors je crois qu'Elle pourra bien accorder aux archiducs une somme d'argent, car l'affaire se passant ainsi, je trouve qu'elle le mériterait bien.

[1] Hartheim, Achkarren, Niederrimsingen.

Je crois aussi qu'il est très-nécessaire que Neubourg demeure au Roi, d'autant que c'est un poste situé à moitié chemin entre Brisach et Bâle, qui commande le Rhin si absolument, qu'aucun bâteau ne peut descendre sans permission de cette place, laquelle j'ai passablement fait fortifier et y fais travailler tous les jours, en sorte qu'elle commence à être en défense tellement que si le Roi la rend, il est très-assuré que les ennemis s'en prévaudront, quelque promesse qu'ils fassent à S. M[té] du contraire, car ils n'ont aucun autre village ni ville que celle-là entre Brisach et Bâle, tout le reste du pays étant au marquis de Dourlach, à l'évêque de Bâle, au prince de Heitersheim, qui est le grand prieur d'Allemagne, ou à d'autres particuliers. Enfin si vous conservez au Roi Neubourg, la maison d'Autriche n'a plus un pouce de terre sur le Rhin entre Bâle et Brisach. Pour ce qui regarde la banlieue de Brisach, il n'importe point du tout au service du Roi, qu'elle soit plus grande pourvu que les trois villages qui sont à la ville lui demeurent, tout le reste du pays étant ou au marquis de Dourlach, prince de Heitersheim ou gentilshommes particuliers, sans qu'il y ait aucune place proche appartenante à la maison d'Autriche, qui soit propre à être fortifiée, si ce n'est Kentzinguen qui est à quatre heures d'ici tirant vers Offenbourg, dont le poste est assez avantageux. Tout les autres postes qui sont sur le Rhin ne sont pas considérables.

Stadtbibliothek Bern: Manuscr. hist. Helv. XII. 71 (s. n. 7).

9.

Stenglin an Stotz, Münster 1646 Juni 29.

Der Herzog hat mich den Brief des Generalmajors lesen lassen et je vous remercie de ce que vous me marquez dans la vôtre au sujet de la souveraineté que la France demande sur tout le pays, à la réserve de la ville et évechés de Strasbourg et de Bâle. Il n'y a rien qui ne soit très-véritable et très-important à considérer et je vous assure que toutes les fois que MM les Plén. m'en ont parlé, je leur ai répondu tout à fait conforme à ce que vous me mandez. Ils ne se sont pas relâchés de leur demande jusqu'ici, mais je vous dirai bien en confidence, que je ne les y vois pas roides et que ce que les uns et les autres qui sont amis de la France leur en disent, est très-sagement considéré par eux et avec prudence, telle que l'on peut attendre par des personnes d'un emploi semblable. En un mot je vois que, si l'on leur laisse les villes forêtières et Neubourg, ils se déporteront de cette demande, mais comme la maison d'Autriche tient ferme de ce côté-là, j'avoue qu'il faut se servir d'un ressort extraordinaire pour obliger les Etats de l'Empire à y faire condescendre l'Empereur, et de fait nos Messieurs l'ont dit à plusieurs des Etats en particulier pour les y faire travailler, lesquels en général sont de sentiment et de volonté de donner plutôt vingt villes forêtières s'il y en avait tant, que de laisser dix villes impériales et le reste du pays en souveraineté à la France, ainsi je crois que tout ira encore bien de ce côté-là.

Stadtbibliothek Bern: Manuscr. hist. Helv. XII. 71 (s. n. 7). Stenglin war Sekretär bei Longueville, Stotz bei Erlach.

10.

Gutachten des Kaiserl. Geheimen Raths 1646 Mai 17.

Allergd^{ster} kaiser und herr! E. K. M^t gesante zu Oßnabrug haben unter andern in ihrer jüngsten relation vom 30. aprilis resolution gebeten, wie sie sich verhalten sollten, weil Frankreich wegen Elsass session und votum im reichsrath praetendiren thete, ob dem könig solches einzuraumen oder ob nicht beßer, diejenigen stuckh, so hinterlaßen werden müeßten, lieber in allodium alß feudum zu geben?

Die gehors. räthe haben der sachen etwas weiter nachgedacht und insonderheit der notturft befunden, nachzusehen, wie und welcher gestalt das Elsaß sambt dem Suntgau und waß dem mehr anhengig, biß anher von E. k. M^t hochlöbl^{sten} erzhauß bei reichs- und kraißtagen ist vertreten worden, dan die Frantzosen begehren solches alles eo iure vom reich zu entfahen und zuehalten wie es höchstgedachtes hauß gehabt.

In der reichs-matricul wird das Elsaß sambt dem Suntgau nicht zue dem oesterreichischen kreiß, sondern nur die inner-, unter- und oberoesterr. lande sambt der grafschaft Tyrol gerechnet, auch der anschlag zu den reichscontributionibus und türkhensteuern nur uf ietztgemelte lande gemacht; von Elsaß aber und dem Suntgau ist dieses zue befinden, daß es vor zeiten, doch nur stuckweiß, zue dem oberreinischen craiß geschlagen und unterschiedlichen herrschaften zuegehört habe, die theilß mediate theilß immediate dem reich unterworfen gewesen; es wird auch noch heutigestags von den geographis zue dem ober-rhein.-craiß gerechnet.

Vor zeiten ist es ein herzogthumb gewesen und hat etwa dem herzogen zue Schwaben, sodan den herzogen von Zöringen zugehört, darnach ist es eine landgrafschaft worden, und alß es uf die graven von Egißheimb kommen, unter denen der letzte selbigen geschlechts mit namen Theodorus etwan umbs iahr Christi 1218 oder wie etliche wollen 1238 mit tod abgangen, haben drei parteien sich umb deßen succession angenommen, alß erstlich die graven von Habspurg, darnach die graven von Hohenberg und drittens die graven von Öttingen.

Unter den grafen von Habspurg ist principal gewest graf Rudolph; der hat sich mit dem graven von Hohenberg verglichen und den halben theil deß landes, nemblich das obere Elsäß, darinnen Ensißheimb liegt, überkommen, das andere theil, alß UnterElsäß, ist den graven von Öttingen geblieben, die solchen hernach an daß stift Straßburg verkauft, dahero sich folgende bischöfe auch etwo landgraven in Elsäß geschriben und viler herrschaften und güeter darinnen bemechtiget, die theils uf heutigentag noch zum selbigen bistumb gehören.

Und weil bei diser controversia vil ander mehr ständ sich eingemischt, ist ein großer theil deß landes andern herrschaften mehr unterwürfig bliben, die theils uf heutigen tag noch immediate vom reich dependieren oder sonst ihre gewiße freiheiten und exemptiones haben, alß der Abt von Murbach, die herzoge von Wirttenberg und Lothringen, die marggraven von Baden, die graven von Hanaw und andere mehr vom Adel: haben vil unterschidliche herrschaften und güeter, welche sie ganz nit von Österreich recognosciren. Es seind auch in dem lande unterschidliche freie reichsstädte neben Straßburg gelegen, als Hagenaw, Colmar, Schlettstatt, Weissenburg, Landaw, Münster in St. Gregorithal, Keisersberg. Türckheim, Oberheim [!] und Roßheim.

Die landvogtei zue Hagenaw ist fast das beste stuck in Unter-Elsäß, welches Österreich besitzt (dan dazue gehören etliche von ietztbemelten reichsstädten samb einer großen anzahl dörfer), aber eine reichspfandschaft und vor zeiten bischof Berchtolden von Straßburg zum halben theil umb 44000 fl. pfandweiß überlaßen, folgents der Chur-Pfaltz für geleiste hilf wider die Stadt Hagenaw in a° 1406 von einem andern bischof frei und ledig übergeben worden. Folgents hat keiser Sigismundus umbs jahr 1423 nit allein solche übergab bestetiget, sondern auch den halben theil gegen erlegung 50000 goldfl. darzuegeschlagen, so lange zue besitzen und zu genießen, biß von römischen kaisern und königen solche 50000 fl. wider bezahlt wurden, und obwohl underschidliche enderungen damit fürgangen, ist die sach bei selbigem pfalz. haus verbliben, biß kaiser Ferdinandus I. hochlöbl^sten^ angedenkens solche a° 1558 abgelöst und ans hauß Österreich gebracht.

Im Sundtgau ist die grafschaft Pfirt, welche nach absterben des letzten graven von selbigem geschlecht in a° 1324 durch seine dochter Johannam alß herzog Albrechten von Österreichs gemahlin ans hauß Österreich gebracht worden, darinnen nun auch underschidliche reichsstend und herrschaften gelegen, welche andern zugehörn.

Von allen diesen landen und herrschaften nun können die gehors. räthe noch derzeit nicht finden, daß das löbl. hauß Österreich sich einiger session und stimm uf reichs- oder creißtagen absonderlich gebraucht hete; ob es aber davon in complexo mit und neben den andern österr. erblanden, so eigentlich ein ganzen creiß begriffen, session und votum gebraucht, werden die herrn österr. räthe am besten wißen. Solte dan das hauß von Österreich dergleichen weder separatim noch coniunctim nicht gehabt haben, so wero es ein guetes argument, die Franzosen von ihrer praetension dardurch zu divertiren.

Es considerirn aber die gehors. räthe dargegen, daß, wan gleich daß hauß Österreich sich dergleichen gerechtigkeit nit gebraucht hette, daß doch die Franzosen, wan ihnen einmal solche lande als ein feudum Imp^li^ oder auch nur alß ein allodium verschriben werden sollten, dennoch befuegt weren, session und votum davon zu begern aus ursachen, daß gemelte lande einmal ein immediatstand des röm. reichß gewesen und in solcher qualitet vom hauß Österreich beseßen worden; quilibet autem status Imperii immediatus habet ius sessionis et voti in comitiis imperialibus und kan davon wider seinen willen nit außgeschloßen werden. Zum andern mögten auch die reichsstend selbst, insonderheit die catholische, nit gern sehen, wan denen Franzosen solches ius verweigert werden sollte, sonderlich wan es dagegen den Schweden wegen Pommern gestattet würde, dan eine cron für der andern diesfälß nit conditionis deterioris zu achten, und so guet die Protestirende an Schweden wegen ihrer religion ein beistand suchen in consiliis zu haben, so guet werden auch die Catholische dergleichen sich bei Frankreich getrösten und danenhero inen in dieser praetension schwerlich ablegen.

Es dürfte auch fürs dritte eine unbeliebende weitleuftigkeit und disputation wider die cron Spanien erwecken, indem die cron Frankreich einwenden möchte, weil sie nunmehr ein feudum regale Imperii cum titulo legali et ex pacto publico besitzen thete, so sei sie ebenso guet alß Spania zur session und voto in den reichsräthen qualificirt, und wie mehr man sich darwider streben wollte, wie weniger man damit richten möchte.

Es befinden zwar die räthe, daß es sehr vil ungelegenheit causiren wird, wan die Franzosen dergestalt ad iura statuum Imperii legitimirt wurden, dan sie künftig die irigen auch auf die hohen stifter bringen und mit der zeit wohl gar kais. hocheit sich gnugsam qualificirt erachten möchten. Aber die gehors. räthe sehen diser zeit kein mitl, wie daßelbe füeglich abzuwenden, es were dan sach, daß man alles, was inen von disen landen gelaßen würde, vom reich genzlich exemirn und inen gleichwie die drei stifter Mez, Tull und Verdun zu irer cron incorporiren laßen wollte, welches aber die stend des reichs auch nit gern gestatten würden.

Und ob man wohl dabei ein anders mitl in fürschlag gehabt, daß inen etwan zuegemuetet werden solte, wan sie session und votum wegen des Elsas haben wolten, so solten sie Mez, Tull und Verdun darzueschlagen und also von demselbigen ganzen corpore ein session und stimm gleichwie Schweden von Pommern, Bremen und Verden haben; und da sie sich deßen verweigerten, so hette man etwa beßere ursach, ihr petitum hernach abzuschlagen: so besorgen doch die räthe, es werde solches nit wol von statten gehen, aldieweil uf Metz, Tull und Verdun den iuribus Imperii soweit schon renunciiret, und sich nit leicht zurug handlen laßt, auch dieses alß ein neuer fürschlag nur ein neue remoram zue dem so hoch verlangten fridenschluss causiren wurde.

Derowegen die gehorsambste räthe vermeinen, eß seie das sicherste und beste, noch zur zeit wegen session und stimm von Elsäß ganz nichts zue moviren, sondern zue sehen und zue erwarten, ob die Franzosen solche selbst begehren und urgiren würden. Thun sie es nicht, so hat man disseits auch zu schweigen, urgiren sie es aber, so hette man es ledig an die stende zue weisen und ex parte E. k. M. sich weder mit ja noch nein vermerken zu laßen, bis die stende darüber ihr gutachten abgelegt, die werden auch am besten ermeßen, wan ihnen, den Franzosen, session und stimm gegeben werden sollte, waß ihnen für ein locus einzueraumen und wie sie sich dißfahls gegen andere zu comportiren hetten, nach welchen alßdan E. k. M^{t} alß das oberhaubt der sachen vollents ihren ausschlag geben und immittelst ihres haußes abgesanten im fürstenrath die notturft auch bedenken laßen könnten; jedoch stehet alles zue E. k. M^{t} allergnäd. wohlgefallen, dero sich die räthe allerunterthst gehorsst befehlen.

Conclusum: I. k. M^{t} einzurathen, daß deroselben erzhauß auch dem heyl. röm. reich selbst, umb allerhand inconvenientien zue verhüeten, am nutzlichsten seie, daß beede Elsäß sambt dem Suntgaw weder iure feudi noch allodii der cron Frankreich überlaßen, sonder vilmehr totaliter von dem Reich eximirt und der cron, so weit man sich der königl. linien halben in tractatu vergleichen würd, incorporiert werde, da es aber ja nit zue erheben, dem herrn obristen hofmeistern freie hand zu laßen, was und wie und wie weit er die session et votum decliniren möchte können, da auch der fried daran haften sollte, derentwegen denselben nit ufzuhalten.

Ratione loci et ordinis in sessione, da es darzu kommen solte, in acht zu nehmen des löbl. erzhauß praerogative und praecedenz in omnibus, im übrigen es uf die ständ zu remittiren.

Secundo: von allem dem spanischen potschafter parte zue geben.

Haec relata et conclusa absente Caesare.

Hora 10^{a} post obitum aug^{mae} imperatricis pientissimae memoriae comparuit Caesar primo in consilio et relata ipsi omnia ut superius; placuere omnia suae m^{ti} et iussum, ut votum ipsum comiti a Trautmanstorff una cum concluso transmitteretur.

Haec facta 17. maii mane.

A prandio communicata omnia cum oratore Hispanico cuius ea mens fuit: non expedire omne ius Imperio in Alsatias adimere et coronae Galliae easdem incorporare, nec etiam ut sessionem et votum habeant: praestare, ut recognoscant hoc nomine Galli Imperium, ut iure feudi possideant, sed sine sessione et voto, prout status Mediolanensis aliique complures status in Italia praestant et tenentur ad oboedientiam et fidelitatem, quamvis sessionem et votum non habeant: pericula, oppositiones, aemulationes Gallorum, quae imminent ex sessione et voto, non defutura, quamvis etiam sessionem et votum non habitura sit Gallia. Cum responsum fuisset, Gallos, si quis respectus in caesarem vel contributio reservaretur, tanto magis inhaesuros sessioni et voto, replicavit legatus: sessionem et votum a sua m^{te} omnino denegandam; si quid aliud urgeant et quasi cogant suam m^{tem} status Imperii, cedendum fore vi maiori.

18. maii relatum iterum suae m^{ti}, qui sensus esset legati Hispaniae. Et conclusit Caesar: mittantur d^{no} comiti a Trautmanstorff omnia

ista temperamenta et relinquantur ipsius discretioni, quid pro ipsius dexteritate et integritate iudicaverit secundum cursum tractatus augustae domui omnium maxime expedire.

WA FrA 92, 9 n. 1235.

11.
Die elsässische Dekapolis an Ferdinand III.
1647 April 20 (30).

Danken für E. k. M. bemühungen um den frieden und dass die satisfaktion der kronen nun so weit richtig, „dass auch E. k. M. zur bezeigung ihrer friedliebenden, allergnädigsten intention Ihre und Ihres erzhauses selbsteigene, erblande nicht verschonet, sondern solche zu fürderlicher beruhigung und wiedererquickung des gleichsam agonizirenden hl. reiches, soviel deren diesseits Rheins und in Elsass gelegen, neben der festung Breisach in die satisfaction kommen lassen und der kgl. m[t] in Frankreich eigenthümlich zu übergeben und einzuräumen allergn[st] eingewilligt".

Wünschen E. k. M. ferner e. gesegnete friedensregierung.

Wir möchten E. k. M. nicht gern beschwerlich fallen. „Nachdem wir jedoch aus dem uns in betreff der kgl. franz. satisfaction communicirten vergriff wahrgenommen, dass zwar unser immediat- und unmittelbarer freier reichsstand per expressum reservirt worden (so uns in alle wege zu unserm sonderbaren trost gereichet), jedoch aber neben den diesseits Rheins gelegenen erzfürstl. österreichischen erblanden auch die sog. landvogtei Hagenau (gleich als ob sie eine dependenz von diesen v. ö. landen und nunmehr dahin erb- und eigenthümlich gehörig, also auch absolute darunter begriffen wäre) wolle mitübergeben werden", *so hoffen wir, E. k. M. werde nicht übel vermerken, wenn wir des reichs interesse und die für uns entstehenden beschwerden und* „besorgendes praeiudicium", *mit beifügung der eigentlichen beschaffenheit dieser landvogtei allerunterthänigst remonstriren.*

„Und haben E. k. M. sich aus der reichskanzlei allergnädigst berichten zu lassen, dass zwar diese landvogtei (soviel die pfleg oder das sog. amt betrifft und worunter etlich und vierzig dorfschaften gehörig, so nicht weniger als wir, die vereinstädte, immediate dem hl. reich unterworfen und zu den v. ö. erblanden niemals gezogen worden) von E. k. M[t] löblichen vorfahren am reich jederweilen mit allen dazu gehörigen gefällen und einkommen denjenigen, so jeweils auf unser, der zehn vereinsstädte, allerunterthänigstes geschehenes anhalten zum oberlandvogt und schutzherrn verordnet worden, übergeben worden; doch soviel die zehn städte belangt, nachdem dieselben als mehrerntheils grenzstädte von den benachbarten aus Burgund, Lothringen und Westerreich hiebevor vielfältig überfallen worden, so haben die jeweiligen römischen kaiser, welche sonsten mit ungarischen und andern kriegen beständig occupirt gewesen, bereits vor mehr als 300 jahren, aus sonderbarer allergnädigster fürsorge, selbe im namen des römischen reichs zu beschützen und zu vertheidigen, gewisse benachbarte reichsfürsten zu oberlandvögten verordnet, denselben aber alle gedanken einer superiorität zu benehmen, gewisse maß, wie weit sich solche landvogteirecht erstrecke und daß es allein den städten zum guten und sie bei ihrem unmittelbaren reichsstand zu erhalten angesehen, vorgeschrieben. Zu dem ende haben dieselben — nächst dem daß sie die städte beständig durch sonderbare begnädigungsbriefe allergnädigst versichert, sie vom hl. reich nimmermehr weder zu verpfänden noch auf einige andere weise zu vergeben — die allergnädigste einsehung gethan, daß ein jeder oberlandvogt, nachdem er den städten auf ihr vorgegangenes allerunterthänigstes ansuchen gnädigst ernennet worden, vorderst bei denselben, und bei einer jeden insonderheit, sich selbst praesentiren und sich gegen ihnen mit vorgehenden eidspflichten schriftlich reversiren müssen, dass er sie alle und jede insonderheit bei ihrem immediatsstand, auch allen ihren regalibus, privilegiis, recht und gerechtigkeiten manuteniren wolle, daß er auch sonderlich diese landvogtei nicht pfandschaftsweise inhabe oder besitze; auf welches allererst die zehn städte die gegenpflicht dem herrn oberlandvogt, und zwar alles im namen der röm. k. m^{t} und des hl. reichs, zu leisten schuldig. Und wird hernach der unterlandvogt von dem herrn oberlandvogte verordnet, der bei einer jeden stadt den umtritt verrichten und gegen abnehmung gewöhnlicher pflichten ebenmäßig nichts weiters als das herkommen zu suchen, eidlich sich verbinden muss. Welches alles bishero so gerad in acht genommen worden, daß, als bei praesentation eines neu verordneten herrn landvogts der anstatt des persönlichen umtritts sich durch commissarios entschuldigen lassen, doch, das alte herkommen zu erhalten, den zehn städten durch einen sonderbaren revers ist begegnet und sonst in allen andern in dessen namen durch angeregte commissarios die hergebrachte gebühr geleistet worden. Und obschon sowohl von seiten etlicher E. k. M^{t} löblicher vorfahren am reich, sonderlich bei kaiser Sigmund und Maximilian I. allerhöchst seligen angedenkens, vermuthlich aus mangel genugsamen berichts, von solchem herkommen etwas abgewichen und diese landvogtei an das haus Pfalz, allwo sie zuvor bereits auch etliche jahr gewesen, als eine pfandschaft übergeben worden, und die lieferung der bei den städten fallenden jährlichen steuern dahin hat wollen verwiesen werden —: als auch bei dem hochlöbl. haus Oesterreich, auf welchem solche landvogtei auch viele jahr bestanden, etwas difficultet, sowohl mit der genannten pfandschaft als angeregten stadtsteuern in derer erforderung erfolget, und in unterschiedlichen vorgegangenen actibus sich eine extension solcher in favorem der städte eingeführten landvogteirechten (der anfangs beiderseits dabei gehabten intention zuwider) auch in dem erzeiget, daß — anstatt solche landvogtei bei jeweils begebenen fällen eines röm. kaisers oder eines herrn oberlandvogts ableben jeweils mit sonderbarer praesentation erneuert und desselben person hiezu wäre legitimirt worden — solche damals gleichsam für erblich angesprochen und das amt unerachtet des dazwischen eingefallenen ablebens der kais. m^t hat continuirt werden wollen: so ist jedoch jeweilen auf der städte allerunterthänigst geschehene remonstration nicht allein vorderst von allerhöchst gedachter kais. m^t alles geändert, die jeweilige kais. gehorsamsbriefe wiedrum auf die alte form gerichtet, sonderlich, daß die stadtsteuer und des umgelds angebühr inskünftig niemand anderm als der kais. m^t selbsten gegen ihre quittung sollen ausgefolget werden, verordnet und bis auf den letzt begebenen fall also ungeändert dabei gelassen worden; sondern auch bei den herrn oberlandvögten ist alles widriges durch aenderung der theils bereits gefertigten reversbriefen abgestellet, und seind also die städte nun über 300 jahr unter solcher kais. landvogtei und protection bei ihrem unmittelbaren freien stand unverrückt erhalten worden. Weil dann durch seitheriges ableben sowohl allerhöchst gemelten E. k. M^t geliebten herrn vaters, als auch des letzt gewesenen herrn oberlandvogts, erzherzogs Leopold zu Oesterreich höchstseligen angedenkens, solche landvogteistell dem herkommen nach soweit expiriret, daß sich derselben ohne vorhergehende gebührende legitimation niemand anzumaßen, noch solche, nach inhalt der unterschiedlichen daselbst habenden reversen, zu den v. ö. landen mit einigem fug zu ziehen berechtigt ist, sondern dieselbe E. k. M^t und dem heil. röm. reich wiederum lediglich anheim gefallen; und wir dann nicht unzeitig in den sorgen stehen, daß dieselbe mit angeregten ihren erblanden dahin also bloß sollte übergeben werden, daß weder das herkommen mit der pflichtleistung und gewöhnlichen reversalien erfolgen, weniger der dabei vorbehaltene respect des hl. reiches in acht genommen, sondern selbe successive extendirt würde, und daß vorderst dem hl. reich zum praeiudicio, uns aber zum äussersten nachtheil ein beschwerlicher eingang zu weiterer servitut, subiection und endlicher suppression möchte gemacht werden", *so bitten wir auf grund dieser darlegungen und da bedenklich sein würde die landvogtei* „der wohlverfaßten kreisordnung zuwider von dem hl. reich in die hand ausländischer potentaten mit solcher überlaßung zu verändern", *E. k. M^t,* „sich allergnädigst belieben zu lassen, in der endlichen vollziehung und beiderseits verfaßten assecuration es allergnädigst dahin zurichten, damit solche landvogtei allein auf oben angeregte pfleg der dazu gehörigen dorfschaften, ohne berührung dieser E. k. M^t und dem hl. reich gehörigen städte, gerichtet werde und unser (die wir ohne das, nach jetzt gestalteten sachen und dieser kron künftigen nachbarschaft, uns derselben protection nicht allerdings werden entschütten können, doch alsdann leidentlicher, als da es durch übergab geschieht, tractirt zu werden verhoffen) insoweit verschonet oder doch bei unverhofften widrigen fall das werk also eingerichtet werde, damit vorderst jedes orts gewöhnliche reichssteuer und andere hergebrachte gefäll, wie hiebevor nach den sonderbaren kais. versicherungen bei dem hl. reich gelassen und wir wider das herkommen mit weiterer extension dieses landvogteirechts nicht beschwert, sondern bei der vorigen verwaltungsform in einem und andern mögen gelassen werden." — — — — — — — — — — — — — — — — — — —

WA FrA 94, 2 n. 383. Abschrift vom Ende d. 18. Jahrh., daher orthographie hier modernisirt.

12.

Notationes (der Kaiserlichen) circa articulum satisfactionis Gallicae, die (5.) 15. iulii 1647 dominis mediatoribus exhibitae.

Primo omnium desideratur integrum systema instrumenti Gallici, ut videri possit, in quibus conveniat aut dissentiat cum eo, quod a Caesareanis exhibitum est. 2° §° Primo quod supremum etc noviter inserta sunt haec verba: *cum omnibus ducum, principum, comitum, baronum nobiliumque feudis, iure item clientelari caeterisque rebus*; item: *extra ullam vel iuris vel rei cuiuscunque exceptionem.* Non repugnant Caesareani, ut iura infeudandi ac directi dominii ad hos episcopatus pertinentia sint in dominio supremo Regis Christianissimi, sed cum eiusmodi duces non obstante feudorum nexu nihilominus fuerint antehac vel liberi status vel ad Imperium immediate pertinentes nec ulla ratione dominio episcopali episcopatuum suppositi, nunquam fuit mens Caesareanorum horum libertati aut immedietati praeiudicare. § ° Restituantur: nova sunt: *quatenus supradictae cessioni non repugnant;* item: *ita tamen ut abbas Fenquierius.*

§ ° Secundo Imperator: nova sunt: *in perpetuum irrevocabiliter;* item: *omnesque appertinentias.*

§us Dictarum ditionem: totus novus est pertinentque contenta ad instrumentum cessionis; sed Imperator solos episcopos iuramento solvere tenetur, nam de vasallis, qui alias per se liberi aut immediati status Imperii nec ullo unquam tempore his episcopatibus subiecti fuerant, in satisfactionem ut darentur nunquam actum; hacque ratione dux Lotharingiae, ducatus Lücenburgi aliique comites, barones, nobiles Galliae subicerentur.

§us Titulis et insignibus: totus novus est nec potest domus Austriaca hoc avito et nativo familiae suae decore iuste privari. Certum est enim principes Austriacos sub regimine Alsatiae non solum eam partem quae trans, sed etiam quae cis Rhenum est complexos et ab immemoriali tempore sub suo principatu rexisse. Cum igitur ea quae cis Rhenum sunt retineat, utique pro quota titulis et insignibus gaudere debet. Exempla huius rei vetera et nova sunt plura. Quin tamen Rex Christianissimus iisdem utatur, non repugnat Caesar.

§us Imperator: totus pertinet ad instrumentum cessionis, cuius copia iam dudum Gallis facta. Nec opus est de minorennitate archiducis mentionem facere, cum iam pleno iure rebus suis praesit aetatis anno vicesimo.

§us Si autem quisquam: totus novus; nec aliam indemnitatem praestabit Caesar et Imperium, nisi quam Suecis praestari convenit.

§ o Christ suae maiestati: omittuntur ea quae ad securitatem transmittendi militis in castrum Philippsburg in instrumento caesareo adiecta sunt; quae cum ex natura rei atque constitutionibus Imperii descendant, negligi nulla ratione possunt.

§us Ad maiorem: cum sequentibus novus est pertinetque ad instrumentum cessionis.

§o Teneatur Rex Christianissimus: omissi sunt comites de Leiningen-Rixingen et Westerburg, quibus addi debet Dagsburg, nam hae tres familiae comitum de Leiningen appellatione gaudent suntque immediate Imperio subiectae. Item omissa est clausula: cum aliis qui in isto tractu possessionem vel quasi immedietatis erga Romanum Imperium habent.

§ o Item Rex Christ: immutatur tempus solutionis et omissa sunt haec verba: ut binae librae cum dimidia exaequent thalerum imperialem iusti valoris.

§us Postremo, §us Consequenter, § Hae omnes: eam continent sententiam, quam nec Imperator nec domus Austriaca unquam admittere potest. Contenti autem sunt iuxta responsiones ad propositiones datas aequas et reciprocas assecurationis conditiones, quales iam ante in instrumento Suecorum propositae et a Caesareanis admissae atque in instrumento Gallis exhibito repetitae fuerant pacisci.

Postremo notandum restitutionem ducis Lotharingiae prorsus omitti.

Strassburg Stadtarchiv AA 1138, Abschrift.

13.

Memorial wegen etlicher in dem frantzösischen proiecto instrumenti pacis enthaltener puncten per syndicum Argentoratensem. 1647 Aug. 25.

Es haben die frantzösische herren plenipotentiarii in ihrem proiecto instrumenti pacis art. VII., qui est de satisfactione coronae Galliae, § o Tertio Imperator etc. vast zuletzt dise wort miteingeruckt: non obstantibus ullis donationibus concessionibus translationibus venditionibus aut aliis alienationibus quomodolibet factis. Ob nun wohl außer allem zweifel waltet, es werden die kaiserl. herren plenipotentiarii dise neuerlich eingebrachte clausulam cassatoriam in ihren annotationibus darumb nicht geandet haben, weiln sie selbige de materia subiecta, factae nimirum a domo Austriaca cessionis et termino restitutionis a quo angesehen und verstanden: demnach jedoch der complexus verborum so general, daß er auch auf uralte und lang vor menschengedenken rechtmäßigerweis, vornemblich circa landgraviatum Inferioris Alsatiae beschehene alienationes extendirt und also was vor hundert und mehr jahren legitime verhandelt worden, solchergestalt resuscitirt und ansprüchig gemacht werden köndte, zu nicht geringem praejudiz und nachtheil des bistumbs Strasburg und anderer interessirter stände: alß wird zu fernerem nachdenken ohnmaßgeblich gestelt, ob nicht die allzuweit reichende vis verborum, zum fall je dieselben also pleiben solten, in etwas zu limitiren und auf diejenigen alienationes, welche zeit wehrenden dises kriegs in einigerlei weis und weg geschehen seind, zu restringiren sein möchte?

Nächst disem wird in § ° Teneatur Rex Christianissimus etlichen im Ober- und Underen Elsaß geseßenen ständen des reichs wie auch der ohngemittelten elsäßischen ritterschaft per specialem expressionem so fern prospicirt, ut in ea libertate et possessione immedietatis erga Imperium Romanum, qua hactenus gavisi sunt, relinqui debeant: damit es nun das ansehen quasi unius inclusio sit alterius exclusio nicht hiernächst gewinnen, noch die in dem wort ordines begriffene generalitet auf die species expressas restringirt und außgedeütet, hiengegen der so genau gesuchte landgraviatus Inferioris Alsatiae allzuweit extendiret werden möge: alß wird a parte der statt Strasburg zum höchsten und fleißigsten gebeten, entweder die particularbenambsung der stände auß- und es lediglich bei der zu anfang des §[i] gesetzten generalitet zu laßen, oder ihrer alß eines im Vndern Elsaß notorie mitgelegenen stands eben so wohl alß anderer daselbsten und zwar vor der ritterschaft mit namen zu gedenken, weiln nicht allein gemeldte elsäßische ritterschaft vermittelst eines den 3. ianuarii 1620 an die statt Strasburg abgelaßenen und mit 8 adelichen bittschaften besigelten antwortschreibens die praecedenz der statt Strasburg solenniter gestanden, sondern auch auß underschiedlichen, in offenen truck gegebenen elsaßischen abschieden, land- und Illordnungen, deßgleichen der täglichen observanz und praxi die praecedenz der im Elsaß gelegener samptlicher frei- und reichsstätt und hiengegen der elsäßischen ritterschaft postposition bekandt. Und obwohln die 3 stätt Hagenaw, Oberehenheimb und Roßheim von der elsäßischen ritterschaft deretwegen an das hochlöbl. keyserl. cammergericht ex l. diffamari citirt und beclaget worden, ob were ihro durch derselben stätt vorvotiren in gehaltenen versamblungen eintrag an ihrem praetendirten vorzugsrechten geschehen, seind sie doch causa cognita von solcher ohnbefugten clag und angegebenen diffamation den 20. februarii 1615 allerdings entledigt und der impetrirende theil ob litem temere intentatam in die gerichtskosten condemnirt worden.

Drittens obwohln berürter §[us] von denjenigen ständen proprie tractiret, welche im Obern oder Undern Elsaß begütert seind: weiln jedoch auch der herren graven von Leiningen darinnen gedacht und die mit inserirte ratio, daß nemblich die cron Franckreich sich keiner superioritet auf denjenigen anmaße, welche under ihrer gewalt bißher gestanden oder zum wenigsten ihrer protection genoßen haben, auch auf angränzende und sonderlich in Lothringen begüterte stände sich extendiren laßet: alß ist der herren Wildt- und Rheingraven hohe bitt, bei außgetruckter mentionirung derselben stände, zum fall es dabei verpleiben solte, ihrer nicht weniger mit namen zu gedencken.

Weiln viertens auch der §us domus Hohenloica anderst, alß er in der herren kaiserlichen proiecto instrumenti pacis abgefaßt, von denen herren Frantzosen eingerichtet und die restitutio des closters Scheffersheim mit stillschweigen übergangen worden: alß wird bei dem ersten Concept zu verpleiben. gleicher gestalt gebeten.

Strassburg Stadtarchiv Collect. Wencker. III n. 171 (Abschrift von Ottos Schreiber mit eigenhändigen correcturen von Otto).

Kolibri 360 GmbH
Ferdinand-Jühlke-Straße 7
99095 Erfurt, Deutschland
produktsicherheit@kolibri360.de